叩问西东

——水涛先生与其弟子问学集

南京大学历史学院　编著

文物出版社

图书在版编目（CIP）数据

　　叩问西东：水涛先生与其弟子问学集 / 南京大学历
史学院编著. -- 北京：文物出版社，2019.7
　　ISBN 978-7-5010-6157-0

　　Ⅰ.①叩… Ⅱ.①南… Ⅲ.①文物—考古—中国—文
集 Ⅳ.①K870.4-53

　　中国版本图书馆CIP数据核字（2019）第103035号

叩　问　西　东
——水涛先生与其弟子问学集

编　　著：南京大学历史学院

封面设计：秦　彧
责任编辑：秦　彧
责任印制：苏　林
出版发行：文物出版社
社　　址：北京市东直门内北小街 2 号楼
邮　　编：100007
网　　址：http://www.wenwu.com
邮　　箱：web@wenwu.com
经　　销：新华书店
印　　刷：鑫艺佳利（天津）印刷有限公司
开　　本：889mm×1194mm　1/16
印　　张：19
版　　次：2019 年 7 月第 1 版
印　　次：2019 年 7 月第 1 次印刷
书　　号：ISBN 978-7-5010-6157-0
定　　价：218.00 元

编辑缘起

时光荏苒，白驹过隙。

转眼间已是水涛先生来南京大学执教的第 25 个年头，如果从 1978 年入北京大学求学算起，先生从事考古学工作也有四十年了。今年又恰逢先生花甲之年，为此，我们这些多年来聚集在水门中的弟子提出动议，为彰显老师桃李芬芳的教育成果，激励后学，而编辑出版了这本文集。

水涛先生是中国中青年一代的考古学家，在中西文化交流研究及中国青铜时代考古研究方面颇有建树。先生性情温良正直，学术认真求实，他的人格魅力和学术成绩为广大学生树立了良好的典范。1997 年，先生开始招收硕士研究生，2003 年招收博士研究生，截止 2019 年 6 月，共毕业硕士和博士生弟子 59 名，其中的绝大部分人至今仍在祖国的文博考古单位工作，并有许多人取得了不俗的成绩。

本文集共收录水涛先生及其 27 名弟子的文章，包括学术文章、回忆文章和学术游记等。另外，也收录了对水涛先生的专访类文章。这些文章从各个方面反映出了水门师生们的学术成绩和浓浓的考古情怀。

文集取名"叩问西东"，是依水门的培养方向而言，尤其暗含中西文化交流研究之意。实则是由"西东"，而"南北"，从古到今，即有文物鉴赏，又不乏考古研究，议题内容涵盖广泛，是对先生开放包容、不拘一格培养方式的真切彰显。

满怀感恩之心编辑出版这文集，既是对先生多年来教书育人成果的一次集中展示，也是为后学者继往开来、树立积极向上的人生观，更好地服务社会提供精神指引。

寥寥数语，权为记。

彩版 1　水涛先生在邹衡先生家中聆听教诲

彩版 2　1986 年水涛先生与李水城先生在河西走廊考古调查途中

彩版 3　2004 年水涛先生在新疆小河墓地考察

彩版 4　2012 年水涛先生在新疆帕米尔高原考察

彩版 5　2017 年水涛先生接受 *Map Magazine* 杂志采访

彩版 6　2016 年水涛先生带领的俄罗斯考古队员

彩版 7　2015 年水涛先生在柴尔德墓碑前留影

MARION H. SHANNON
DIED 28TH OCTOBER, 1940
VERE G. CHILDE
DIED 19TH OCTOBER, 1957.

NT
451A

彩版 8　柴尔德墓碑

彩版 9　2017 年水涛先生带领的伊朗考古队员

彩版 10　2018 年水涛先生带领的巴基斯坦考古队员

彩版 11　　2006 年水涛先生在湖北拼对陶片

彩版 12　　2017 年水涛先生在伊朗学习传统乐器都塔尔

彩版 13　　2005 年邹衡先生指导南京大学新砦遗址实习

彩版 14　　2005 年 9 月 2003 级本科生在陕西考古实习

彩版 15　2006 年实习结束后水涛先生与学生在黄鹤楼合影

彩版 16　先固定后施胶应用方式

彩版 17　助黏剂热熔胶的粘接应用

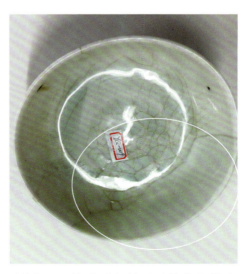

彩版 18　有色补全前器物状态　　　　彩版 19　基础近色处理后的有色补全

彩版 20　青花花朵淡蓝色仿釉饰色

彩版 21　青花花朵深蓝色仿釉饰色

彩版 22　淡蓝和深蓝色仿釉分层处理后

彩版 23　仿釉和丙烯酸颜料修色后

彩版 24　透明罩光仿釉有机硅胶平整法

目　录

身体力行在考古的田野中

——"考古人生"之水涛先生专访

受中国考古网的委托，南京师范大学社会发展学院考古文博系徐峰先生于 2013 年 3 月 28 日对水涛先生做了专访。围绕北大求学、师生情谊、西北考古、南大教学等问题，水涛先生娓娓道来。

记者： 1978 年进北大之前的生活与学习是怎样的？

水涛先生： 首先，谢谢中国考古网为我提供这个平台，借此机会，我也愿意向各位朋友汇报一下我的一些研究工作心得和人生感悟。

提起我上大学前的生活情景，以前还真没有人做过这样仔细的身世调查，这得从我的家庭背景说起吧。我父母都是 1949 年 10 月随王震将军指挥的一野一兵团的部队进军新疆的军人，新疆解放后，1954 年部队官兵全体就地转业，身份变成了新疆生产建设兵团的指战员，所以，我出生在新疆兵团农八师的所在地石河子市。1964 年组建兰州军区生产建设兵团农十一师时，从新疆兵团抽调了一批干部，我们全家也从新疆石河子搬到了兰州兵团农十一师的驻地甘肃酒泉县，我的童年就是在那里度过的。1976 年 2 月，我在酒泉县第一中学高中毕业，随后作为兵团子弟，自然地加入了兵团战士的行列，成为一名林场的工人，主要的任务是种树和为各种防风林带浇水。

在两年多的兵团生活中，我学会了许多基本的劳动技能，每月领 35 元 8 角 4 分的工资，生活还是比较舒心的，因为，那个年代大多数知识青年是挣工分的，而我们是拿工资的国家职工，心理上还是很容易满足的。兵团里有从全国各地来的知识青年，我所在的林场就有来自北京、上海、天津、青岛、淄博、西安、兰州等地的青年，在与他们的交往中，我学习了许多书本外的知识，了解了全国各地的风俗人情，也开阔了眼界。后来，如果不是高考改变了我们这代人的生活轨迹，我现在应该还是一名兵团农场的老职工吧。话说回来，考古工作本质上和农民干的活差不多，都是从地里往外刨东西，所以，说起来我的命运从来没有发生过根本性的逆转，一辈子还是在跟泥土打交道。记得年轻时喜欢听一首歌《在希望的田野上》，其中有两句歌词："我们的理想在希望的田野上，我们的未来在希望的田野上"。现在，果真是要将一切希望都寄托在田野上了，哈哈，这算是一种宿命。

记者： 2012 年北京大学考古文博学院迎来了 90 年院庆，出版了《记忆：北大考古口述史》，收录了很多老一辈考古学者的回忆。这些回忆将来定会成为考古学史研究的重要材料。作为当今考古学界中坚的一代，您在北大有什么难忘的记忆，特别是在师从著名考古学家邹衡先生期间，有没有属于您个人珍贵的师生情谊可供大家分享？

水涛先生：在北京大学的学习经历对我而言肯定是有决定性影响的，1978 年 9 月，我们作为首届参加了全国统考而进入北京大学的学生，那种自豪和兴奋是无法形容的。我虽然不是应届高中毕业生，但是入学时也只是刚满 18 岁，算是我们班里最小的几个人。大学四年对我来说，主要的记忆是学习，学习，还是学习，在课堂上要倾听老师的教诲，在课下、宿舍里要接受师兄们的熏陶，因为当时我根本没有说话的权利和机会，哈哈。我的那些同班同学大多生活阅历丰富，为人处事老道，交际广泛，在课上、课下跟老师经常都是称兄道弟的。对我们这些年纪小的同学来说，他们也是老师，而且是更直接的人生导师，所以，直到现在，我对同班同学中的这些老大哥们仍然心中充满敬仰之情。

我在北大算是个老学童，前后一共进了三次校门。1982 年大学毕业后被分配到甘肃省博物馆文物队，即后来的甘肃省文物考古研究所工作（彩版 2）。1987～1989 年，工作 5 年后二进校门，在北大考古学系读了硕士研究生班，毕业后继续回甘肃省文物考古研究所工作。1991～1994 年第三次进校，在考古文博学院跟随邹衡先生读博士研究生，毕业后分配到南京大学工作。有了近十年在北大求学的经历，我跟北大考古系的许多老师都很熟悉，当然，接触比较多的还是亲自带过我实习的那些老师，本科实习时我们的带队老师是李仰松先生和赵朝洪先生，地点在山东省诸城县前寨遗址；本科毕业实习还是跟李仰松先生重回前寨遗址；本科的最后一个学期跟随吕遵谔先生和黄蕴平老师在山东的沂源县上崖洞遗址挖洞穴堆积；硕士研究生班的班主任是李伯谦先生，当时实习我是跟邹衡先生去新疆、内蒙等地考察；读博士时是跟邹衡先生和刘绪先生等去山西曲村带考古大专班的田野实习。我在甘肃考古所工作期间，也代表甘肃方面配合北大的许多研究生进行发掘工作，比如，我跟邹衡先生的硕士生王占奎合作发掘合水九站遗址；跟俞伟超先生的硕士生南玉泉合作发掘天水的南河川遗址；跟严文明先生的硕士生李水城合作进行河西走廊史前考古调查，并发掘酒泉干骨崖遗址等。应该说，北大的这些老先生对我都有知遇之恩和师生情谊。同时，还要说到现在一线工作的很多中青年教师，他们有的是我的大学同学，如王迅、李水城、林梅村、张辛等，有的是跟我同时代的硕士生和博士生，如赵化成、齐东方、赵辉、王幼平、宋向光、徐天进、孙华、李崇峰、秦大树、张驰等，我们在读书期间都曾互相激励，共同见证了彼此的成长过程。

当然，对我个人成长影响最大的是我的导师邹衡先生，我在一篇纪念邹衡先生逝世五周年的文章中对于先生给予我的教诲和培养作了长篇的回忆，此处就不多说了（彩版 1）。

记者：您长期关注和研究西北地区新石器与青铜时代考古，西北地区当前考古的主要任务是什么？有哪些重点或典型课题？相比于中原地区，西北地区新石器与青铜时代的社会进程有什么不一样的地方？

水涛先生：我研究西北地区的早期文化是与我个人的经历和兴趣分不开的，我本人从小生长在西北，大学毕业后，在甘肃省文物考古研究所前后工作了 10 年时间，读硕士时获得机会去新疆参加发掘并作研究，读博士时邹衡先生让我系统的梳理甘青地区的早期文化发展序列。1994 年到南京大学工作后，又先后承担了国家文物局和国家社科基金的重大项目，继续研究新疆的早期中西文化交流的课题。在这样长时段的持续关注下，我对新疆和甘青地区所代表的中国西北地区的早期文化研究形成了一些自己的看法。

中国西北的早期文化类型多样，来源成分复杂。虽然经过了几代人的不断探索，解决了一些重大的学术问题，如严文明先生提出的彩陶西渐理论纠正了彩陶西来说的传统认识。但是，就整体而言，这个地区的文化序列还不完整，我们在甘青地区时不时就能见到从来没有发现过的新的文化遗存，在新疆这种现象更加普遍。因为，整个西部地区空间范围太大，很多地方迄今还没有考古学家涉足其中。在全国第三次文物普查中，也发现了很多值得注意的新线索，我举个例子，新疆的小河墓地很有名，1934 年第一次被发现，结果近 70 年后的 2002 年才被再次发现，过去只知道这类东西在罗布泊地区有发现，近年来，在塔里木河中游地区的沙漠里也被盗墓者找到了同类的遗址，范围远在罗布泊之外。那么，这种遗存究竟能分布到多大的范围？我们几乎不可能搞清楚，因为，可能存在的遗址都位于沙漠腹地，只有哪一天风吹出来东西了，才能被发现。所以，跟东部地区不同，西北地区在相当长的一段时间内，仍然是要完善本地的文化发展序列问题。

有人说，中原地区所代表的东部地区史前考古学的文化序列已经建立起来了，现在应关注其他方面的研究，如聚落、社会分层和社会复杂化、手工业、甚至精神文化等，这些问题在西北地区的课题研究中也应该给予关注，同时，西北地区应更多的研究不同族群和文化之间的交流与融合问题。中原地区可以被看作是一个在长时段中发挥着影响作用的文明中心和文化创新策源地，它的影响是外向型的。这样的中心在西亚和中亚地区也存在着，而中国的西北地区则处于多个中心的交汇作用区域内，所以这里的文化面貌始终不是单一成分的。最近 10 多年来，随着科技考古和测年技术的发展，我们开始更多的讨论一些技术的产生和扩散问题，如冶金术、小麦的栽培、土坯建筑等，从中可以看到，远距离的贸易和文化因素的传播是实际存在的文化现象，而中国的西北地区正是这种东西方文化交流的必经之地。

说到社会发展进程问题，我认为中原地区的发展模式与西北地区的文化发展没有什么本质的不同，毕竟两地之间很早就有交流的途径和实际的文化联系。但是，在新疆等地，除了这种来自于中原文化的影响，还必须考虑来自于中亚等地的影响，这是问题的另外一个方面。西汉政权经略西域以后，中原的文化与新疆的文化基本保持在同步发展的水平上，而此时的中亚地区则可另当别论。

记者：在"中华文明探源工程"中，您担任了第三方咨询评估专家组长一职。这个职务的任期多长，其主要职责是什么？

水涛先生："中华文明探源工程"是一个庞大的科学研究计划，经历了几个发展阶段，最初是预研究阶段，到 2006 年底，开始准备启动"中华文明探源工程（二）"，当时，由于课题经费大量增加，课题承担方的组成单位和参加人员日趋多样化，课题的有效管理成为了新的问题。为此，作为课题组织方的国家文物局进行了新的尝试，引入工程管理学的概念和模式，招标请第三方进场，进行课题的咨询和评估工作。由于第三方必须是课题组织方和课题承担方之外的学术团体单位才有资格来竞标，南京大学恰好没有人参加"中华文明探源工程（二）"各课题组的研究活动，所以，我们有幸成为了第三方单位。但是，我们组织的专家组成员则不限于南京大学，而是在全国范围内遴选，最后，由国家文物局批准并确定的10多位评估专家组成员都是业内知名的考古学家和其他专业技术领域的专家。

咨询评估工作的主要任务一是在课题的立项阶段就课题的宏观框架、可行性方案等进行分析论证，给课题的组织管理方提交书面报告，帮助国家文物局进行科学决策。二是在课题实施阶段，全程跟踪课题组的各项研究活动，以便及时发现问题，向课题管理方提交课题进度报告和必要的整改意见等。文明探源（二）是3年时间，从2007～2009年，随后又进行了文明探源（三），2010～2012年。目前正在进行文明探源（四）的前期准备工作。

6年中，我们随着各子课题的进展，去过河南、山东、安徽、江苏、浙江、四川、湖南、湖北、山西、陕西、甘肃等省内许多重要发现的考古现场。应该说，通过我们第三方咨询评估专家组的活动，有效地沟通了课题承担方和课题管理方之间的联系，为课题承担方和一些子项目的课题组提出了许多有益的意见和建议，前后向国家文物局提交了20多份评估报告。我们的工作受到了国家文物局的好评，也赢得了社科院考古所、北京大学考古文博学院等课题承担方的普遍欢迎。按照事先的保密协议，我们的专家组成员没有就课题所涉及到的许多考古新发现发表过任何个人的署名文章，这也是我们能够跟参与课题研究的各省、市考古同行们长期友好相处的一个前提条件。

记者： 1994年，您从北京大学获得博士学位后来到南京大学历史系考古专业工作，算起来迄今已经19年了。虽然您身在南京，但是您曾说过，您的研究热情和关注仍然在西北地区。那么您觉得，不在西北的氛围中进行西北考古有哪些得与失？

水涛先生： 是啊，时间过的真快。我刚来南京大学的时候，一开始还是延续着以前的研究方向，专心致力于西北地区的青铜时代考古。1996、1997年两次访问美国，在美国的宾夕法尼亚大学进行一些中亚考古方面的研修活动，2000年又去美国参加了有关中亚考古的国际会议。2003～2005年，与新疆文物考古研究所的张玉忠副所长共同承担国家文物局的"西域早期文明史研究"课题，三年中跑遍了新疆各地的重要史前遗址。2005年开始承担国家社科基金的重大委托项目《新疆通史》（史前卷）的主编工作，这是一个十年的规划项目，目前仍在进行之中。最近几年，每年都会跑几趟新疆，或者参加会议，或者进行野外考察，所以说，跟以前相比，研究方向上没有什么大的不同。但是，得失肯定是有的，在西北地区做西北的研究，与在南京做西北的研究仍然会有距离上的不同感觉，如果你不刻意的去缩短这种距离感，距离就会越来越大，感觉就会越来越远，别人也就会慢慢把你当作局外人（彩版3）。

考古是最讲究身临其境的，在现场的认识与不在现场的认识可能是大不相同的，与只读报告和看文章而进行的研究完全是两回事。讲一个故事，我第一次读《帕米尔高原古墓》这篇发掘报告时，看着发掘现场的照片，百思不得其解啊，海拔4000多米的高原上，这么荒凉的地方，那些古代的牧人为什么要到这里来？当时，刚好看完海明威的小说《乞力马扎罗的雪》，我跟海明威的疑虑几乎一样，那头在雪山顶上发现的豹子是在寻找什么？不是找死吗？后来，2003年我上了帕米尔高原，到了香宝宝墓地一看，完全不是那种感觉了，如果当年发掘者照相时角度偏转一点，就可以看见另一种场景。香宝宝墓地在塔什库尔干河谷的高阶地上，而这段河谷宽阔平缓，夏季水草如茵，牛羊遍地，简直就是人间仙境啊。河谷边上有许多天然的泉眼，据说这是新疆最好的天然矿泉水，直接装瓶就可以卖了，比法国的依云矿泉水还贵呢。一切都是那么的自然、和谐，不用任何解释，所有的问题都明白了。所以，我现在还是要求自己每年都争取去新疆走走，哪怕仅仅是看看也行（彩版4）。

另一方面，在南京有其他的教学和科研任务，不可能只专注于一个方向，这样，投入的精力和时间就都是个问题，如果不执意坚持下去，也可能就会自动放弃一些东西。当然，好处也是有的，就是可以用一个局外人的视角来看待西北地区的研究工作现状和走向，也可以静下心来重新审视自己曾经的研究工作过程和观点，倾听其他不同地区学者的意见，体会不同地区考古工作的不同特点和乐趣，这些方面的收获是我在南京的十几年工作中获得的宝贵体验。依我个人的经历来看，我认为做考古的人，行万里路比读万卷书要更加重要。早期的西域探险家中的斯坦因、斯文·赫定和安特生等，都是反复多次进入这个区域，从而使自己逐步变成西域研究某一领域的专家。如果只是蜻蜓点水的去过一次、两次，恐怕找不到任何的感觉。

记者：除了长年关注西北地区考古外，您毕竟主要在南京生活，所以我注意到，您也对长江中下游商周时期考古多有关注，比如您曾经提出"早商文化向长江流域的扩散首先是从长江中游开始的，然后到达皖南地区"这样的论点。这是一个值得注意的论点。在我看来，与中原地区商周考古相比，长江下游的宁镇、太湖、皖南等地区商周时期的文化格局给人以并不明朗的感觉，在文化分区、年代以及政体起源等问题上，都还存在诸多问题。对这种现状和未来的方向，您可否发表一下看法？

水涛先生：是的，我既然在南京大学工作，就不能只关心西北地区的考古研究，必须使自己尽快地成为南方考古的内行，这主要得益于考古的教学工作，为本科生、研究生讲课总是要了解许多全局性的问题和全国的考古发现。另外，我这些年来带的考古专业田野实习，基本上是在长江流域进行，先后在上海、江苏、安徽、湖北、河南等地发掘了20多个地点，做得最多的是湖北省，这是由于三峡工程和南水北调工程的原因，从1997年到现在，我们每年在湖北发掘一个地点，所以，多年积累下来，现在也算是对长江流域考古有了一定的了解。

就长江流域的情况来看，各地的工作基础也不一样，以安徽为例，过去的工作多集中在淮北和江淮之间，皖南的发现很少，所以，围绕着黄山的一圈所涉及到的福建、浙江、安徽、江苏、江西几省之间的文化关系现在并不十分清楚，就说商周时期的印纹陶传统，在这几个省都有发现，但谁影响了谁还真是说不清楚。宁镇地区也是如此，江南和江北的文化面貌差异明显，来源各异，过去的工作多集中于西周到春秋阶段的墓葬发掘，对于商和夏时期的发现较少。宁镇和太湖地区之间的早期文化联系过去也不清楚，现在有了上海广富林遗存的发现，知道它应该是北方黄河流域的文化传统，经过苏北的南荡遗址、南京的牛头岗遗址等地，可以串联起来它的南下路线，这算是一支较早南下的黄河流域的族群，他们对长江流域的文化产生过一定的影响。但真正改变本地文化发展格局的是商代早期中原商文化的南下，此后又有西周初年的太伯奔吴事件，中原和长江中下游地区此时开始了同质化的发展过程，当然，从中华文明起源和早期发展的过程看，长江流域有过自己的积极贡献，这里也是中华远古文明的摇篮之一，并最终融入到了华夏文明的体系之中。如果就当前的现状谈点看法，我认为，我们应该更多的关注那些几省交界的区域，如湖北东部和安徽西部，浙江南部和福建北部，江西东部和浙江西部等区域之间的文化关联性，只有在这些接触点上发现更多的新材料，才有可能最终说明长江中游地区和下游地区之间，长江下游和东南沿海地区之间，文明化的过程是如何展开的，目前我们还不清楚这个演变过程。

记者：环境考古在当代考古学研究中的作用越来越明显。一直以来，您都很关注环境考古，在研究中注意社会发展与环境的关系，并且经常与环境考古工作者进行合作，您觉得这些年来，环境考古在哪些领域取得了显著的成就，目前还有哪些方向值得进一步的开拓？

水涛先生：我不是专业做环境考古研究的，可是我对环境考古很有感情，这是因为在实际的研究工作中，我切实的体会到，许多文化的发展与演变，其内在的动因肯定是有的，但有时外因的作用更具决定性，这就是环境背景和环境变化所带来的因素。记得 1987 年在北大读硕士研究生班的时候，大家刚开始接触西方的新考古学思潮和概念，思想都很活跃。我也在图书馆看到了一些环境考古和环境变迁方面的西方教材，感到很新鲜。自己在研究西北地区史前文化时曾注意到了一些现象，就是在大约距今 4000 年前后，当地的文化格局发生了突然的变化，这种变化所引起的倒退从文化发展本身方面找不到任何符合逻辑性的合理解释。所以，我开始试着从环境变化的角度来考虑问题，结果发现，真有可能是由于环境原因引起的，因此，就下功夫收集了很多环境学者的研究成果。1990 年，我和李水城、李非等大学同学，以及北大地理系第四纪环境专业的莫多闻先生一起，在甘肃的葫芦河流域完成了一次基于环境考古背景的小范围区域调查，实地考察了很多早期遗址与河流阶地之间的位置关系和变化过程，算是对环境考古的工作过程有了亲身的体验。又经过几年的准备，我最后完成了以论证甘青地区青铜时代的文化发展与环境变化关系为主线的博士学位论文。1993 年年底，在进行博士论文答辩时，有先生提出了这个结论是否有宣扬环境决定论的嫌疑这样的问题，希望论文的结语做一定的修改。现在回过头来看，我当年的论文结语说的还不够深刻，不够大胆。这个问题的提出也表明，环境考古这个新事物最初在中国发展的外部环境并不是很好，因为，经过了 20 世纪 50 年代以来反复的各种理论论战和"文化大革命"的洗脑式运动的老一辈学者们，谁都知道在研究工作中提出所谓环境决定论的类似观点意味着什么？现在，肯定没有人给你们这样的当头棒喝了，这说明学术研究的外部环境的确改善了，环境考古本身的发展和进步得到了更多人的认同。

关于 20 多年来中国环境考古学的发展成就，周昆叔先生已经有过很好的总结和归纳。我想，经过这些年我与众多环境考古学者之间的交流，自我感觉学到了不少东西。为什么这么说呢？首先，环境考古更注重实证的过程，注重定量分析，而不看重简单的定性结论。注重对大区域的环境背景的综合考察，而不是仅仅局限于某一个遗址点的发现和认识，这种宏观的视野和系统论的思维方法，对于考古学家来说是非常重要的。环境是一个系统的概念，缺失了任何要素，系统都不完整。文化也是一个系统，同时，它又是生态环境系统中的一部分。所以，在论证文化的发展和演变时，应该有整体的把握和宏观的思考，而不能总是盲人摸象。当前，环境考古所取得的成就是多方面的，如论证气候的波动变化周期，突发的环境事件等对文化发展的影响，考察长时段的环境背景对文明化的作用。或者从微观的角度研究某一特定文化属性与某一特定环境因素的联系等等，这都是很好的观察问题的角度。同时，环境考古学家和田野考古学家开始合作共同进行实地的田野作业，这很好的解决了自说自话式的研究所带来的行业间的隔阂问题。目前存在的问题是，应该从考古教学的本科生层次上就开始训练和培养学生的多种观察问题方法和综合研究素质，让他们了解更多的其他学科的背景知识，从而开阔学生的视野。而我们的许多高校在考古专业课程设置上还不能完全满足这样的培养模式的要求，从事环境考古研究的专业人才还只能依靠理工科院系来培养。

记者：您所在的南京大学是著名学府，考古专业在考古学界也名列前茅。可否介绍一下近十年来南京大学考古专业本科和研究生的招生、培养与就业，我想这个问题也是广大文博学生所关心的。

水涛先生：这个问题我可以多说几句。南京大学考古专业创建于 1972 年，在蒋赞初等老一辈学者的辛勤培育下，现在已经发展成为国内高校中一个重要的教学和科研中心。目前拥有博导 7 名、教授 12 名，专任教师共 20 人，主要分布在中国考古、文化遗产、专门考古、文物学等四个二级学科方向上，可以满足本科、硕士、博士、博士后等不同层次培养目标的要求。

我们现已建成南京大学考古与艺术博物馆，成立了南京大学文化与自然遗产研究所、南京大学中国文化与文物研究所、南京大学南京文化研究中心等科研机构。同时，与南京博物院、安徽省文物考古研究所等单位建立了长期的合作机制，建成了稳定的田野考古教学实习基地，我们的毕业生在同行业中受到广泛的欢迎和好评。在今年教育部最新公布的全国高校一级学科评估排名中，南京大学的考古学科名列第六位，与国内老牌的考古专业，如北京大学、吉林大学等校的考古学科相比，我们的办学水准还是有一定的差距。

中国考古是南京大学传统的教学和研究领域，目前，在长江中下游史前及青铜时代考古、六朝考古、宋元明考古等方向上已经形成了自己的研究特色，另外，在边疆及中西交流考古、区域及城市考古等领域也具有很好的发展潜力。

文化遗产是我们近年发展的一个新方向，主要围绕江苏及周边地区的社会需求开展相关的课题研究，现已成为江苏省文化建设领域重要的决策咨询基地。在物质和非物质遗产领域的教学和研究中已经积累了许多成功的经验。

在环境考古和遥感考古方向，我们依托南京大学地理、地质学科的强大实力，合作开展了一系列的课题研究工作，在长江流域古洪水、全新世古环境与考古遗址的相互关系等方面的研究中获得了许多重要的成果。

在文物学方向，我们创办了国内第一家文物鉴定本科学历的专业（方向），针对国内收藏和鉴定界专业人才匮乏的局面，重点培养高级鉴定人才，2013 年，已经开始招收这个方向的硕士研究生。这一办学方向获得了国家文物局等行业主管部门领导的高度赞扬和肯定，对国内文物收藏和鉴赏行业的发展也将起到积极的引导作用。

南京大学的考古学科现已形成良好的教学体系，已出版了成系列的考古教材和若干种研究专著。在国家重点建设项目如三峡工程和南水北调工程的考古发掘工作中贡献了自己的力量。

目前，我们在上述四个二级学科方向上的学术梯队完整，教师年龄结构合理，学科带头人在国内学术界具有一定的知名度。我们希望有更多的学生来关注南京大学考古学科的发展与进步，报考南京大学的考古专业。

记者：当前您正在进行或者计划进行的学术研究有哪些？可否透露一下？

水涛先生：我们正在进行的工作有好几项，可以简单介绍一下。一个是继续按时完成《新疆通史》（史前卷）的编写工作，这是个十年磨一剑的大项目，参加整个《新疆通史》各卷编写工作的有几十位著名学者，大家都希望能拿出一个精品来，所以，我是感到重任在肩，压力山大。另一个是2012年承担的国家社科基金重大项目"环境考古与古代人地关系研究"的子课题："古代聚落的兴衰演变与环境的关系研究"，这个子课题由我负责，我们邀请了社科院考古研究所聚落考古研究中心和南京大学地理系的部分学者共同参与工作，一半是考古学家，一半是环境考古学家，联合起来做一件事，就是看看在中国不同地区的古代聚落发展过程中，环境到底起了什么作用？

我还帮助四川大学的教育部中国藏学研究中心承担了一个基地重大项目，是有关西藏昌都卡若遗址第二次发掘报告编写与研究的课题。虽然，西藏考古不是我的主项，但是，西藏的早期文化与中国西北的甘青地区、新疆地区都有或多或少的联系，所以，研究西北，也要关注西藏，同样，我也十分关注整个大北方地区的考古发现。近年来，我参加了多次在内蒙古中西部、辽宁西部、甘肃、宁夏和西藏等地的野外考察，目的就是为了拓展自己的研究空间和学术视野。

南京大学考古专业近年来在安徽的江淮地区设立了田野考古教学实习基地，重点发掘固镇县的谷阳城遗址，一方面，我们是为了完成南大考古专业本科生的教学实习任务；另一方面，是要积极参与安徽省的相关课题研究。我们希望通过在这个城址的连续发掘，对江淮地区春秋、战国时期一直到汉代的大型聚落的发展变化问题有一些考察和认识，这也是我们和安徽省文物考古研究所的多年合作研究项目。

我们还承担了湖北省文物局的一个南水北调考古研究课题，研究夏商周时期汉水流域的南北文化交流问题，目前这项工作进展顺利，研究成果可望在今年内提交给出版社。

其他还有一些年度考古发掘报告的编写工作需要完成，这些工作现在更多的是交给我们专业的年轻教师来承担，希望他们能逐步的全面接手我所承担的田野实习发掘指导工作。

计划进行的工作目前还不好多说什么，主要是计划不如变化快。比如说，我们在中华文明探源工程（四）中的任务目前尚不明确，这是国家重点项目，如果工作任务落实了，其他计划就要做出相应的调整和变更，不管怎么变，我们还是会优先考虑国家重大项目的落实与后续工作的安排，这些课题毕竟体现了南京大学考古学科的工作水准和社会认同感。

　　在此，我愿向多年来为南京大学考古专业的教学实习提供过帮助的国家文物局有关部门的领导，和众多兄弟省、市考古界的朋友们说一声，谢谢你们！

记者：谢谢水老师接受中国考古网的采访！

原载中国考古网 http://kaogu.cssn.cn/zwb/kgrw/rwzf/201303/t20130328_3925916.shtml

古今往事　如是我闻

——专访考古学家水涛

2017 年 2 月，*Map Magazine* 杂志社记者赵娟女士对水涛先生进行了专访，相比于前，增加了对海外考古的感悟（彩版 5）。

记者：您出生于军人家庭，为何没穿上戎装却选择了考古？

水涛先生：我的父母都是军人，1949 年随着王震将军的第一野战军奔赴新疆，他们在那里相识。新疆解放后，1954 年部队的全体官兵就地转业，成为了新疆生产建设兵团的指战员。我 1960 年出生于新疆兵团农八师的所在地石河子市。1964 年国家开始组建兰州军区生产建设兵团农十一师时，从新疆兵团抽调一批干部，于是我家从新疆搬至了驻地甘肃酒泉县，我在那里度过了我的童年时光。1976 年，我从酒泉县第一中学高中毕业，作为兵团子弟，很自然地加入了兵团战士的行列，以一名林场工人的身份，在那里工作了两年。

因为从小受到的教育，我总有抱负在心中，虽摸不清前路方向，但也想干出一番事业。1977 年恢复高考，我认为这是改变命运的机会，1978 年我考入了北京大学考古专业。之所以"选择"考古，是因为我历史、地理的高考成绩比较优异，招生的老师认为我合适，我就懵懵懂懂的走上了这条求学路，没想变成了一生的方向。我们这代人，被历史的车轮推动向前，有的时候并不是出于自己的选择，但是我想只要脚踏实地、坚持不懈，就能找到自己的定位和前行的方向。

记者：您一直十分关注环境考古，它在当代考古研究中发挥着越来越重要的作用，能给我们具体介绍一下吗？

水涛先生：环境考古是研究具体环境背景下，人类是如何选择自己的生产方式和生活方式的科学。它是揭示人类及其文化形成的环境和人类与自然界相互影响的考古学分支学科，是环境科学与考古学相结合的产物。

这些年来，我在研究工作中也越发的感受到，许多文化的发展与演变，其内在的动因肯定是有的，但有时外因的作用也很关键，这就是环境背景和环境变化所带来的因素。当前，环境考古取得的成绩是有目共睹的，比如论证气候的波动变化周期，突发的环境事件等对文化发展的影响等。

我之所以比较关注环境考古，大概有这样几个原因：首先，我在兵团工作的那两年，作为林业工人，在戈壁滩里种树，那种极端干旱的沙石地，小树苗很难生长，想要以种树的方式去改变环境是非常困难的，这段经历埋下了我很深的乡土情结，也让我对环境有了更深的认识。其次，我的父母到了甘肃后，去了甘肃省农业科学院工作，在我的成长阶段，对农业科学、地理学耳濡目染，这也渐渐成了我的兴趣。第三，环境考古和我对考古的理解是一脉相承的。环境是一个系统的概念，缺失了任何要素，系统都不完整。文化也是一个系统，它是生态环境系统中的一部分。注重对大区域环境背景的综合考察，而不是仅仅局限于某一个遗址点的发现和认识，这种宏观的视野和系统论的思维方式，对于考古学家来说是十分重要的，它也能帮助我们去解释很多发现、解决很多考古工作过程中的问题。

记者：您作为当今考古界的中坚力量，曾任国家社科基金重大委托项目《新疆通史》（史前卷）主编，并长期关注和研究西北地区新石器与青铜器时代考古，您为何如此关注西北地区？

水涛先生：中国的西北地区处于多个中心的交汇作用区域，这里早期文化类型多样，来源成分复杂，虽然经过几代人的不断探索，解决了一些重大问题，但是就整体而言，这个地区的文化序列还不完整，而在新疆这个现象就更加普遍。

我之所以关注西北，有这样几个原因：第一，我出生、成长于西北，它是我的家乡，我自然有不一样的感情。第二，1991年我去北京大学读博士之前，在甘肃省文物考古研究所工作了10年，那期间我主要从事西北地区的考古工作，对那里我更熟悉，也是我学术研究的起点。第三，新疆是丝绸之路的重要节点。对新疆的解读，需要以丝绸之路总体研究的视角去分析。我对新疆的研究，算算一晃也有30多年了，这也让我在这个领域有了一些自信，有了一定的发言权。

记者：多年来，您每年都要主持一项三峡库区的考古发掘研究项目，您认为这些考古对重大工程建设和当下社会具有怎样的意义？

水涛先生：在中国做学术研究，不能游离于时代之外。我们要服从大局，参与到重大项目中，这样既能"集中力量办大事"，更好地推动学术研究工作，也能从现实的角度更好地处理"保护与发展"的关系。

三峡工程的修建将淹没海拔175米以下的广大地区，而这些地区拥有着极为丰富的文物资源。为了永久留住三峡库区的文化遗产，在国家文物局的统筹安排下，全国各地考古和古建筑专家奔赴三峡，进行大规模的抢救性考古发掘和地面文物保护工作。在很短的时间内，发掘遗址的数量与质量都被世人所赞叹，很多学术问题都有了基础材料，将学术研究向前推进了几十年。重庆中国三峡博物馆就是保护、研究、展示重庆和三峡地区历史文化遗产和人类活动见证物的机构，这也是当时考古发掘研究项目的成果之一，它让公众能更好地了解三峡悠久的历史和灿烂的文化，这就是考古对重大工程建设项目和当下社会的意义。

记者：这两年，您率队的南京大学历史学院考古系与俄罗斯、伊朗开展考古合作，为什么会有这样的境外考古？您认为有怎样的意义？

水涛先生：俄罗斯和伊朗都是文明古国，他们西与地中海沿岸文明接触，东与中国文明沟通，不仅创造出了非常独特的本土文明，在和中国密切的文化交往中，也对中国尤其是中国的西北产生过较大的影响，为丝绸之路的繁荣和东西方文化的交流做出过巨大的贡献。境外考古，意义巨大而深远：首先，对他们的了解和研究，会延伸、推进对我们自身的认识，让我们理解多元文明产生、流变的动因，为后世留下更多的研究材料。这正如美国生物学家和遗传学家摩尔根撰写的《古代社会》一书，它以原始社会历史研究的具体材料，丰富和证实了马克思主义的唯物史观，后来恩格斯的《家庭、私有制和国家的起源》就是在摩尔根的研究成果上所著的。第二，中国考古学者长期以来局限于国内工作，近些年来才开始逐渐参与到世界考古当中，在世界考古上还缺少发言权，大力开展境外考古，也是我们的一种大国姿态，有助于更多的中国学者走上世界考古大舞台。第三，"一带一路"已经成为国家顶层战略，对"一带一路"沿线国家的境外考古，也将推动各国间的政治互信、经济融合与文化包容，这也是时代的要求。

记者：多年的考古经历，您最值得分享的感悟是什么？

水涛先生：我第一次读《帕米尔高原古墓》这篇发掘报告时，对发掘现场的照片百思不得其解，海拔 4000 多米的高原上，这么荒凉，还有高原反应，那些古代的牧人为什么要到这里来？当时，刚好看完了海明威的小说《乞力马扎罗的雪》，我跟海明威有着一样的疑惑，小说开篇那头在雪山顶上发现的豹子，它到底在寻找着什么？在这样的雪山之巅不是自寻死路吗？

2003 年，当我自己上了帕米尔高原，到了香宝宝墓地一看，我恍然大悟。如果当年发掘者对现场拍照时，角度偏转一点，就可以看到另外一番场景。香宝宝墓地在塔什库尔干河谷的高阶地上，而这段河谷宽阔平缓，夏季水草繁茂，牛羊遍地，简直就是人间仙境。河谷边上有很多自然的泉眼，据说这是新疆最好的天然矿泉水，一切都那么的和谐、自然，所有的问题都因为自己亲眼所见而揭开谜团。

所以在我看来，考古也是一种探险，是对于未知的探险，只有身临其境才能让我们了解事实的真相。我们固然可以从文献上去了解历史，但是正如胡适先生所说"历史是个任人打扮的小姑娘"，即使是再客观的历史学家，他在讲述历史的时候仍然带有选择性和倾向性，所以只有身临其境，才能如是我闻，这和"读万卷书，行万里路"，人生需要走出去，是一样的道理。

记者：南京大学曾是金陵大学的旧址，沉静而儒雅，听闻南京大学将启动南京大学博物馆建设项目，能给我们具体介绍一下吗？

水涛先生：北大楼位于南京大学鼓楼校区，原为金陵大学钟楼，建于 1917 年，由美国建筑师司迈尔设计，建筑风格体现了近代西方建筑风格对中国的影响，又保持了中国传统的建筑特色。历经百年风雨的北大楼如今已是南大人心中的圣地，在翠树掩映的校园中，它仿若一位守望者，无声的言说着"诚朴雄伟，励学敦行"的校训。

早在 20 世纪 20、30 年代，南京大学的前身中央大学的文学院和史学系就开始收藏殷墟甲骨和名人书画等，后来并入南京大学的金陵大学接受了其创办人美国收藏家福开森的千余件文物捐赠，福开森当时就曾有筹备建立金陵大学古物陈列馆的心愿与捐赠要求。在南京大学 100 周年校庆之时，为践行承诺，我们在田家炳楼创办了南京大学考古与艺术博物馆，之后也一直考虑如何将如北大楼等建筑群结合起来，将各院系的藏品统筹起来进行保管、展示。

后因南京大学主体部分迁入了仙林校区，学校领导也在思考仙林校区需要一个文化地标去传承南京大学的文脉与精神。现如今南京大学博物馆在仙林校区的建设项目已正式启动，第一笔捐赠款也已经到位，当然这个建设工作还需要一个较长的过程。

记者：您出生并成长于西北，旅居南京二十余年，对您来说，您更钟爱的是"天苍苍，野茫茫，风吹草低见牛羊"的塞北，还是"小桥流水人家"的诗意江南？

水涛先生：西北是我的家乡，南京是我的第二故乡，无论是塞北风情还是诗意江南，都是我热爱的生活。而且，南京本就是一座兼容并包的城市，六朝古都孕育了南京豁达宽厚的城市气质，她让我从来没有"独在异乡为异客"的漂泊感，而有更多"自家人"的归属感。

同时，可能因为自己从事考古工作已有 30 多年，我已经不太看重地缘性、自然属性，而更崇尚多元性，"人生需要出走"，走的地方多了，心中的疆域也就宽了，界限也就模糊了，我钟爱的是有更多体验，对未知有更多探索的生活。

原载 *Map Magazine*（城市指南）2017 年 3 月总第 181 期

The Formation of the Bronze Age Altai Mountains Interactive Zone: From the Perspective of Discoveries in China

Shui Tao

The Altai Mountains straddle China, Russia, Kazakhstan, and Mongolia: the southern foothills belong to China, the eastern part merges into the Sayan Mountains in Mongolia, the western part penetrates Kazakhstan, and the northern part extends into Siberia in Russia (fig.1). Historically, this region was the cradle of numerous nomadic tribes. Its Bronze Age cultures, in particular, have great significance in that they constituted the crux of Sino-Westerm cultural interaction.

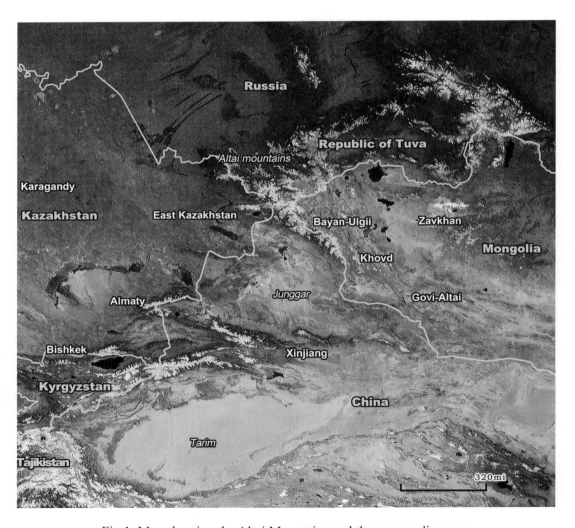

Fig.1 Map showing the Altai Mountains and the surrounding area

Part I Archaeological Discoveries

In 1961, when the Chinese archaeologist Li Zheng investigated ancient tombs in the Altai region of Xinjiang, he came to discover the Keermuqi cemetery.[1] Then in 1963, the Xinjiang Museum excavated 32 tombs, which span a broad chronological range.[2] Tombs of the type of M16 are equipped with chambers made of rectangular stone slabs, but without any aboveground mound. One enclosure may contain one or multiple stone slab chambers, accompanied by one stone human figure outside of the enclosure. The occupant is laid supine or on one side, and offerings include distinctive ceramic wares, such as jars with spherical bases, jugs with flat bases, and stemmed cups, all of which are decorated with incised lines or punched dots. In addition, stone cups and stone figurines were found.

In 2003, the Buerjin County Administration of Cultural Relics acquired an olive-shaped ceramic jar, a ceramic stemmed-cup, and a ceramic bowl near Kuopaer in Woyimoke District, which were later discovered to have come from an early stone-slab chamber measuring 1.56m long, 1.14m wide, and 1.32m deep, and painted red inside (fig.2-3).[3]

Similar ceramic wares have been discovered in Qitai county at the rim of the Zhungar (Zhungeer) Basin, which means that they are distributed all over northern Xinjiang.[4]

In 2010, a joint expedition of Sun Yat-sen University and the Xinjiang Institute of Cultural Relics and Archaeology discovered the stone-slab chamber tombs with stone human figures in Fuyun and Qinghe counties in eastern Altai, but they did not excavate any of them (fig.4).[5]

In 2011-2012, the Xinjiang Institute of Cultural Relics and Archaeology excavated 36 tombs at the third cemetery at Bolati in Buerjin County, and among them some are belong to early cultures furnished with stone spherical-base barrel-shaped jars and olive-shaped jars (fig.5-6).[6]

Fig.2 Stone-slab chamber found at the Kuopaer cemetery

Fig.3 Pottery found at the Kuopaer cemetery

a　　　　　　　　　　　b　　　　　　　　　　　c

Fig.4 Stone cups collected in Mulei(a) and the Altai Museum (b-c)

a　　　　　　　　　　　　　　　　　b

Fig.5 Stone-slab chamber found at the third cemetery of Bolati (a-b)

a　　　　　　　　　　　　　　　　　b

Fig.6 Pottery found at the third cemetery of Bolati (a-b)

In 2011, the institute excavated 61 tombs at the Dongtalede cemetery in Habahe county. Some of them are stone-slab chamber tombs with stone-pile mounds. Although many tombs of this cemetery were robbed prior to the excavation, a great number of gold foil ornaments, motifs of which are mostly realistic animals, such as boars, snow leopards, deer, and lambs, were uncovered. According to the excavators, the earliest ones date to the ninth century BCE (fig.7-8).[7]

In 2010, the institute excavated 30 tombs at the Shankou Power Station cemetery in Buerjin County. It is reported that tombs M16-19, which are furnished with stone-slab chambers and stone enclosures, are dated to the Bronze Age; the other stone-slab chamber tombs date to the fifth century BCE.[8]

In 2011, the institute excavated 100 tombs at the Aletengyemu Reservoir cemetery in Yumin county. Some of them are stone-slab chambers and shaft-pit earthen tombs of the early period. Based on a comparative study of the olive-shaped pottery wares from Tomb M74, they are dated to around 2000 BCE.[9]

The data of the third nation-wide survey in Xinjiang, published in recent years, recorded the discovery of dozens of cemeteries that feature this type of stone-slab chamber tomb in northern Xinjiang.

On the Russian side of the Altai Mountains, Russian scholars began to investigate ancient cemeteries in the nineteenth century. In 1856, V. V. Radlov excavated two frozen tombs at Berel' and Katanda in the intermontane valleys of the Altai, and found many horses, harnesses, and silk and leather artifacts accompanying burials.[10]

In 1862-1869, V. V. Radlov carried out a number of surveys and excavations in the Minusinsk, Altai, Semirech'e, and Yili Valleys. On this basis, he divided the archaeological materials of southern Siberia into

a   b

Fig.7 Stone-slab chamber tombs found at the Dongtalede cemetery (a-b)

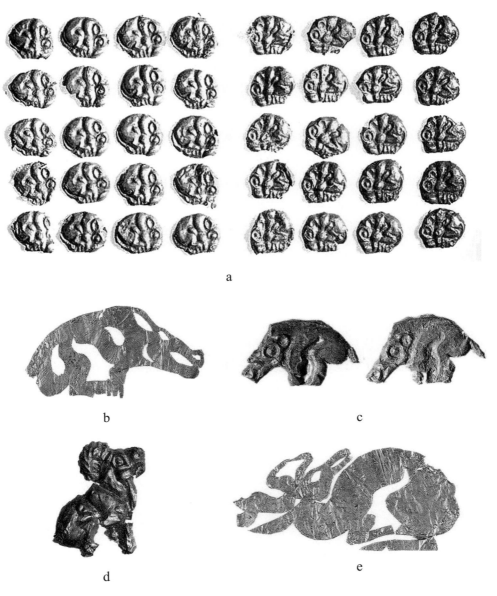

Fig.8 Gold foil ornaments found at the Dongtalede cemetery (a-e)

four periods: Bronze Age, Ancient Iron Age, New Iron Age, and Late Iron Age.[11]

From the early twentieth century on, Russian archaeologists S. A. Teploukhov, S. V. Kiselev, S. I. Rudenko, and M. P. Griaznov carried out a number of excavations in the Altai region.[12] In his *Ancient History of Southern Siberia*, S. V. Kiselev organized the early archaeological materials from the Minusinsk Basin and Altai region into the Afanas'evo, Andronovo, Karasuk, and Tagar cultures, and discussed their characteristics and areas of distribution, which is important for understanding the early cultures of the Altai region.[13] Later, S. I. Rudenko's excavation of the Pazyryk cemetery and M. P. Griaznov's excavation of the Arzhan cemetery provided additional materials for understanding the cultural development in the first millennium BCE in the Altai region and enabled the identification of the Uyuk culture in Tuva.[14]

Up till now, the study of early cultures in the Altai region has become a hot topic among the international community of scholars.

Part Ⅱ Mutual Interactions

When we compare the cultures that the Russian archaeologists S. V. Kiselev, S. I. Rudenko, and M. P. Griaznov determined using materials from the southern foothills of the Altai Mountains of Xinjiang, we find that the Afanas'evo culture of 2000 BCE, which is distributed in southern Siberia, spread southward over the Altai Mountains into northern Xinjiang. If we pursue the subject earlier, we see that elements of the earlier Yamnaya culture from the Urals area also arrived in Xinjiang.[15] These are the earliest Bronze Age materials then known in northern Xinjiang. Tomb M16 of the Keermuqi cemetery is typical of the later phase of this culture, which is now named Chemurchek culture. To date it is purported to have spread as far as Qitai County on the south-eastern rim of the Zhungeer Basin.[16] Some scholars posit that this culture moved further southward into the Tarim Basin, and profoundly impacted the formation of Xiaohe culture in the Lob-Nor area and the Xintala Phase in southern Tianshan.[17]

In a later period, Andronovo culture spread to Tacheng, Buerjin, and Habahe counties in northern Xinjiang; the earliest discoveries of this culture are the Adunqiaolu cemetery and settlement in Wenquan County, Xinjiang.[18] It was dispersed widely to the Pamir Plateau in southern Xinjiang,[19] and the Yili Valley in western Xinjiang.[20] It is believed that these sites in Xinjiang constitute the later local variant of Andronovo culture.[21]

Karasuk culture was widely distributed in the Minusinsk Basin but had relatively little influence on northern Xinjiang. To date some isolated materials of this culture have been discovered in the Altai area, and are named the "Kuxi Phase". [22] However, in the eastern Eurasian steppe, Karasuk culture spread all the way to the east of Lake Baikal and the Bronze Age Yinxu site in China.[23] One may consider that Karasuk culture was mainly distributed in the areas to the north of the Altai Mountains.

Within the first millennium BCE, a few isolated items of Tagar culture, which is widely distributed in the Minusinsk Basin, appeared in Xinjiang. Only a shaft-hole axe has been found at the Yanghai cemetery in Shanshan County in the Turfan Basin. The main distribution of Tagar culture is again located to the north and east of the Altai Mountains.[24]

The Pazyryk culture of the Altai Mountains made a profound impact upon the ancient cultures of northern Xinjiang. To date a sizeable number of gold foil objects with animal images have been discovered in Habahe County. In addition, at the Yanghai cemetery in the Turfan Basin[25] and the Zhagunluke cemetery[26] in Qiemo County on the rim of the Tarim Basin, a large number of animal-style wooden and woolen objects have been found. It appears that the Scythian animal-style art spread from west to east to the Altai Mountains, and further to Xinjiang along with the movements of nomadic peoples.[27]

Part Ⅲ　Several Ideas

1. The formation of the Altai Mountains interactive zone

To date, there are few clues regarding the Neolithic cultures in Xinjiang, and we are not sure if Neolithic cultures from both sides of the Altai Mountains share any characteristics, but at least from 2000 BCE on, the dispersal of Afanas'evo culture around the Altai Mountains created an interactive zone. It could be that the eastern movement of Yamnaya culture brought about a series of migration of cultures and peoples, so that Afanas'evo culture, and the subsequent Okunevo culture in the Minusinsk Basin crossed the Altai Mountains and entered the north and northwest of Xinjiang, as far as Qitai county. Anthropological research has told us that the migrants belong to the Caucasian proto-European group. They share physical characteristics with the Xiaohe culture of 2000 BCE in the Tarim Basin, but we are not certain whether they have any cultural and consanguineous connection with the latter.

2. Impact of the Altai Mountains interactive zone

As stated above, the early peoples, who comprised mainly the proto-European race, lived primarily in the north and northwest of Xinjiang; we are not certain whether they migrated into the Tarim Basin. In other words, the interactive zone is limited to the areas around the Zhungar Basin.

Andronovo culture spread widely into the north, northwest, and southwest of Xinjiang, far beyond the Zhungar Basin, and possibly even into the south-western rim of the Tarim Basin; the Liushui cemetery on the upper Khotan River provides similar materials.[28] Because this culture varies greatly across the broad territory of its distribution, scholars have identified regional variants of this culture. The culture appears to have come from the Ural Mountains; its population expanded eastward to Xinjiang along with horse-drawn chariots, mining and smelting technologies. In this process the Altai Mountains were an important transmission path.

The rise of the Scythian culture was an important event on the Eurasian steppe that had a profound impact. Pazyryk cemetery in the Altai Mountains and the Arzhan kurgans in Tuva identify the Altai Mountains as an important area of the eastward dispersal of Scythian culture. The animal-style art has been discovered throughout Xinjiang; we have reason to assume that it spread from the Altai Mountains. The culture of the Pazyryk cemetery may have derived directly from the Scythian culture of the northern Black Sea region.

It appears that the Altai Mountains interactive zone played a major role in early Sino-Western cultural interaction. We believe that future archaeological work will provide fresh data and a fresh understanding of the above question.

Postscript: This paper was written for the International Conference "Research Methods of Key Issues of Eurasian Archaeology" in September 2013. The Chinese text was first translated by Prof. Zhang Liangren into English, which was then translated into Russian, and published in the proceedings of the conference. In this version, which was submitted to honor the tenth anniversary of the death of Prof. Tsou Heng, most illustrations were deleted and a few references were added.

References:

[1] Li Zheng, "A preliminary report on the stone-man tombs in the Altai region", *Wenwu* 1962:7-8.

[2] Institute of Archaeology, Xinjiang Academy of Social Sciences, "A preliminary report on the Ke'ermuqi tombs in Xinjiang", *Wenwu* 1981:1.

[3] Zhang Yuzhong, "Olive-shaped pottery jars unearthed in Buerjin County, Xinjiang", *Wenwu* 2007:1.

[4] Qitai Cultural Museum, "Stone Age settlements and cemeteries in Qitai County, Xinjiang", *Kaoguxue Jikan* 2: pp. 22-24.

[5] Sun Yat-sen University and Xinjiang Institute of Cultural Relics and Archaeology, "Ancient cultural remains of the eastern Altai Mountains", *Xinjiang Wenwu* 2011:1, pp. 1-62.

[6] Yu Jianjun, "The third cemetery at Bolati in Buerjin County, Xinjiang", *China Cultural Relics Weekly*, 25 March 2013.

[7] Xinjiang Institute of Cultural Relics and Archaeology, "A preliminary report on the Dongtalede cemetery in Habahe County", *Xinjiang Wenwu* 2013:1.

[8] Xinjiang Institute of Cultural Relics and Archaeology, "A preliminary report on the Shankou Water Plant in Buerjin County", *Xinjiang Wenwu* 2013:1.

[9] Xinjiang Institute of Cultural Relics and Archaeology, "Excavation report on the Aletengyemu cemetery in Yumin County", *Xinjiang Wenwu* 2013:3-4.

[10] A. A. Zakharov and Iu. S. Khudiakov, "Arkheologicheskie isyskaniia na levoberezh'e Katuni v 1984 godu", *Arkheologicheskie issledovaniia na Katuni,* Novosibirsk, 1990, pp. 30-43.

[11] V. V. Radlov, *Iz Sibiri* (stranitsy dnevnika), Moscow, 1989.

[12] È. B. Vadetskaia, *Arkheologicheskie pamiatniki v stepiakh srednego Eniseia*, Leningrad: Izdatel'stvo Nauka, 1986.

[13] S. V. Kiselev, *Ancient History of Southern Siberia*, 2 volumes, Institute of Ethnography, Xinjiang Academy of Social Sciences, 1981.

[14] Sergei I. Rudenko, *Frozen Tombs of Siberia: The Pazyryk Burials of Iron-Age Horsemen*, translated by M. W. Tompson, Berkeley and Los Angeles: University of California Press, 1970, Fig.146; M. P. Griaznov, *Arzhan*, Leningrad, 1980.

[15] Ludmila Koryakova and Andrej V. Epimakhov, *The Urals and Western Siberia in the Bronze and Iron Ages*, New York: Cambridge University Press, 2007, pp. 45-57.

[16] Qitai Cultural Museum, "Stone Age settlements and cemeteries in Qitai County, Xinjiang", *Kaoguxue Jikan* 2: 22-24

[17] Lin Meicun, "Tuohuoluo ren de qiyuan yu qianxi", *Xinjiang Wenwu* 2002: 3-4, pp. 69-82.

[18] Cong Dexin, "The early Bronze Age settlement and cemetery at Adunqiaolu in Xinjiang", http://www.kaogu. net.cn/, 27 December 2012; Cong Dexin et al., "The discovery of lineage tombs at the Adunqiaolu cemetery in Wenquan

County, Xinjiang", *Zhongguo Wenwubao*, 30 January 2015, p. 5.

[19] Xinjiang Wenwu Kaogu Yanjiusuo ed., *Xinjiang Xiabandi Mudi*, Wenwu Chubanshe, 2012.

[20] Xinjiang Wenwu Kaogu Yanjiusuo, "Nilekexian Tangbalesayi mudi kaogu fajue baogao", *Xinjiang Wenwu* 2012:2, pp.4-20; Xinjiang Wenwu Kaogu Yanjiusuo, "Tekesixian Kuokesuxi 2 hao muqun kaogu fajue jianbao", *Xinjiang Wenwu* 2012:2, pp. 51-57.

[21] Jia Mingwei, Wu Xinhua, Ailisen Baici, "Zhungaer diqu de shiqian kaogu yanjiu", *Xinjiang Wenwu* 2008:1-2, pp. 35-54; Han Jianye, *Xinjiang de Qingtongshidai he Zaoqi Tieqishidai*, Wenwu Chubanshe, 2007, p. 51.

[22] Shao Huiqiu, "Shilun Xinjiang Aletai diqu de lianglei qingtong wenhua", *Xiyu Yanjiu* 2008: 4, pp. 59-65.

[23] C. B. Jixieliefu, "Sulian jingnei qingtong wenhua yu Zhongguo shangwenhua de guanxi", *Kaogu* 1960:2, pp. 51-53.

[24] Tulufan Bowuguan ed., *Tulufan Bowuguan*, Xinjiang Meishu Sheying Chubanshe, 1992, p. 47.

[25] Turfan Regional Bureau of Cultural Relics, "Cultural relics from the Yanghai cemetery in Shanshan County", *Xinjiang Wenwu* 1998:3.

[26] Xinjiang Museum et al., "The first cemetery of Zhagunluke in Qiemo County, Xinjiang", *Xinjiang Wenwu* 1998:4.

[27] Shui Tao, "Lun Xinjiang diqu faxian de zaoqi qima minzu wenhua yicun", *Zhongguo Xibei Diqu Qingtong Shidai Kaogu Lunji*, Kexue Chubanshe, 2001, pp. 88-89.

[28] Wu Xinhua et al., "Excavation of the Liushui cemetery in the Kunlun Mountains in Xinjiang", *Major Discoveries of China*, Wenwu Chubanshe, 2006.

试论商末周初宁镇地区长江两岸文化发展的异同

水　涛

地理概念上的宁镇地区指长江下游的宁镇山地一线。这里主要是一些海拔 200～400 米左右的低山和丘陵，长江从中间切过，江北地区有滁河、江南地区有秦淮河等通江河流。

文化概念上的宁镇地区也有别于太湖流域和其他地区，这里自古就是南北、东西文化交流的重要通道。研究宁镇地区的青铜时代文化，对于说明这种文化走廊效应的形成过程是非常重要的。

一　长江北岸地区的有关发现

1961 年，南京博物院对长江北岸仪（征）六（合）地区的湖熟文化遗址进行了调查[1]。1982 年，发掘了仪征市胥浦甘草山遗址[2]。1983 年，发掘了江浦县曹王塍子遗址[3]。1983 年，南京大学历史系考古专业发掘了江浦县蒋城子遗址[4]。1995 年，又发掘了仪征市神墩遗址[5]。以上四处地点的发现，对于认识江北地区这一时期的文化面貌是非常重要的。

甘草山遗址分为四层堆积，其中，第 3、4 层堆积和最下面的灰坑为西周到春秋阶段的堆积。3、4 两层所出陶器以夹砂和泥质红陶为主，比例高达 72% 以上。器形主要有鬲、鼎、罐、盆、钵、器盖。泥质灰陶比例约为 12%，黑皮陶占 8%，器形有豆、盆、罐、钵、器盖等。印纹硬陶占 7%，器形有瓮、罐、钵、小盏。原始瓷所占比例不足 1%，器形有豆、碗、钵。这几种不同性质的陶器在不同层位之间也存在差别，时代越早夹砂和泥质红陶的比例越高，印纹硬陶和原始瓷则相对很少。

曹王塍子遗址堆积分为 4 层，其中，第 3、4 层是西周和春秋文化层。西周层中陶器夹砂红陶占 48%，夹砂灰陶占 40%，泥质红陶、灰陶、黑陶的比例较小，几何形印纹陶只占 2%。器形有鬲、罐、盆、甗、豆、钵、瓮等。

蒋城子遗址堆积厚达 4 米，分为 8 个层次，出土物可分为 4 期，第 1 期年代相当于西周早期，陶器以夹砂红褐陶和泥质红陶为主，夹砂灰陶、泥质灰陶、黑陶均少见，没有发现印纹硬陶和原始瓷，器形有绳纹连裆鬲、绳纹甗、素面甗、圆腹平底盆、高圈足簋、粗柄豆等。第 2 期年

[1]　南京博物院：《江苏仪六地区湖熟文化遗址调查》，《考古》1962 年第 3 期。

[2]　江苏省驻仪征化纤公司文物工作队：《仪征胥浦甘草山遗址的发掘》，《东南文化》1986 年第 1 期。

[3]　南京博物院：《江浦县曹王塍子遗址试掘简报》，《东南文化》1986 年第 1 期。

[4]　南京市博物馆、南京大学历史系：《江苏江浦蒋城子遗址》，《东南文化》1990 年第 1、2 期。

[5]　南京大学考古专业：《仪征神墩遗址发掘有重要发现》，《中国文物报》1996 年 3 月 17 日。

代相当于西周晚期，陶器仍以夹砂红陶为多，泥质灰陶、黑陶更少，出现少量印纹硬陶和原始瓷。器形有绳纹连裆鬲、素面鬲、绳纹甗、盆、簋、豆、罐、原始瓷碗等。

　　神墩遗址地层堆积可分为西周早期、西周中晚期、春秋中晚期等几个时期。西周早期的陶器以夹砂灰褐陶、泥质红褐陶为主，泥质黑皮陶也比较常见，器形有素面鬲、簋式豆、粗柄豆、罐等。西周中晚期的陶器仍然以夹砂和泥质的红褐陶为主，印纹硬陶少见，原始瓷基本不见，器类有素面袋足分裆鬲、绳纹连裆鬲、素面甗、盆、缸、罐等。

　　以上四处地点的遗存具有比较多的一致特点，表明在西周初年江北地区分布着一种独具特色的文化遗存，这种遗存与同时期长江南岸的文化遗存存在着明显的差异。

二　长江南岸地区的有关发现

　　长江南岸地区从 20 世纪 50 年代发掘湖熟镇老鼠墩遗址[1] 开始，有了一系列重要的工作，先后发掘了南京锁金村[2]、北阴阳营[3]、安怀村[4]、太岗寺[5]、江宁县点将台[6]、昝庙[7]、镇江马迹山[8]、句容县白蟒台[9]、城头山[10]、高淳县朝墩头[11]、丹徒县断山墩[12]、团山[13]、丹阳凤凰山[14]、沈家山[15]、贺家山[16]、三城巷[17] 等地点。

　　北阴阳营遗址第 3 层年代相当于商代前期，陶器中泥质红陶和夹砂红陶所占的比例很大，纹饰以素面为主，器形有绳纹袋足分裆鬲、素面折脚连裆鬲、素面甗、绳纹甗、碗、钵、盆、豆、三足盘、盂、簋、研钵、瓮、尊、器盖等。其中，碗、钵、豆等器形中有一些器物是硬陶或原始瓷。第 2 层年代相当于商代晚期到西周初期，陶器中的基本器类有素面甗、素面鬲、绳纹鬲、碗、盆、豆、杯、盂、瓶、罍等[18]。

[1]　南京博物院：《记湖熟镇发现史前遗址》，《文物参考资料》1951 年第 7 期。

[2]　尹焕章等：《南京锁金村第一、二次发掘报告》，《考古学报》1957 年第 3 期。

[3]　南京博物院：《南京市北阴阳营第一、二次的发掘》，《考古学报》1958 年第 1 期。

[4]　南京博物院：《南京安怀村古遗址发掘简报》，《考古通讯》1957 年第 5 期。

[5]　江苏省文物工作队太岗寺工作组：《南京西善桥太岗寺遗址的发掘》，《考古》1962 年第 3 期。

[6]　南京博物院：《江宁汤山点将台遗址》，《东南文化》1987 年第 3 期。

[7]　魏正瑾：《昝庙遗址内涵的初步分析》，《江苏省哲学社会科学联合会 1981 年年会论文选　考古学分册》，江苏省考古学会编。

[8]　镇江博物馆：《镇江市马迹山遗址的发掘》，《文物》1983 年第 11 期。

[9]　刘建国等：《江苏句容白蟒台遗址试掘》，《考古与文物》1985 年第 3 期。

[10]　镇江博物馆：《江苏句容城头山遗址试掘简报》，《考古》1985 年第 4 期。

[11]　谷建祥：《高淳县朝墩头新石器时代至周代遗址》，《中国考古学年鉴·1990》，文物出版社，1991 年。

[12]　邹厚本等：《丹徒断山墩遗址发掘纪要》，《东南文化》1990 年第 5 期。

[13]　团山考古队：《江苏丹徒赵家窑团山遗址》，《东南文化》1989 年第 1 期。

[14]　凤凰山考古队：《江苏丹阳凤凰山遗址发掘报告》，《东南文化》1990 年第 1、2 期。

[15]　沈家山考古队：《丹阳市沈家山遗址》，《东南文化》1994 年增刊（二号）。

[16]　贺家山考古队：《丹阳市贺家山遗址发掘报告》，《东南文化》1994 年增刊（二号）。

[17]　三城巷考古队：《丹阳市三城巷遗址发掘报告》，《东南文化》1994 年增刊（二号）。

[18]　南京博物院：《北阴阳营——新石器时代及商周时期遗址发掘报告》，文物出版社，1993 年。

锁金村、安怀村等地点的遗存基本类同于北阴阳营第 2 层堆积。

团山遗址的地层堆积分为 11 个层次，可归为 6 期遗存，第 1 期年代可能早于商代。第 2 期年代相当于商代早、中期，陶器中常见甗、鼎、鬲、罐、豆、刻槽盆、钵、缸等。第 3 期年代相当于商代晚期和西周初期，陶器中鼎的数量明显减少，鬲以素面鬲为主。第 4 期年代相当于西周中晚期，陶器仍以甗、鬲为主。鼎少见，出现原始瓷豆等新器类。

团山遗址的发现具有典型意义，其他如白蟒台、城头山、断山墩等地点的遗存，基本同于团山发现的各期遗存。

凤凰山遗址共分 8 个层次，其中，7 ～ 2 层堆积均属青铜时代的遗存，可分为 4 个时期，第一期年代相当于商末周初，陶器有素面分裆鬲、素面甗、刻槽盆、鼎、罐、盘、钵、高圈足豆等。第二期年代相当于西周中晚期，出现原始瓷豆等新器形。

丹阳境内其他地点发现的遗存大致与凤凰山遗址的内涵相同，但年代偏晚。三城巷、沈家山、贺家山等地点的年代大致相当于西周晚期到春秋早期这一时期。

长江南岸地区发现的这些年代相当于商代和西周，甚至晚到春秋时期的文化遗存，传统上被称作湖熟文化，有关这种文化的发现还包括分布于这一地区的大量土墩墓遗存[1]。现在，有一些学者倾向于将湖熟文化只限定在商代这一阶段，而将西周时期的遗存单独划分出来，与土墩墓遗存一起称为早期吴文化[2]。本文无意就湖熟文化的具体问题进行讨论，因此，对于大量土墩墓的材料不再作进一步的分析。

三　长江两岸文化的比较

长江北岸地区曾经被看作是长江南岸的湖熟文化的分布区[3]。不过，随着一些新发现的材料陆续公布，人们已经注意到长江北岸地区文化面貌的不同特点。有人提出，应该将滁河流域的周代文化从湖熟文化中分离出来[4]。有人认为，长江以北的扬州至仪征一带西周时期属邗国，两周之际，吴灭邗，江北地区并入吴的版图[5]。

如果把以上各处地点的相同之处进行归纳，可以看出，长江北岸地区至少在西周初年就形成了比较一致的文化特点。就滁河流域的情况来说，这里始终以存在大量的绳纹陶器为特点，如绳纹鬲、绳纹甗、绳纹罐等，其他的有粗柄高圈足豆、圈足簋、平底盆。这些器物的风格明显具有中原周文化的烙印。这一地区很少发现几何形印纹陶的装饰风格，器类中也基本不见鼎、原始瓷豆、原始瓷碗、钵等器物。

仪征神墩遗址的发掘表明，这些特点不仅仅存在于滁河流域。而且，也存在于所谓仪征、扬州一带的蜀岗丘陵地带。

[1] 刘建国、张敏：《论湖熟文化分期》，《东南文化》1989 年第 1 期。

[2] 张敏：《宁镇地区青铜文化谱系与族属研究》，《南京博物院建院 60 周年纪念文集》，1993 年，第 119 ～ 177 页。

[3] 曾昭燏、尹焕章：《试论湖熟文化》，《考古学报》1959 年第 4 期。

[4] 宋建：《试论滁河流域的周代文化》，《东南文化》1990 年第 5 期。

[5] 张敏：《宁镇地区青铜文化谱系与族属研究》，《南京博物院建院 60 周年纪念文集》，1993 年，第 119 ～ 177 页。

长江南岸地区则是另一种表现形式,以团山遗址为例,这里的陶器组合是以素面鬲、素面瓿、刻槽盆、鼎、罐、钵,原始瓷豆等为特点。虽然,素面鬲在江北地区的遗址中也可以见到,但这种器类在陶器群中所占的地位明显不如长江以南的湖熟文化遗址。长江南岸地区的另一种文化现象,土墩墓传统也没有在江北地区发现。可以肯定的说,西周早期宁镇地区长江两岸的文化发展具有不同的特点。团山遗址第 3 期遗存的年代有可能早到商代晚期,这从一个侧面说明,江南地区与江北地区文化发展方向的分歧,应该出现在更早阶段的商代晚期。

四   中原传统因素进入长江南岸地区的路线问题

仅仅确认商末周初宁镇地区长江两岸文化发展的差异性,并不是本文的最终目的。我们的主要兴趣在于讨论中原传统因素如何向长江南岸扩散的问题。

仅就宁镇地区来看,在商周时期,这里并不是南北文化传播的走廊地带。如果把范围再扩大一点,在整个长江北岸的江淮地区,存在着一些混杂有土著文化因素的商文化遗存。有的学者注意到,江淮地区的这些文化遗存与中原地区的文化相比,实际上存在着明显的南北之别。或者可以将江淮地区的商时期文化遗存推定为淮夷的遗存,到周代,这种情况基本没有发生大的变化 [1]。

太湖流域的马桥文化具有一些夏商文化风格的陶器,如瓿、簋、盆等 [2]。马桥文化的分布并未到达太湖以西地区,也就是说,宁镇地区不是马桥文化的分布区。长江三角洲地区成陆过程较晚,与马桥遗址隔江相望的苏北沿海地区在夏商时期尚是一片汪洋 [3]。因此,中原文化因素在苏北沿海地区的分布和南下基本没有可能。

典型的中原商文化遗存在长江流域的发现,目前仅限于长江中游地区,如江西赣江流域的吴城文化。这种文化在长江南岸的广泛分布,表明早商文化基本控制了长江中游的广大区域。长江中游地区的商文化发展到商代晚期时,有一个从南向北逐步退缩的过程。到西周初年时,南方的土著文化开始再次繁荣。

长江中游与下游地区的文化交流何时出现并不清楚,至少在商代前期,代表着南方文化传统的印纹硬陶和原始瓷就已经在各地出现。从印纹硬陶技术在南方地区的流行趋势可以看出,夏商时期,存在着从长江中游的赣江、鄱阳湖地区向下游的宁镇地区、太湖地区以及岭南地区逐步扩散的过程 [4]。也就是说,存在着中下游地区的文化联系环节。如果我们设想,中原商文化是随着长江中游地区的这种印纹硬陶传统一起逐步传入下游地区的宁镇地区,这种猜测不是没有根据的。只是由于目前在安徽皖南地区的考古工作相对比较薄弱,我们还不清楚,这种文化联系是否是经由安徽南部地区而完成的。江西新干大洋洲大墓的发现表明,长江中游的赣江流

[1] 王迅:《东夷文化与淮夷文化研究》,北京大学出版社,1994 年。

[2] 上海市文物管理委员会:《上海市闵行区马桥遗址 1993～1995 年发掘报告》,《考古学报》1997 年第 2 期。

[3] 吴建民:《苏北史前遗址的分布与海岸线变迁》,《东南文化》1990 年第 5 期。贺云翱:《夏商时代至唐以前江苏海岸线的变迁》,《东南文化》1990 年第 5 期。

[4] 彭适凡:《中国南方古代印纹陶》,文物出版社,1987 年,第 235～245 页。

域存在过高度发达的青铜文化，所以，我们对长江中游地区商时期文化的辐射影响能力，应该有一个新的认识。

五 结语

宁镇地区长江两岸发现的商末和周初的文化遗存显示了明显的差异，这种差异代表了江北和江南地区两种不同的文化传统。因此，宁镇地区此时并不是南北文化传播的走廊，太湖地区和安徽省的沿江地区也不是南北文化交流的通道。中原地区商文化的南下，首先是从长江中游的赣江、鄱阳湖地区越过长江，然后扩散到长江下游的宁镇及其他地区。如果这种认识能够确认，那么，关于宁镇地区早期吴文化的形成以及太伯奔吴事件的影响，都应该作出新的解释和评价。

原载《长江流域青铜文化研究》，科学出版社，2002 年

行走在中亚细亚草原上

——2016年俄罗斯阿尔泰考古散记

水 涛

在电脑上敲出这个标题时，我正在聆听着俄罗斯著名作曲家亚历山大·鲍罗丁（1833～1887年）的交响音画作品：《在中亚细亚草原上》，思绪随着音乐的旋律回到了那辽阔的草原上。说实在的，那些没有去过中亚草原的人，很难联想和体会到那种空旷、悠远的时空概念，以及由于这种荒凉寂寥而产生的美感。

中亚地区主要是指现在的中亚五国，但在地理上也包括了俄罗斯的南西伯利亚和阿尔泰共和国等地。中亚南部多高山和大河，北部主要是温带草原地貌。从广义上讲，中亚细亚的草原是欧亚大草原的一个组成部分，本文所讲的中亚草原，主要是指俄罗斯共和国境内阿尔泰边疆区的草原地带，它的东面是阿尔泰山地，草地向北一直扩展到高纬度地区的泰加林边界一线，向南连接着哈萨克草原，向西延伸分布到东欧的乌克兰等地。由欧亚大草原组成的草原世界是古代和当代各种游牧民族繁衍和生息的广阔舞台，也是丝绸之路的重要通道之一。

一

2016年8月，受俄罗斯国立阿尔泰大学考古系 A. A 提什金教授的邀请，南京大学考古队一行6人来到了俄罗斯境内的阿尔泰边疆区，参加本年度中俄合作考古发掘工作（彩版6）。此项合作的动议开始于2012年，2015年进行了第一次的合作发掘，发掘了阿尔泰山区的一个青铜时代的冶炼遗址。今年则是第二个年度，选址在阿尔泰山地西边的草原地带，这使我们有机会真正深入的了解一下中亚草原的历史和风俗。

8月10日晚，我们从北京飞到新西伯利亚市，然后转乘汽车到巴尔瑙尔，这里是阿尔泰边疆区的首府所在。在此稍事休整，第二天就随着阿尔泰大学考古系的师生一起，分乘三辆俄式越野车向南赶到了300公里以外，靠近哈萨克斯坦边境的布鲁佐夫斯克附近的一个小镇。八月的原野上还是一片绿色，几个小时的旅途中看到的就是无边无尽的草地，偶尔能有几处以木屋建筑为主的民居或村落，公路边是连片开垦的农田，种植着大面积的小麦和油葵。路上很少见到行人和其他车辆，感受着天地任我行的辽阔和寂静。

我虽然多次到访俄罗斯，参观过许多博物馆和名胜古迹，但还没有参加过正规的考古发掘，此次是我第一次零距离的接触俄罗斯同行的考古发掘全过程，自然有许多惊奇和收获。第一个问题就是，他们在植被茂密的茫茫草原上如何进行富有成效的考古调查工作？我当然不怀疑俄罗斯的科技水平，他们肯定能够使用高精尖的设备和技术来获取信息，但是，答案却非常意外，在野外调查的考古工作者往往是通过看鼹鼠洞外的小土堆来判断此地有没有文化遗存。鼹鼠是一种小型的啮齿类动物，一般身长约10厘米，前肢特别发达，双眼视力较弱，其习性适合于洞穴生活和挖土作业。我也在发掘区附近进行了观察，看到周围草地上的确有许多的鼹鼠洞，一般土堆较小，但看不见什么有价值的文化遗存或灰土。曾经在网上和朋友聊天时被告知，国内的考古学家也早就发现了老鼠洞是在草原和荒漠地区考古调查时经常需要关注的对象，只不过，据我的个人经验判断，中国北方的荒漠草原上多见体形较大的土拨鼠，它们打洞很深，专吃草根，破坏草场且传播鼠疫，因此，多是被人类杀灭的对象。而俄罗斯草原上的鼹鼠虽也挖洞，但主要是吃土中的蚯蚓和小昆虫，对草场破坏很有限，而且它们还能帮助考古学家确认一些遗址的位置，普遍受到人们的喜爱和保护。

俄罗斯的考古发掘方法朴素而有成效，一般不用特别高大上的仪器设备，发掘区布方时用罗盘判定基线的方向后，一般使用最基本的直角三角形方法确定其他几个探方边的方向。相比之下，目前在国内，正规的考古学专业教学实习和各省考古所的主动发掘工作，如果不使用全站仪或RTK进行布方和测量，简直就会被看成业余水平或者是盗墓贼的水平。俄罗斯的探方每一个布成4米×4米，中间的隔梁是20厘米宽，每个4米×4米的探方内再划分为四个1米×1米的区域，单独作为采集标本的计算单位，如第一个大方中的编号为1～4，第二个大方中的编号为5～8，依此类推，编号不重复。探方发掘时使用铁锹，但不使用任何的运土工具，如手推车或挑担等，所以，隔梁留得很窄，探方内也不留挑土的人上下走的台阶，探方内出土的工作全凭力气，抢圆膀子往外扔。最要命的是这里根本不用民工，这些力气活都是发掘者自己来承担的。

第一天布完方后，每人拿起一把铁锹就开始挖草皮，我也不甘示弱地拿起把铁锹干了起来，谁知，这一上手就停不下来了，一直坚持到了最后工地收工，基本上就是当了一个月的农民工，也算是工地上年龄最大的民工。幸好本人年轻时曾经在兵团当过战士，干一般的农活难不住我，虽然在国内多年不干这些力气活，开始时不免气喘手软，但经过几天之后便跟上了大家的节奏，也就差一点没有被队里的俄罗斯小伙子们给看扁了，算是为中国的考古学家赢得了一分尊严。实际上到后来，我发现每天干点力气活，又能吃又能睡，其他的事也不愿多想，还自我感觉良好，我想，这或许应该就是田野考古学家的生活节奏吧。

按照俄式发掘方法，一个遗址中只有一个人全盘负责每一个探方出土小件的登记、测量、绘图和照相等工作，其他人既不做任何辅助记录，也不写个人的探方日记。发掘工作进度整齐划一，即发掘区每个方统一挖10厘米的一个深度后，铲平，刮光，如果没有遗迹现象，统一照相后，再按照10厘米的厚度向下挖一层，地层线等自然也不用划。这种方法使我们每个探方的方主变成了真正意义上的民工，连技工都不是，每天的工作就是挖土，扔土，再挖土，再扔土。我过去一直对于国内流行的一些发掘方法有不同看法，认为他们过于注重细枝末节的描述和划分，实际上反反复复的各种记录浪费了大量的人力和物力，最后大多都是无用功。现在，经历了俄式发掘过程，感受到了一种简单粗暴的实用主义方法，原来考古还可以这样玩，而不是像我们那样，先在田野中把自己搞昏了头，再来编个报告让别人读昏了头。

实际上俄式发掘并不是一切从简，我们发掘的是一处青铜时代的遗址，他们对所有的出土物，包括陶片、碎骨头、炼渣、小石块等都不放过，均按小件编号和测方位，队里那位担负此项重任的俄罗斯胖子萨沙，每天除了要完成自己探方的挖土工作，还要不停地忙着为各个探方的出土物编号、测量和绘制方位图，十分辛苦，但却从未见他有任何的抱怨。发掘中我们也尝试着使用了筛选和浮选的方法试图有所发现，但效果不佳。可见，中亚草原上的早期遗址包含物可能并不丰富，不用复杂的发掘方法也可以取得良好的发掘效果。当然，后期的实验室检测分析仍然是不可或缺的工作环节，在这些方面俄式考古方法是毫不逊色的，此处暂且不表。

二

在俄罗斯的田野考古发掘工作虽然工作内容相对简单，就是挖土，不用做大量的绘图和记录等作业，节省了每个人许多的时间和精力，但每天的生活内容照样丰富多彩。俄罗斯人天性乐观、豁达，日常生活中很容易满足和感到幸福，考古队的伙食由两位阿尔泰大学的女学生负责，一人随队到野外负责中午饭，一人在住地准备晚餐。每日的伙食在我们看来基本是一成不变的，主食是切片面包，主菜是俄式肉汤，有时有一个蔬菜沙拉，或者一盘水果，佐餐的是各种蛋清酱、芥末酱等。我们开始几天算是尝新鲜，感觉比较好吃，后来，每天重体力劳动，吃什么都不重要，每顿能吃饱就行了。吃饭时俄国人最期待的是伏特加，我们则是冰啤酒，但这些酒水并不是顿顿都有。8月12日工地开工那天，刚好是俄罗斯的考古节，收工后俄方领队专门派人烤了大盆的烤肉，买了足量的酒水，大家都十分高兴。俄罗斯的饮酒礼节十分繁缛，刚开始先是由一个年长者或领导出面说明今天为什么事喝酒，话多且长。我们本就听不懂，但还要耐住性子装作很欣赏的样子。第一轮刚喝完，又站起来一个人，又是一番感谢和祝福之类的话语，接着再喝一轮，如此反反复复，喝一顿酒就有七八个人要站起来发言，祝酒词多到不胜其烦。几杯伏特加酒下肚之后，每一个在座的俄罗斯队员忽然之间都变成了演唱会高手，或高歌一曲，或吉他伴唱，大呼小叫，场面十分热闹。而这种时候中方的队员只能当陪衬鼓掌了。后来发现，不是节假日，俄罗斯人也会找个理由喝伏特加，乐此不疲，常常是第一天喝到半夜，第二天照常上工，有酒的时候餐桌上有没有其他的美食都可以忽略不计了。

我们发掘的遗址位于一大片草原的深处，附近虽有一个苏联时代的农场，但早已破败不堪，没有多余的房子可以租用，我们的驻地只好选在60多公里以外一个小镇的宾馆里，每天需乘坐两辆俄式越野上下班，往返大约2小时。俄制的这种车驾驶室可容纳7人，后边是一个封闭的货舱，类似于常见的皮卡车，但马力大，油耗惊人。由于此次发掘全部经费由中方承担，所以，每天到加油站时，我们负责付钱的张老师都会极不情愿地拿出钱包，并极力诋毁这种百公里耗油20个数字的俄式车。但是，俄罗斯是能源大国，汽油和柴油的价格比中国国内低一半以上，如果按照在中国用车的消费标准看，汽油费也不是一笔很大的开支。

三

阿尔泰考古的印象不仅仅有伏特加和鼹鼠，当然，还应该有一些学术上的思考。我们之所以选择阿尔泰地区作为中俄合作考古的首选之地，也是基于对中国考古宏观研究的需要，目前，在中国新疆阿勒泰地区发现的最早的文化遗存是距今 4000 年以前，青铜时代早期的切木尔切克类型遗存，稍晚阶段的有安德罗诺沃文化、卡拉苏克文化等类遗存。这些文化的源头，都可以追溯到更早阶段在俄罗斯南西伯利亚地区以及乌拉尔山附近地区的一些发现，如颜那亚文化、阿凡纳谢沃文化等，而这些由西方向东方迁移的早期游牧文化，最有可能是经由阿尔泰山西北部地区进入到新疆的阿尔泰山南坡一线。到斯基泰人兴起之后，骑马民族的东进浪潮一波接着一波，对于新疆和中国北方的广大地区产生了广泛的影响。这些骑马民族也主要是在欧亚草原地区迁移游动，因此，草原地区考古，是一个世界性的研究课题，目前，在欧亚草原西部地区的考古发现相对比较多，文化类型丰富，但围绕着新疆北部及阿尔泰山周边的考古发现相对较少，工作基础薄弱。与此相关的一些专题研究，如冶金技术、驯马技术、甚至小麦等农作物的东传过程，都与这个地区的发现密切相关。

我们本年度的阿尔泰考古发掘工作，虽然难说是什么重要的发现，但是对于中国学者初步了解俄罗斯考古的工作流程，了解阿尔泰山西部地区青铜时代文化的序列及特征，了解阿尔泰草原与哈萨克草原在青铜时代的关系等，都是不可多得的机遇。按照与俄方的合作计划，我们将在五年之中，持续在这个地区进行田野考古发掘工作，相信在今后的发掘中会有新的认识和收获。

南京大学在俄罗斯的考古工作，也是中国考古走出去的一个尝试，是目前的丝绸之路研究和"一带一路"战略的组成部分，从这个高度来看待问题，我们更有了一种紧迫感和时代感。在这个时代洪流中，中国的考古人第一次以世界的眼光看待周边国家与中国的相互关系，不再纠结于所谓西来说的困局中，以积极的心态看待和研究各国古代文化之间的演变关系和交流过程，这些都是中国考古学在 21 世纪中出现的新变化，这些变化也将对今天的世界考古学发展产生深远的影响。

此刻耳边又响起了亚历山大·鲍罗丁的《在中亚细亚草原上》那熟悉的旋律，据音乐史家的分析，这部作品的主旋律有两个，一个改编自俄罗斯民歌，一个则是代表东方风格，这两支旋律在不同声部中巧妙地结合在一起，它象征着俄罗斯与东方民族文化的友善融合。今天，代替古代的东方商队行走在中亚细亚草原上的将是一支支来自中国的考古队，他们会继承和发扬往日的那些光荣与梦想吗？我们不妨拭目以待。

原载《中国文物报》2016 年 10 月 21 日

魂归蓝山

水　涛

一　悉尼之行

2015 年 12 月初，我受邀访问了澳大利亚悉尼大学。悉尼大学考古系的贾伟明先生（Peter Wei Ming Jia）为我的短期考察安排了所有的行程。到达后先是正式拜会了考古系的 Alison V.G.Betts 教授，她是一位著名的中亚考古专家，目前正在乌兹别克斯坦主持一个古代城市遗址的连续发掘工作，Peter 也在中国新疆连续多年参与阿敦乔鲁遗址的合作考古发掘工作。我此行的目的就是希望了解悉尼大学考古系在丝绸之路考古方向的研究动态，并商讨南京大学与悉尼大学在这一领域进行合作的可能性，与 Betts 教授和 Peter 博士的会谈是愉快而富有成果的，随后参观了考古系的博物馆和实验室以及 Betts 教授的中亚考古资料中心，下午由 Betts 教授主持一个小型报告会，我介绍一些新疆史前考古的最新发现材料，会后进行了短暂的互动交流。

此行的"规定动作"完成后，Peter 给我安排了一些参观游览活动。Peter 老兄早年毕业于吉林大学考古专业，在 20 世纪 80 年代的出国大潮中留学澳洲，经过三十多年的风雨洗礼，早已是一个老资格的澳洲通，由他担任导游兼司机，自然是我的莫大荣幸。随后的几天里，我们在悉尼参观了澳大利亚博物馆、海洋博物馆，在堪培拉参观了国会大厦和国立博物馆，返回悉尼后又参观了新南威尔士州美术馆，拜会了多年不见的北大同学曹音女士。游览了悉尼歌剧院、达令港、圣玛利亚大教堂、邦迪海滩等著名景点。时至初夏季节，风和日丽、碧海蓝天之间的悉尼给人留下了无限美好的印象，特别是在悉尼歌剧院自费欣赏了一场亨德尔的清唱剧《弥塞亚》，亲身体验了终场时刻全体观众起立，共同高唱《哈里路亚大合唱》的壮观场景，感觉浑身都是满满的正能量。

12 月 5 日的返程航班是在傍晚，白天还有一些时间，原计划去看一下澳洲特有的动物考拉和袋鼠。但是，前一天晚饭时 Peter 忽然提及，悉尼还有一个地方你应该去看看，柴尔德的墓地就在这里。我大吃一惊，柴尔德的墓怎么是在悉尼呢？那么好吧，我们就去看看这个地方，考拉之类的以后再说。

二 寻访柴尔德

第二天一大早，Peter 驾车接我出城，来到郊外一个山清水秀的清净之地，停车后发现是一个大型的公共墓地，Peter 凭记忆带我穿行在一片片墓园之间，这个墓地可以看出有很长时间的历史，原本按照英文字母的顺序规划出不同的墓区，后来经过扩建，在外围又按照阿拉伯数字规划了新的墓区。从考古专业人员的眼光来看，不用任何标志牌，我们也能根据不同的墓葬用材、石棺造型、排列顺序等分出墓葬的早晚关系和族属，清教徒、基督徒、天主教徒，以及其他信仰者的埋葬方式和墓上建筑风格截然可辨，其中还见有一些华人的墓葬。平民和富人在墓葬上也可以一眼看出来差别，但他们都可以共享这里的宁静和平安，我想这一点体现了公共墓地所坚持的平等原则。

在初夏的阳光下，我们在上千座墓中间寻找了一个多小时，还是没有找到 Peter 记忆中柴尔德墓的确切位置，最后不得不求助于墓地的管理员，管理员在电脑系统里查了很久，也没有关于柴尔德墓葬资料的任何记载。Peter 说，不可能啊，我几年前还来过的，就在这里。最后，管理员说附近还有一个墓地，是否可以去那里找找。我们上车出大门转过了一个山包，又看到了一个陵园，名字叫 Northern Suburbs Memorial Gardens and Crematorium。Peter 说，可能我记错了，大概是在这个地方。这次我们学乖了，先不去墓园中找，而是先去问墓地管理员，管理员又是在电脑上忙活了半天，没有找到明确的线索。Peter 说，我这里有墓葬的编号：NT451A。管理员手拿一张墓区分布图告诉我们，这个编号的确是在这个陵园，大概位置应该是在那一片地方，但是电脑里就是没有柴尔德的记载，你们还是自己去找找看吧。我们根据提示，果然很快就找到了 NT 所在的墓区，但就是没有发现柴尔德的墓。Peter 反复回忆说，是一个小墓碑，好像还是跟别人合葬的墓碑，我们就蹲下身来，一遍遍辨认着一个个带名字的标牌，最后 Peter 喊了声，找到了。我过来一看，这地方我转了好几遍啊，没有的。Peter 说你过来仔细看，果然，在一个很小的铜牌上刻着两个人的名字，上面一位是 MARION H.SHANNON DIED 28TH OCTOBER，1940；下面一位是 VERE G.CHILDE DIED 19TH OCTOBER, 1957。我显然没有意识到 VERE 就是柴尔德本人的名字，细看标牌右下角的编号，果然是 NT451A。错不了，这里就是柴尔德的墓牌了。我赶忙照了几张照片，记住了墓牌周围的环境和位置关系，因为没有带尺子，就掏出手机比划了一下，发现这个墓牌的大小与我手机的 6 英寸屏幕大小差不多，也就是 16 厘米 ×8 厘米见方吧。当时脑子里真是一片混乱，完全没有任何概念来接受这样一个事实，这么小的一个墓牌，还是沾了别人的光，真可以说是"死无立锥之地"啊，这就是世界著名考古学家的最终归宿吗（彩版 7、8）？

Peter 告诉我，最初找到柴尔德墓地的是一个悉尼大学的学生，名字叫 Huw Barton。起因是在 2000 年 3 月，访问悉尼大学的美国考古学家 LuAnn Wandsnider 想去拜访柴尔德的墓地，他提了一个简单的问题，"柴尔德 1957 年死于悉尼西部的蓝山，他葬在哪里？" Huw 问了系里的同事，无人知晓，又问了其他院系的老师，还是不知道。柴尔德这么著名的学者死后归宿居然是一个谜一样的问题，这让 Huw 感到十分的好奇。

又碰了几回钉子后，他最终从新南威尔士州的出生、死亡、婚姻登记处那里获得了一份文件的拷贝。文件显示，柴尔德 1957 年 10 月 19 日在 Blackheath 意外坠亡。10 月 23 日，他的遗骸被送到悉尼市的北郊火葬场。在这个火葬场的墓地里，Huw 不仅找到了柴尔德的纪念墓牌的编号和位置所在，而且搞清楚了他与墓牌上另一个人之间的关系，Marion Holoborough Shannon 是柴尔德堂兄 Alexsander Gordon 的夫人 Elizabeth Jean Shannon 的亲戚，柴尔德的一个好友 Evatt 与他的这位堂兄当年共同为他在悉尼的圣托马斯大教堂举办了葬礼。

Huw 还发现，柴尔德在 1957 年的遗嘱中坦承自己没有任何存款，他慷慨地将一切都赠送给了他的家人、学生和研究机构。他将全部著作的版税赠给了英国伦敦的考古机构；承诺为他的姐姐 Ethel 提供终生的资助；又为他的家人准备了另外的礼金，但似乎是，在他死的时候并没有给自己的葬礼和自己的墓地留下任何的资产或现金。因此，Huw 推测，柴尔德的名字最终是被其亲属仁慈地加刻在了 Shannon 家族已有的墓牌上。

三　初识柴氏

我第一次知道柴尔德的名字是 20 世纪 80 年代后期在北京大学考古系读研究生的时候，记得 1987 年秋天入学后在严文明先生的《新石器时代考古学史》的课堂上听到了柴尔德有关"新石器革命"的概念。后来，看到了黄其煦先生所译格林·丹尼尔的名著《考古学一百五十年》。在这本书中，丹尼尔先生对柴尔德的《欧洲文明的曙光》（1925 年出版）给予了很高的评价，他认为柴尔德等提出了一种恰如其分地传播理论，解决了 19 世纪晚期东方起源论和西方起源论之间的论争，巧妙地避开了语言学与人类学和考古发现的对应关系，考古学家不再纠缠于那些几乎不可能解决的问题。

1991 年，三秦出版社出版了《当代国外考古学理论与方法》一书，这是由我国著名考古学家俞伟超先生发起并组织翻译的译文集，其中的第一篇文章，即是柴尔德的《城市革命》。这部译著的出版对于中国考古学界系统地学习和了解国外考古学理论与方法的发展历史具有重要的作用，也是我们这一代中青年考古学者的案头必读书。时至今日，对于文集中介绍的诸如戈登·柴尔德、路易斯·宾福德、张光直、戴维·克拉克、伊恩·霍德这些不同时期考古学史上大名鼎鼎的学者和其主要贡献，我们仍然记忆犹新。

柴尔德提出的"新石器革命"和"城市革命"的概念，以及出版的多部史前考古学方面的著作，为他赢得了世界性的广泛声誉，被公认为是 20 世纪前期最有成就的史前考古学家。

四　落幕

柴尔德一生中多次到访过苏联，对于马克思主义唯物史观有着一定的理解和实际运用，这也使他有着"红色教授"的称号。但是，二战结束后，他对于苏联考古学的发展方向似乎是感到了一种失望和幻灭，这种情绪也影响了他对于自己学术发展的创新。

1956 年他从英国伦敦大学退休，回到了他的故乡悉尼，此时，对于健康状况和过早衰老问题的担心使他无力从事新的研究工作。据说，他是在蓝山地区参加一次学术活动期间，纵身跳下悬崖，结束了自己的一生。关于他的真实死因，一直是学术界讳莫如深的问题。从留下的遗嘱可以看出，他对于自己的身后事早有明确的安排，千金散尽之后，没有给自己留下任何东西，表明了参透生死之后一种豁达的境界。实际上，他在蓝山的纵身一跃，就是把自己的归宿交给了蓝山，而他的亲友们好意将他的遗骸归葬在悉尼北郊墓地中，并且寄人篱下的做法我想并不符合柴尔德的本意。

行文到此，我的眼前出现了电影《卧虎藏龙》片尾的一个镜头，年轻的武林高手玉娇龙在经历了人生的悲欢离合之后，也是纵身跃下了武当山的万丈深壑，谁能说这不是一种更好的选择呢？

哦，蓝山……

原载《大众考古》2016 年第 2 期

大汶口文化和良渚文化刻符中的昆仑形象

宋亦箫*

大汶口文化和良渚文化是中国东部沿海两处新石器时代中晚期考古学文化。大汶口文化主要分布于山东和皖北，良渚文化主要分布于苏浙沪。时间上，大汶口文化中晚期（公元前3500年～前2600年）与良渚文化（公元前3500年～前2600年）大体同期[1]，它们又是相邻文化，故存在文化间的影响和交流，包括本文要探讨的昆仑形象刻符。

大汶口文化和良渚文化刻符，主要存在于陶器和玉器上。本文所要讨论的昆仑形象刻符，只见于大汶口文化的陶尊和良渚文化的玉璧、琮、镯上。且它们均属形象符号而非几何形符号。关于这些形象刻符的意义，前人的研究很多。概括起来，有原始文字说[2]、标记说[3]或某种观念说[4]。观念则包括宗教、神话、祭祀或图腾观念等等。仅有冯时和董楚平二人的部分观点较接近本文立场，冯时分析了其中的高台立鸟形象，认为立鸟是鸟神也即太阳神，其下的三层高台为祭坛[5]，但未能推导出祭坛是昆仑形象。董楚平也只关注了这些刻符中的高台立鸟形象，指出三

* 宋亦箫：2006级博士，现就职于华中师范大学历史文化学院。

[1] 栾丰实：《良渚文化的分期与年代》，《中原文物》1992年第3期。

[2] 于省吾：《关于古文字研究的若干问题》，《文物》1973年第2期。唐兰：《关于江西吴城文化遗址与文字起源的初步探索》，《文物》1973年第2期。李学勤：《考古发现与中国文字起源》，《中国文化研究集刊》第2辑，1985年。王树明：《谈陵阳河与大朱村出土的陶尊"文字"》，《山东史前文化论文集》，齐鲁书社，1986年，第249～308页。陆思贤：《我国最早的文字》，《书法》1988年第6期。李学勤：《余杭安溪玉璧与有关符号的分析》，《文明的曙光——良渚文化》，浙江人民出版社，1996年，第240～246页。牟永抗：《良渚文化的原始文字》，《文明的曙光——良渚文化》，浙江人民出版社，1996年，第247～256页。王凡：《良渚时代的萌芽文字及其意义》，《良渚文化论坛》，浙江古籍出版社，2002年，第108～116页。董楚平：《"鸟祖卵生日月山"——良渚文化文字释读之一，兼释甲骨文"帝"字》，《故宫文物月刊》第168期，1997年3月。

[3] 汪宁生：《从原始记事到文字发明》，《考古学报》1981年第1期。庞朴：《"火历"三探》，《文史哲》1984年第1期。裘锡圭：《文字的起源和演变》，《中国古代文化史》，北京大学出版社，1989年，第124～185页。

[4] 饶宗颐：《大汶口"明神"记号与后代礼制》，《中国文化》1990年第2期。宋兆麟：《巫与民间信仰》，中国华侨出版公司，1990年，第18～27页。赵国华：《生殖崇拜文化论》，中国社会科学出版社，1990年，第292页。王恒杰：《从民族学发现的新材料看大汶口文化陶尊"文字"》，《考古》1991年第12期。张文：《大汶口文化陶尊符号试解》，《考古与文物》1994年第3期。郑慧生：《中国文字的发展》，河南人民出版社，1996年，第18页。陈勤建：《太阳鸟信仰的成因及文化意蕴》，《华东师范大学学报》1996年第1期。刘德增：《祈求丰产的祭祀符号——大汶口文化陶尊符号新解》，《民俗研究》2002年第4期。王吉怀：《再论大汶口文化的陶刻》，《东南文化》2000年第7期。邓淑苹：《由良渚刻符玉璧论璧之原始意义》，《良渚文化研究》，科学出版社，1999年，第202～214页。任式楠：《良渚文化图像玉璧的探讨》，《东方文明之光——良渚文化发现60周年纪念文集》，海南国际新闻出版中心，1996年，第324～330页。顾希佳：《良渚文化神话母题寻绎》，《良渚文化论坛》，中国文化艺术出版社，2003年，第152～183页。

[5] 冯时：《中国天文考古学》，中国社会科学出版社，2010年，第203～208页。

层高台刻符和良渚墓地祭坛都是神山、天地柱和昆仑山的象征，立鸟则是祖先鸟，是良渚文化图腾 [1]，我们认可董楚平的昆仑山说，但他只是提出看法，缺少深入分析，仍有详细论证的必要，且他只谈及良渚文化玉器刻符和墓地祭坛，未能将大汶口文化陶尊刻符综合起来一并考察。鉴于此，本文拟从昆仑神话入手，论证大汶口文化陶尊和良渚文化玉器上的绝大部分形象刻符，是对昆仑山或昆仑丘（虚）的符号化刻划，并以同时代考古遗存中的其他昆仑形象、泰山神话及其他外来文化为旁证。最后，简略分析这些昆仑形象不以某一固定符号出现的原因，以及它们被刻划在陶尊和玉器上的意义。

一　昆仑山与昆仑丘（昆仑虚）

我们这里要讨论的昆仑山，不是指今天新疆和西藏、青海之间的界山，而是指昆仑神话中的神山。笔者写过一篇《昆仑山新考》[2]，现结合该文的研究及历代涉及昆仑山的文献典籍，分析昆仑山和昆仑丘（虚）神话，以及它们的形状、结构、跟本文研讨对象相关的物产禽兽等等，为后文辨析大汶口文化和良渚文化刻符中的昆仑形象作铺垫。

昆仑神话源自西亚两河流域，在西亚神话中，有一世界大山，名 Khursag Kurkura，为诸神聚居之处，其后，西亚又有一种人工的多层庙塔，称 Ziggurat 或 Zikkurat，是对前者的模拟。"昆仑"二字，当是外来词，苏雪林认为它译自 Kurkura，意为"大山、高山"[3]，凌纯声和杨希枚两位先生则认为它译自 Zikkurat 之第二、三音节，义为"崇高"[4]，林梅村先生另辟蹊径，认为它译自吐火罗语 kilyom，义为"圣天"，汉代以后也译为"祁连"[5]。其实这三说并不矛盾，且能互补，在昆仑神话中，昆仑山正是崇高、神圣且上通于天的大山。

中国的昆仑山，一如希腊的奥林匹斯山、印度的苏迷卢山（须弥山），是西亚 Khursag Kurkura 的翻版 [6]，因此它首先是一座存在于昆仑神话中的神山。但信奉昆仑神话的族群，也会在他们的活动范围内指定一处高山，作为现实生活中的昆仑山。古代中国境内因而被指定为昆仑山的名山总计有十多处 [7]。在《山海经》《淮南子》等典籍中所记载的"昆仑丘"和"昆仑虚"，则多半属仿自神山——昆仑山的人工多层建筑，或者说它仿自西亚的多层庙塔 Ziggurat。下面，我们以这些典籍所载为依凭，归纳出昆仑山和昆仑丘（虚）的某些特征。

《山海经·海内西经》："海内昆仑之虚，在西北，帝之下都。昆仑之虚，方八百里，高万仞。

[1]　董楚平：《良渚文化祭坛释义——兼释人工大土台和安溪玉璧刻符》，《良渚文化论坛》，浙江古籍出版社，2002 年，第 101、104 页。

[2]　宋亦萧：《昆仑山新考》，《道路与族群——第十六届人类学高级论坛》参会论文，2017 年 8 月青海西宁。

[3]　苏雪林：《昆仑之谜》，《屈赋论丛》，武汉大学出版社，2007 年，第 512 页。

[4]　凌纯声：《昆仑丘与西王母》，《中央研究院民族学研究所集刊》，第二十二期（1966 年），第 219 页。杨希枚：《论殷周时代高层建筑之"京"、昆仑与西亚之 Zikkurat》，《先秦文化综论》，广西师范大学出版社，2008 年，第 80 页。

[5]　林梅村：《祁连与昆仑》，《汉唐西域与中国文明》，文物出版社，1998 年，第 64～69 页。

[6]　苏雪林：《昆仑之谜》，《屈赋论丛》，武汉大学出版社，2007 年，第 512 页。

[7]　宋亦萧：《昆仑山新考》，《道路与族群——第十六届人类学高级论坛》参会论文，2017 年 8 月青海西宁。

上有木禾，长五寻，大五围"[1]。

《山海经·海外南经》："昆仑虚在其东，虚四方。一曰在岐舌东，为虚四方"[2]。

《海内十洲记》："昆仑，号曰昆陵……，此四角大山，实昆仑之支辅也。……上有三角，方广万里，形似偃盆，下狭上广，故名曰昆仑山三角"[3]。

这三段话所言昆仑和昆仑虚，有这几个特点。1. 昆仑山和昆仑虚是方形；2. 其顶四周高中间低，形似偃盆；3. 山体或虚体下狭上广；4. 有四角，为昆仑之支辅；5. 上有木禾，高大粗壮。《说文》中说"虚，大丘也"[4]，可知这里的昆仑虚是比昆仑丘更高大的人工建筑，昆仑虚具备的特点，昆仑丘当也具备。

《淮南子·地形》："昆仑之丘，或上倍之，是谓凉风之山，登之而不死。或上倍之，是谓悬圃，登之乃灵，能使风雨。或上倍之，乃维上天，登之乃神，是谓太帝之居"[5]。

《水经注·河水》："昆仑虚在西北，三成为昆仑丘。《昆仑说》曰：昆仑之山三级，下曰樊桐，一名板桐；二曰玄圃，一名阆风；上曰层城，一名天庭，是为太帝之居"[6]。

《尔雅·释丘》："丘一成为敦丘，再成为陶丘，再成锐上为融丘，三成为昆仑丘"[7]。

这三段话，又揭示了昆仑丘和昆仑虚另一大特点，即它为三层或叫三重。其影响所及，延及古代的祭坛和明堂建筑。例如何休注《春秋公羊传》庄公十三年"庄公升坛"道，"土基三尺，土阶三等，曰坛"[8]；《吕氏春秋》言"周明堂茅茨蒿柱，土阶三等，以见俭节也"[9]。这里的"三等"，都是三层之意。

中外的昆仑神话中，昆仑山都是作为天地之中心，它上通于天，是登天的阶梯。因此还有"天柱"之称。如"昆仑……，粲然中峙，号曰天柱"[10]，"昆仑之山，有铜柱焉，其高入天，所谓天柱也，围三千里，周圆如削"[11]，昆仑山"上通璇玑，……鼎于五方，镇地理也，号天柱于珉城，象纲辅也"[12]，等等。

在《山海经·大荒西经》中，言及七处山为"日月所出入也"或"日月所入"之山，它们是方山、丰沮玉门山、龙山、日月山、鏖鏊钜山、常阳之山、大荒之山[13]等等，从这些山所具有的特性和神性看，都堪比昆仑山，如言"日月山，天枢也"，显然体现了昆仑山的"天中"、天柱特性。因此我们都可视它们为昆仑山的翻版或异名，则昆仑山也是"日月所出入"之山。

[1] 袁珂译注：《山海经全译》，贵州人民出版社，1991年，第244页。

[2] 袁珂译注：《山海经全译》，贵州人民出版社，1991年，第192页。

[3] （西汉）东方朔：《海内十洲记》，《汉魏六朝笔记小说大观》，上海古籍出版社，1999年，第70页。

[4] （汉）许慎撰、（清）段玉裁注：《说文解字注》，中州古籍出版社，2006年，第386页。

[5] （汉）刘安等著：《淮南子全译》，贵州人民出版社，1993年，第233页。

[6] （北魏）郦道元：《水经注全译》卷一"河水"条，贵州人民出版社，1996年，第3页。

[7] 周祖谟撰：《尔雅校笺》，云南人民出版社，2004年，第95页。

[8] 李学勤主编：《春秋公羊传注疏》，北京大学出版社，1999年，第151页。

[9] （战国）吕不韦门客：《吕氏春秋全译》"恃君览第八"之"召类"篇，贵州人民出版社，1997年，第763页。

[10] （晋）郭璞：《山海经图赞译注》，岳麓书社，2016年，第52页。

[11] （西汉）东方朔：《神异经》，《汉魏六朝笔记小说大观》，上海古籍出版社，1999年，第57页。

[12] （西汉）东方朔：《海内十洲记》，《汉魏六朝笔记小说大观》，上海古籍出版社，1999年，第70页。

[13] 袁珂译注：《山海经全译》，贵州人民出版社，1991年，第297～300页。

昆仑神话传至萨满教中，昆仑山被称之为"世界山"和"宇宙山"，还衍生出同等重要的"世界中心"意象，即"世界树"或称"宇宙树"，这"世界树"通常就长在"世界山"上[1]。《山海经》《淮南子》等典籍所载昆仑山上的建木、若木、扶桑、扶木、珠树、青树，还包括上面提到的高五寻之"木禾"，都应是这"世界树"的具名。

《山海经·西山经》："昆仑之丘，是实惟帝之下都，神陆吾司之。……有鸟焉，其状如蜂，大如鸳鸯，名曰钦原，蠚鸟兽则死，蠚木则枯。有鸟焉，其名曰鹑鸟，是司帝之百服"[2]。

这里记载了昆仑之丘上有神鸟。还能找到一些类似的例子。如《山海经·大荒西经》载"弇州之山，五采之鸟仰天，名曰鸣鸟"[3]。汉长安建章宫渐台是一个具昆仑意象的高台，在它的楼屋顶，铸造了饰金铜凤凰，高五丈[4]。

在昆仑神话里，昆仑山不仅上通于天，其地下还有幽都地府，如《博物志·地理略》记载："昆仑山北，地转下三千六百里，有八玄幽都，方二十万里。地下有四柱，四柱广十万里。地有三千六百轴，犬牙相举"[5]。

以上所举昆仑山或昆仑丘（虚）的特点，在大汶口文化陶尊和良渚文化玉器刻符中都能找到印证。下面作具体分析。

二　大汶口文化和良渚文化刻符中的昆仑形象

据统计，目前所发现的大汶口文化陶尊图像30例[6]，除了3例带柄斧锛类图像外，其他27例都可归于昆仑形象。同类归并，可划分为5个类别。大汶口文化具昆仑形象陶尊为出土或采集品，现藏于山东、安徽、江苏等地博物馆。

良渚文化玉器上昆仑形象共有13例，分刻在7件璧、3件琮和1件镯上[7]。其中美国弗利尔博物馆共藏有4件璧和1件镯，有1件璧上刻划两处昆仑形象，其他每件一处图像。台北故宫博物院藏有1件璧，台湾藏家蓝田山房也藏有1件璧。北京首都博物馆、法国集美博物馆和台北故宫博物馆各藏有1件带昆仑形象玉琮。以上皆为传世品。有明确出土地点的仅有浙江安溪玉璧，正是它的出土，才使其他传世品归为良渚文化玉器变得确定无疑。安溪玉璧正反面各刻有1个昆仑形象。良渚文化昆仑形象可归为3类。其中有2件属"世界树"和"日月"形象，与大汶口文化所见"世界树"和"日月"形象类似，放在一起介绍。下面按类试作解析。

[1] 汤惠生：《昆仑山神话与萨满教宇宙观》，《青藏高原古代文明》，三秦出版社，2003年，第414页。

[2] 袁珂译注：《山海经全译》，贵州人民出版社，1991年，第38页。

[3] 袁珂译注：《山海经全译》，贵州人民出版社，1991年，第299页。

[4] 凌纯声：《中国的封禅与两河流域的昆仑文化》，《中央研究院民族学研究所集刊》，第十九期（1965年），第31页。

[5] （晋）张华撰、范宁校证：《博物志校证》，中华书局，1980年，第10页。

[6] 栾丰实：《大汶口文化——从原始到文明》，山东文艺出版社，2004年，第105页。

[7] 邓淑苹：《由良渚刻符玉璧论璧之原始意义》，《良渚文化研究》，科学出版社，1999年，第202～214页。邓淑苹所介绍8件璧，有一件无昆仑形象，不在本文讨论范围。顾希佳：《良渚文化神话母题寻绎》，《良渚文化论坛》，中国文化艺术出版社，2003年，第155～157页。陈甘棣：《鉴赏美国收藏的良渚文化玉器》，《东方文明之光——良渚文化发现60周年纪念文集》，海南国际新闻出版中心，1996年，第350页。

1. 日月与昆仑山形及其变体图像

这是指大汶口文化陶尊上的10类及良渚文化玉镯上的1类形象（图一），其中6类完整图像，5类为简化变体或残破图像。完整图像呈上中下三层的日、月、山形象，前人多解释为"旦""炟""炅"等汉字，董楚平先生更解释为"鸟祖卵生日月山"的语词[1]。笔者以为这些探索的方向不对，当向宗教神话的角度而不是文字的角度找答案。所以我们认为这组图像要表达的是"日月所出入"的昆仑山形象。上文我们介绍了《山海经·大荒西经》中，有七处为"日月所出入"或"日月所入"的大山，这6类完整图像要表现的正是这样的昆仑山。图像中的昆仑山，有5例均刻成5峰耸立，昆仑山有这样的形状吗？丁山先生曾讨论过山西浑源县南的五台山，其"五台"义近印度须弥山与其四埵，名近于"五阮"。"五阮"在《穆天子传》中称作"隃关"，而"隃"有四隅五方之义。此外"阮读若昆"[2]，则这五阮、五台可指向昆仑山了。

此类图像还有5类不完整的。有的仅有日、月形，缺少下方的山形，我们认为是对完整的"日月所出入"之昆仑山形象的简化变体。至于有的只能看到半边山形，从其残破的陶片趋势及山、月残痕判断，其原形当属完整的日月昆仑山形象。

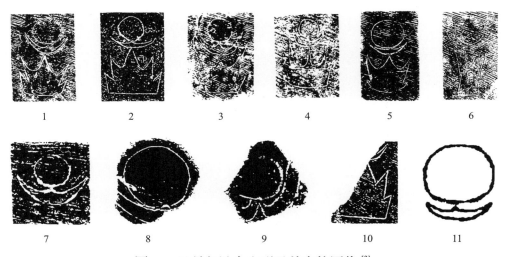

图一　日月与昆仑山形及其变体图像 [3]

2. 昆仑山及世界树图像

这类图像共见2例（图二，1、2），大汶口文化陶尊和良渚文化玉璧上各见1例。前者下半部呈一上广下狭的方台，台顶若忽略中间的树基部则呈"形似偃盆"之形。王树明将此图像解作"南"字[4]。我们认为它完全符合前文所总结的昆仑山的形状，其上的高树，当理解为世界树。良渚文化玉璧上的世界树刻在璧外缘侧面，有两株，与另一对鸟纹相间对称分布。这件璧

[1]　董楚平：《"鸟祖卵生日月山"——良渚文化文字释读之一，兼释甲骨文"帝"字》，《故宫文物月刊》第168期，1997年3月。

[2]　丁山：《论炎帝太丘与昆仑山》，《古代神话与民族》，商务印书馆，2005年，第412～413页。

[3]　图一1～10引自栾丰实：《大汶口文化——从原始到文明》，山东文艺出版社，2004年，第106页。图一11引自徐湖平：《东方文明之光》，海南国际新闻出版中心，1996年，第350页。

[4]　王树明：《谈陵阳河与大朱村出土的陶尊"文字"》，《山东史前文化论文集》，齐鲁书社，1986年，第266页。

藏于美国华盛顿弗利尔博物馆，与图六 7 号的昆仑日月神鸟图像共存于一璧。前人多将此图像理解为"鱼符"[1]，不确。与陶尊上世界树相比，此树身更长，但其下的台基很小，看来主要是突出上部的树。此外，我们还能在良渚文化陶器刻符中看到类似的世界树形象（图二，3 ～ 5）。

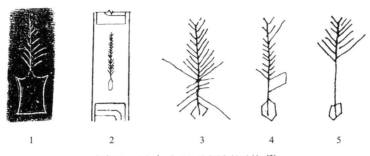

图二 昆仑山及世界树图像 [2]

3. 昆仑山及天柱图像

这类图像见于大汶口文化陶尊上，共 5 例（图三）。栾丰实先生描述它们"形状近似有肩石铲，两侧呈阶状内收，顶端中部向上尖凸。此类图像之上多数涂成朱红色，并且在其内部刻画有数量不等的圆圈"[3]。有人释此图像为"享"字[4]。我们认为此类图像表现的是昆仑山和天柱，下部上广下狭的方台是昆仑山，台顶中间一圆柱是天柱。天柱多数高于其下的昆仑山，只有一例不同，其天柱比其下的昆仑山矮小，而山体呈两层，上广下狭，第二层有两处下陷的天池，分处天柱两侧。也可以将这一例图像看作是呈三层的昆仑山，则所谓较矮小的"天柱"就变成了昆仑山的第三级悬圃或者层城了。

图三 昆仑山及天柱图像 [5]

4. 昆仑三成及木禾、幽都图像

此类图像只见于大汶口文化陶尊，共 4 例（图四）。但只有 1 例完整。图像整体呈上、下两部分，上部居中是呈现三层的方形高台，在地面和一层高台两侧，各有一株"木禾"。王树明将其释作"滤

[1] 邓淑苹：《由良渚刻符玉璧论璧之原始意义》，《良渚文化研究》，科学出版社，1999 年，第 202 页。

[2] 图二 1 引自栾丰实：《大汶口文化——从原始到文明》，山东文艺出版社，2004 年，第 108 页。图二 2 引自徐湖平：《东方文明之光》，海南国际新闻出版中心，1996 年，第 417 页。图二 3 ～ 5 引自良渚文化博物馆：《良渚文化论坛》，浙江古籍出版社，2002 年，第 110 页。

[3] 栾丰实：《大汶口文化——从原始到文明》，山东文艺出版社，2004 年，第 108 页。

[4] 王树明：《谈陵阳河与大朱村出土的陶尊"文字"》，《山东史前文化论文集》，齐鲁书社，1986 年，第 272 ～ 280 页。

[5] 图三均引自栾丰实：《大汶口文化——从原始到文明》，山东文艺出版社，2004 年，第 108 页。

酒图像"[1]。我们认为这是对成三层的昆仑山和其上的神树建木、若木、扶桑、扶木的描摹。在昆仑山正下方，还有一方形空间，我们认为这是幽都，因幽都正在昆仑山下，呈方形。

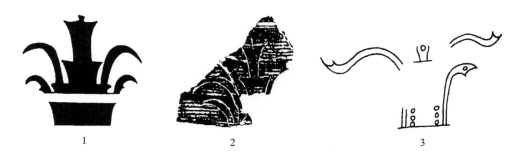

图四　昆仑三成及木禾、幽都图像 [2]

5. 昆仑山之支辅——四角大山

四角大山的说法见于东方朔所著《海内十洲记》。这类图像也只见于大汶口文化陶尊，共3例，三者相似度极高，均呈四角外伸的弧边长方形（图五）。王树明释其为"吹奏乐器"即"凡"字[3]。我们不赞成，认为当是模拟昆仑神话中的昆仑山之支辅——四角大山。这种表现手法，有点类似于上文中提到的日月昆仑山图像的简化变体日月形，用部分代表整体，用四角大山指代昆仑山。

图五　昆仑山之支辅——四角大山图像 [4]

6. 昆仑山及神鸟

此类图像仅见于良渚文化玉璧和玉琮上，共7例（图六）。图像主体可分上、下两部分，下部均为三层高台，上部有5例相似，有2例差异较大，由此分为三型，下面按型介绍分析。

三层高台带立柱神鸟型。共5例，其中1、5号璧藏于美国弗利尔博物馆，2号璧藏于首都博物馆，3号璧藏于蓝田山房，4号璧藏于台北故宫，此图像神鸟残损。下部的高台，总体呈上广下狭，高台顶部有三层式台阶，表示"昆仑三成"，即昆仑山或昆仑丘乃有三层。在高台立

[1]　王树明：《谈陵阳河与大朱村出土的陶尊"文字"》，《山东史前文化论文集》，齐鲁书社，1986年，第268页。

[2]　图四均引自栾丰实：《大汶口文化——从原始到文明》，山东文艺出版社，2004年，第107页。

[3]　王树明：《谈陵阳河与大朱村出土的陶尊"文字"》，《山东史前文化论文集》，齐鲁书社，1986年，第258～265页。

[4]　图五均引自栾丰实：《大汶口文化——从原始到文明》，山东文艺出版社，2004年，第108页。

面中心，刻有一鸟及鸟背中心一圆圈，这当是金乌负日神话，《山海经·大荒东经》有载。另 5 号高台立面未刻金乌负日，而代以一椭圆内划两短弧线，有人将其释为"目"，意指日、月为天目[1]，我们认为这是有道理的，还是在表现"日月所出入"之昆仑山的。上部为神鸟昂立于昆仑山顶的立柱即天柱上，且天柱下半部分是由多个圆圈垒立而成。上文所引《山海经》之"西山经"和"大荒西经"，有神鸟立于昆仑之丘，汉代建章宫渐台仿自昆仑丘，其楼顶铸造铜凤凰，当也是对昆仑神话中已有意象所做的模仿。这两处材料，可作为昆仑天柱神鸟型图像的印证。

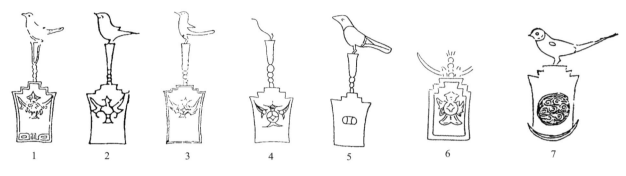

图六　昆仑山及神鸟[2]

三层高台带部分立柱及"木禾"型。共 1 例（图六，6）。此件图像所属玉琮藏于法国集美博物馆。上部有残损，但仍能看到部分垒立的圆圈，可推断其上原有立柱及神鸟，稍有不同的是在高台顶层两侧，各有一"木禾"斜出。此图像表达的除与上面相同的三层昆仑山、金乌负日、天柱、神鸟外，还多表现了昆仑山神木意象。

昆仑日月神鸟型。共 1 例（图六，7）。此图像所在璧藏于美国华盛顿弗利尔博物馆。在三层高台上直接站立一鸟，另在高台立面中部刻有一满布火焰纹或云纹的圆圈，当表示太阳，高台底部刻有一弯新月。因此这个图像表达了昆仑神话中的昆仑山三层、乃"日月所出入"、昆仑山神鸟等神话意象。

7. 昆仑山

此类图像只见于浙江安溪出土的同一件玉璧上，正反两面各刻有 1 例（图七），我们认为均是昆仑山的形象。正面昆仑山形象与前面已介绍的一样，也是顶部呈三层台阶式，立面刻有金乌负日，高台整体呈上广下狭形状，这当然表现的是昆仑山或昆仑丘（虚）。只是其上未再刻划神鸟、天柱、神木等其他昆仑神话意象。但在反面，我们还能见到另一种风格的昆仑山形象。图像整体呈上广下狭，可分四部分，最下部像树木根茎，有根须叉出，中间以台阶式高坎分成二层，最上部中间又有一立柱。整体上还是在表达昆仑山三层意象，但如何计算这三层，则有两种看法，一是将底层看作昆仑山第一层，则其最顶层的立柱可看成是天柱；其二，若将"天柱"仅看作是昆仑山第三层，则似根茎的底层可看成是昆仑山下的八府幽都。此"根茎"还颇有《博物志·

[1]　董楚平：《良渚文化祭坛释义——兼释人工大土台和安溪玉璧刻符》，《良渚文化论坛》，浙江古籍出版社，2002 年，第 101 页。

[2]　图六均引自良渚文化博物馆：《良渚文化论坛》，浙江古籍出版社，2002 年，第 98 页。

地理略》中所言幽都地轴"犬牙交举"的特点。无论何解，都不脱昆仑山意象。

8. 昆仑山和天柱形

这类图像共 2 例（图八）。其一刻于美国华盛顿弗利尔博物馆一件残玉璧上，这件玉璧经历了后代改造，磨去了外面一圈，因此现在看到的昆仑山形象只有高台的两侧边下半部及下底边，靠近现璧外缘处有一椭圆内嵌两圆圈，近于上面介绍的日、月为天目之"目"纹，这里应该表现的是太阳和月亮。至于被磨去部分原有什么，我们推测，当有完整的昆仑山三层台阶式顶部，再从其磨去的可能外圈尺寸看，其上有天柱、神鸟等，也是可能的。另一件刻在台北故宫博物院玉琮上，仅刻有一立柱立在五个垒立的圆圈上，这显然是完整的昆仑山天柱神鸟形象的中间一部分，我们认为这也是用部分代整体的表现形式，它要表现的仍是昆仑山神话意象。

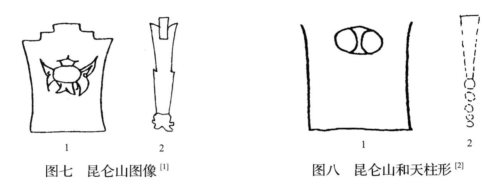

图七　昆仑山图像 [1]　　　　　　　　图八　昆仑山和天柱形 [2]

三　同时代的其他昆仑形象、泰山神话及其他外来文化

上面将大汶口文化陶尊和良渚文化玉器上的多种图像式刻符，解读为昆仑山及与之相关的昆仑神话意象。读者或许还有疑虑，在距今 5500 年左右的新石器时代中期，难道中国的山东和江、浙沿海地区，就受到了外来的昆仑神话影响？答案是肯定的。下面我们从同时代的其他昆仑形象、泰山神话及其他外来文化三个方面予以论证。

在良渚文化遗存中，发现过三座祭坛，它们分别位于瑶山、福泉山和汇观山。董楚平先生对这三处祭坛做过专门研讨，总结了它们的特点：1. 坛面基本呈方形。2. 都呈三层。福泉山的三层作高低级差。瑶山、汇观山的三层作内外三重。3. 都坐北朝南 [3]。其实凌纯声先生多年前就研究过中国的坛墠文化，他认为坛墠文化就是封禅文化，封禅文化就是昆仑文化，而昆仑文化则源自西亚两河流域 [4]。比照良渚文化这三座祭坛，它们符合昆仑山或昆仑丘的形制。瑶山和汇观山祭坛的所谓"三层"，采取的是内外三重而不是高低级差，有别于福泉山祭坛。我们推断

[1]　图七均引自余杭市政协文史资料委员会等：《文明的曙光——良渚文化》，浙江人民出版社，1996 年，第 254 页。

[2]　图八 1 引自良渚文化博物馆：《良渚文化论坛》，浙江古籍出版社，2002 年，第 98 页。图八 2 引自良渚文化博物馆：《良渚文化论坛》，中国文化艺术出版社，2003 年，第 157 页。

[3]　董楚平：《良渚文化祭坛释义——兼释人工大土台和安溪玉璧刻符》，《良渚文化论坛》，浙江古籍出版社，2002 年，第 96 页。

[4]　凌纯声：《中国的封禅与两河流域的昆仑文化》，《中央研究院民族学研究所集刊》，第十九期（1965 年），第 24 ～ 31 页。凌纯声：《昆仑丘与西王母》，《中央研究院民族学研究所集刊》，第二十二期（1966 年），第 219 页。

这种形制可能是对高低级差的三层祭坛的变通，它们还是维持了三层，只是变高低三层为内外三层而已。

无独有偶，我们在辽宁牛河梁也发现了红山文化祭坛 2 座，一座三环圆坛，一座三重方坛[1]。凌纯声研究过祭坛的起源地两河流域的 Ziggurat 形制，发现多数坛为正方形，其次为长方形，圆形坛最少[2]。可见牛河梁这两种形制的坛都可以在源头地找到。

这两处祭坛的发现，一方面强化了昆仑文化在这两种考古文化中的影响力，另一方面也暗示了外来昆仑文化似乎经历辽宁、山东和江浙的传播过程。笔者此前曾以外来小麦作为考察对象，得出过以小麦为代表的外来文化，在仰韶文化末期和龙山时代，分头进入古代中国的陕甘交界地区和山东地区的结论[3]，其进入的路线，推测当在北方的欧亚草原，故内蒙、辽宁等地当是外来文化进入华夏腹地的通道。而牛河梁正在这样的通道线上。

山东作为龙山时代外来文化的一个聚集地，还体现在泰山神话上。而泰山神话却弥漫了昆仑神话，昆仑神话又跟三皇五帝神话密不可分，笔者已在拙作《昆仑山新考》中讨论过。最能体现以上观点的依据是泰山上古就是昆仑山。此观点已经苏雪林提出，并经何幼琦、何新等先生论证过，笔者完全赞同。这里将诸位先进的主要观点撮要，并附以笔者的补充。

苏雪林说，泰就是太、大，泰山者就是大山也，取的是西亚的"世界大山"之义。泰山古名"天中"，言其居天下之中，也称它处在大地的脐上。天门在泰山之顶，幽都在泰山脚下，这都跟世界大山"昆仑山"的条件无一不合[4]。其实今天泰山诸多地名都还能体现出它的神山和通天之山性质。例如南天门和北天门、天街、玉皇顶等等，俨然是一处如昆仑山般的天堂仙境。在泰山脚下，还有一地叫"天外村"，也将泰山与山脚下的人间俗世分隔开。

何幼琦对《山海经》中的《海经》分析后，发现《海经》所说的疆域，就是泰山周围的山东中部地区，其中心大山名"昆仑虚"，经对其周边七条河川的分析，与泰山周围的水系无一不合，相反以之去衡量中国其他各处被认定的"昆仑"，则一个都不具备。因此这中心大山"昆仑虚"就是泰山[5]。

何新在认同何幼琦结论的基础上，补充论证了"流沙"和"弱水"，指出"流沙"也就是"沙河"，泰山地区有季节性异常洪水和异常枯水的极端现象，每逢夏秋暴雨，山洪挟带泥沙砾石汹涌向前，但历时很短，水位迅速下落，沙砾纷纷停积下来，形成所谓流沙，平时，则只剩下涓涓细流，这大面积的沙砾和涓涓细流，应是古书里所说的"流沙"和"弱水"。此外，何新又从名称上作了进一步论证，因泰山古称太山，太、大、天三字古代通用，而昆仑也有"天"之意，二者从名称上便相通了。他还从轩辕的古音为 Kuang lun，其对音是昆仑，而昆仑山在《吕氏春秋·古乐篇》中记作"阮隃"山，从而引证昆仑—阮隃—轩辕是一声之转。另今山东有隃隃山、昆嵛山，疑皆昆仑一词的变名[6]。

[1] 刘宗迪：《失落的天书——〈山海经〉与古代华夏世界观》，商务印书馆，2016 年，第 511 页。

[2] 凌纯声：《中国的封禅与两河流域的昆仑文化》，《中央研究院民族学研究所集刊》，第十九期（1965 年），第 23 页。

[3] 宋亦箫：《小麦最先入华的两地点考论》，《华夏考古》2016 年第 2 期。

[4] 苏雪林：《屈赋论丛》，武汉大学出版社，2007 年，第 545、565、567 页。

[5] 何幼琦：《〈海经〉新探》，《历史研究》1985 年第 2 期。

[6] 何新：《诸神的起源》，时事出版社，2002 年，第 123 ~ 142 页。

除了以上论证，从泰山神话传说与黄帝、西王母的密切关系，也能看出泰山与昆仑山的等同性来。泰山的黄帝、西王母神话乃至三皇五帝神话传说非常集中。"黄帝生于寿丘，在鲁城东门之北"[1]，此"寿丘"一指在山东曲阜东北。黄帝战蚩尤传说里，说到"……黄帝师众大迷。帝归息太（泰）山之阿，昏然忧寝，王母遣使者被玄狐之裘。以符授帝"[2]。这里涉及的人物有黄帝和西王母，而黄帝的归息地正是太（泰）山。还有人论证过西王母正是早期的泰山女神[3]。温玉春等论证黄帝、颛顼、帝喾、尧、舜等五帝氏族，均原居今山东[4]，他们的论证依据，是历代保留下来的三皇五帝传说记载。他们将这些记载看作是信史当然不可，但我们将其作为三皇五帝神话在泰山传播的资料，却非常宝贵难得。

以上论证了泰山曾作为昆仑山，泰山神话饱含着昆仑神话和三皇五帝神话。因此其山脚分布的大汶口文化陶尊上，出现昆仑神话图像并不是孤立现象。

早期外来文化远不止以上这些。笔者曾以彩陶、冶铜术、绵羊、山羊、黄牛、小麦等为例，探讨了早期外来文化进入中国的时间和传入地问题，发现时间可以早到新石器时代，其后续有往来，新石器时代中晚期和青铜时代，成为中外接触最持久和活跃的时期。地点则集中于两地，即陕甘交界地区和山东地区[5]。在另一篇文章中，笔者考证出外来小麦在仰韶时代末期和龙山时代，以大致同时的时间分头进入这同样的两地[6]。而这两个区域，恰是昆仑神话和三皇五帝神话流传最为集中的地方。我们认为这不是巧合，当是带来彩陶、冶铜术，或是驯化绵羊、山羊、黄牛，或是栽培小麦的外来人群，也同时带来了他们的昆仑神话和五星神话（被中国古人改造为三皇五帝神话），他们在这两个地方融入当地族群，让彩陶、冶铜术、绵羊、山羊、黄牛、小麦，还有神话在当地扎下了根，并向四周传播开来。这些外来的物质文化和神话，迅速融入华夏文化并成为华夏文明的重要源头之一。

四　结论

大汶口文化陶尊和良渚文化玉器上的图画式刻符，绝大部分是对昆仑山神话的形象描摹。它们刻划了昆仑山是"日月所出入"之山、昆仑山上有神树——世界树、昆仑山天柱、昆仑山形似偃盆、上广下狭、昆仑山为三层之神山、昆仑山上有神鸟、昆仑山的支辅是四角大山、昆仑山下有幽都地府等等神话意象。作为外来文化的昆仑神话，并非孤立地出现于山东和江浙等沿海地区。山东作为早期外来文化两个首入地之一，在大汶口文化中晚期及龙山时代，不断受到彩陶、冶铜术、绵羊、山羊、黄牛、小麦等外来文化影响，带来这些外来文化的人群，同时也将昆仑神话带了进来，并将泰山看作他们心目中的神山——昆仑山，由此，黄帝、西王母以

[1]　（晋）黄甫谧：《帝王世纪》，齐鲁书社，2010年，第9页。

[2]　（明）董斯张：《广博物志》，上海古籍出版社，1992年，第112页。

[3]　吕继祥：《泰山娘娘信仰》，学苑出版社，1994年，第16页。

[4]　温玉春：《黄帝氏族起于山东考》，《山东大学学报》1997年第1期。温玉春、曲惠敏：《少昊、高阳、高辛、陶唐、有虞诸氏族原居今山东考》，《管子学刊》1997年第4期。

[5]　宋亦箫：《中国与世界的早期接触：以彩陶、冶铜术和家培动植物为例》，《吐鲁番学研究》2015年第2期。

[6]　宋亦箫：《小麦最先入华的两地点考论》，《华夏考古》2016年第2期。

及其他三皇五帝神话在泰山地区流播。

　　或许有人要问，既然大汶口文化陶尊和良渚文化玉器上的多数刻符，表达的均是昆仑形象，为何不是采用某一固定形象，而是多种多样呢？我们推测这是人类在使用象征符号时，能从事物的多侧面属性出发，懂得利用以部分代全体、特征代事物等借代手法，以达到表现形式的多样而不至于太过单一呆板，以及不同区域族群在表现同一昆仑形象时，依据自己的理解而设计刻划，各有侧重，形成同中有异，殊途同归的表达效果。

　　最后我们来略述一下为什么大汶口文化和良渚文化先民要将昆仑形象刻划于陶尊和玉器上。我们知道，昆仑山和昆仑丘形象，也就是祭坛形象，将其刻划于陶尊和玉器这些祭器上，当是要利用这种能沟通天地的祭坛符号，去强化这些祭器的祭祀功能，以塑造出更具浓厚、神秘氛围的神圣空间。

原载《民族艺术》2018 年第 3 期

"嵩山"非"崇山"辨

刘　铮*

　　夏族先祖鲧和禹因居于"崇"地而被称之为崇伯。《国语·周语下》载："其在有虞，有崇伯鲧，播其淫心，称遂共工之过，尧用殛于羽山。其后伯禹……而度之于群生。"该条下韦昭注曰："鲧，禹父。崇，鲧国。伯，爵也。"[1]《尚书·舜典》载："伯禹作司空。"该条下孔颖达疏曰："禹代鲧为崇伯，入为天子司空，以其伯爵，故称伯禹。"[2]不难看出，"伯禹"实即崇伯禹的省称。《史记·夏本纪》索隐引《连山易》曰："鲧封於崇。"[3]《水经注·淮水》所引《连山易》亦曰："有崇伯鲧，伏于羽山之野者是也。"[4]《太平御览》卷一五五引《帝王世纪》云："夏鲧封崇伯。故《春秋传》曰谓之有崇伯鲧国，在秦晋之间。"[5]《逸周书·世俘》亦云："乙卯，篇人奏《崇禹生开》三钟终，王定。"[6]这里的"崇禹"亦为"崇伯禹"之省称。《国语·周语上》中还说："昔夏之兴也，融降于崇山。"[7]从这些文献记载来看，"崇"地乃夏族兴起之所，鲧和禹因居此地而被称为崇伯，而此地又因崇山而得名。

　　至于崇山之地望，目前最流行的观点就是河南嵩山说。此说始自三国时的韦昭。《国语·周语上》"昔夏之兴也，融降于崇山"条下韦昭注曰："崇，崇高山也。夏居阳城，崇高所近。"[8]《太平御览》卷三十九"嵩山"条下所引韦昭注亦曰："崇、嵩字古通用。夏都阳城，嵩山在焉。"[9]此说一出，备受推崇，后学多以为是，并广泛传抄引用。然此说实是一种讹传。

一　嵩山从无"崇山"之称

　　历史上的河南嵩山，其称谓经历了多次变更。西周时，嵩山被称为天室（山）。周武王时器天亡簋《铭文》曰："乙亥，王有大礼，王同三方。王祀于天室，降，天亡尤。……"[10]这里

---

　　* 刘铮，2011级博士，现就职于安徽师范大学博物馆。

[1]　（三国）韦昭注：《国语·周语下》，上海古籍出版社，1978年，第103、104页。

[2]　（汉）孔安国传、（唐）孔颖达正义：《尚书正义》，上海古籍出版社，2007年，第98、99页。

[3]　（汉）司马迁：《史记·夏本纪》，中华书局，1959年，第50页。

[4]　（北魏）郦道元著、陈桥驿校证：《水经注校证》，中华书局，2007年，第715页。

[5]　（宋）李昉等撰：《太平御览》，中华书局影印，1960年，第753页。

[6]　黄怀信等：《逸周书汇校集注》，上海古籍出版社，1995年，第429页。

[7]　（三国）韦昭注：《国语·周语上》，上海古籍出版社，1978年，第30页。

[8]　（三国）韦昭注：《国语·周语上》，上海古籍出版社，1978年，第31页。

[9]　（宋）李昉等撰：《太平御览》，中华书局影印，1960年，第185页。

[10]　李学勤：《"天亡"簋试释及有关推测》，《中国史研究》2009年第4期。

所言的是武王营建洛邑一事，此事亦见于《逸周书》和《史记》。《逸周书·度邑解》载："王曰：'旦！予克致天之明命，定天保，依天室，志我共恶，俾从殷王纣。四方赤宜未定我于西土。'"又载："自洛汭延于伊汭，居阳无固，其有夏之居。我南望过于三塗，北望过于有岳，丕愿瞻过于河，宛瞻于伊洛，无远天室。其曰兹曰度邑。"[1]《史记·周本纪》中亦有大致相同的记载。这些文献中的"天室"，学者多认为即是今河南的嵩山[2]。

春秋战国之时，嵩山又被称作大室（山）或泰室（山）。《左传·昭公四年》中载："四岳、三塗、阳城、大室、荆山、中南，九州之险也。"亦载："周幽为大室之盟，戎狄叛之。"杜预注曰："大室，中岳。"[3]《史记·楚世家》所载大致相同，唯"狄"作"翟"[4]。《山海经·中山经》载："中次七经苦山之首，曰休与之山……又东三十里，曰泰室之山。"[5] 这里的"泰室之山"亦即大室山。对于"天室"为何又称为"大室""太室"或"泰室"，林沄先生解释说："古文字中天、大二字本有通用之例，如卜辞天邑商或作大邑商，卜辞中的大乙在《史记·殷本纪》中作天乙，均为佳证。而太字则是大字的后起分化字。所以把'天室'改读为'大室'或'太室'是完全可以的。"[6]《康熙字典》释"太"时亦曰："一曰大也，通也。按：经史太字俱作大。如大极、大初、大素、大室、大玄、大庙、大学及官名大师、大宰之类。又作泰，如泰卦、泰坛、泰誓、泰春、泰夏、泰秋、泰冬之类。"[7] 由此可见，"大""太""泰"三字在古时是通用的。

西汉以降，嵩山除了被称为"太室山"外，又出现了"嵩高山"之名。《淮南子》载："少室、太室在冀州（按：当豫州之误）。"又载："禹治洪水……至嵩高山下，化为石，方生启。"[8] 公元前110年，汉武帝改"嵩高山"为"崇高山"，并置崇高县作为奉邑。《汉书·武帝纪》载："（元封元年）春正月，行幸缑氏。……翌日，亲登嵩高，……以山下户三百为之奉邑，名曰崇高，独给祠，复亡所与。"[9]《汉书·郊祀志》所载稍异，曰："乃东幸缑氏，礼登中岳太室，……以山下户三百封崈高，为之奉邑"[10]。《汉书·地理志》中亦将"崇高"作"崈高"[11]。此可知"崇"与"崈"二字相通。176年，汉灵帝又改"崇高山"为"嵩高山"。《后汉书·孝灵帝纪》载："复

[1] 黄怀信等：《逸周书汇校集注》，上海古籍出版社，2007年，第472～483页。

[2] 蔡运章：《周初金文与武王定都洛邑》，《中原文物》1987年第3期。曲英杰：《先秦都城复原研究》，黑龙江人民出版社，1991年，第127页。林沄：《天亡簋"王祀于天室"新解》，《史学集刊》1993年第3期。叶正渤：《〈逸周书·度邑〉"依天室"解》，《古籍整理研究学刊》2000年第4期。

[3] （晋）杜预：《春秋经传集解》，上海古籍出版社，1988年，第1235～1243页。

[4] （汉）司马迁：《史记》，中华书局，1959年，第1704页。

[5] 袁珂：《山海经校注》，上海古籍出版社，1980年，第141～147页。

[6] 林沄：《天亡簋"王祀于天室"新解》，《史学集刊》1993年第3期。

[7] （清）张玉书、陈廷敬等：《康熙字典》（同文书局版），中华书局，1958年，第248页。

[8] 此为《淮南子》佚文。见于（汉）班固：《汉书》，中华书局，1962年，第190页。（宋）洪兴祖：《楚辞补注》，中华书局，1983年，第97页。

[9] （汉）班固：《汉书》，中华书局，1962年，第190页。

[10] （汉）班固：《汉书》，中华书局，1962年，第1234页。

[11] （汉）班固：《汉书》，中华书局，1962年，第1560页。

崇高山名为嵩高山。"[1] 太室山之所以又被称为"嵩高山",当与《诗经》中《崧高》一诗有关。

《崧高》曰:"崧高维嶽,骏极于天。维嶽降神,生甫及申。"这里"崧高"并非指嵩山,乃泛指巍峨挺拔的山峦。历代训诂学家及解诗者多持这一说法。《尔雅·释山》曰:"山大而高,崧。"[2]《诗》毛传曰:"崧,高貌。山长而高曰崧。"孔颖达疏曰:"崧者,山形竦然,故为高貌。刘熙《释名》云:'崧,竦也,亦高称也。山大而高曰崧。'《释山》文,李巡曰:'高大曰崧'。"[3] 宋朱熹《诗集传》亦曰:"山大而高曰崧。"[4] 明王士性在《嵩游记》中也说:"或谓山高为崧,《诗》称岳之'崧高',非嵩岳之高也。"[5] 从诸家注解来看,自汉至明,是无人把"崧高"指为嵩高山的。从古汉语语法学的角度来看,"崧高维嶽"乃是"维嶽崧高"的倒装[6],是一个形容词谓语前置句[7]。因此,"崧高"实为一形容词,来形容"嶽"之巍峨高大。这里的"嶽"即《禹贡》所载冀州的"岳阳""太岳"之"岳",而《汉书·地理志》河东郡彘下班氏又有"霍太山在东,冀州山"的说法,因此《崧高》中的"大岳"就是山西的霍太山[8]。朱熹《诗集传》曰:"岳,山之尊者。……峻,大也。……言岳山高大,而降其神灵和气,以生甫侯、申伯,实能为周之桢干屏蔽,而宣其德泽于天下也。"[9] 此言甚确,"崧高"实是形容霍太山之高大巍峨而已。

但"嵩高山"之得名当与《崧高》诗有关。《尔雅·释山》中"山大而高,崧"条下郭璞注曰:"今中岳嵩高山盖依此名。"[10] 唐孔颖达亦以为是,疏曰:"今中岳嵩高山盖依此名。……李巡曰:'高大曰崧,此则山高大者自名崧,本不指中岳名。嵩高或取此文以立名'"[11]。许慎《说文》曰:"嵩,中岳嵩高山也,从山从高,亦从松。"[12] 清人胡渭也崇信此说,其《禹贡锥指》中说:"山高大者自名崧,本不指中岳。今之中岳名嵩高,或取此文以立名。……自刘熙《释名》云,'崧'字或为'嵩'。则二字通作一字,世遂以'降神生甫',专归之中岳。"[13] 由诸家之说可知,"嵩高山"之名应当是源于《崧高》一诗的。

大概在魏晋之际,"嵩高山"开始简称为"嵩山"。《晋书·赵王伦》中记载:"(孙秀)令近亲于嵩山著羽衣,诈称仙人王乔,作神仙书,述伦祚长久以惑众。"[14]《魏书·京兆王》中

[1]（南朝宋）范晔:《后汉书》,中华书局,1965年,第337页。

[2]（晋）郭璞注、（宋）邢昺疏:《尔雅注疏》,上海古籍出版社,1997年,第2617页。

[3]（汉）郑玄笺、（唐）孔颖达疏:《毛诗正义》,上海古籍出版社,1997年,第565、566页。

[4]（宋）朱熹集注:《诗集传》,中华书局,1958年,第212页。

[5]（明）王士性撰、周振鹤点校:《五岳游草 广志绎》,中华书局,2006年,第29页。

[6] 张联荣:《〈诗经〉"维"字解》,《语文研究》1991年第4期。

[7] 李维琦:《〈诗经〉中"维"字考察》,《古汉语研究》1991年第2期。

[8] 顾颉刚:《禹贡（全文注释）》,中国科学院地理研究所编《中国古代地理名著选读》（第一集）,科学出版社,1959年,第9页。王玉哲:《夏文化研究中的几个问题》,中国先秦史学会编《夏史论丛》,齐鲁书社,1985年,第5页。

[9]（宋）朱熹集注:《诗集传》,中华书局,1958年,第212页。

[10]（晋）郭璞注、（宋）邢昺疏:《尔雅注疏》,上海古籍出版社,1997年,第2617页。

[11]（汉）郑玄笺、（唐）孔颖达疏:《毛诗正义》,上海古籍出版社,1997年,第565、566页。

[12]（汉）许慎:《说文解字》,中华书局,1963年,第191页。

[13]（清）胡渭著、邹逸麟整理:《禹贡锥指》,上海古籍出版社,1996年,第366、367页。

[14]（唐）房玄龄等撰:《晋书》,中华书局,1974年,第1603页

载："（拓跋太兴）既为沙门，更名僧懿，居嵩山。太和二十二年（248 年）终。"[1]

隋唐之时，"嵩山"之名的使用就较为普遍了。《隋书·尔朱敞传》中载："（尔朱敞）遂诈为道士，变姓名，隐嵩山，略涉经史。"[2]《旧唐书·则天皇后本纪》中载："（圣历）二年（699 年）春二月……戊子，幸嵩山，过王子晋庙。丙申，幸缑山。丁酉，至自嵩山。……三年（700 年）正月……甲戌，至自温汤、造三阳宫于嵩山。"[3]《旧唐书·玄宗本纪上》中载："（开元六年，718 年）二月甲戌，礼币征嵩山隐士卢鸿。"[4]

嵩高山亦被称为外方山。《尚书·禹贡》中曰："熊耳、外方、桐柏，至于陪尾。"该条下孔颖达疏曰："嵩高山在颍川崇高县，古文以为外方。"[5]《史记·夏本纪》"熊耳、外方……"条下索隐曰："外方山即颍川嵩高县嵩高山，古文尚书亦以为外方山"；正义引《括地志》云："嵩高山，亦名太室山，亦名外方山，在洛州阳城县北二十三里也"[6]。《汉书·地理志》中也言："古文以崇高（山）为外方山也。"[7]不难看出，外方山当是嵩山在西周以前的称谓。

综合上述文献记载来看，嵩山之称谓历史沿革清晰明了，先后有外方山、天室（山）、大室（山）、嵩高（山）、崇高（山）、嵩山等称谓，但从未有称为"崇山"的。

二　"嵩""崇"二字并不通用

韦昭之所以认为河南嵩山即古之崇山，原因就是他认为"嵩"与"崇"是通用的。事实上，"嵩""崇"二字之间并无相通的蛛丝马迹。

其一，《尚书·舜典》《孟子·万章上》《庄子·在宥》《管子·宙合》《淮南子·修务训》《大戴礼记·五帝德》《论衡·书虚》《史记·五帝本纪》和《司马相如列传》等多个文献中均有"崇"字，许慎《说文》中也收有此字，可见"崇"字由来已久，但从嵩山名称沿革情况来看，嵩山却从不名"崇山"。

其二，"嵩"字虽是北宋徐弦因"经典相承及时俗要用之字而本书不载者"之故而补入《说文》的[8]，但并不是新字，而是早已存在之字。上所引《尚书》《淮南子》等文献可证。值得注意的是，《淮南子》中不仅载有"嵩高山"，亦载有"崇山"。《淮南子·修务训》曰："尧立……放驩兜于崇山"[9]。由此可见，"嵩"与"崇"二字是并存于世的，"嵩"不曾代"崇"，"崇"亦不曾替"嵩"。

其三，公元前 110 年，汉武帝改"嵩高山"为"崇高山"。至于改名原因，颜师古曰："密，

[1]　（北齐）魏收撰：《魏书》，中华书局，1974 年，第 444 页。

[2]　（唐）魏征等撰：《隋书》，中华书局，1973 年，第 1375 页。

[3]　（后晋）刘昫等撰：《旧唐书》，中华书局，1975 年，第 128 页。

[4]　（后晋）刘昫等撰：《旧唐书》，中华书局，1975 年，第 179 页。

[5]　（汉）孔安国传、（唐）孔颖达正义：《尚书正义》，上海古籍出版社，2007 年，第 228 页。

[6]　（汉）司马迁：《史记》，中华书局，1959 年，第 69 页。

[7]　（汉）班固：《汉书》，中华书局，1962 年，第 1560 页。

[8]　（汉）许慎：《说文解字》，中华书局，1963 年，前言第 3 页。

[9]　何宁撰：《淮南子集释》，中华书局，1998 年，第 1312 页。

古崇字耳。以崇奉嵩高之山，故谓之崈高奉邑"[1]。在这里，"崇"作敬奉之意。176 年，汉灵帝又复"嵩高山"之名。至于复名原因，李贤曰："《前书》（《汉书》）武帝祠中岳，改嵩高为崇高。《东观记》曰：'使中郎将堂溪典请雨，因上言改之，名为嵩高山'"[2]。此处的"嵩"有巍峨高大之意，因唯有山高，才便于神降。从"嵩""崇"二字改来改去及改名原因来看，二字也是不通用的。

其四，大致在西周以后、三国以前，嵩山名曰"嵩（崧）高山"或"崇（崈）高山"，皆为三字，"嵩"与"崇"若通，"嵩高山"也只能通为"崇高山"，而不可能是两字的"崇山"，"崇高山"与"崇山"虽仅一字之差，当谬之千里。

这里还需要说明的是，《崧高》一诗为西周宣王时臣尹吉甫所作，古今无异辞，那么"嵩高山"之得名至少是宣王以后之事，而大禹之时的崇山远在公元前 2000 年左右，嵩高山又怎么可能会是古之崇山呢？

三　由"嵩山"到"崇山"的讹传

"嵩""崇"二字相通，应当出于韦昭本人的主观臆测。《孟子·万章上》中载："禹避舜之子于阳城。"该条下赵岐注曰："阳城，箕山之阴，皆嵩山下深谷中。"[3]《史记·夏本纪》中载："禹辞辟舜之子商均于阳城。"该条下集解引刘熙曰："今颍川阳城是也。"[4]韦昭对此深信不疑，认为颍川阳城就是大禹所都（居）的阳城。而文献中又说夏兴于崇山，颍川阳城又恰巧位于嵩山脚下，韦昭故而断定嵩山就是古崇山，但由于缺少证据，便推出"嵩""崇"二字相通的说法。韦昭的这种推理实际上是经不起任何推敲的，因为其所依据的阳城只是始于春秋、延于汉唐的一座城市，并非大禹之时的阳城。

依据文献，有关颍川阳城的记载大致始于战国。《史记·郑世家》载："郑君乙……十一年，韩伐郑，取阳城。"[5]郑君乙即郑国的郑康公，其十一年当是公元前 385 年，属战国时期。《史记·韩世家》《史记·六国年表》等文献中亦有相似的记载。《史记·秦本纪》中载："（秦昭襄王）五十一年（公元前 256 年），将军摎攻韩，取阳城、负黍，斩首四万。"[6]这些文献说明，战国时的阳城初属郑，后归韩，但不久又归秦所有。秦统一后，推行郡县，阳城属颍川郡。西汉沿袭未改。唐万岁登封元年（696 年），武则天在嵩山举行封禅大典，随后将嵩山下的嵩阳县改为登封县，将阳城县改为告成县，以示"登"嵩山，"封"中岳，大功"告成"[7]。

---

[1]　（汉）班固：《汉书》，中华书局，1962 年，第 1234 页。

[2]　（南朝宋）范晔：《后汉书》，中华书局，1965 年，第 337 页。

[3]　（汉）赵岐注、（宋）孙奭疏：《孟子注疏》，上海古籍出版社，1990 年，第 170、171 页。

[4]　（汉）司马迁：《史记》，中华书局，1959 年，第 82 页。

[5]　（汉）司马迁：《史记》，中华书局，1959 年，第 1776 页。

[6]　（汉）司马迁：《史记》，中华书局，1959 年，第 218 页。

[7]　（后晋）刘昫等撰：《旧唐书》，中华书局，1975 年，第 124、125、1423 页。

考古材料证明颍川阳城不早于春秋时期[1]。1977年的古阳城遗址试掘简报中说：“阳城城墙遗存都是用土分层夯筑起来的。……它和新郑县‘郑韩故城’春秋时期夯土城墙的夯窝印痕的形状相同，而北城墙上部的夯土层不但较厚，而且夯土层面上的夯痕多为口径较大而底部又较平，或为大圆窝，类似‘郑韩故城’战国时期夯土城墙的夯痕。同时在北城墙上部的夯土层中，还发现包含有极少量春秋和战国时期的陶片，没有发现更晚的遗物。因此我们初步认为这座夯土城垣应是属于春秋、战国时期建成的。城址南部到处散布着汉代的瓦片和陶片，可能在汉代又继续利用。”[2]《登封王城岗与阳城》的编写者亦持相同的看法[3]。因此，颍川阳城仅仅是始建于春秋的一座城市而已，与禹都阳城时间相差太远。

20世纪70年代末，考古工作者在登封王城岗遗址发现小城址一座。2005年，又在该遗址的中部发现一座大城城址，面积达30万平方米左右，城内不仅出土了祭祀坑和玉石琮、白陶器等礼器，而且发现了多处大面积的夯土基址，其年代为河南龙山文化的晚期[4]。这些发现为“禹都于颍川阳城”说者增添了“有力证据”，以致不少学者认为王城岗古城就是大禹所都的阳城，古阳城遗址不过是其的延续和发展而已。然此说也是有违于史实的。

首先，颍川之阳城在战国以前名曰颖邑，这在文献记载中是十分清楚的。顾祖禹《读史方舆纪要》中“河南府登封县阳城废县”条下云：“在县（登封县）东二十八里。本周之颍邑。……战国初，属郑，谓之阳城。”[5]这与《史记·郑世家》《韩世家》和《六国年表》等文献所载是一致的。另据《左传·昭公九年》记载，“周甘人与晋阎嘉争阎田。晋梁丙、张趯率阴戎伐颍。”为此，周王派遣詹桓伯严厉责备了晋国，最终晋国趁周王室有姻丧之机，“使赵成如周吊，且致阎田与襚，反颍俘”[6]。杜预注曰：“阴戎，陆浑之戎。颍，周邑。”鲁昭公九年（公元前533年）为春秋晚期，而此时的古阳城之地仍称为“颍”。

其次，王城岗遗址和古阳城遗址曾经共存。王城岗是一处多种文化层互相叠压的遗址，经过大面积的发掘揭露，已知有裴李岗文化、龙山文化、二里头文化、商代二里岗期文化、商代晚期文化和春秋战国时代的文化堆积层，其中，以龙山文化的内涵最为丰富[7]。而古阳城遗址年代在春秋至唐之间。因此，二者在春秋时期是共存的。不仅如此，二者亦隔五渡河相望，并且东西相距有一公里左右。既共存，又有一段距离，且隔河相望，这就说明古阳城之名不大可能是对王城岗古城之名的继承。这里有一个很好的例子，西周的丰、镐二京与此情况基本相同，二者虽隔丰水，却实为一体，然各有专名，不以一名命之。

其三，王城岗遗址之名是王城岗古城为禹都阳城说者所凭借的一条重要依据，但王城岗遗

[1] 中国历史博物馆考古调查组等：《河南登封阳城遗址的调查与铸铁遗址的试掘》，《文物》1977年第12期。河南省文物研究所登封工作站等：《登封战国阳城贮水输水设施的发掘》，《中原文物》1982年第2期。

[2] 中国历史博物馆考古调查组等：《河南登封阳城遗址的调查与铸铁遗址的试掘》，《文物》1977年第12期。

[3] 河南省文物研究所等：《登封王城岗与阳城》，文物出版社，1992年，第211页。

[4] 方燕明：《河南登封王城岗遗址发现龙山晚期大型城址》，《中国文物报》2005年1月28日。

[5] （清）顾祖禹：《读史方舆纪要》，中华书局，2005年，第2262、2263页。

[6] （晋）杜预注、（唐）孔颖达疏：《春秋左传正义》，上海古籍出版社，1997年，第2056页。

[7] 河南省文物研究所等：《登封王城岗遗址的发掘》，《文物》1983年第3期。

址的命名是很有问题的。"王城岗"之名，史籍无载。当地群众均称为"望城岗"。所谓"望城岗"，即登岗东望，可以见到古阳城或告成镇。在考古调查中发现，战国早期的阳城以北城墙保存较好，地面上保留最高处有 8 米。若从王城岗向东北遥望，可以看到耸立在圪塔坡南面的这段北城墙。如今的告成镇，依旧保留着大段的夯土寨墙，若从王城岗向东南望去，仍可以看到告成镇寨墙的大致轮廓[1]。因此，"王城岗"当是"望城岗"之误，以"望城岗"来命名才符合实际情况，而以"王城岗"称之则是一种先入为主、很不科学的做法，当然更不能以此作为判断王城岗古城性质的依据。

其四，王城岗古城毁弃于公元前 2000 年左右，此后城已不存，当然不会再称为"阳城"了；而古阳城遗址的古阳城得名于战国初，这已是公元前 475 年前后的事了。王城岗古城若是禹都阳城，则二处遗址"阳城"之名间隔长达 1500 余年之久，古阳城又怎会继承王城岗古城之名呢？

事实上，认为王城岗古城为禹都阳城的学者，语气也不是很肯定的。作为王城岗古城的主要发掘者之一的安金槐先生曾说："不能完全肯定王城岗城址就是夏代阳城遗址。"[2]陈绍棣先生作为此说的代表，亦说："王城岗城堡遗址的年代约当或略早于夏朝初年，是当时一个重要的古城遗址，有可能就是禹都阳城"[3]。"有可能就是"，也就有可能不是，这仍然是不确定的。主张此说的诸位先生之所以持此观点，根本原因在于他们看到了对王城岗古城的性质做出准确判断还缺乏确凿的证据这一不可否认的客观事实。古之山南水北皆曰"阳"，地处山南水北之城均可谓"阳城"。王城岗古城是否是禹都阳城，要结合考古、文献、古地理等材料进行综合的考察，目前的证据还不足以证明王城岗古城就是大禹之都（居）——阳城。

所以，嵩山即崇山之说只是一个严重缺乏证据的假说而已。我们的观点，正如以上文献与考古材料所阐述的：河南嵩山并非古之崇山。

---

[1]　董琦：《王城岗城堡遗址再分析》，《中国历史文物》2002 年第 3 期。

[2]　安金槐：《对探索夏文化的一些体会》，中国先秦史学会编《夏史论丛》，齐鲁书社，1985 年，第 34 页。

[3]　陈绍棣：《登封王城岗城堡遗址时代试探》，田昌五主编《华夏文明（第一集）》，北京大学出版社，1988 年，第 304 页。

九州、五服与朝贡制度的起源 [1]

丁 新*

九州观念、五服说以及由此派生出的朝贡制度，这些问题都是《禹贡》研究大范畴中经久不衰的学术论题。尤其是朝贡制度大体上成为自西周至晚清，断断续续几千年中国古代社会处理对外关系基本架构，并且由于近年来中华民族的复兴和崛起所引起的东亚地区地缘政治结构的重构而再次成为人们热议的话题。而这次讨论的主体不再仅限于传统的中国古代史学者，一些国际关系学者也加入其中。笔者作为一名由国际关系研究延入上古史研究的跨专业学人，在鄙人博士论文对诸夏认同问题研究的基础上，不揣浅陋，希望对既往研究中论述较少的朝贡制度的起源问题进行一些初步的探讨，就教于方家。

一 《禹贡》的研究方法和主要观点

《禹贡》长期以来作为《尚书》的一部分，一直被置于经学的范畴内传习研究。《国语》《周礼》《墨子》《孟子》《荀子》等先秦文献都曾征引《禹贡》的内容，[2] 而诸子也经常引用《禹贡》的记载或有关大禹的传说来阐释本家的经义，黄朴民先生认为"儒、墨、道、法等诸子著作则在绘制大禹历史面貌的同时，更按自己学说的基本立场和观点，对大禹的事功进行价值层面的判断和评估。"[3]

《禹贡》从尚书学中独立出来，成为一门专门的学问，肇始于宋代，而形成于明代。北宋由于水患严重，《禹贡》被作为一种治水的经典而加以研究，流传下来的有《大禹治水玄奥录》《禹贡山川图》等诸多篇目。到了南宋，《禹贡》则侧重山川地理的考据。这一传统一直延续到明清，而《禹贡》研究也逐渐从《尚书》中独立出来。清代由于考据学的繁荣，而诞生了以胡渭《禹贡锥指》[4] 为代表的一大批研究著作 [5]。

* 丁新：2015 年博士后进站，现就职于西华师范大学历史文化学院。

[1] 本文构思萌发于计秋枫教授有关大一统问题的研究，成文于孙勇教授的稿约。博后出站答辩时水涛教授、张敏研究员、刘兴林教授对本文给予了充分肯定和恳切的批评建议，匿名评审专家对本文提出了宝贵的修改意见。浙江越秀外国语学院大禹与中国传统文化研究中心为本人从事大禹研究提供了有力的支持。谨致谢忱！

[2] 刘起釪：《尚书学史》，中华书局，1989 年，第 22、23 页。

[3] 黄朴民：《先秦诸子之大禹观试说》，《浙江学刊》1995 年第 4 期。

[4] 参见孔祥军：《胡渭〈禹贡锥指〉的研究方法与成就》，《浙江师范大学学报》2011 年第 2 期。

[5] 诸如朱鹤龄《禹贡长笺》、孙承泽《九州山水考》、钱肃润《尚书体要》、杨陆荣《禹贡臆参》、王澍《禹贡谱》、晏斯盛《禹贡解》、汤奕瑞《禹贡方域考》、华玉淳《禹贡约义》、程瑶田《禹贡三江考》、杨守敬《禹贡本义》、曹尔成《禹贡正义》和丁晏《禹贡集释》等。

考据学从晚清延入民国时期，顾颉刚等继承和发挥考据学的传统，并且糅合了西方的实验主义和进步主义思想，终于发展成为颠覆整个旧的古史体系的古史辨运动。顾颉刚有着深厚的家学渊源，幼年接受了比较系统的私塾教育。顾颉刚读私塾的时候即显示了很强的批判精神，17岁报考江苏存古学堂的时候"把郑玄的注痛驳了一番"[1]，顾颉刚在《古史辨自序》中坦陈他的"推翻古史的动机固是受了《孔子改制考》的明白指出上古茫昧无稽的启发"[2]，而又受到新文化运动旗手胡适、钱玄同二先生的鼓动。王汎森认为"顾在整个疑古工作的构架上依附于康有为"[3]。在考据学上，顾颉刚深受崔述的批评方法的影响，并且借鉴了张荫麟的"层累说"[4]。在吸收西方研究方法方面，顾颉刚受胡适的影响很大，即"历史演进的方法和归纳假设的方法"，"把历史看作一个进步化过程——从不断地改变走向进步"[5]。在此基础上，顾颉刚又根据自己的成长经历和看戏的爱好创立和发展了民俗学，民俗学成为疑古学派解剖古史体系的一把利刃，他说："老实说，我所以敢大胆怀疑古史，实因从前看了两年戏，聚了一年歌谣，得到一点民俗学的意味的缘故。"[6]

1934年，《禹贡》半月刊的创编把"古史辨运动从古史辨转向古地辨"[7]。由于刊物创办于全面抗战前夕，国家民族危急存亡的时刻，从而把原本以《禹贡》为核心的研究不可避免地向人口学、民族学、宗教学、交通学扩展，并且"扩大地理研究的范围和内容，促成现代历史地理学的形成"[8]。

顾颉刚及其古史辨运动虽然取得了打破旧的古史体系的历史功绩，但在研究方法和结论上也存在着诸多不足。其中在研究方法方面存在的最大问题广泛被认为是缺乏考古学的方法。有学者认为"以顾颉刚为首的古史辨学派在研究、考辨中国古史时未能注重结合考古学发现的成果，致使古史辨始终是以古书论古书，不能跳出在书本上做学问的框框，在一定程度上可以称之为'古书辨'，这大概亦可认为古史辨学派在方法论上的一个致命的缺陷。"[9]顾颉刚本人尽管已经意识到了"要建设真实的古史，只有从实物上着手的一条路是大路"[10]，然而此时他已经心有余而力不足了，"倘使在五六年前见了，我一定要沈溺在里边了。"[11]

随着1899年河南安阳甲骨文被发现，1917年王国维写成《殷墟卜辞中所见先公先王考》，1926年李济发掘夏县西阴村、1930年李济、梁思永发掘山东龙山城子崖，中国现代考古学萌发并迅速成长起来。王国维首先倡导"二重证据法"，提出将"纸上之材料"与"地下新材料"

[1] 顾颉刚：《古史辨自序》（上册），商务印书馆，2011年，第29页。

[2] 顾颉刚：《古史辨自序》（上册），商务印书馆，2011年，第56页。

[3] 王汎森：《古史辨运动的兴起——一个思想史的分析》，允晨文化实事股份有限公司，1987年。

[4] 田旭东：《〈古史辨〉及疑古学派之我见》，《西北大学学报》2003年第3期。

[5] 田旭东：《〈古史辨〉及疑古学派之我见》，《西北大学学报》2003年第3期。

[6] 顾颉刚：《我的研究古史的计划》，《顾颉刚古史论文集》卷一，中华书局，2011年，第294页。

[7] 孙喆：《从顾颉刚学术旨趣的演变再析〈禹贡〉半月刊创办缘起》，《历史档案》2009年第1期。

[8] 王记录、林琳：《〈禹贡〉半月刊对中国史学近代化的影响》，《史学史研究》2010年第1期。

[9] 田旭东：《〈古史辨〉及疑古学派之我见》，《西北大学学报》2003年第3期。

[10] 顾颉刚：《古史辨自序》（上册），商务印书馆，2011年，第63页。

[11] 顾颉刚：《古史辨自序》（上册），商务印书馆，2011年，第69页。

相结合。在"二重证据法"的指引下，田野考古成果很快对古史研究产生了深刻影响。就《禹贡》研究而言，近年来比较著名的接合考古学的研究有邵望平《〈禹贡〉"九州"的考古学研究》[1]，赵春青运用类似的研究方法对"五服"做了考古学观察[2]。

因此，《禹贡》研究在古史辨运动开始以前，研究方法以传统的经学研究、历史地理学研究和考据学研究为主。古史辨运动兴起以后，研究方法不仅借鉴了西方理论，而且还引入了多学科研究。中国现代考古学诞生以后，考古学已经成为研究《禹贡》诸多路径中的更具创新性和确定性的方法。

关于《禹贡》的研究可谓浩如烟海，主要涉及成书时代、解读文献和考辩地望等几个方面。其中"《禹贡》的成书时代问题是《禹贡》研究的基础和关键所在。"[3]较早研究《禹贡》成书年代的有1964年辛树帜先生的《禹贡新解》[4]，比较集中研究年代的是1979年史念海《论〈禹贡〉的著作年代》[5]和1989年刘起釪《〈禹贡〉的写成时期及其作者》[6]，此外还有一些综合研究也包含了比较重要的成书时代研究[7]。

关于《禹贡》成书年代的主要观点，从西周初期一直到秦汉，成书于各个时期的观点几乎都有。因为对《禹贡》成书年代观点的梳理几乎可见于多数相关研究中，且限于篇幅，本文仅对重要的和与本文论述关系密切的几种观点做一些概括。

其一是战国说。《禹贡》在经学时代被认为是夏代纪事，而古史辨运动则彻底推翻了这一说法。1923年，顾颉刚提出战国说，1959年，顾颉刚在《禹贡注释》中指出："我们可以猜测，它是公元前第三世纪前期的作品，较秦始皇统一的时代约早六十年。"[8]顾颉刚的这一观点直接来自于《孟子》与《禹贡》记载的对比："孟子上说，今海内之地方千里者九，齐集有其一。方千里者九，即是方三千里，也即是九百万方里。这个幅员是九州的幅员，也是甸、侯、绥三服的幅员。所以在这一件事实上，可以知道九州说和五服分内外两部分说，必然要到了战国的

[1] 邵望平：《〈禹贡〉"九州"的考古学研究》，《邵望平史学、考古学文选》，山东大学出版社，2013年，第3～27页。

[2] 赵春青：《〈禹贡〉五服的考古学观察》，《中原文物》2006年第5期。

[3] 容天伟、汪前进：《民国以来〈禹贡〉研究综述》，《广西民族大学学报》2010年第2期。

[4] 辛树帜：《禹贡新解》，农业出版社，1964年。蒋善国：《尚书综述》，上海古籍出版社，1988年。华林甫：《近年来〈禹贡〉研究述略》，《中国史研究动态》1989年第10期。金景芳、吕绍纲：《〈尚书·虞夏书〉新解》，辽宁古籍出版社，1996年。周书灿、张洪生：《〈禹贡〉研究概论》，《河北师范大学学报》2001年第4期。刘起釪：《〈禹贡〉写成年代与九州来源诸问题探研》，《九州》第3辑，商务印书馆，2003年。

[5] 史念海：《论〈禹贡〉的著作年代》，《陕西师大学报》1979年第3期。

[6] 刘起釪：《古史续辨》，中国社会科学出版社，1991年。刘起釪先生论述此主题的论文还有两篇，可参看刘起釪：《〈禹贡〉写成年代与九州来源诸问题探研》，《九州》第3辑，商务印书馆，2003年。顾颉刚、刘起釪：《尚书校释译论》，中华书局，2005年，第832～843页。

[7] 蒋善国：《尚书综述》，上海古籍出版社，1988年。华林甫：《近年来〈禹贡〉研究述略》，《中国史研究动态》1989年第10期。金景芳、吕绍纲：《〈尚书·虞夏书〉新解》，辽宁古籍出版社，1996年。周书灿、张洪生：《〈禹贡〉研究概论》，《河北师范大学学报》2001年第4期。刘起釪：《〈禹贡〉写成年代与九州来源诸问题探研》，《九州》第3辑，商务印书馆，2003年。

[8] 顾颉刚：《禹贡注释》，《中国古代地理名著选读》第一辑，科学出版社，1959年，第4页。

中期才有出现的可能。"[1]主张战国说的观点长期以来在《禹贡》研究中占据主导地位，比较著名的学者还有钱玄同、卫聚贤、马培棠、许道龄、钟道铭、陈梦家、史念海等，恕不一一列举。本文的主体部分将具体回应顾颉刚提出战国说的重要论据。

其二是西周说。西周说首倡者是王国维。"王国维从文字分析，认为它是周初人所作。"[2]其后，辛树帜从农史学、邵望平从考古学分别提出类似观点，而刘起釪吸收两家观点也认为"《禹贡》为西周初期王朝史官所追记"[3]。邵望平主要通过把《禹贡》九州说与考古学龙山时代的几大区系进行对应关系的分析，认为《禹贡》里的九州范围大致与公元前第三千年间龙山时代人们活动范围大致相当。并且"考古学已证明商王朝势力、影响范围所及已达于九州"，且对东部四州记载最为详细，"因此，九州篇的蓝本很可能出自出身于东土的商朝史官之手，是商人对夏代的追记。当然，也有可能是西周初年对夏、商的追记。九州篇蓝本的出现不迟于西周初年。"[4]

春秋说也是较为重要的一派观点，以郭沫若、王成祖为代表。本文主要回应战国说和西周说，对其他观点姑且不作梳理。此外，2002年遂公盨铭文的问世在一些学者看来，为"将《禹贡》的制作时代确定在西周中期偏晚阶段提供了一个重要的实物依据。"[5]但是对遂公盨的真伪也存在着争议。

在笔者看来，首先《禹贡》成书在夏代的可能性较低。首先《禹贡》流传与《禹贡》成书是两个不同的概念。《禹贡》可能是记述夏代的事情，或者从夏代就开始流传了，但是成书首先要有文字。邵望平提出，文字的出现是《禹贡》可以成书的两个先决条件之一[6]，没有文字的《禹贡》至多是口耳相传的文献或传说。而至今没有发现商代以前存在成体系的文字，只有一些零散的刻符或陶符，比如贾湖刻符、双墩刻符、陶寺朱书、二里头水书等等，这些都只能算是符号，而没有上升到文字阶段。一些标榜夏人后代的民族很久一段时间都保留着口耳相传的文化传承方式。《史记·匈奴传》中说匈奴是夏后氏之苗裔，并没有文字，"毋文书，以言语为约束"[7]。周人标榜自己是夏的后裔，却从来没有提到过夏有文字。周原遗址考古证实周人的文字是从商人的甲骨文发展而来的。考古学发现，先周文化晚期出现了大量的商文化元素，说明周人迁岐以后开始直接面对商统治区，并且开始接受商文化。如果夏没有文字这个假设可以成立的话，那么即使《禹贡》所载事迹为真实的历史流传，见诸笔端成为文献最早也应该是周初的事情了。如果是周人转述了夏代立国的事迹，其内容和叙述方式都必然受到周初周人自身对当时自然和人文环境的认识。

冀州不纳贡，这一点恰好有利于佐证《禹贡》可能是流传于周人集体记忆中的传说，而非夏代的传说。如果根据夏文化起源于晋南的观点，冀州正是作为九州的共主，但仅限于太康失

[1]　顾颉刚：《禹贡注释》，《中国古代地理名著选读》第一辑，科学出版社，1959年，第3页。

[2]　邵望平：《邵望平史学、考古学文选》，山东大学出版社，2013年，第3页。

[3]　陈立柱：《〈禹贡〉著作时代评议——与刘起釪先生商榷》，《古代文明》2010年第1期，第54页。

[4]　邵望平：《邵望平史学、考古学文选》，山东大学出版社，2013年，第25页。

[5]　岳红琴：《遂公盨与〈禹贡〉的成书时代》，《中原文物》2009年第3期。

[6]　邵望平：《邵望平史学、考古学文选》，山东大学出版社，2013年，第10页。

[7]　（汉）司马迁：《史记·匈奴列传第五十》，中华书局，1959年，第3483页。

国之前[1]。而在那段时期，正是周人在夏朝为官的时期。太康失国之后，周人自窜戎狄之间，夏文化整体南迁进入中原地区，成为二里头文化。如果《禹贡》这个版本来自于夏人的话，那至少应该会抬高豫州的地位。

同样，《禹贡》成书年代在商代也有很大的疑问。首先，禹贡中很多重要的概念，其文字在甲骨文中是找不到的。比如禹贡的"贡"，甲骨文里没有"贡"字，冀州的"冀"在现有甲骨文中也不存在。其次，不仅这些字找不到，且甲骨文中常见的指代方位的各种名词，均未见九州及其包含的各个部分的名称。换句话说，如果商人有九州概念的话，商的出土文献里不应该完全找不到。第三，商的治理结构与九州结构存在着根本的不同，商代以都邑和方国为主要的统治结构，从形式上既看不到九州结构的影响，更看不到九州名称在商的方国和都邑中的遗迹。第四，商人崇尚的方位是东北方，这应该和商人祖先的居住地有关，但九州说却明显是尊崇冀州的。虽然先商文化的发源地距离冀州并不远甚至有部分重合，但传统的先商文化的核心区域却与冀州存在一定的偏差。第五，从夏商周三代的关系看，商代夏之后，至少到武丁时期，商一直与夏的遗民进行了长期而惨烈的战争。或许是由于夏的遗民始终对商构成一定的威胁，我们可以从文献上看出来，商对夏的文化总体上是持贬斥态度的。在这种情况下，商的史官去构思或者追述一篇歌颂夏代治理模式和大禹治水的文章，从道理上是很难讲得通的。

本文期望在前人研究的基础上，从《尚书》的整体分析来考察《禹贡》的意义，着重就文本内容展开九州、五服与朝贡制度的建构论述，并由此提出这些制度的起源的假说。[2]

二 九州的划分与周人对夏商统治结构的继承与发展

周人克商以后，面临的两个最大的问题，其一是如何解决商的遗民问题，这一点反映在《度邑解》中武王的忧叹中；其二是如何论述周代商的合法性以及如何确立周文化的优越性问题[3]。

周人代商以后，在周初八诰中不断反复论述周代替商统治天下的合法性是确信无疑的。这种合法性一是来自于周人是有夏的后代，二来自于汤革夏命的正确性引申出来的周革殷命的正确性。古文《尚书》中的《泰誓》，近来越来越多的研究认为是可信的，《泰誓》中援引汤革夏命的先例，"有夏桀弗克若天，流毒下国，天乃佑命成汤，降黜夏命"，以证明周革商命的正确。《大诰》云"予永念曰：天惟丧殷，若穑夫，予曷敢不终朕亩？"声称要像农夫锄地一样，彻底完成丧殷的天命。《召诰》："王其疾敬德，相古先民有夏。天迪从子保，面稽天若，今时既坠厥命。今相有殷，天迪格保，面稽天若，今时既坠其命。"大意是：我们周邦的王历来重视道德，曾经辅佐夏人，天引导我们跟从夏人，恭敬承天命，今天这个天命已经终结了。既阐述了周人身份的正当性，也论证了周革殷命的合理性。周人通过追溯本族与夏、商的继承关系来论述自身地位的合法性。

---

[1] 笔者在拙作《中国文明的起源与诸夏认同的产生》一书中论述过夏文化起源于陶寺中期，详情参见丁新：《中国文明的起源与诸夏认同的产生》，南京大学出版社，2016年，第57页。

[2] 这一观点采纳了匿名评审专家的对本文的归纳总结和批评建议。

[3] 笔者在拙作《中国文明的起源与诸夏认同的产生》第六章系统论述这两方面的问题。

因此，也存在着这样一种可能，即《禹贡》作为《尚书》中的篇目之一，它也是周人在取代商以后所做的大规模的文化优越性和政权合法性建构体系中的一部分，目的在于通过追述夏代的史迹，以及强调周与夏的传承关系来巩固周代商的合法性。并且《禹贡》中反映出来的地理知识比较符合西周初年人们的认识水平和人们的生产生活状况。顾颉刚认为《禹贡》作者"可能是秦国人，因为他对于陕西、甘肃和四川间地理最明白，其次是山西、河北、河南。"[1]顾颉刚明确认为"《禹贡》作者是西北人"[2]，其实同样是西北人，比秦人更有说服力的是周人，周初的周族人。从陕西到山西、河南的路线，正是周人克商的路线。顾颉刚认为古人对四川的了解是秦吞并巴蜀之后的事情，其实此前，周人克商时候的八个附庸国，就包含蜀。《华阳国志·巴志》：周武王伐纣，实得巴蜀之师。徐中舒认为"《尚书·牧誓》称从武王伐纣的有'庸、蜀、羌、髳、微、卢、彭、濮人'，此八族中，虽没有巴，但注家对此八族所在，一致认为即在西南"[3]。周人联合姜人一起翦商，之后姜人一部分沿着丹水、汉水南下进入后来的楚地，一部分则进入了四川。所以，《禹贡》对四川情况的熟知在西周也是合理的。因此，我们提出《禹贡》很可能是周人进行制度构建的一部分，根据在夏族后裔中广为流传的传说而撰写的历史文献，保留了一部分夏人叙述的结构，又大量补充了周人自己的地理知识。

因为甲骨文的发现和殷墟的发掘，今天人们对商有了一个比较全面和详细的了解，从而为我们研究夏商周提供了一个比较可靠的参照。商的统治结构以四方四土和内服外服为主要框架，比照《禹贡》，商的统治虽然看不出《禹贡》的九州格局，但是《禹贡》的五服说是包含内服和外服之别的。因此，无论从西周的治理模式，还是从《禹贡》九州说和五服说来看，周人在天下治理方式上，既有对夏的追忆，更有对商的继承[4]。

孔子在《论语·为政》中说道："殷因于夏礼，所损益，可知也；周因于殷礼，所损益，可知也。"这说明夏商周三代的统治结构有一定的继承性，但又显然各有不同的特点。首先夏对于之前的尧舜时期的统治结构也是有所变化的。现有考古发掘显示，龙山时期，龙山文化所覆盖的广大地区呈现出邦国林立的景象，文献所载："禹会诸侯于涂山，执玉帛者万国"。这里的"万国"就是龙山时代广泛所在的城邑，即夯土筑城。而从大的层面，诸侯的共主，尧舜采取的是禅让制，所对应的统治结构是部落联盟。这种治理结构在洪水泛滥的情况下，显示出了突出的弊端。一是各自为政，相互割据，很难从整体上治理全流域的水患；二是以邻为壑，相互拆台，为了自保，不管是筑墙还是决沟，都可能会侵害邻近部落的安全。鲧以息壤筑城的传说，就是龙山时代的人们最初企图通过筑墙抵御洪水的生动概括[5]。大禹治水最初的举措就是"坏城平池"，挖开阻碍洪水通行的坝堰，填平导致洪水漫溢的沟洫。大禹治水之所以能够成功，不仅在于治水的方法更加科学，更在于治理国家的方式，与东部的诸部落结成同盟，斩不遵守纪律的防风氏树立权威，加强中央集权，最终攻克水患。

[1] 顾颉刚：《禹贡注释》，《中国古代地理名著选读》第一辑，科学出版社，1959年，第4页。

[2] 顾颉刚：《禹贡注释》，《中国古代地理名著选读》第一辑，科学出版社，1959年，第5页。

[3] 徐中舒：《论巴蜀文化》，四川人民出版社，1981年，第19页。

[4] 可以参见晁福林：《说彝伦——殷周之际社会秩序的重构》，《历史研究》2009年第3期。

[5] 王子今：《"息壤神话"与早期夏史》，《中州学刊》2003年第5期。

夏显然没有再延续龙山时代邦国林立的局面，考古发掘显示，进入夏纪年以后，各地城邑数量和规模都大幅减少和缩小。夏是否严格按照九州制度进行了划分，也值得怀疑。因为先秦文献里，九州的地理概念并不盛行。倘若夏代果真以九州来治理的话，在提到地域概念的时候不会不提到这是哪个州。更重要的是周人自己声称是有夏的后裔，却并不提自己是冀州人，或者雍州人。这里的州，很可能源自周人自己的族号"周"，意即天下皆是周的一部分。王念孙提出，既可以义训音，也可以以音训义。《经义述义》引其言："学者以声求义，破其假借之字而读以本字，则涣然冰释。"[1] 这里不是说"州"这个字是由"周"演化而来的，两字差别太大，是不同的两个字。但最初很可能是为了表达同一个意思而选用了同一个音，但最终又是两个不同的概念，因此用了两个不同的字。这个联系被相同的读音保留下来了。

为了增加我们对九州和夏商治理结构差异的理解，我们先来考证一下夏的九州和舜的十二州的区别。因为《禹贡》里的九州事实上是周初人文地理的一种反映，对于历史上夏的九州，乃至舜的十二州我们无法从具体形态上去描绘，只能从内涵理念上去分析。九州最初的理念来自于从十天干到九宫格的变形，把居于中央的戊己（土）合并起来，十天干就变成了九州（如图一）。这一说法的根据有两方面，第一，大禹治水的路线是按照天干相生的路线来走的。第二，戊己居于中央，后来都成为夏核心部族的代称。下文有详细论述。

壬	癸	甲
辛	戊己	乙
庚	丁	丙

图一　十天干到九宫格的变形

《史记·五帝本纪》在讲述舜的时候提到"肇十有二州"，还有"命十二牧论帝德"，这说明舜时期治理的基本单位数量是十二个，而在讲述禹的时候却变成了九个。这十二到九之间仅仅是简单数字的变化，还是区域划分的变化，还是背后指导这种划分理念的变化？再来看巡狩的顺序上的变化。舜代尧摄行天子之政时"岁二月东巡狩，……五月南巡狩；八月西巡狩；十一月北巡狩"，其行走的方向是东、南、西、北依次进行。而大禹按照九州的模式治理洪水，其次序却是东、南、中、西、北（参见图二）。这里分别对应的就是中国古代文化里两个重要的概念，天干和地支，天干"甲乙丙丁、戊己庚辛，壬癸"，称为十天干，而地支数字为十二，从子到亥。大禹治水行走的顺序是严格按照天干中的生克顺序走的，从东方甲乙木，到南方丙丁火，到中央戊己土，再到西方庚辛金，最后回到北方壬癸水，木生火、火生土、土生金、金生水。而舜时代，不仅十二州是十二地支的表现，并且巡狩的路线也是按照十二月地支的运行顺序关系来行走的，二月春天属木去东方，五月夏天属火去南方，八月秋天属金去西方，十一月冬天属水去北方。那么五行之一的土在哪里呢？在地支系统里，十二地支中，丑、辰、未、戌四支是属土的，被称为四库土，分别在十二地支构成的圆环的几个角上，即东北、东南、

---

[1]　郭在贻：《训诂学》，中华书局，2005年，第52页。

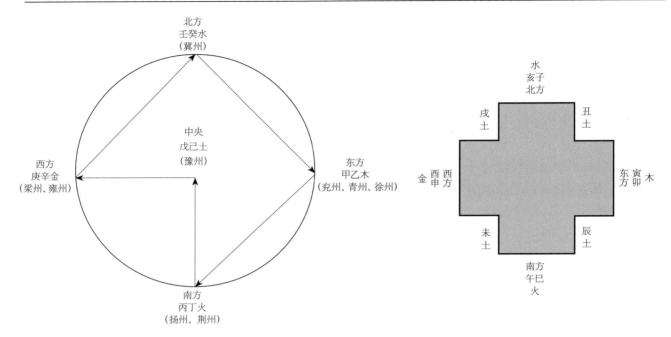

图二　十天干相生图（大禹治水路线图）　　　图三　十二地支方位图（四方四土结构图）

西南和西北，这是四土；东方、南方、西方和北方则是四方。这才是商代四方和四土的含义，现有研究很多都把四土和四方混为一谈（参见图三）。

这里的区别背后所隐含理念的差异正是夏启伐有扈氏的原因。夏启伐有扈氏所列的罪状是"威侮五行、怠弃三正"，这里的三正指的就是以日月星为根据的太阳历，夏人用阳历，而有扈氏弃用太阳历而恢复使用火星历。《史记·历书》云："盖黄帝考定星历，建立五行……"黄帝时羲和制历，"建五行历制度，即阴阳五行历，也就是今天说的十月太阳历，以后九黎乱德，用天文官重黎制订大火星历，三苗也跟随使用而废弃五行历，致使民神杂扰，不可放物，祸菑荐至，莫尽其气"[1]。太阳历里有十个月，而大火星历是十二个月。因此，九州与十二州的区别，从理念上说是天干与地支的区别，既是方位的变化，也反映了历法的区别。

从这组概念的辨析，我们可以看出夏商统治结构的继承和发展。夏按照的十天干的结构和顺序来治理天下的，十天干不仅是结构，并且是不同地区承担贡赋义务循环的顺序，所以有扈氏不用五行历，夏启要征伐它，不用五行历就是不承认夏的统治，不履行地方的义务。十天干对应的统治结构就是九州，把中间的戊己合一，十就变成了九。戊己就是夏的统治核心，是夏族的嫡系或者说是王族。戊己在其后的历史中，演变为"吾"和"己"，这两个字之所以都表示"我"的意思，就是从这里来的。所以夏代有"昆吾""余吾"都是夏本族的标志，夏后人被封在"杞国"，杞即"己"。

商人是龙山文化的后裔，所以商人治理天下的结构依旧恢复了十二地支的模式，即是四方和四土。但是十二地支是没有中央的，是一个圈状的结构，为了避免重蹈龙山时代，没有中央的弊端，商建立了大邑商，作为统治中心，周围辅以方国和四土。方国是商的正式邦国，而四

---

[1]　李维宝、陈久金：《"陶寺观象台"的发掘与古代文献的印证》，《天文研究与技术》（国家天文台台刊）2007年第4期。

土则是拐角上的边民。从而，我们根据文本和干支的基本原理推出来的四方四土结构（图三）与商代金文中常见的亞族徽，例如 ▩[1] 从形状上看是一致的。

回到夏的九州概念上来。夏的九州与《禹贡》的九州相一致吗？笔者自己的判断是不一致的。从夏亡到周立，六百年间，华夏大地人们的活动范围发生了很大变化，周人不可能完全按照夏人的结构来重述《禹贡》，《禹贡》里体现出来的地理划分和物产要素都体现了西周甚至更晚的时代印记，显然周人按照口耳相传的夏的大致格局，在内容上则做了有时代特色的补充。邵望平在《〈禹贡〉"九州"的考古学研究》一文中提出："总之，从考古发现分析，《禹贡》作者的地理知识还仅限于西周早期以前，即公元前2000年间的'中国'，远远未达到战国时期所能达到的地理知识水平。"[2]

夏的九州的划分，笔者认为源于治水时分区治理，相互协作的需要。这里就要考察一下四渎的概念了。

顾颉刚在《禹贡注释》里提到："在禹贡里，每州只举出两三个名山大川作为分界点，不像后世地方志列出'四至、八到'，所以不容易画出精密的地图，确定九州的疆界。"[3] 对此，邵望平认为"这正反映着一个古老的史实，即历经千年以上发展而自然形成的历史文化区，虽各有其中心地区，但并无划定的边界，其间存在着相当规模的中介地带。龙山时代的各历史文化区的情况亦是如此。"[4] 邵望平的观点不无道理，更准确地说，夏人的九州，可能事实上仅仅是为了划分治水区域，而依据纵横山川划定的九宫格，更准确的说是井字形。"井"字较之九宫格是没有外面的边框的，而这恰恰是《禹贡》九州划分的最接近的特征。《禹贡》只描述了九州之间边界，而没有明确九州的外部边界。

《禹贡》实际是采用了夏的九州的思想方法作为框架结构，而实际内容则是西周时期的地理状况。《禹贡》中起到重要划界作用的河流是江、河、淮、济，这四水又被称为四渎。在公元前2000年时期，黄河，尤其是起到划界作用的部分都是南北纵流的。《禹贡注释》中说："当时的黄河从今山西省的西境（西河），经过河南省的北部（南河），沿着太行山转到河北省的东北境（东河），周匝三面，像个口袋似的。那时人们称这个地方为两河之间，这个区域唤作冀州。"[5] 而此时济水是横流的，淮水也是横流的。江水在居住集中地区也是南北纵流的，故古人先有江东、江西的称谓，江南江北那是衣冠南渡以后的事情了。这样，江河淮济就可以大致勾画出一个井形。井则是一个没有边框的九宫格，这九个格子就是最初九州的雏形。而这个结构在经历了一千年的口耳相传之后，内容发生了完全的变化，不变的是九宫格思维方式，变化的是周人按照周初的人文地理情况，重新描述了九州。这个九州也就是一些文献里"九畿"的概念。《周官·秋官·大司马》："乃以九畿之籍施邦国之政职。"孔颖达《春秋正义》曰："周公斥大九州，广土万里，制为九服"，亦可以看出周人对九州有一番再造的过程。

[1] 陈梦家：《美国所藏中国青铜器集录》（订补本）下册，中华书局，2019年，第913页。

[2] 邵望平：《邵望平史学、考古学文选》，山东大学出版社，2013年，第13页。

[3] 顾颉刚：《禹贡注释》，《中国古代地理名著选读》第一辑，科学出版社，1959年，第1页。

[4] 邵望平：《邵望平史学、考古学文选》，山东大学出版社，2013年，第7页。

[5] 顾颉刚：《禹贡注释》，《中国古代地理名著选读》第一辑，科学出版社，1959年，第1页。

三　依据九州的划分理解五服

顾颉刚提出："五服说与九州说是两种矛盾的地方制度，不该并容在一篇里的。"[1] 而从《禹贡》的叙述顺序，好像古人认为两者是存在紧密联系的。是古人搞错了，还是我们理解不到位，我想，结合上述对九州概念的理解，我们就可以着手分析九州与五服的关系了。

虽说《史记》采纳了《尚书·禹贡》的五服说，但这两段文字还是有显著区别。《尚书·禹贡》：

"五百里甸服。百里赋纳总，二百里纳铚，三百里纳秸服，四百里粟，五百里米。五百里侯服。百里采，二百里男邦，三百里诸侯。五百里绥服，三百里揆文教，二百里奋武卫。五百里要服。三百里夷，二百里蔡。五百里荒服。三百里蛮，二百里流。"[2]

而《史记·夏本纪》则曰：

"**令天子之国以外**五百里甸服：百里赋纳总，二百里纳铚，三百里纳秸服，四百里粟，五百里米。**甸服外**五百里侯服：百里采，二百里任国，三百里诸侯。**侯服外**五百里绥服：三百里揆文教，二百里奋武卫。**绥服外**五百里要服：三百里夷，二百里蔡。**要服外**五百里荒服：三百里蛮，二百里流。"[3]

这两者之间的区别首先在于，《史记》中说，甸服是天子之国以外的五百里，而《尚书》则没有这句前缀，大约是司马迁根据自己的理解想把话说得周详。如果天子之国外五百里，那这个甸服就不止五百里，它首先要把天子之国包围住，然后把天子之城的每一道边距离甸服的每一道边都是五百里的话，甸服的边长就是千里加天子之城的边长。但是这"令天子之国以外"几个字《尚书》里没有，是司马迁加上的。没有这几个字，这句话就可以理解为"五百里甸服"就是天子之国。《国语·周语上》记祭公谋父曰："夫先王之制：**邦内**甸服，邦外侯服，侯卫宾服……"《荀子》卷十二说："**封内**甸服，封外侯服，侯卫宾服，蛮夷要服，戎狄荒服。甸服者祭，侯服者祀，宾服者享，要服者贡，荒服者终王。"《国语·周语中》："昔我先王之有天下也，规方千里以为甸服，以供上帝、山川、百神之祀，以备百姓兆民之用，以待不庭不虞之患。"这些文献都可以证明，甸服就是邦内或者封内，而邦内就指是王畿，"甸服者祭"，是关系最亲密的同族。

第二个重要区别在于，《史记》在每个服之前加上"甸服外""侯服外""绥服外"和"要服外"，用顾颉刚的话说，是每个"服以外各五百里"，这样就明确了五服说构建的是一个"圈层地带结构模式"（图四）[4]。但是《尚书·禹贡》并没有这样说。这种圈层结构带来两个问题。首先，《周礼·夏官·职方氏》云："其外方五百里曰侯服……"，每个区域的幅度描述都是"方"，即边长，不是距离，如果是环状的话，"最外层方五千里，大大超过古代中国的实际范围。"[5]

---

[1] 顾颉刚：《禹贡注释》，《中国古代地理名著选读》第一辑，科学出版社，1959 年，第 2 页。

[2] （唐）孔颖达：《尚书正义》，上海古籍出版社，2007 年，第 240～245 页。

[3] （汉）司马迁：《史记·夏本纪》，中华书局，1959 年。

[4] 刘盛佳：《〈禹贡〉——世界上最早的区域人文地理学著作》，《地理学报》1990 年第 4 期。

[5] 刘盛佳：《〈禹贡〉——世界上最早的区域人文地理学著作》，《地理学报》1990 年第 4 期。

所以顾颉刚感叹的"世界上哪有这样方方正正的区划",不是古人写错了,是自己理解错了。其二,这样说来,则不仅诸侯,而且蛮夷都呈环状均匀分布在中国周边,这显然是违背历史事实的。并且这种环状的结构使五服说与九州说难以构建起直接的联系,而《禹贡》在九州之后紧接着五服的叙述表明,五服是九州划分导致的直接结果。

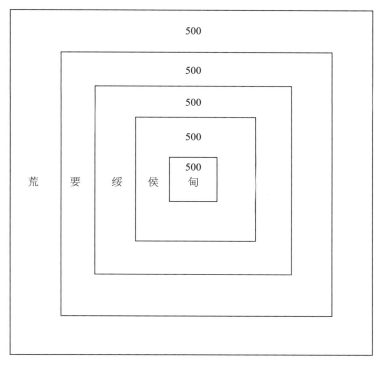

图四　圈层地带结构模式或者环状结构五服图[1]

九州如何变成五服,情况应当是这样的(参见图五、六)。甸服是天子之国,居中,就九州的豫州位置,而侯服、绥服、要服和荒服则居于甸服的四个不同方位,这样就是四方加王畿,称为五服。因为我们回到《尚书·禹贡》,并没有讲五百里有一个叠加的关系,为什么不是甸服向不同方向的五百里呢?原因就是司马迁做了一个解读和补充,从此后人就沿着司马迁的思路一去不复返了。五服就是五方,东南西北中,五个方位,五方加上四个拐角,就是九州结构。如前文所述,四个拐角叫四土,在古人那里,东北丑土、东南辰土、西南未土、西北戌土,都是属土的,被称为四库土。商人的结构其实就是四方、四土和中间的天邑商。根据这样的结构,五服和九州就是不矛盾的,而且是一体的。

《尚书·大传》云:"周公摄政,一年救乱,二年克殷,三年践奄,四年建侯卫,五年营成周,六年制礼作乐,七年致政于成王。"根据这个顺序,五服制度的构建应该在周公摄政的第四年,即建侯卫,建侯卫即是制定五服制度。因为这个甸服居中的设计,应该是以洛邑为中心,否则以镐京为中心王畿就要偏到西部了。这个时候,洛邑应该还没建成,但应该开始谋划了。"救乱"指周公东征,平定三监之乱。在五服说里,夷和蔡同时出现,置于同等地位,这说明建立五服

---

[1]　刘盛佳:《〈禹贡〉——世界上最早的区域人文地理学著作》,《地理学报》1990 年第 4 期。

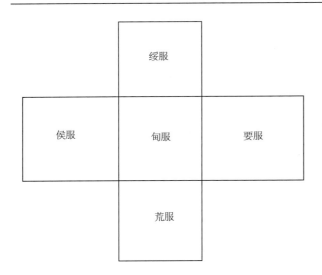

图五　五服结构图　　　　　　图六　五服加四土与九州大致契合图

制是在三监之乱已经爆发后（否则蔡是姬姓，不会等同于夷的），但是第二次分封又还没有开始。如果仅从文本上分析，五服制度产生的最合理时间应该如此。

　　侯服指的王畿向西，大致从洛邑到镐京，这是周自己的地盘，所以包括"采、男邦和诸侯"。杨宽认为："武王分封的同姓亲属，身居朝廷要职的，封邑都在王畿以内，而且都在周的祖先早就开发的地区。"[1] 所以男邦和诸侯位于洛邑以西，周的故地。绥服在王畿的北方，绥服即随服，跟随的意思，即是《国语》中所说的侯卫宾服，指诸姬国家，包括拱卫王畿的晋和召公的燕，以晋为代表的诸姬姓封国属于撰文教的范畴，而北方的燕则是奋武卫的。要服在王畿的东方，要服即衣服，即殷服，主要是殷的属国和遗民，还有监管殷遗的蔡。荒服在王畿的南方，是蛮和流的地方。

　　商有内服和外服，周的九州和五服即是对夏统治结构的一种追忆，也是对商内服和外服制度的继承。甸服居中，侯服居内、绥服为宾、要、荒居外。顾颉刚先生认为甸、侯、绥属于内服、要、荒属于外服。明确了五服体系，尤其是内服和外服，就可以理解由五服体系而产生的朝贡体制了。我们先从"朝"和"贡"的区别说起。

四　朝与贡的区别

　　有了前面相关概念的辨析和考证，我们就具备了探讨朝贡制度的起源的条件。《禹贡》筹划了九州，而九州产生了五服，五服则产生了朝贡。赵春青察觉到了"侯服及以外诸服，不言'纳'字，明显与甸服不同。"[2] 这无疑是敏锐的发现，但赵春青却说："所谓的贡赋关系，甸服之内明言'纳'贡。"[3] 可是《禹贡》言甸服"纳"，言"纳贡"了吗？显然没有。《国语·周语上》

[1]　杨宽：《西周史（上）》，世纪出版集团，2016 年，第 133 页。

[2]　赵春青：《〈禹贡〉五服的考古学观察》，《中原文物》2006 年第 5 期。

[3]　赵春青：《〈禹贡〉五服的考古学观察》，《中原文物》2006 年第 5 期。

祭公谋父说："要服者贡"。可见，贡，是只属于要服者的专有行为。后人动辄把朝贡放在一起讲，混淆了两者涵义的区别，也就没有把握住"朝贡体系"的本质内涵。

纳，从丝从内，"纳，内，指'入'的意义，金文中常作内，先秦文献中有'纳'，但以用'内'为常。"[1]《尚书正义》伪孔传曰："纳，如字。本又作'内'，音同。"[2]"纳"字本身，作"内"，从丝，这个字已经很清晰地表明，"纳"这种义务只是对内的，而不仅仅是"入"，"向内"的意思。换句话说，"五百里甸服"强调的是周王朝内部的义务，和外部的"贡"是不能混为一谈的。

今人研究往往将"朝""贡"二字与"宾""献""奉"等混为一谈，认为都是可以通用的近义词甚至同义词。其实，这些看似意思相近的词意义差别往往是很大的。《周礼·春官·大宗伯》曰："春见曰朝，夏见曰宗，秋见曰觐，冬见曰遇。"《尚书正义》："贡者，从下献上之称，谓以所出之谷，市其土地异物，献其所有，谓之厥贡。"

这里，我们先来考证"朝"。我们把考证的视野从《禹贡》拓展到整个《尚书》。《尚书·周书》中经常在出行的时候用到"朝"字，而伪孔传多解为早朝、朝旦、拂晓。《召诰》开篇"王朝步自周，则至于丰。"伪孔传注为"朝行"，疏亦然。"太保朝至于洛"，传作"早朝"，疏作"朝旦"。"若翼日乙卯，周公朝至于洛"，传未作解，疏曰"朝旦"。"周公乃朝用书命庶殷侯、甸、男邦伯"，传曰："周公乃昧爽以赋功属役，书命众殷侯、甸、男服之邦伯，使就功。"昧爽，拂晓，黎明也。《洛诰》："予惟乙卯，朝至于洛师。"传、疏均依原意未解。《尚书孔传参正》注曰："朝者，举事上朝。"[3]《今文尚书考证》亦同。可以看出，对于《周书》里经常出现的"朝"，大多数解释都是早朝或者黎明的意思。事实上，这里的朝，是向东走的意思，周以自己的镐京为中心，凡是向东走的都曰朝，并非朝见或者早晨的意思。而自东回宗周则曰"归"。张民权认为："在周秦两汉，东有外出之意。"[4]所以，《周书》里的"朝"，就是周王、周公或者召公从周人的本土向东走的意思。哪里能每次都是早上出发，或者早朝的时候从镐京到洛邑了，这都是误解。此外，还有发布诰命的时候，也会用"朝"。例如《召诰》："越七日甲子，周公乃朝用书，命庶殷侯、甸、男邦伯。"这里，依旧是因为诰命是周向殷发出的，方向性地称为"朝"，类似今天讲的"南下""北上"，而非早朝和朝会。

笔者认为，"朝贡"二字包涵着"朝"与"贡"两个不同的概念。"朝"指的是周朝的内臣或者说周族自己的诸侯从周的故土向东来到洛邑觐见天子，或者周的王公向东走，向东发文书。而"贡"则来自于周的统治对象，殷的遗民或者其他附属国。朝和贡，其最准确的内涵是内外关系的平衡。何谓天下？许倬云先生说，"天命只能降于居住'中国'的王者，这个观念，是中国数千年政治史上争正统的理由。溯其本源，当在何尊见之。"[5]天下，当然不是指整个地球或者宇宙，而是指内部和外部的总和。内部传统诸夏农耕文明和外部以游牧为主的戎狄蛮夷，

[1] 王力主编：《王力古汉语词典》，中华书局，2000 年，第 914 页。

[2] （唐）孔颖达：《尚书正义》，上海古籍出版社，2007 年，第 241 页。

[3] （清）王先谦：《尚书孔传参正》，中华书局，2011 年，第 704 页。

[4] 张民权：《音韵训诂与文献研究》，《文史知识》1995 年第 2 期。

[5] 许倬云：《西周史（增补二版）》，生活·读书·新知三联书店，2012 年，第 114 页。

如果一个朝代既能够构建好内部的良好秩序，又能够统摄好外部与游牧民族之间的关系，那么可以说就成为天下的共主，西周、汉、唐、乃至元、明、清，基本都可以做到对内部和外部的平衡与统摄。晋、宋都做不到统摄内外，只能做到中原文明的自保。"国之大事，在祀与戎。"中国几千年古代社会的主题，无不如此。

这样说来，所谓"朝贡"体制，对今天的中国乃至世界则更具现实意义。我们经常强调，国内国外一盘棋，或者说统筹协调国内国际两个大局，即一个国家内外政策是一个整体。党的十九大报告提出，中国特色社会主义进入了新时代，明确指出中国将处于未来世界舞台的中心，从而强调内部平衡稳定与外部和谐共存相统一的"朝贡体制"思想内涵将会为习近平新时代中国特色社会主义思想的理论体系，注入更丰富的历史文化内涵和现实意义。

《九州、五服与朝贡制度的起源》一文是我在南京大学考古文物系跟随水涛教授做博士后期间的成果，也是我博士毕业后写的第一篇正式学术论文。文章凝聚了我博士和博后两位导师的学术思想，所以对我而言，其重要意义难以言表。文章能够忝列导师和同门大作之中，我想既是导师对我的莫大肯定，也是学生所能够拿出来回馈导师关爱的最好方式。水涛教授自我博士论文撰写之际，即开始提供无私的指导和帮助，博士毕业之后，又招我入门做考古学博士后，既有入门之恩，又有一饭之恩，感激之情，无以为报。

本文 2018 年 8 月投稿于张生主编《史地》（第三辑），蒙郑先武教授不弃，于 2018 年秋确定被采用。2019 年 3 月，赵东升老师筹划出版导师寿诞文集，我即将此文作为已刊论文献上。然因两家出版社进度不同，预计首发之《史地》或与本书同时问世，或略有先后。然前者为学术辑刊，后者为同门学术交流文集，或两不相误。若有先后，当以《史地》为原载。特此说明，敬请诸君谅解。

黄国史小考

牛长立[*]

一 禹夏时期的黄国文明

陆终、伯益、台骀皆为黄氏始祖，而少昊则为黄族之远祖，属东夷族系，然三者文化性质不同。中国新石器时代末期、夏、商、西周时期的考古学资料表明，河南潢川之黄国因豫南及邻境地区存在的东夷文物遗迹而被支持；台骀在山西汾水地区活动范围内的考古资料表明台骀说考古学文化非东夷文化。族源不可能以一人为始祖，应为其所属的氏族或部落。黄人始居潢川存在数种可能，至迟春秋早期（公元前 704 年）潢川已有黄国城址。

（一）黄夷

黄夷属东夷族系。东夷在夏商时期的势力是十分强大的，而且与中原地区的夏商王朝来往十分密切。《竹书纪年》关于黄夷的论述如：

后相即位，二年，征黄夷。

后芬即位，三年，九夷来御，曰：畎夷、于夷、方夷、黄夷、白夷、赤夷、玄夷、风夷、阳夷。

（二）黄姓源流

黄族形成于邃古，年湮代远族源难寻。黄姓之源于国名殆已成为定论。黄姓"以国为氏"见于多种文献记载。黄氏之称，是在黄国灭亡之后，"国被楚所灭，子孙以国为氏"。

黄族是属于东方夷系，发源于山东齐地，逐渐分向东南方与西北方发展建立其立足点而成为部落国的。这种迁流移动可能并非黄人一族的单独行动而是东夷系同族的整个行动。故在东南方淮泗一带的嬴姓有郯、奄、徐、钟、江、黄等国。又在嬴姓诸国的南边有与嬴姓同系的偃姓诸国，如蓼、舒鸠、舒庸、舒、英六等国。在古代的东南方江淮一带几乎为东方夷系的嬴偃两姓族所占据。另在西北之汾渭区域亦有嬴姓的梁、耿、赵、秦，及沈、姒、蓐、黄等国。

而东夷的本居地东方齐鲁一带则有嬴姓的莒、费、菟裘等国，风姓国有须句宿、任、颛臾等国。其他纪、牟、莱、根牟、夷、向等，皆为东夷古部落国。齐地不仅有嬴姓国留存，且有黄城数处，为古黄人部落的遗迹，显为黄人迁流转徙所留下来的地名。

黄国之得名系由于黄人部族的定居建国而来的。（黄人前身即黄夷）而且黄国之称黄人，并不始于姬周的封建，远在有黄国之前就有黄人了[1]。黄国是早已存在的古部落国。

---

[*] 牛长立：2008 级博士，现就职于大别山干部学院。

[1] 黄文新：《中国姓氏研究及黄姓探源》，台北文史哲出版社，2008 年，第 135 页。

（三）黄国所在地

黄国所在地亦与黄族源流一样，众说纷纭。较为可信的，是河南光州说。光州即今河南潢川县，亦即为春秋时的古黄国故地。汉代置弋阳县，南朝始置光州，值至民国改为潢川县止。《史记·楚世家》："成王二十二年伐黄，"索隐曰："黄汝南弋阳县故黄国。"《正义引括地志》云"黄国故城，汉弋阳县也。秦时黄都嬴姓在光州定城县西十里也。汝南汉代郡名在河南，辖下有弋阳县。

（四）先秦时期黄国的考古学观察

我们所考据的四种始祖说：陆终、伯益、台骀、高公，虽然都有一定的合理性，然都有一定可商榷之处。陆终当虞夏之际人，时代为公元前 22～前 21 世纪之交。吴回之子陆终，其年代当在虞、夏之交。《史记·天官书》云："昔之传天数者：高辛之前，重、黎；于唐、虞，羲、和；有夏，昆吾"。

伯益及其氏族或部落生活的时代，正处于中国新石器时代的末期。据《尚书·尧典》，伯益与禹，皋陶等同仕于舜，禹夏之时又与皋陶同仕于禹。可证其系虞夏之交的人。大概与陆终是同时代的。

台骀为东夷民族水神。吕思勉、童书业据《左传·昭公元年》子产曰："昔金天氏有裔子曰昧，为玄冥师，生允格、台骀。"台骀被认为是传说中的东方民族水神，而玄冥即鲧，或共工，为同一人[1]。可见，台骀生活时代当略早于陆终、伯益，然他们三人及其所在的氏族或部落时代当相当，均属中国新石器时代末期，下限可能已进入夏代。

考古学的研究表明，在龙山时代末期、夏商西周中原文化、地方文化等文化的夹缝中，作为东夷族属的嬴姓诸国，包括黄国古族或方国，是有可能在豫南及其邻境地区生存发展的。

黄族迁徙至潢川，虽时代上限尚不清楚，然这种迁徙是中华民族在先秦时期人口流动迁徙与民族认同形成过程中的一个普通现象。黄族迁徙很可能是伴随在先秦时期东夷族的三次大迁徙过程中的。黄人在人口迁徙过程中，逐渐形成了共同的心理素质，形成稳定的共同体，最终形成黄族，人们形成对共同祖先的认同或共同文化渊源上的认同，包括血缘或种族认同、文化认同、区域认同等，最终步入古国时代。

二　殷商时期的黄国文明

殷商时期黄国的历史可以追溯至商代前期的大甲时期，在自武丁至帝辛时期，殷商后期，黄国史迹未曾中断，已然聚族而居，首领称王并得到殷商王的承诺，在接受商王赐兵、加爵命，享有相对独立的国内统治权的同时，担负着进贡方物、奴隶子女、以及贡职，派人供职于商王朝，必要时提供军队的义务。

（一）殷人祭坛上的异姓神祇——黄尹

商人迷信鬼神，尤其重视祖先的崇拜。在殷人的祭坛上，子姓氏族的祖先是祭祀的主要对象，此外，还有着属于异姓的、其他氏族的神祇享受祭祀。这些异姓神祇，生前都是对王朝立有重

---

[1]　吕思勉、童书业：《古史辨（七）》（上），上海古籍出版社，1982 年，第 336～345 页。

大功勋的卓越人物。在他们死后，商王仍求得他们的辅佑。从甲骨卜辞的丰富材料中，可以明显地反映出这方面的内容。其中比较突出的是卜辞中对来自黄国的殷商旧臣黄尹等人的祭祀。

黄尹应是来自黄国的尹官。黄为国族名，尹本是治理的意思，尹用为名词指官名。尹是来自不同的族，他们为殷王朝效力。尹不一定是族长，可以是地位高下不等的官吏。至春秋时，楚国的官名仍多称尹。

卜辞对黄尹祭祀的卜辞见于殷墟一期（武丁时期）、二期（祖庚、祖甲时期），对黄奭的祭祀见于一期（武丁时期）和四期（武乙、帝辛时期），对黄父的祭祀见于殷墟二期（廪辛、康丁时期），对黄孽的祭祀见于一期（武乙、帝辛时期），黄示在卜辞的出现见于一期（武丁时期）。黄尹、黄奭很可能是夫妻关系，而非同一人，对黄尹或黄奭的祭祀可能有专门的神庙，然祭祀的用牲不同。黄示是黄尹、黄奭共同的神位，或仅是黄尹的神位，或可说黄父也指的是黄尹。总之，从大甲至帝乙、帝辛时期的400余年时间里，虽只是在武丁、祖庚、祖甲三代商王时期的卜辞中见到殷人对黄尹的隆重祭祀，但从整体上依然可见黄国历史在此一时期的延续。

（二）黄国国家政治形态

在商朝广阔的疆土上，分布着许多同姓异性的诸侯封国和臣服于殷王朝的小国。《吕氏春秋·用民篇》记，"当禹之时，天下万国，至于汤而三千余国。"《帝王世纪》说，"诸侯……叛桀附汤，同日贡职者五百国，三年而天下咸服。"《史记·周本纪》载，殷之末世，"诸侯不期而会盟津者八百[1]。"这些史料具体地揭示出，殷商时期侯国林立的历史面貌。这些小国中，有许多原来是臣服于夏的，商灭夏以后臣服于商。武王伐纣后，又臣服于周。

1. 黄王、黄兵

黄国首领称王，并且经常接受殷王的命令。如卜辞：

（1）贞令王隹黄？（合集00563+13250）

此辞的内容是："问命令王黄（去做某事）是否顺利？"

（2）贞勿令王？（同上）

上述两条卜辞同版，直接贞问"勿令王？"王为受命者，可知两条卜辞中的王身份相同，均指王黄而言。

卜辞中受命的王，显然是指黄国的首领王黄。王黄亦称黄王：

（3）贞黄王……不……？（W0012）

（4）…黄…不三（Y01193）

此辞残甚，"黄王…不…"的"黄王"可能指黄国首领，也可能应在"黄"下读断，"王"仍指商王[2]。

黄国的首领称王而不称侯、伯，这种现象不是偶然的。黄国面对南方强大的楚国，背靠北方中原各国，处于南北两大势力之间。黄本臣服于楚，向楚国纳贡，还要按时参加以楚国为首的盟会，受楚国威胁很大。黄试图摆脱这种控制。

---

[1] （汉）司马迁：《史记·周本纪》，中华书局，2012年，第120页。

[2] 陈秉新、李立芳：《出土夷族史料辑考》，安徽大学出版社，2005年，第28页。

黄国首领称王是得到殷商王朝的承诺的，可兹证明的卜辞有：

（5）庚子卜…贞：令黄？（合集 4302）

令（命）黄，是贞问加黄爵命好不好[1]。

（6）贞勿赐黄兵？（合集 09468）

这条卜辞是从反面贞问：（殷王）不赐给黄兵器吗？兵，《说文》"械也"，本义为兵械、兵器。勿易黄兵，是说不赐给黄国或"王黄"兵器好不好。

商王朝为了巩固其国家的统治，就必须保证封国的稳固。为此采取了相应的措施。由于古代社会生产落后，还远无以经济力量控制封国的能力，主要采取政治军事的手段。向封国颁赐兵器便是其中重要的一项。黄国位于淮水南岸，处在中央王朝与长江流域诸小国的中间地带，对保卫南土的安全有重要的战略意义。这应是殷王赐予黄兵器的主要原因。

2. 黄族、黄尹丁人、田黄、潢

殷墟一期甲骨中有被认为是显示黄族存在证据的卜辞：

（7）□□卜，贞…亞以王族𥤪黄〔示〕。（合集 14918）

卜辞可释为"贞…亞以王族及黄〔示〕。"这里，"王族"指的是子姓的"王族"，则与之并列的"黄"字，也应指黄族[2]。

殷墟一期卜辞中有被称作"黄尹丁人"的人：

（8）丙戌卜，争，贞取黄尹丁人嬉。（合集 03097）

"黄尹丁人"是一种人，其中的"丁"字应释为"方"或"祊"，写作丁是权宜的办法。黄尹丁人也简称为黄丁人[3]，他们来自黄国境内的可能性是有的。

殷墟三期（廪辛、康丁时期）卜辞中还可见到在某地做官的黄人：

（9）乙未卜，𧷤，贞才𥂤田，黄又赤𤺄，其利。（合集 28196+28195）

"才𥂤田黄"被释为人名，其结构是职官名加某，形成在某田某的结构。其中，田为职官名，黄为人名。

关于黄的地名，如"黄𠂤"，出现在殷墟四期，即武乙、文丁时期：

（10）己酉卜贞，王其田亡災？才（在）黄𠂤。（T02182）

"黄𠂤"即黄次，指商王在黄国的临时住所[4]。然"𠂤"也被认为是武丁王朝之后，为了保障道路交通的安全畅通，统治者设立的路守据点[5]。殷商时期，地方族落与国有义务设立驻守之所，以供商王及官方人员过往寄止的不时之需，或保障王朝远方道路交通的安全畅通。

殷墟五期，即帝乙、帝辛时期，出现了 3 条关于地名潢的卜辞，如：

（11）己亥卜，在潢，贞王今夕亡畎？（合集 36589）

己亥日，在黄水之滨贞问，王今夜没有灾祸吗？

[1]　陈秉新、李立芳：《出土夷族史料辑考》，安徽大学出版社，2005 年，第 31 页。

[2]　崔恒昇：《简明甲骨文词典》，安徽教育出版社，2001 年，第 513 页。

[3]　裘锡圭：《说卜辞的焚巫尪与作土龙》，《甲骨文与殷商史》，上海古籍出版社，1983 年，第 23、24 页。

[4]　崔恒昇：《简明甲骨文词典》，安徽教育出版社，2001 年，第 513 页。

[5]　宋镇豪著：《商代社会生活与礼俗》，中国社会科学出版社，2011 年，第 315、316 页。

商王曾到过潢地，还进行了田猎活动。潢，水名，即指流经黄国的黄水。黄和潢不仅字形特征相同，而且都是田猎地名，则地名之黄与水名之潢应在一处，即黄国故城所在地的潢川。

3. 入岁、贞人、执黄

殷墟一期，即武丁时期，卜辞见有黄国向殷商王朝进贡步祭牺牲的：

（12）贞：翼（昱）乙亥，令黄步？（合集 7443）

步是为害人物之神，而祭祀步神也称为步[1]。

派人供职于殷商王朝是黄国对殷商王朝的又一重要任务。黄王派遣贞人在殷商王朝供职，做史官，这样的卜辞见于殷墟二期，即祖庚、祖甲时期；以及五期，即帝乙、帝辛时期，而五期的卜辞多于二期的：

（13）癸亥卜，黄，贞旬亡畎？在九月正人方，在旧。（合集 36487）

商代的贞人有的也是父子相承，世袭同替的。黄国的贞人受到殷王的重用，不仅反映在政治上殷王朝和黄的密切关系，也说明黄国的文化是相当发达的。黄人一旦没有尽到义务，就会受到殷商王朝的责罚：

（14）贞：勿执黄？（合集 05909）

勿执黄，是贞问不执取黄人好不好？

（三）邦交、祀与戎

由于"命姓受氏，而附之以令名"，黄国与殷商王朝的邦交是建立在巩固国家和封国统治的基础上的，其交往体现在国家政治生活的诸方面。"商王朝礼乐文明的传入大幅度提升了黄国青铜文化的水准，表现为上层贵族社会使用成套的青铜礼兵器，造型精美的玉器，棺椁制度，金文的使用等。"[2]同时，至少在商代，祖先崇拜的发达已臻于后世"国之大事，在祀与戎"的水平；对于黄王来说，先祖的亡灵仍然以某种形式（如通过占卜）参与当朝的政事；对于百姓来说，他们同样要诸事问鬼神，而最直接的鬼神便是亡故的祖先。"祖先崇拜"实际也是黄王用来稳定社会秩序的重要手段。殷商时期黄国已进入古国文明时代。

三　金文所见黄国史

黄国青铜器中有相当数量的铭文铜器，见于黄国的青铜礼器、兵器和工具上，是黄国在西周、春秋时期信而有徵的历史文献。关涉到历史人物、礼仪制度、邦交、文字学等多方面的内容。

（一）黄国铭文青铜

甲骨文中的黄字记载了黄国在殷商时期的历史。黄国在西周、春秋时期的历史，由于史载阙如，考古资料中西周部分亦不见。幸得传世或考古发掘所见黄国青铜器，有一部分中铭文，计西周时期 5 件，春秋时期 36 件。以西周时期黄子鲁天尊为例：

---

[1]　陈秉新，李立芳：《出土夷族史料辑考》，安徽大学出版社，2005 年，第 31 页。

[2]　李维明：《豫南及邻境地区青铜文化（上）》，线装书局，2009 年，第 288 页。

【释文】黄子鲁天乍（作）父己宝宗彝，孙子永宝。

至迟春秋早期，黄族潢川立国，即春秋之黄。子，爵名。鲁天，黄子名。宗，《说文》："宗，尊祖庙也。"宗彝，宗庙祭器。孙子永宝，犹言子孙永宝。

（二）黄人的祈寿与祝嘏

在黄国的41件有名青铜器中，出现了"永宝（保）""寿无疆""万年""万年无疆""霝终""霝终霝后"等祈寿的祝词。反映出黄人在西周、春秋之际与周人有着类似乃至相同的长寿观。

黄人祈寿之方式当与周人相仿。周代的祈寿之风，始见于周武王开国之初，盛行于西周及春秋，战国时祈寿之风逐渐衰替，战国中后期基本见不到周人祈寿的资料。长期的祈寿活动，拉近了人神之间的距离，强化了人们对长生久视的渴望。黄人的祖先神被周人祖先神所统辖，造成黄人认同周人人世的寿命由天帝总管，但天帝总是将具体职权授予诸神，而祖先神们被授权负责各自子孙的寿命的思想。黄人认为祖先神与自己关系密切，会庇护子孙，所以黄人总向祖先神祈求眉寿万年，而不越级直接向天帝祈寿。司命虽也分管人间生命，但黄人很少向司命祈寿。因为资料所限，我们所知的黄人祈寿活动主要集中在贵族阶层，但这种风气肯定也会扩散，为庶人所仿效。

（三）黄国宗族、公室

黄国的大宗和小宗，见于金文资料。作为黄国的大宗（宗国），黄国君主及其子女有12位，包括了黄国国君，国君儿子（长子、二儿子、少子），国君女儿（二女儿、少女儿），国君孙子等。西周早期或中期，有黄子鲁天（黄子鲁天尊）；西周晚期偏晚，有黄君少子黄季（黄季作季嬴鼎）、少女季嬴（黄季作季嬴鼎、黄君作季嬴簋盖），然何光岳认为黄季当为某一代黄君之弟；西周晚期，有黄君次子黄仲（黄仲匜）；春秋早期，有黄太子白克（黄太子白克盆），以及黄君次女、太子白克之妹仲嬴史，名史（黄太子白克作嬴史盘），我们认为，这位大子白克有可能就是黄国的一位宗子，地位应比较显赫；春秋早期偏晚，有黄国国君孟（"孟"刘翔认为是字，不是名；李学勤认为是名不是谥）及其夫人姬姓女子（见于黄君孟有铭诸器）；春秋早期偏晚，略晚于黄君孟夫妇，有黄君四子黄季，名佗父（黄季佗父之戈）；春秋早中期之际，有黄国国君之孙、黄国公室、更是黄国公族的白亚臣（白亚臣缶罍），人名；黄韦俞父，人名，黄国公族（黄韦俞父盘）；黄君少子，封邑在马颈，名白（伯）遊父（伯遊父缶罍79179）。

见于黄国的小宗有国君（㠱君）、儿子（包括少子）、公族（㠱仲）。具体来看：春秋早期偏早，有㠱君叔单（㠱君叔单鼎），自称为"黄孙子"，由于㠱器发现于信阳县（现在平桥区）、罗山县，故而㠱国，即㠱君封邑大约即在罗山、信阳之间；㠱仲也是㠱氏（㠱仲射子削）子孙。我们认为，这里的，"㠱"可能是某位黄国国君的谥号，在位时间应在西周晚期，后来其曾孙及后裔由于另立宗族，以其谥号"㠱"为氏，建立㠱国。春秋早期偏早的这位㠱君，包括㠱仲，可能都是这位黄国国君的曾孙乃至后裔；由于另立宗族，㠱国成为黄国的小宗，但在㠱国国内，㠱君及其子、孙又是㠱国的大宗，而㠱仲则是㠱国的小宗。另外，见有㠱国国君之子，鄴子、鄴季，名宿车；我们认为，如果鄴子为㠱国宗子为真，考虑到宿车或被称为子、或被称为季（谱系），即宿车可能为某位偯君少子，那么可以肯定，偯国存在着灵活的选用宗子的制度，由于某种原因，少子也可以称为宗子。

可见，西周春秋时期，见于黄国的封邑，有偯、马颈、须颈。其中，偯为小宗封国；马颈、须颈依次为黄子、黄孙的封邑。

黄国君主在国内作为最大宗主的地位尚未受到削弱，其原因有二：一是黄国亡于春秋中期前段，可能当时黄国宗法制度较西周时期尚未发生重大而明显的变化；二是结合墓葬出土资料，在黄国宗族、公族、贵族的墓葬中，未曾见到逾越作为黄国君主之一的黄君孟及其夫人孟姬的僭越行为，随葬品远不及后者为多，同类品精美程度也有差异。

关于黄国宗子，黄太子白克可能是其中的一位，这是考虑到嫡长子继承制所做的推测。关于偯国，虽属黄国封邑，然在其国内也应有大宗的宗子，偯子宿车是否为偯国宗子，我们不得而知。鉴于可能不属于黄国宗子的黄季子马颈君白遊父也有封邑，作为宗子，用于封邑，以确保宗子的地位，是可以肯定的。

关于黄国的公室。见于金文的 12 位黄国宗族成员，都应属于黄国公室成员；而包括偯国的偯君、偯仲、偯子宿车等，属于黄国的公族成员。公室与公族共同组成黄国的公族。

关于黄国的疆域。考虑到潢川黄国故城及周邻地区黄国文物的出土，光山黄国国君墓葬，罗山、信阳县等地黄国封君偯国文物的出土，我们认为，黄国的疆域西起信阳县（平桥区），东至潢川，东西长 100 余公里，包括潢川、罗山、光山等地区。

四　邦交

春秋早中期，黄国面临的社会政治形势是，周王朝不仅有共主之名，而且还在一定程度上尚有其实，但仅百余年；春秋早期郑庄公、齐襄公、鲁庄公等具有小霸之势，春秋中期"霸权迭兴"的大国争霸局面正式出现。黄国为楚所吞并前夕的政治形势是齐桓公霸业鼎盛期已接近尾声，楚国实力上升，黄国物质文化发展到相当水平。黄之亡楚，本质上是齐、楚争霸的牺牲品，与黄国战时动员不力有关；然与齐国尊王攘夷或黄国不贡楚职无关，亦非黄国"粮非不广""兵非不强""城非不高"之故。

（一）墓葬文化的联系

1975 年春，在潢川县东北 22 公里老李店的磨盘山收集到 3 件黄国春秋时期的青铜器；1975 年，罗山县高店公社高店大队第九生产队发现一批春秋时期青铜器[1]；1979 年 10 月，高店公社高店大队第八生产队社员高文柱同志犁地起土坯时，又发现一批春秋时期青铜器；1983 年 4 月 10 日，河南光山县宝相寺上官岗砖瓦厂在动土中发现黄君孟夫妇墓。它们共同构成了沉睡地下的黄国及其封国的历史一角。

黄国青铜器见证了黄国与淮河流域诸国和山东东夷诸国的交往。1966 年 7 月 7 日，湖北省修

---

[1]　信阳地区文管会、罗山县文化馆：《河南罗山县发现一批春秋时期青铜器》，《文物》1980 年第 1 期。

建郑家河水库中干渠时，在京山县宋河区坪坝公社苏家垅工段曾国墓[1] 出土的黄国鬲，是西周晚期至春秋早期，曾国与黄国密切联系的纽带。1970 年和 1972 年，湖北省随县均川区熊家老湾，因群众修建房屋，先后出土了两批青铜器。1972 年 6 月，湖北省博物馆派人前往进行了实地调查[2]。其中的黄季作季嬴鼎墓同出曾国和黄国铜器，再次为研究西周晚期江汉诸小国的关系提供了资料。1977 年冬，山东沂水县院东头公社刘家店子大队村西发现的莒国墓葬中出土了淮河流域黄国、陈国的青铜器，可能是通过战争、盟会、婚姻或馈赠的途径交通莒国而来。

同为嬴姓的墓葬文化，显示出黄国在中原邦交中的文化认同。《史记·秦本纪》叙述嬴姓的后裔时说："秦之先为嬴姓。其后分封，以国为姓，有徐氏、郯氏、莒氏、终黎氏、运奄氏、菟裘氏、将梁氏、黄氏、江氏、修鱼氏、白冥氏、蜚廉氏、秦氏。然秦以其先造父封赵城，为赵氏。"《史记》所言，应是部分较为著名的嬴姓之后，也有文献失载的嬴姓，如养国。今人幸而以辨识金文、考古发掘知之。

礼县大堡子山秦公墓[3]，太原金胜村晋卿赵氏贵族之墓[4]，江苏省邳州市九女墩一带徐国王族墓[5]，南阳桐柏月河养国国君墓葬[6]，以及潢川黄君孟夫妇墓，其共同特点是：均选址于山坡丘陵之上，为土坑竖穴墓，均以棺椁入葬，这些也应是嬴姓墓葬的共同特点。反映了春秋时期姓族之异依然大于地域之异，远古时期各古老姓族形成的葬俗具有相当强大的生命力，并未随着氏族的分化迁徙而完全消失，而是依然保留在其后裔的习俗之中。

其次，嬴姓墓葬都盛行陪葬大量铜制礼乐器，礼器的品种虽异，但均有乐器陪葬。如养国虽势弱国贫，月河一号墓尚且出土两件铎，黄夫人孟姬墓中未见铜质乐器，但有竹制排箫。其他嬴姓后裔墓葬均出土大型悬乐器，乐器的地位在众多礼器中都很突出，显示出另一个共性——"重乐"。

各嬴姓后裔的墓葬中多见鸟形图案和虎形图案，反映了他们对于鸟、虎图腾的共同信仰。古东夷人各部，多以鸟为图腾。嬴姓之祖为少昊。春秋时期，《左传·昭公十七年》记载，嬴姓的郯国君主自称："我高祖少昊挚之立也，凤鸟适至，故纪于鸟，为鸟师而鸟名。"郯子所言凤鸟氏、玄鸟氏、青鸟氏、丹鸟氏、祝鸠氏、雎鸠氏……嬴姓以各种鸟为图腾的氏族。这些嬴姓后裔都拥有相当悠久的历史，在历史的漫漫长河中，不论地域变迁、政权更迭或是姓族分化，都顽强地保持着某些嬴姓固有的习俗，一代代传承着嬴姓文化。

（二）黄国故城在列国城的地位

黄国故城的修建，是春秋之际，大规模营建城的过程中，应对楚国的霸权扩张，从自身利益出发而开始修建的，军事上的考虑是筑城建郭的首要目标，黄国故城具有城郭布局的形制，宫城位于

---

[1]　湖北省博物馆：《湖北京山发现曾国铜器》，《文物》1972 年第 2 期。

[2]　鄂兵：《湖北随县出土曾国铜器》，《文物》1973 年第 5 期。

[3]　魏春元：《大堡子山秦公陵园墓主研究综述》，《天水师范学院学报》2008 年第 5 期。

[4]　山西省考古研究所、太原市文物管理委员会编：《太原晋国赵卿墓》，文物出版社，1996 年。

[5]　谷建祥、朱国平、王奇志：《江苏省邳州市九女墩二号墩发掘简报》，《考古》1999 年第 11 期。

[6]　南阳市文物研究所、桐柏县文管办：《桐柏月河一号春秋墓发掘简报》，《中原文物》1997 年第 4 期。

郭城内西南，面积较小，由于过城墙与宫城强之间有内城壕隔开，宫城的营建应未利用郭城城墙。黄国城郭的存在，反映出春秋时期黄国的经济已发展到相当的水平，能够吸纳较多的人口，从而为故城的营建提供必要的人力、物力。

黄国故城在豫南及邻境地区两周时期城中属于大国都邑性质的封闭性城，黄国牧城周长6.67公里，面积301万平方米。豫南及邻境地区两周时期城的共同特征为，城墙用土夯筑而成，宽30米左右，夯层厚7～30厘米不等，夯窝直径8～10厘米。多为大、小城结构，小城偏在大城一隅，城内有宫殿建筑基址和建筑构件遗存瓦，有的城址还发现护城河。

当然，与春秋战国时期列国都城相比，黄国故城即文献上所谓的小国。迄今为止，东周列国的都城遗址大都被发现，其中进行过较系统的勘查与发掘、布局较为清楚的周王朝及主要诸侯国都城址有山西侯马晋都新田，陕西凤翔秦都雍城，河南洛阳东周王城、新郑郑韩故城，湖北荆州郢都纪南城，山东曲阜鲁国故城，山西夏县魏都安邑，山东临淄齐国故城，河北邯郸赵国故城、易县燕下都、平山中山灵寿，陕西临潼秦都栎阳、咸阳秦都咸阳，安徽寿县楚都寿春等[1]，其最初的规模明显大于黄国故城。

（三）黄与楚之战

楚国对黄国的战争，是楚国扩张战略转移的结果。楚人的扩张方向，先向北而后向东，周朝分封以防御荆楚的小国渐被蚕食。如清人高士奇《左传纪事本末》卷四十五所论："夫先世带砺之国，棋布星罗。南扦荆蛮而北为中原之蔽者，最大陈、蔡，其次申、息，其次江、黄，其次唐、邓，而唐、邓尤偪处方城之外，为楚门户。自邓亡，而楚之兵申、息受之；申、息亡，而楚之兵江、黄受之；江、黄亡，而楚之兵陈、蔡受之；陈、蔡不支，而楚兵且交于上国矣。

楚文王和成王时期，楚国加快了北征的步伐，开始征服和吞灭江、汉和淮河流域之间的诸侯国，先后讨随、伐申、征蔡、亡息、灭邓。在征服江、汉间小国之后，楚人实力得以大大向北延伸，并以江、汉为大前方，沿淮河东进，于鲁庄公十九年（公元前675）"伐黄，败黄师于踖陵"（潢川县西南）[2]。此次伐黄是为报30年前黄国拒不奉楚人召唤之愤，实际上更主要的原因则是楚人意在打通由黄国通往淮河中游的通道，从而可以顺利地东进淮河中游诸小国，又可以北入中原，与中原大国直接对抗。可能是遇到了黄人较为坚强的抵抗，虽然败黄人，但也不得已而退兵。

楚国扩张战略在北上受阻后转向东，于是，黄国首当其冲。公元前656年，齐、鲁、宋、陈、卫、郑、许、曹诸国联军发动了攻击楚及其盟国蔡国的战役，迫于中原诸侯的压力，楚人与中原诸侯盟于召陵，这便是历史上著名的召陵之盟。黄国在江淮间，虽然不是大国，也不是地位高的封国，但所处地理位置，比较重要。其西北与北部隔淮河与息国（今息县境）相望，东南与南部以薄岭与零娄部落（今商城晏岗，铜山一带）为界，东北与北部分别与蒋国、蓼国（今固始、淮滨县塊）毗邻。西与西南部与弦国（今光山境）接壤。正是如此，黄国在西周末叶以至春秋时期，往往成为大国争衡交锋的重要地域。

---

[1]　许宏：《先秦城市考古学研究》，北京燕山出版社，2000年，第84页。

[2]　（清）洪亮吉：《春秋左传诂》，中华书局，1987年，第249页。

当中原诸侯罢兵之后，楚成王于次年以子文为大将，率师灭弦，"弦子奔黄。于是江、黄、道、柏方睦于齐，皆弦姻也。弦子恃之而不事楚，又不设备，故亡"。弦亡之后，土地沦为楚人所有，于是楚之境已与黄国接壤。5 年之后，楚人以"黄人不归楚贡"而伐之。第二年楚人终于灭掉了黄国。黄国于周初立国，存在了 400 多年探究黄国灭亡的原因，《左传·僖公十二年》说：'黄人恃诸侯之睦于齐也，不共楚职，曰：'自郢及我九百里，焉能害我？'"故而被楚所灭。

面临楚国的打击，黄人为求自保，不得不向北方大国寻求保护。就在鲁僖公二年齐、宋等中原大国盟于贯（今山东曹县南），主要商讨对付北进的楚国，黄国听说之后，也参加了这个会盟。"贯之盟，不期而至者，江人、黄人也。"江人与黄人虽与中原联系不多，但是在此时，北方的诸侯霸主齐桓公为了孤立楚国，正有意将中原与楚之间的小国纳入自己保护之下，于是双方一拍即合，黄人便顺理成章地加入了北方集团。然在楚国吞灭黄国之际，这一会盟与盟国、以及盟主齐国，均未能救黄国。与之不同的是，江淮地区黄国、随国却能同仇敌忾，抗击楚国。

面对楚国不断地威胁，黄国自保的另一措施就是加强与江淮诸国的抗楚联盟。黄国始终不服于楚，便和汉阳诸姬联婚，又与江、道、柏、弦诸国联婚，团结江淮间诸嬴姓小国，共同抵抗楚国的侵略。由于楚国在江淮诸小国间实行挑拨离间和分化瓦解的策略，导致各小国之间的松散联盟面临崩溃的危险，于是，楚国便进一步蚕食江淮各小国。

黄国和随国为什么能团结一致对楚国呢？黄、随都是小国。春秋五霸的先后崛起，使大国与小国、强国与弱国之间，表演着弱肉强食的惨剧，黄、随等小国都是五霸吞没的对象。所以这两国都有联合起来、共同抗楚的强烈愿望，并且黄、随之间还存在姻亲关系。著名的考古学家李学勤同志论述说："在湖北发现的曾国青铜器群，往往杂有黄国的器物。"

关于黄国为楚所灭，并非《左传》所说黄人自恃与齐结盟而不向楚人称臣、纳贡。在豫南及邻境地区，黄国可谓"粮非不广"：黄国青铜器、玉器、漆器、木器等手工业发展达到了较高的水平；"城非不高"：黄国故城的规模属豫南及邻境地区的大国都邑，然明显小于列国都城；"兵非不强"：黄国箭镞、铜剑、弓矢等武器装备在豫南及邻境地区达到春秋时期列国的先进水平。然面对"春秋五霸"之一的强楚的战略转移引发的战争，黄国并未能清醒地认识到，齐桓公尊王攘夷本质上是为齐国称霸而与黄等国会盟的，过分依赖齐国，不去做战争动员，"黄人恃诸侯之睦于齐也。不共楚职曰，自郢及我九百里，焉能害我。夏楚灭黄。"黄国为楚所并，就成为必然的了。而楚国自公元前 704～前 648 年的 56 年间对黄国战争的种种借口，诸如不与楚贡、不贡楚职、不与楚会、接纳弦国逃亡公子等，都是为吞并黄国服务的。可以说，黄国之灭亡，本质上楚、齐两国争霸的结果。

黄国灭亡后，楚国并没有灭绝黄人，而是将其子民继续留在黄地。据今存的《叔单鼎铭》云："惟黄孙子系君叔单自作鼎"，杨伯峻考证说："盖黄灭后，有子孙又续封，故称'黄孙子'也；系者，继也，续也。叔单为始续封之君，故曰'系君'。"[1]

五 结语

黄国是先秦时期淮河流域众多古国中的一个。黄，古方国名，嬴姓黄氏。龙山时代晚期至

---

[1] 杨伯峻：《春秋左传注》，中华书局，1981 年，第 340、341 页。

夏时期的岳石文化及稍晚的东夷文化中，陆终、伯益、台骀及其所属族系的文化，被文献及谱牒认为是这一时期的黄国历史，而豫南及邻境地区考古发掘的东夷文化遗迹与豫南黄国故城所在的春秋时期黄国具有连续性，可能与陆终说或伯益说有关，山西台骀说因汾水流域文化被证明属非东夷文化，两者文化属性不同。

商代黄国历史可追述至殷商晚期。黄国已然聚族而居，首领称王并得到商王承诺，在接受商王赐兵、加爵命，享有相对独立的国内统治权的同时，担负着进贡方物、奴隶子女、以及贡职，派人供职于商王朝，必要时提供军队的义务。

西周晚期至春秋早中期黄国的墓葬制度及青铜礼器、武器、工具、陶器、玉石器、骨牙器、漆器、纺织品、竹木器等，在见证黄国政治、经济、文化和科学技术等灿烂的发展水平的同时，更是其宗庙祭祀、邦国战争、礼仪制度、阶级与等级关系、亲族制度、埋葬习俗、体质人类、社会习俗、生活风尚，乃至精神生活的生动再现。黄国故城属豫南及其邻境地区春秋早中期的大国都邑，黄国在齐桓公霸业鼎盛期接近尾声，楚国实力上升，黄国物质文化发展到相当水平之际为楚所并。

豫南作为黄姓发源地的历史清晰可见。

峡江地区夏商周时期的资源与经济形态研究

徐 燕[*]

  峡江地区[1]地质环境恶劣，是一处山多谷深的丘陵河谷地带，但其矿藏丰富、资源众多，又是一处宜于多种经济发展的"宝地"。常璩《华阳国志·巴志》记载巴地的特产："土植五谷，牲具六畜，桑、蚕、麻、苎、鱼、盐、铜、铁、丹、漆、茶、蜜、灵龟、巨犀、山鸡、白雉、黄润、鲜粉，皆纳贡之。"《史记·货殖列传》记载："巴蜀亦沃野，地饶卮、姜、丹沙、石、铜、铁、竹木之器。"这两段文字反映了峡江地区自古就是一个自然资源丰富的地区。"靠山吃山、靠水吃水"，凭借着天然的资源优势，峡江地区的社会经济亦呈现出多种经济模式协调发展的特点。

  关于峡江地区的社会经济形态，学者们研究的视角多集中在对某种经济模式或单个遗址的经济形态的研究，[2]特别是对渔猎经济讨论较多，而缺乏对峡江地区社会经济形态的全面性把握。近年来的考古发掘工作中特别重视对这类材料的收集整理，这为我们开展经济形态研究提供了实证资料和基础。本文即从峡江地区的资源与经济形态的对应关系角度出发，综合运用古文献、考古资料和相关学科的研究成果，系统研究峡江地区夏商周时期[3]的经济形态。

  夏商周时期的峡江地区，古文献中有记载，并且已发现考古实物证据的资源主要包括：江中游鱼、山间走兽、家畜、农作物、盐矿、铜铁矿、蚕桑、生漆等，与之对应的经济产业为：渔猎、家庭饲养业、农业、制盐业、铸铜业、冶铁业、纺织业、髹漆业等，多种经济模式并存发展。

一 渔猎

  峡江地区山多谷深，丘陵河谷地带可耕地面积极其有限，农业不发达，在夏商周时期社会经济表现出强烈的渔猎经济色彩。渔猎经济发达，与峡江地区丰富的动物资源密切相关。按照

---

  * 徐燕：2003 级硕士，2006 级博士，现就职于河南大学历史文化学院。

  [1] 本文研究的"峡江地区"指广义而言，包括重庆以东、宜昌以西的长江沿岸及其支流区域，行政区划主要包括现今重庆市的涪陵、丰都、忠县、万州、云阳、奉节、巫山及湖北的巴东、秭归、宜昌等县市的长江沿岸及其支流区域。

  [2] 前人的研究成果主要包括两个方面：一是对单个经济模式的研究，相关文章有林春：《鄂西地区路家河文化的渔猎经济及有关问题的探析》，《江汉考古》1995 年第 2 期。王家德：《三峡地区古代渔猎综论》，《四川文物》1995 年第 2 期。武仙竹：《长江三峡先秦渔业初步研究》，沈海宁主编：《2003 三峡文物保护与考古学研究学术研讨会论文集》，科学出版社，2003 年。孙华：《渝东史前制盐工业初探——以史前时期制盐陶器为研究角度》，《盐业史研究》2004 年第 1 期。二是对单个遗址的研究，相关文章有四川省文物考古研究院等《中坝遗址的盐业考古研究》，《四川文物》2007 年第 1 期。孙民利：《宜昌路家河遗址夏商时期陶釜研究》，《江汉考古》2007 年第 3 期。朱诚等：《长江三峡库区中坝遗址地层古洪水沉积判别研究》，《科学通报》2005 年第 20 期。

  [3] 本文研究的时间范围指夏代至春秋战国时期。

著名动物地理学家张荣祖教授对我国动物区系的划分，三峡地区属于东洋界内的西南区，也就是地理环境独特、动物组成最复杂、种类最丰富的地区[1]。另据《四川资源动物志》统计，万县专区有可供渔猎的动物 130 种，包括兽类、飞禽类、爬行类和鱼类，涪陵专区可供渔猎的动物有 126 种[2]。江中游鱼、山间飞禽走兽都是天然的食物来源，可作为农业资源不足的有效补充。

近年来，在峡江地区的考古工作中发现了一大批与渔猎经济相关的材料，在夏商周时期的地层或遗址中出土了大量的动物骨骼和渔猎生产工具，为我们研究峡江地区的渔猎经济提供了充分的实证资料。目前研究经济模式的有效方法，是对遗址中出土的动物骨骼进行种属鉴定、数量比例分析以及对渔猎生产工具的统计分析，由此研究经济模式的种类以及各种模式所占的比重。

三峡曾是我国最大的淡水鱼产卵场，鱼类资源十分丰富。峡江地区夏商周时期的绝大多数遗址出土的鱼类骨骼远远大于兽类骨骼，表明该地的渔猎经济中，渔业所占的比重远远大于狩猎。何光嘴遗址商代遗存中出土大量动物骨骼，通过对动物群各种类最小个体数的统计，鱼类约占80.1%，是当时人们主要的肉食资源。另外，狩猎获取的野生动物比例不足 16%，家养动物仅占3.1%[3]。这种比例结构表明，何光嘴遗址商代的渔猎经济中渔业比重最大，狩猎较少，家养动物少量存在。这种经济模式存在于峡江地区夏商周时期的大部分遗址中。

庙坪遗址出土的动物骨骼分别属于龙山时期和西周，其中鱼类骨骼占全部动物骨骼的 80%。根据最小个体数统计，龙山时期青鱼为 4，占全部动物总数的 40%，草鱼、种属不明鱼、鸟、猪、梅花鹿和小型鹿科动物均为 1，各占 10%；西周时期青鱼为 3，占全部动物总数的 43%，草鱼、种属不明鱼、梅花鹿和小型鹿科动物均为 1，各占 14%。从这两个时期动物群的最小个体数和比例看，鱼类均占据了大多数。除鱼类之外，该遗址还有鸟、梅花鹿和小型鹿科动物，说明当时狩猎活动也比较兴盛，但综合来看仍以渔业为主。同时，龙山时期遗存中出土有猪骨，但不确定是否为家养，即便是家养，因其数量极其有限，在当时的肉食资源中所占的比例也非常小[4]。

卜庄河遗址夏商周时期遗存中鱼类骨骼均占绝大多数。根据最小个体数统计，二里头时期鱼类占出土动物骨骼的 82%，商代鱼类占 90%，周代占 56%[5]。路家河遗址商代遗存中，成堆的鱼骨、鱼鳍主要发现于灰坑中，在 T1 的 H1 和 H2 两个灰坑中，叠压成层的鱼骨、鱼鳍厚度均达 10 厘米以上。经鉴定，包括青鱼、草鱼、鲤鱼。可见当时渔业的兴盛。涂此之外，还出土有大量的野生动物骨骼，有鹿、豪猪、扬子鳄、龟、鼋等。另外，还有少量家养动物如猪、狗和牛等。野生动物和家养动物约有数百个个体[6]。忠县中坝遗址出土有从新石器时代晚期至周代的大量动物骨骼，数量多达 20 万片以上[7]。目前详细的动物考古学研究报告尚未发表，根据现有的研究成果可知，出土的鱼骨数量比哺乳动物多三倍，各类动物骨骼中鱼骨最多，其次为哺

[1] 张荣祖：《中国动物地理》，科学出版社，1999 年。

[2] 四川资源动物志编辑委员会主编：《四川资源动物志》第一卷，四川人民出版社，1980 年，第 39～42 页。

[3] 张万高主编：《秭归何光嘴》，科学出版社，2003 年，第 118～131 页。

[4] 袁靖、孟华平：《庙坪遗址出土动物骨骼研究报告》，《秭归庙坪》，科学出版社，2003 年，第 302～307 页。

[5] 卢德佩、王志琦主编：《秭归卜庄河》，科学出版社，2008 年，第 836～878 页。

[6] 林春：《鄂西地区路家河文化的渔猎经济及有关问题的探索》，《江汉考古》1995 年第 2 期。

[7] 四川省文物考古研究所等：《忠县中坝遗址 1999 年度发掘简报》，《重庆库区考古报告集（2000 卷·下）》，科学出版社，2007 年，第 1037～1041 页。

乳动物，还有极少量家猪 [1]。

需要注意的是，在近年的遗址发掘中才开始使用过筛子的方法采集动物骨骼，而之前并未使用此方法，这势必对采集资料的完整性和全面性造成影响，也影响了各种动物骨骼的数量统计结果。鱼骨往往尺寸较小，如果在发掘过程中不用过筛子的方法采集，则容易遗漏。如果将这个因素也考虑进去，那么以上各遗址中鱼骨所占的比例应该更大。

此外，遗址出土的生产工具也可在相当程度上反映各种经济模式所占的比重。峡江地区夏商周时期遗址中出土有为数不少的渔业生产工具，香炉石遗址出土有陶网坠、骨镞、石镞、铜镞、铜鱼钩，其中的镞可作渔猎两用工具。陶网坠为柱状，两端略细，中间稍粗，中有圆形穿孔，长 4、直径 1.8 厘米 [2]。这种小网坠可能用于小型网具"撒网"，用于捕捞浅水区域或水体上层的小型鱼类。与此不同，何光嘴遗址出土的渔业生产工具，只有一种规格很大的"T"型绳槽石网坠，却没有骨镖、鱼叉、鱼钩等小型渔具。这种石网坠上有加工精细的"T"型绳槽，可系在拖拉型大网上使用，网坠上还有遍体鳞伤的石片疤，可能是在水体下层拖拉使用时碰撞造成的，这种网坠可能是用在大网上捕捞水体中、下层的大鱼。通过对出土鱼骨尺寸的研究发现，何光嘴遗址的鱼类都是生活于水体中下层的大型鱼类。[3] 这种"T"型绳槽石网坠，也发现于路家河商代遗存中，[4] 原报告称"石锚"，实际上与何光嘴所出者完全相同，重达 3.9 ～ 4.7 公斤不等。此外，路家河的渔业生产工具还有石镞、骨镞、铜镞等。除上述两遗址外，宜昌白庙 [5]、大坪 [6]、中堡岛 [7] 等遗址出土的"T"型绳槽石网坠也十分典型。

由于渔业比较发达，与"鱼"相关的习俗也随之产生。

早在新石器时代峡江地区就有用鱼随葬的习俗。在商周时期的遗址中发现有在鱼鳃盖骨上施钻以作卜骨的现象，一般施有圆钻、三角形钻、方钻或长方形钻，这些钻只施在鱼骨一面并未穿透。这种以鱼占卜的现象以香炉石遗址最为典型。香炉石遗址出土的 43 片占卜甲骨由龟甲和鱼鳃盖骨两类组成，其中鱼鳃盖骨为 22 片，占半数以上。这些卜骨均选用较大的鱼鳃盖骨制成，烧灼痕迹明显，有的可见兆纹，但无刻划文字。[8] 峡江地区的宜昌朱家台 [9]、秭归石门嘴 [10]、万

[1]　转引自：余西云主编：《巴东楠木园》，科学出版社，2006 年，第 153 页。详见 Rowan Kimon Flad, *Specialized Salt Production and Changing Social Structure at the Prehistoric Site of Zhongba in the Eastern Sichuan Basin, China, A dissertation submitted in partial satisfaction of the requirements for the degree Doctor of Philosophy in Archaeology*, Los Angeles:University of California, 2004.

[2]　王善才主编：《清江考古》，科学出版社，2004 年，第 196 ～ 308 页。

[3]　张万高主编：《秭归何光嘴》，科学出版社，2003 年，第 131 页。

[4]　长江水利委员会编著：《宜昌路家河》，科学出版社，2002 年，第 82 ～ 87 页。

[5]　三峡考古队：《湖北宜昌白庙遗址 1993 年发掘简报》，《三峡考古之发现（二）》，湖北科学技术出版社，2000 年，第 449 ～ 463 页。

[6]　三峡考古队：《宜昌大坪遗址发掘简报》，《三峡考古之发现（二）》，湖北科学技术出版社，2000 年，第 497 ～ 501 页。

[7]　国家文物局三峡考古队：《朝天嘴与中堡岛》，文物出版社，2001 年，第 260 ～ 265 页。

[8]　王善才主编：《清江考古》，科学出版社，2004 年，第 199 ～ 201 页。

[9]　湖北省博物馆三峡考古队第三组：《宜昌朱家台遗址试掘》，《江汉考古》1989 年第 2 期。

[10]　吉林大学边疆考古中心、湖北省文物考古研究所：《湖北秭归石门嘴遗址发掘》，《考古学报》2004 年第 4 期。

州麻柳沱[1]等遗址中也出土有这种鱼卜骨。其中,石门嘴遗址鱼卜骨经鉴定有鲢鱼和草鱼,研究者参照现生种的情况对其中 4 块形态较完整的鱼卜骨进行复原,发现这些鱼的体长在 586～816 毫米,体重在 5～9 斤左右[2]。由此可见,这些鱼的体型都相当大。这种特殊的占卜习俗应该与当时遗址附近丰富的鱼类资源以及鱼类在人们生活中所占的重要地位有关。

上述遗址渔猎经济都很发达,而渔业所占的比重又远远大于狩猎和家庭饲养。这种经济结构,固然与当时的生产力水平低下有关,但也与各遗址所处的地理环境密切相关。何光嘴遗址位于三峡内的临江阶地上,靠近水源。庙坪遗址位于香溪宽谷西南侧的山前缓坡阶地上,系长江南岸的二级阶地,西南倚牛角山,背山临水。路家河遗址位于长江北岸的小支流路家河与长江交汇处的扇形堆积上,背靠丘陵、面江临河。这些遗址的共同特点是均背山临水,江中游鱼、山间走兽,是非常易得的渔猎资源。由于夏商周时期长江的鱼类资源种类极其丰富,并且体型较大,易于捕捞,与狩猎相比,人们通过渔业获得食物的方法更高效、便捷。因此,渔业在当时的经济模式中理所当然地占据了主要地位。而对于一些远离长江、靠近深山的遗址,其经济结构模式则与此不同,狩猎比渔业更重要,这类遗址数量较少。

巴东罗坪遗址群出土的动物骨骼数量不多,并且比较破碎,全部动物骨骼总计约 200 多片。经鉴定,其中属于周代的动物骨骼,除了很破碎的 8 件哺乳动物碎骨片外,可以鉴定种属的仅有 1 件豺右下颌骨和 1 件家猪下颌骨,未见鱼类或水生动物骨骼。甚至在该遗址群的所有动物骨骼中,也只有 1 件鱼骨,其余均为哺乳动物。在该遗址动物群中,以哺乳动物为主,另有个别鱼纲,没有鸟纲、爬行纲等。这与峡江地区靠近江边的一些遗址动物群相比,在面貌上差别较大。[3]罗坪遗址的动物群结构表明它是以狩猎为主,渔业所占的比例很小,这种经济结构,与其所处的地理环境密切相关。该遗址位于神农架南坡、神农溪上游,在远离江边的深山腹地之中。人们更容易获取山中丰富的兽类作为肉食来源,而不是长途跋涉到江边捕鱼。与渔业相比,狩猎难度较大,因此人们对猎获的动物资源尽量有效利用,吃肉之后再敲骨吸髓,由此造成了我们现在所看到的动物骨骼破碎程度较深。

这一时期的狩猎工具,除了前面提到的各种质地的镞之外,还有石球、石锤、石矛、铜刀等。

需要注意的是,在峡江地区夏商周时期的渔猎经济中,渔业和狩猎两种经济模式之间存在着密切联系,二者相互补充,共同构成了该地获取肉食资源的主要方式。与此相比,家庭饲养业所占的比重非常低。

二 家庭饲养业

在峡江地区夏商周时期人们的肉食来源中,与渔猎经济相比,家庭饲养业所占的比重非常低。而秦汉以后,家庭饲养业逐渐成为人们肉食来源的重要方式,比重大大提高。

---

[1] 重庆市博物馆、复旦大学文博系:《万州麻柳沱遗址考古发掘报告》,《重庆库区考古报告集(1999 卷)》,科学出版社,2006 年,第 498～524 页。

[2] 曹文宣:《三峡库区秭归石门嘴遗址出土鱼卜骨鉴定报告》,《考古学报》2004 年第 4 期。

[3] 武仙竹、杨定爱:《湖北巴东罗坪遗址群动物遗骸研究报告》,《四川文物》2006 年第 5 期。

目前，在峡江地区已发表的资料中，考古出土家畜骨骼较多的遗址有巴东罗坪、秭归卜庄河、官庄坪、柳林溪、何光嘴、宜昌路家河等，这些遗址大多已对出土动物骨骼做过种属鉴定和最小个体数统计，我们综合这几处遗址的材料制成下表一。

表一　峡江地区出土各时期家畜骨骼情况统计表

时代	地点	家畜种类及最小个体数	家畜最小个体数百分比
新石器时代	卜庄河遗址 [1] 柳林溪遗址 [2]	家猪 1 家猪 1	12.5% 3.7%
夏代	卜庄河遗址 [1]	家猪 1、狗 2	14.29%
商代	卜庄河遗址 [1] 何光嘴遗址 [3] 路家河遗址 [4]	家猪 3、狗 2、家山羊 2 家猪 2、狗 2、羊 1、水牛 1、鸡 1、鸭 1 家猪、狗、家水牛（未统计最小个体数）	6% 3.1% 比例很小
周代	卜庄河遗址 [1] 罗坪遗址 [5] 官庄坪遗址 [6]	家猪 8、狗 1、家山羊 2、家鸡 1、家水牛 1 家猪 1 家猪 1、狗 1	38.71% 远远小于 50% 33%
秦汉	卜庄河遗址 [1]	家猪 2、狗 1、家山羊 1、家鸡 5、家水牛 1、家鸬鹚 1	83.33%
	罗坪遗址 [5]	家猪 4、狗 1、家水牛 1、家马 1	41%
三国两晋南北朝	卜庄河遗址 [1]	家猪 3、狗 1、家山羊 1、家水牛 1、家猫 1	46.66%
明代	罗坪遗址 [5] 官庄坪遗址 [6]	家猪 1、家水牛 2 家猪 1、家黄牛 1	42.9% 33%
清代	罗坪遗址 [5]	家水牛 1、家马 1	67%

1. 武仙竹、卢德佩：《卜庄河遗址动物群研究报告》，《秭归卜庄河》，科学出版社，2008 年，第 836 ～ 878 页。
2. 武仙竹：《湖北秭归柳林溪遗址动物群研究报告》，《秭归柳林溪》，科学出版社，2003 年，第 268 ～ 292 页。
3. 张万高主编：《秭归何光嘴》，科学出版社，2003 年，第 118 ～ 131 页。
4. 黄象洪：《路家河遗址出土动物遗骸鉴定报告》，《宜昌路家河》，科学出版社，2002 年，第 134 ～ 140 页。
5. 武仙竹、杨定爱：《巴东罗坪遗址动物遗骸研究报告》，《巴东罗坪》，科学出版社，2006 年，第 409 ～ 418 页。
6. 武仙竹、周国平：《湖北官庄坪遗址动物遗骸研究报告》，《秭归官庄坪》，科学出版社，2005 年，第 603 ～ 618 页。

根据最小个体数统计，夏商周时期峡江地区家畜在全部动物群中所占比例较小，表明此时的家庭饲养业尚处于初始期，非常不发达。人们的肉食来源主要依靠野生动物。渔猎经济比较发达，家庭饲养业只作为渔猎经济的补充成分之一。新石器时代出现在峡江地区的家畜主要是家猪，卜庄河遗址家猪占全部动物群最小个体数的 12.5%，柳林溪遗址家猪占 3.7%。夏代卜庄河遗址的家畜包括家猪和狗，占全部动物群总数的 14.29%。商代家畜种类大增，但数量较少，新出现的有家山羊、水牛、鸡和鸭。其中，卜庄河遗址的家畜有家猪、狗和山羊，占全部动物总数的 6%；何光嘴遗址有家猪、狗、羊、水牛、鸡、鸭，占 3.1%；路家河遗址的家畜有家猪、狗、家水牛，该遗址由于发掘时间较早而未作最小个体数统计，从报告的介绍可知家畜在动物群中所占的比例很小。周代家畜种类基本与商代相同，但在数量上有所增加，如卜庄河遗址家畜占动物群总数的 38.71%、官庄坪遗址占 33%，与前期相比增幅较大。整体来看，峡江地区夏商周时期家畜的种类和数量随着时间推移都在不断增加，但所占比例始终较低，未能超过野生动物。而秦汉以后，家畜在各遗址动物群中所占比例逐步增大，远大于夏商周时期，表明秦汉以后家庭饲养业的地位已大大提高。

峡江地区夏商周时期家畜的种类较多。由何光嘴等遗址的资料可知，至少在商代，我国传统的六畜均已在峡江地区出现。如何光嘴商代遗存出土的家畜骨骼包括家猪、狗、羊、水牛、鸡、鸭；卜庄河周代遗存出土有家猪、狗、山羊、鸡和水牛。

综合对比了各遗址出土的家畜之后，我们再对典型遗址进行个案分析。目前，峡江地区出土家畜资料在时间和数量分布上最全面的，当属秭归卜庄河遗址（表二）。

表二　卜庄河遗址出土各时期家畜骨骼情况统计表

时代	家畜种类及最小个体数	家畜最小个体数百分比
石家河文化时期	家猪 1	12.5%
夏代	家猪 1、狗 1	14.29%
商代	家猪 3、狗 2、家山羊 2	6%
周代	家猪 8、狗 1、家山羊 2、家鸡 1、家水牛 1	38.71%
秦汉	家猪 2、狗 1、家山羊 1、家鸡 5、家水牛 1、家鸬鹚 1	83.33%
三国两晋南北朝	家猪 3、狗 1、家山羊 1、家水牛 1、家猫 1	46.66%

注：材料来源武仙竹、卢德佩：《卜庄河遗址动物群研究报告》，《秭归卜庄河》，科学出版社，2008 年，第 836～878 页。

由表二可知，卜庄河遗址从石家河文化时期至三国两晋南北朝时期均出土了一定数量的家畜骨骼，总体来看，家畜的种类和数量呈逐渐增多趋势，秦汉时期家畜所占的比例达到最高值，高达 83.33%。而在秦汉以前，家畜均未超过动物群总数的一半。这种随着时间推移，家畜种类和数量逐渐增多的趋势在巴东罗坪遗址也比较典型，代表着峡江地区家庭饲养业发展的整体趋势。

三　农业

最初曾有学者认为，巴国直到春秋前期才在附近蜀国的影响下开始农业生产[1]。其依据是《华阳国志·蜀志》记载："后有王曰杜宇，教民务农，……巴亦化其教而力农务"[2]。也有学者认为，川东北、川东地区渔、猎、农并重，这一区域的农业在整个战国秦汉时期都没有达到超过渔猎经济的程度[3]。这些观点大都反映出峡江地区农业经济不发达，一是农业开始的时间晚，二是发达程度不及渔猎。当然，这些认识形成的时间比较早，有其局限性。随着三峡水利工程的开展，大量新考古资料被发现，已经更新了我们对峡江地区经济模式特别是农业的认识。

---

[1] 童恩正：《古代的巴蜀》，重庆出版社，1998 年，第 35 页。

[2] （晋）常璩撰、任乃强校注：《华阳国志校补图注》，上海古籍出版社，1987 年，第 118 页。

[3] 罗开玉：《四川通史》第二册，四川大学出版社，1993 年，第 231 页。

从目前考古资料来看，峡江地区农业出现的时间较早，至少可早到城背溪文化时期。秭归柳林溪遗址城背溪文化遗存中出土有石锄、石磨盘和石磨棒，表明当时农业已经存在[1]。在大溪文化时期，居民以稻作农业为主，在建房的红烧土块中常发现稻草、稻壳印痕，夹碳陶中碳化颗粒多为稻壳，石器以磨制为主，生活用具以陶器为主，这都显示农业处于重要地位。陈可畏根据考古资料，认为三峡地区的农业从新石器时代大溪文化时期就已经开始，甚至在更早的城背溪文化阶段便已经萌芽[2]。至新石器时代晚期，峡江地区农业已经进入比较成熟的阶段。

夏商时期，峡江地区的农业进一步发展，成为主要的社会经济模式，这从诸多遗址的整体面貌可以反映出来。出土遗物以陶器为主，陶器远多于石器；生产工具以石锄、石斧、石锛、磨盘、磨棒、纺轮等农业生产工具为主，而石镞、石球、网坠等渔猎生产工具相对较少；生活用具也以陶器为主。这些均表明夏商时期农业经济成分大于渔猎，是当时主要的经济模式。及至周代，铜器和铁器的使用，又大大促进了农业的发展，使农业经济的比重和地位进一步提高。

近年来，在峡江地区考古工作中也发现了几处夏商周时期的粮食作物遗迹，为研究该地早期农业的发展提供了确凿的实物证据。

在 2001 年度双堰塘遗址西周遗存的发掘中，注意采用浮选法获取有关农业方面的信息。在不同地点和层位提取土样进行浮选，通过观察发现了类似小米和狗尾草籽粒的炭化颗粒，但却不见稻谷遗骸。发掘者据此推测当时居住在江边的巴人是以吃小米为主[3]。

2002 年，通过对路家河遗址商代孢粉样品（T1H1）的分析，鉴定者认为该遗址禾本科的较多出现可能与谷类作物的种植相关，当时的气候可能偏旱，适宜谷类作物生长[4]。

在 1999 年度中坝遗址盐业考古研究专题中，中国社会科学院考古研究所植物考古实验室进行了浮选方面的检测，共发现了各种炭化植物种子 1235 粒，经鉴定，其中绝大多数属于栽培作物遗存，包括黍、粟和稻谷三种谷物的炭籽粒，合计 1161 粒，占出土植物种子总数的 94%，栽培作物以旱作的黍、粟为主[5]。

2002 ~ 2004 年，通过对重庆云阳大地坪遗址的三次发掘，发现这是一处新石器时代晚期的完整聚落遗址，出土有水稻、果核等遗骸，还有有肩石锄、镰、刀、铲、斧、锤、锛、凿等农业生产工具和猪、牛等家畜动物骨骼[6]。表明该地新时期时代晚期农业就比较成熟。据《华阳国志·巴志》载：江州县在汉代"有稻田，出御米"[7]，汉代该地生产的稻米曾作为御用贡品，足见当地人种植水稻是有丰富经验和悠久传统的。另外，在大昌古城遗址清代遗存的孢粉和植硅石检测中，发现部分扇形植硅石来自于竹亚科和水稻，说明清代该地仍在种植水稻[8]。

[1] 王凤竹、周国平主编：《秭归柳林溪》，科学出版社，2003 年，第 9 ~ 146 页。

[2] 陈可畏：《长江三峡地区历史地理之研究》，北京大学出版社，2002 年，第 29、30 页。

[3] 梁中合、贾笑冰、赵春青：《巫山双堰塘遗址考古发现典型西周陶窑》，《中国文物报》2002 年 6 月 14 日。

[4] 韩辉友：《路家河遗址花粉分析报告》，《宜昌路家河》，科学出版社，2002 年，第 141 页。

[5] 四川省文物考古研究院等：《中坝遗址的盐业考古研究》，《四川文物》2007 年第 1 期。

[6] 席道合：《重庆云阳大地坪发掘新石器时代聚落遗址》，《中国文物报》2003 年 7 月 30 日。席道合：《重庆云阳大地坪遗址进行第三次发掘》，《中国文物报》2004 年 7 月 23 日。

[7] （晋）常璩撰、任乃强校注：《华阳国志校补图注》，上海古籍出版社，1987 年，第 30 页。

[8] 郑卓、谭惠忠、王宏：《大昌古城遗址环境、年代检测分析》，《重庆库区考古报告集（2001 卷）》，科学出版社，2007 年，第 287 ~ 289 页。

上述发现表明，峡江地区夏商周时期甚至直到近代，农业都是该地重要的经济成分，栽培的粮食作物品种既有水稻也有黍、粟等旱地作物。

万州中坝子遗址还发现有商周时期的水田遗迹，现存状况反映出商周时期该地的耕作技术比较发达。水田遗迹发现于Ⅱ区的第④层。在Ⅱ T0601第④层的顶面，发现一片凹凸不平的水田耕作面，清理出人脚印2个，牛蹄印6个和1条小水沟。水沟一侧有一小豁口，可能是排、放水口。在Ⅱ T0603第④层的近底部，发现几条平行的断面呈"V"形凹槽。在其中一条凹槽旁清理出两个保存较好的人脚印，连脚趾痕迹也清晰可见；脚印前后排列，长约0.25米，间距约0.4米，为同一个体的左、右脚印痕。根据这些情况推测，这些凹槽可能是水田的犁沟遗迹。在Ⅱ T0702中西部和T0703西南角的第④层顶面之下约0.1～0.2米处，发现小面积排列有一定规律的灰白色圆点，这些圆点分布在有龟裂纹的灰色黏土上，清晰可见，可能是水田作物的植株遗痕[1]。以耕作遗迹为发掘对象的专题性考古，目前在国内尚未普遍开展，这类遗存还发现较少，可以直观地反映当时的农业生产状况。

据《华阳国志·巴志》记载，巴族民歌中有反映当时农业生产的情况："川崖惟平，其稼多黍。旨酒嘉谷，可以养父。野惟阜丘，彼稷多有。嘉谷旨酒，可以养母。"[2]这段文献反映了两个问题：一，当时人们赖以生存的主要食物是黍、稷等粮食作物而非渔猎所获的肉类；二，当时粮食产量较大，除了满足人们日常食用之外，还有剩余部分可用来酿酒。这似乎暗示了当时农业经济的比重应大于渔猎等其他经济成分。

虽然，农业在峡江地区诸多经济模式中占主要地位，但与其他平原地区相比，峡江农业所占比重仍然不高。无论史前还是历史时期，该地农业一直不甚发达，其原因大致有如下几个方面：

第一，峡江地区地质环境特殊，山高谷深、地势陡峻、多水域，能够进行农业生产的可耕地为山间坪坝和河川谷地，坪坝面积较小，河川谷地又经常遭季节性洪水侵袭。因此，可耕地面积非常有限且耕作条件很差，这对农业发展十分不利。地质环境的制约是农业生产落后的根本原因。

第二，峡江地区的气候条件也不利于农业生产。这一地区"春季寒潮降温频率高，夏季多暴雨，降雨前期多后期少，常引起洪涝灾害，秋有绵雨。雾日较多，日照较少。"[3]峡区内降雨多，江洪和山洪频繁暴发，经常淹没地势较低的坪坝和河川谷地，对农作物的生长非常不利。

第三，峡江地区的动植物资源非常丰富。山间走兽、水中游鱼，种类多且容易猎取，为人们提供了大量营养价值较高的肉食来源。人们根据峡区的地质、气候特点，广泛种植多种经济作物，包括桑、麻、漆、茶等，作为社会经济的一种有效补充方式。这些动植物资源为人们提供了丰富的食物，同时也降低了人们对农业的依赖和重视。

第四，该地还有较丰富的矿产资源，如盐、铁、铜、丹砂等。利用这些产品与外界进行交换贸易，便可获得包括粮食在内的各种生活必需品，这也有效降低了人们对农业的依赖程度。

秦汉以后，各朝统治者逐渐重视峡江地区农业的发展，如秦吞并巴后，积极发展农业；汉

[1] 西北大学考古队等：《万州中坝子遗址发掘报告》，《重庆库区考古报告集（1997卷）》，科学出版社，2001年，第351页。

[2] （晋）常璩撰、任乃强校注：《华阳国志校补图注》，上海古籍出版社，1987年，第5页。

[3] 金义兴等：《长江三峡库区植被及环境考古报告》，《武汉植物学研究》1984年第2卷增刊。

代在夔州路屯田种植水稻，号"东屯"。这些措施使该地的农业生产水平比之夏商周时期有了较大的提高。由前文的分析可知，秦汉以后家庭饲养业的比重逐渐上升，也从一个方面反映出农业生产水平的不断提高。

四　制盐业

因地质构造和地貌特征的巧合，峡江地区盐矿资源非常丰富，分布着众多盐泉，是我国井盐的主产区。无论文献记载还是考古资料都证实，峡江地区制盐业非常发达，历史悠久。

四川井盐的最早开发和利用，过去的盐业史研究者多根据文献记载，将其推定在战国末期李冰在成都平原凿广都盐井，"广都"在今四川双流县境内[1]。然而，据研究，人工盐井都是由早期的自然盐泉演变而来，在井盐出现之前，人类用盐和制盐的历史早已有之[2]。这就意味着，四川制盐业的历史还可以再向前追溯。

鉴于早期的文献资料相对匮乏，我们对峡江地区夏商周时期制盐业的研究主要依靠考古资料。盐业考古起源于国外，对早期盐业生产的研究，在欧美、非洲及日本等地开展较早，且已有相当成果，研究结果显示早期制盐遗址在器物和遗迹现象上存在一些相似之处和共同特征。这些共同特征是人类在早期盐业生产的探索过程中自然找出的趋同的较有效率的盐业生产技术。对这些共同特征的研究，将有助于我们认识峡江地区近年发现的可能与早期盐业生产有关的遗址，从而为探索峡江地区早期盐业生产状况提供借鉴。

据研究，这些共同特征表现如下：第一，盐业生产开始的时机相似。农业的出现是盐业开始的重要契机。目前世界上发现的早期盐业遗址大多集中在新石器时代中期以后，再加上无法观察到的更早的小型生产，盐业的开端大致在新石器时代早期偏晚。第二，制盐遗址的区位选择相同。一般位于盐泉所在的河流旁，既便于取卤又便于成品运输。第三，制盐陶器存在共同特征。陶器制盐有两种方式：一是大陶锅煮盐，在熬煮过程中刮取逐渐结晶的湿盐粒放在另外的模子中晾干或用小火熬干；另一种是小型陶器熬盐，在熬煮过程中不断加入盐卤，直到整个容器内充满结晶盐为止。无论哪种方式制盐都会在遗址中留下大量陶片堆积，厚达1米多，器类单一，占陶器群总数90%以上。大陶锅多为平底或圜底。小型陶器尖底、小平底或圜底，多为一次性器具，制作粗糙。第四，制盐遗迹也存在共同特征。盐灶上有许多化学物质反应后的残余，如钙化物层状堆积、钠羟化物形成的绿色釉状堆积。在某些制盐遗址中有"硬面"存在，可能是掺杂钙化物、制盐陶器碎片及炭渣等形成的工作面，其上有类似柱洞的圆孔。存在纯化和提高卤水浓度的装置[3]。

近年来，在峡江地区发现了一批与上述特征相似的遗址，包括忠县中坝、哨棚嘴、瓦渣地、巫山双堰塘、丰都石地坝、云阳李家坝、万州麻柳沱等，都位于盐泉附近或盐官所在地，我们

[1]　四川省地方志编纂委员会编纂：《四川省志·盐业志》，四川科学技术出版社，1995年。钟长永：《矿产与盐》，《盐业史研究》2003年第4期。

[2]　刘卫国：《试论渝东古盐泉向人工井的演进》，《盐业史研究》2002年第1期。

[3]　陈伯桢：《由早期陶器制盐遗址与遗物的共同特征看渝东早期盐业生产》，《盐业史研究》2003年第1期。

认为这批遗址应该是我国早期盐业生产场所。

1. 中坝遗址[1]

该遗址与制盐有关的是周代和新石器时代晚期遗存。周代遗存具有明显的早期制盐遗址特征，主要包含有净化浓缩盐卤的卤水槽、作为制盐作坊的房址、作为工作面的"洞"、制盐陶器圜底罐和尖底杯等。

向前追溯，其实早在新石器时代晚期，中坝遗址就已具备早期制盐遗址特征，主要表现如下：

（1）灰坑

新石器时代晚期灰坑有上百座，其中一类坑壁和底部用厚 2 ～ 30 厘米的黏土加工，再在底部铺较平的石块。这类灰坑口大底小，坑壁斜直，口径 1 ～ 2、底径小于 1、深 1 米左右。可能是净化浓缩盐卤的卤水槽。

（2）房址和"洞"类遗迹

这一时期房址共发现 3 座，平面为长方形。地面是类似石灰的钙化物，经火烧处理为烧土面，长时间用火痕迹明显。地面上有一层厚 3 ～ 5 厘米的灰烬层，其中出土有尖底缸、盘口罐等。房内地面上有数量较多的"洞"，与周代的"洞"类遗迹相似，排列无规律，分布过于密集使人在其中行动不便，所以这些"洞"绝大部分应该不是柱洞，"洞"内发现有少量盘口罐、尖底（或小平底）缸类残片，据此推测，这些"洞"可能是用于放置制盐容器的。这类遗迹与周代的该类遗迹具有类似功能，也是制盐作坊。

（3）窑

这一时期发现窑 3 座，形制相同，平面呈长条形，长约 10、宽 1.4 ～ 1.7 米。颇似龙窑，但无火膛、火道、窑腔、烟道等明显划分，平面也没有明显倾斜，与西汉龙窑形制差别较大，可能是龙窑的雏形。一般情况下，考古发掘时陶窑内都有大量陶器残件或成品，但这类窑情况特殊，窑内只残存极少量陶片，且未见成品。有学者研究认为，这些窑并非作烧制陶器之用，而是与圜底罐、尖底杯配合使用的盐灶[2]。我们赞同此窑为盐灶的推测，但与其配合使用的陶器不是圜底罐和尖底杯，而是尖底（或小平底）缸等陶器，因为前两者在新石器时代尚未出现。由此可见，中坝遗址在新石器时代晚期就已经出现盐灶。

（4）制盐陶器

这一时期的主要陶器是尖底（或小平底）缸和盘口罐，数量极多，其他器类数量很少。从器类和数量比例来看，尖底（或小平底）缸和盘口罐可能是制盐陶器。结合其他遗迹现象，尖底（或小平底）缸和盘口罐似乎可与房屋地面上的大量"洞"类遗迹有关联，可放置其上不倒，相互配合使用，并且在"洞"内也发现有这两类陶器的残片。

除遗迹和遗物特征外，判断中坝遗址是否为制盐遗址，还可通过现代自然科学手段，目前已有相关研究成果发表。[3]通过检测发现：一，中坝房址、卤水槽等遗迹表面的钙化物与当地现

[1]　四川省文物考古研究所等：《忠县中坝遗址 1999 年度发掘简报》，《重庆库区考古报告集（2000 卷·下）》，第 964 ～ 1042 页。四川省文物考古研究所等：《忠县中坝遗址发掘报告》，《重庆库区考古报告集》1997 卷，科学出版社，2001 年，第 559 ～ 609 页。四川省文物考古研究院等：《中坝遗址的盐业考古研究》，《四川文物》2007 年第 1 期。

[2]　曾宪龙：《中坝龙窑的生产工艺探析》，《盐业史研究》2003 年第 1 期。

[3]　四川省文物考古研究院等：《中坝遗址的盐业考古研究》，《四川文物》2007 年第 1 期。

代盐卤中不溶于水的物质成分相同，应该是制盐过程中吸附在遗迹表面的；二，中坝遗址出土的花边圜底罐内壁的沉淀物和自贡汉代盐铁锅内的沉淀物及云阳现代盐厂生石灰处理后的沉淀物相同，表明花边圜底罐是制盐工具。这些科技检测结果，直接说明了中坝的制盐遗址性质。

由上述分析基本可以肯定，中坝遗址在周代是规模较大的制盐作坊，并且，新石器时代晚期该地的制盐业就已经颇具规模，这是目前我国发现最早的井盐生产遗址。该地也发现有多种汉代制盐遗迹和唐代盐灶。据文献记载，中坝遗址所在的忠县盐业生产历史从汉代起就没有中断过。

2. 哨棚嘴遗址 [1]

该遗址陶器种类单一，新石器时代晚期的小平底缸、商周时期的角状尖底杯、炮弹状尖底杯、花边圜底罐等，在同一时期陶器群中所占比例极高，均在 90% 左右，这些应该是制盐陶器。

部分商代灰坑，坑壁和底均经过加工，并用白膏泥涂抹，形成 5 ～ 8 厘米厚的不透水黏土层，坑底摆放几块石头。这与中坝遗址新石器时代晚期灰坑和周代卤水槽的特征相似，其功能应该相同，可能用于储藏、净化盐卤。此外，还发现了两座商代后期至春秋前期的斜坡底近圆形陶窑，可能为盐灶。[2]

3. 瓦渣地遗址

遗址表面堆积着大量花边圜底罐残片为主的陶片，形成"瓦渣层"，故名"瓦渣地"。西周前后陶器种类非常单一，圜底罐占 95% 以上，还有少量尖底杯、尖底钵等 [3]。在 2000 年还发现了几座西周时期的陶窑，这些窑建在临江坡地上，其中一座主体部分基本保存完好，在直径 1 米左右的窑塘内，密集放置着数百件角状尖底杯，这座窑烧制的尖底杯应该是用于制盐 [4]。这些遗迹和遗物均与国外早期陶器制盐遗址的特征相似，应为制盐遗址。

4. 石地坝遗址 [5]

商周时期陶器种类单一，数量较多者主要有尖底盏、角状尖底杯、炮弹状尖底杯、花边圜底罐和船形杯，都可能是制盐陶器，但未见与制盐有关的遗迹。因此，该遗址的性质还有待商榷。

其中，船形杯形制比较特殊，最早于 1999 年发现于丰都玉溪坪遗址，2001 年又发现于邓家沱遗址，与船形杯同出的往往有大量尖底杯。2001 年北京大学考古文博学院在忠县哨棚嘴遗址发现了一个椭圆形窑灶，窑室内的陶器残片相当单纯，基本上都是船形杯。在它旁边，还有一

[1]　北京大学考古文博学院三峡考古队等：《忠县井沟遗址群哨棚嘴遗址发掘简报》，《重庆库区考古报告集（1997 卷）》，科学出版社，2001 年，第 610 ～ 657 页。北京大学考古学研究中心等：《忠县哨棚嘴遗址发掘报告》，《重庆库区考古报告集（1999 卷）》，科学出版社，2006 年，第 530 ～ 643 页。北京大学考古文博学院等：《忠县哨棚嘴遗址 2001 年发掘报告》，《重庆库区考古报告集（2000 卷·下）》，科学出版社，2007 年，第 1530 ～ 1546 页。

[2]　李水城：《忠县哨棚嘴新石器时代及商周汉代遗址》，《中国考古学年鉴·1995》，文物出版社，1997 年。

[3]　北京大学考古学系三峡考古队等：《忠县瓦渣地遗址发掘简报》，《重庆库区考古报告集（1998 卷）》，科学出版社，2003 年，第 649 ～ 678 页。

[4]　重庆市文化局三峡文物保护工作领导小组办公室：《重庆库区 2000 年度考古综述》，《重庆库区考古报告集（2000 卷·上）》，科学出版社，2007 年，第 V 页。

[5]　重庆市文物考古所等：《丰都石地坝遗址商周时期遗存发掘报告》，《重庆库区考古报告集（1999 卷）》，第 702 ～ 737 页。重庆市文物考古所等：《丰都石地坝遗址发掘简报》，《重庆库区考古报告集（2001 卷）》，科学出版社，2007 年，第 1613 ～ 1626 页。

座装满尖底杯的窑灶,据此,孙华先生判断船形杯也是制盐陶器之一,只是在制盐工艺流程上与尖底杯等有着不同的用途[1]。

通过上述分析,我们发现,峡江地区的盐业生产至少应开始于新石器时代末期,夏商周时期规模不断壮大。早期制盐陶器大致包括新石器时代晚期的尖底(或小平底)缸、商至西周的尖底杯(包括角状和炮弹状两种)、西周至东周的圜底罐、船形杯等。它们先后出现,时间上又有部分重叠,在某一时期以一两种陶器为主,比例高达 90% 以上,形成厚达数尺的瓦渣堆积。制盐陶器种类单一,制作粗糙,形制简单,可能为满足需求量大且一次性使用的要求。制盐遗址大多分布在自然盐泉露头的溪河边,既便于取卤又方便贸易运输。目前已发现的此类遗迹现象主要有储藏和净化卤水的"灰坑"和卤水槽、盐灶、陶窑、房屋作坊、钙化的房屋地面、"洞"类遗迹等,它们的具体功能还不明朗,需要进一步研究。而事实上,在"有迹可寻"的陶器制盐方法开始之前,人类就已经开始了对盐的生产和利用,但是这个最初阶段的制盐业由于未留下相关遗迹以致于在考古发掘中极难观察到。根据目前国外的研究结果,这个阶段是的确存在的[2]。那么,我国盐业的发展是否也存在这样一个阶段呢?如果存在,其盐业生产方法、持续时间、流通方式又将如何?这些都是我们在将来的盐业考古与研究中应关注的问题。

五　金属冶铸业

峡江地区拥有丰富的铜、铁矿储量,因此,其金属冶铸业主要包括铸铜和冶铁。另外,该地还存在少量的金、银冶铸产业,因目前发现的相关考古资料很少,暂不讨论。

据统计,我国铜矿的分布,以长江中下游、藏东、川滇、甘肃金川和白银等 5 个地区最多,占全国总储量的 73%,而其中又以长江中下游地区最多,占 34%。湖北地区铜矿总数为 60 个,占全国铜矿总数的 5.25%。而原四川地区铜矿总数为 49 个,占全国铜矿总数的 2.76%,沿长江中下游一线的成矿带是我国铜矿资源最丰富的地区[3]。与铜矿相比,该地的铁矿储量要丰富的多。湖北、四川两省的铁矿储量在全国名列前茅。据 1990 年的统计资料,已探明的湖北铁矿有 127 处,其中储量在 1 ~ 10 亿吨的大型铁矿有 6 处;四川铁矿略多,总数为 156 处,其中储量在 10 亿吨以上的特大型铁矿有 3 处,储量在 1 ~ 10 亿吨的大型铁矿有 13 处[4]。另外,峡江地区盛产铜、铁的事实也多见于古籍记载。《华阳国志·巴志》记载该地盛产铜和铁并作为贡品。东汉时期政府为控制该地的盐和铁资源,在巴郡设置"盐铁五官"。与铜矿相比,峡江地区的铁矿储量和产量都更丰富,到两晋时期,"近世则川东褶曲山脉中铜矿已空,惟铁产仍甚丰富。"[5]

根据考古资料,目前所见峡江地区出土的青铜器可早到商代,与中原和北方地区相比,峡江地区进入青铜时代的时间似乎略晚。该地出土的夏商西周时期青铜器数量较少,到东周时期则数量大增,从春秋时期开始,青铜器在峡江地区迅速流行,与之相关的铸铜业也得到了较大

[1] 孙华:《渝东史前制盐工业初探——以史前时期制盐陶器为研究角度》,《盐业史研究》2004 年第 1 期。

[2] 李水城、罗泰主编:《中国盐业考古(第一集)》,科学出版社,2006 年,第 24 页。

[3] 黄崇轲等编著:《中国铜矿床》,地质出版社,2001 年,第 5、6 页。

[4] 姚培慧主编:《中国铁矿志》,冶金工业出版社,1993 年,第 20 页。

[5] (晋)常璩撰、任乃强校注:《华阳国志校补图注》,上海古籍出版社,1987 年,第 5、20、6 页。

发展。在峡江地区的遗址和墓葬中，不仅发现了极为丰富的青铜器，而且也发现了与之相关的冶铸遗迹。中堡岛遗址出土商代铜器 6 件，包括锸 1、鱼钩 3、簪 1 和镞 1[1]。王家坝遗址出土商代铜器 4 件，包括铜刀 1、铜钩 1、铜器残片 2[2]。塘房坪遗址出土 10 件青铜器，包括镞 9、锥形器 1，属于夏商时期，地层中还见有残碎铜渣块[3]。双堰塘遗址出土西周时期青铜器 29 件，同时还发现少量铜渣和铜矿石块[4]。上磨垴遗址出土铜器 6 件，时代为西周至春秋中晚期，在春秋中晚期地层中，还发现一些红烧土面，并伴出较多草木灰、炉渣、铜渣、铁渣、红烧土块和陶范碎片等，明显是冶铸遗迹[5]。黎家沱遗址出土铜刀 1 件，属商至春秋中期，与此同出的还有石范 1 件[6]。茅寨子湾周代遗存中出土铜镞 1 件，地层中还发现了多处青铜渣，这也是本地曾经存在铸铜业的证据[7]。跳石遗址出土铜斧 1 件，属周代，该斧两侧有范缝，为合范浇铸而成[8]。石地坝遗址出土西周时期铜器 3 件和石镞范 2 件，为 3 镞一组的复合范[9]。这些青铜器和冶铸遗迹表明，峡江地区的早期青铜器是由本地生产而非外地传入的。

大概在商代，峡江地区就已经出现了早期的青铜铸造业。铸铜主要以石范作模，双范合铸。制作的器类也多以箭镞、刀、钺等小型铜器为主。这一阶段出土的石范数量较少，器形较小，种类单一。从一定程度上反映出，商代峡江地区的青铜铸造业尚处于肇始阶段，规模较小，制作水平低。东周时期，铸铜业规模比前期有所扩大，这从该地区东周时期各遗址出土青铜器的种类、数量和出土石范的数量即可见一斑。在我国冶金史中，存在一个从石范向陶范的发展过程。与陶范相比，石范经久耐用、可重复使用，但其石质坚硬，不易刻凿花纹，也不便铸造结构复杂的器物。因此，石范只是在金属铸造业发展的初期使用较多，用于铸造形制简单的工具、武器等，功能有限，适用范围不大，后逐渐被陶范代替。东周时期，在中原及邻近地区已经普遍使用陶范的情况下，峡江地区却仍在大量使用石范，可见峡江地区的金属铸造技术是比较落后的，

[1]　国家文物局三峡考古队：《朝天嘴与中堡岛》，文物出版社，2001 年，第 243、244 页。

[2]　湖北省文物考古研究所：《秭归王家坝遗址发掘简报》，《湖北库区考古报告集》第一卷，科学出版社，2003 年，第 734、735 页。

[3]　陕西省考古研究所等：《万州塘房坪遗址发掘报告》，《重庆库区考古报告集（1997 卷）》，科学出版社，2001 年，第 491 页。重庆市文化局三峡办等：《万州塘房坪遗址发掘报告》，《重庆库区考古报告集（1998 卷）》，科学出版社，2003 年，第 589 页。

[4]　中国社会科学院考古研究所长江三峡工作队等：《巫山双堰塘遗址发掘报告》，《重庆库区考古报告集（1997 卷）》，科学出版社，2001 年，第 57～59 页。中国社会科学院考古研究所长江三峡工作队等：《巫山双堰塘遗址发掘报告》，《重庆库区考古报告集（1998 卷）》，科学出版社，2003 年，第 68 页。

[5]　湖北省文物考古研究所：《宜昌上磨垴周代遗址发掘简报》，《湖北库区考古报告集》第一卷，科学出版社，2003 年，第 747、748 页。

[6]　中山大学人类学系等：《巴东黎家沱遗址 2000 年度发掘简报》，《湖北库区考古报告集》第一卷，科学出版社，2003 年，第 57 页。

[7]　厦门大学历史系考古教研室：《巴东茅寨子湾遗址发掘报告》，《湖北库区考古报告集》第一卷，科学出版社，2003 年，第 110 页。

[8]　南京博物院考古研究所等：《巫山跳石遗址发掘报告》，《重庆库区考古报告集（1997 卷）》，科学出版社，2001 年，第 75、76 页。

[9]　重庆市文物考古所等：《丰都石地坝遗址商周时期遗存发掘报告》，《重庆库区考古报告集（1999 卷）》，科学出版社，2006 年，第 712、713 页。

也反映出该地长期保留有使用石范铸造简单的武器、工具的传统。

根据过去的考古资料，长江流域时代最早的铁器是春秋晚期楚国生产的，早期铁器的出土地点也多在楚地。然而，近年来在峡江地区发现的铁器时代更早，大约已早到春秋中期，使长江流域的冶铁史大大提前[1]。峡江地区春秋战国时期的遗址和墓葬中常出土一些铁器，有的遗址地层中还发现有冶铁遗留下的铁矿渣。这些铁器和铁矿渣的发现，说明至少在春秋中期，峡江地区的人们已经掌握了冶铁技术，并且与青铜器有一个长期共存的使用过程。

目前所见峡江地区年代最早的铁器出土于宜昌上磨垴遗址第⑤层，包括1件凹口铁锸T12⑤：1和1件铁铲T11⑤：6，据该层同出的陶器判断，该层的年代大约为西周晚期至春秋中期，因此这两件铁器的年代至少可早到春秋中期。另外，该遗址春秋晚期的第④层中还发现有冶铸遗迹，虽已破坏严重，但还发现一些残存的红烧土面，并伴出较多草木灰、炉渣、铜渣、铁渣、红烧土块和陶范碎块等冶铸残迹。第④层的年代不晚于春秋晚期[2]。这些迹象表明，该地不仅在春秋中期就有铁器存在，而且这些铁器很可能就是在本地铸造的，该地存在冶铁作坊。另外，柳林溪遗址也出土有春秋中期的铁器。1981年，在秭归柳林溪遗址中发现铁锸2件，保存完好，其中T3③：37为凹字形，弧形刃，上宽下窄的内凹槽，两侧面为斜形，长9.1、刃宽9厘米。另一件锈蚀严重。与此同出的还有两件陶范，时代可早到春秋中期。两件均为泥质红陶，其中T3H1：9保存完好，为扁形器外范，扁形器的中间有一道凸棱，长9.9、宽5.7、厚3厘米；T3H1：12，为器物外范残片[3]。因该遗址中同时出土有铜器和铁器，所以这些陶范有可能同时用于两种金属器的铸造。除这两处遗址之外，峡江地区其他商周遗址出土的铁器大多属于春秋战国时期。

由以上两处遗址的情况来看，与铁器同时出土的都是陶范而基本不见石范，这似乎说明峡江地区早期铁器是用陶范铸造而成的。在铁器出现之前，该地在铜器生产过程中，已经积累了丰富的金属冶铸经验，冶金业已发展到相当高的水平，在技术和工艺上为铁器的出现作了很好的铺垫。因此，早期的铁器生产便直接使用陶范。与石范相比，陶范是后期出现的更先进的冶金工具，使用起来更高效方便。当然，在整个铁器的生产过程中，也不排除陶范和石范同时使用的情况。

六　纺织、髹漆业

《华阳国志·巴志》记载巴地的特产中有桑、蚕和麻、苎，是先秦时期巴向中央王朝所纳贡品中的上品，排在所有贡品的前列[4]。可见，当时巴地纺织业非常繁荣，包括丝织和麻织两种。

桑麻属有机物极难保存，因此在目前的考古发掘中很少发现这类实物资料，但出土了为数

---

[1] 杨华：《三峡地区春秋战国时期冶铁业的考古发现与研究》，《重庆师范大学学报（哲学社会科学版）》2005年第4期。

[2] 湖北省文物考古研究所：《宜昌上磨垴周代遗址发掘简报》，《湖北库区考古报告集》第一卷，科学出版社，2003年，第737～750页。

[3] 湖北省文物考古研究所：《1981年秭归县柳林溪遗址的发掘》，《考古与文物》1986年第6期。

[4] （晋）常璩撰、任乃强校注：《华阳国志校补图注》，上海古籍出版社，1987年，第5页。

不少的纺织工具。峡江地区夏商周时期遗址中出土了大量陶、石纺轮，其中陶纺轮远多于石纺轮，制作精美，有些陶纺轮上还雕琢简单几何纹饰。纺轮皆为圆饼形，小圆孔中通，纵剖面有长方形、梯形、双梯形、圆鼓形等，形制多样，反映了当时纺织活动的繁荣。遗址中也出土了不少骨锥、骨针、石锥，也可能作为纺织工具使用。另外，在巴县冬笋坝的船棺葬中，曾经发现麻布和绢的痕迹，直接证明了纺织业的存在。由前文分析可知，该地渔猎经济发达，渔网的编织、兽皮的缝制都离不开纺织业提供的丝线原料。迄今为止，该地出土的汉代以后的纺织业资料更加丰富，兹不赘述。这些都说明了峡江地区纺织业历史悠久，工艺精湛。

峡江地区的地理、气候条件，非常适合漆树生长，自古以来，这里就是生漆的重要产地。今天的巫山、武陵山、大娄山一带仍然分布有大面积的天然漆树林和人工漆树林。1977 年，生产生漆达 500 担以上的 18 个县中，有 14 个就分布在鄂、川、陕交汇地区及其附近一带，这一地区被称之为"漆源之乡"。

据文献记载，巴蜀地区髹漆业起源较早，历史悠久。《华阳国志·巴志》载巴地盛产"丹、漆"。《史记·货殖列传》说巴蜀盛产"竹、木之器"。生漆和竹、木器的结合便产生出美观实用的漆器。目前，巴蜀地区发现最早的漆器，是商代三星堆遗址的雕花漆器，以木为胎，外施土漆，木胎上镂孔，器表雕有花纹，表明当时已熟练地掌握了割漆、生漆加工和上漆工艺[1]。春秋战国时期的巴蜀漆器，大量出土于荥经和青川墓群。综合来看，商周时期巴蜀地区髹漆业的中心在成都、广汉一带，峡江地区远离成都，髹漆业远不如成都等地发达。

但需注意的是，峡江地区处于蜀和楚两大漆器生产中心之间的过渡带上，是重要的交通、贸易渠道，受其影响，这里漆器的生产和使用也非常普遍。近年来，在峡江地区也发现了不少漆器考古资料。如巴县冬笋坝和广元昭化宝轮院战国时期的船棺墓中，出土有竹木漆器。开县余家坝战国巴文化墓葬群出土有漆器。峡江东部地区更是出土了大量的楚式漆器，包括豆和耳杯等生活用具、鼓和木槌等娱乐用具、髹漆木棺和木俑等丧葬用具、弓箭漆木兵器等，以木为胎，少量夹纻胎或竹胎，使用彩绘、雕绘、镶嵌和针刻等技法，工艺十分复杂。这些发现均表明，峡江地区夏商周时期的髹漆业比较繁荣。

另外，峡江地区夏商周时期的特产还有丹砂、茶叶、蜂蜜、大量珍稀动植物资源以及相关产业，因目前发现的相关考古资料较少，暂不讨论。

综上，我们发现峡江地区夏商周时期的社会经济形态是多种经济模式协调发展。由于特殊的地理环境和地形地貌，该地农业不甚发达，但在整个经济形态中仍占主体地位。凭借丰富的自然资源优势，峡区先民综合发展各种"副业"，以渔猎为特色、以盐铁为支柱，兼及家庭饲养、纺织和髹漆等，扬长避短，自强不息，从而使生活来源足相供给，在相对险恶的生存环境中创造了灿烂辉煌的文明。

原载《中国经济史研究》2014 年第 3 期

---

[1] 巴家云：《试论成都平原早蜀文化的社会经济》，《四川文物》三星堆古蜀文化研究专辑，1992 年。

新疆下坂地青铜时代墓葬量化分析研究

张卉颜 *

下坂地墓地位于新疆喀什地区塔什库尔干塔吉克自治县班迪乡辛迪村和下班迪村境内，墓地因大部分位于下坂迪村境内而得名。2001 年新疆文物考古研究所对分布于塔什库尔干河南、北两岸水库淹没区内的遗址进行了调查，共发现墓地 14 处，并将这 14 处墓地合称为下坂地墓地。2003 ～ 2004 年分两次对该批墓葬进行了考古发掘。下坂地墓地 150 座墓葬大致分属于青铜时代、汉唐和明清三个时期。其中青铜时代墓葬主要分布在 A Ⅱ 号墓地，共有墓葬 92 座。在发掘报告中，研究者根据随葬品将该批青铜时代墓葬分为两期，第一期 89 座，第二期 3 座，并且提出：以下坂地青铜时代第一期墓葬为代表的下坂地类型是一支具有地域特色的地方性考古学文化类型，可能是在安德罗诺沃文化的影响下产生的一种地方文化类型，其时代距今约 3500 ～ 3300 年，相当于安德罗诺沃文化的中晚期。[1]

研究者多是对下坂地墓地青铜时代的所有墓葬作为一个整体进行研究，或者是对其与安德罗诺沃文化的关系进行研究，并未对该批墓葬自身的一些特点进行分析，笔者认为，有必要对该批墓葬再进行研究和讨论，为此，本文选取了第一期墓葬作为研究对象，进行墓葬量化分析研究。

一　墓葬量化分析方法

墓葬等级研究往往是通过墓葬规模和随葬品组合进行定性分析，将墓葬所花费的劳动力和随葬品作为衡量墓葬等级和社会复杂化的主要标准。但是要准确表述各墓葬的内容及相互差异的时候，文字往往没有统计数据来得直观，也不如后者具有说服力。运用合适的统计学方法来量化墓葬的内容，继而进行相对客观的比较，一直是研究者理想的分析模式[2]。笔者希望通过运用量化分析对该批墓葬进行墓葬等级研究。

笔者使用的方法是基于丹麦学者 Jorgensen 提出的"类型价值（TYPE VALUE）与墓葬价值（GRAVE VALUE）"计算法，以及傅罗文先生对此方法的进一步发展和完善。

类型值 = 墓葬总数 / 类型频数 [3]

* 张卉颜：2011 级硕士，现就职于中国国家博物馆考古院。

[1] 新疆文物考古研究所：《新疆下坂地墓地》，文物出版社，2012 年，第 157 页。

[2] 秦岭：《类型价值（TYPE VALUE）与墓葬价值（GRAVE VALUE）——介绍墓葬研究中的一种量化方法》，《华夏考古》2007 年第 3 期。

[3] 彭鹏：《对墓葬等级分析中一种量化方法的思考——以大甸子墓地为例》，《边疆考古研究（第 10 辑）》，科学出版社，2010 年。随葬品的类型价值的计算方法是先将同时期同一墓地的墓葬出土的随葬品按不同类型分开，然后分别计算各种类型的随葬品在墓葬中出现的频数。要注意的是，同一墓中出土的同一类型的随葬品的件数暂时先忽略不计。计算的是每一类随葬品出现的墓葬的数量，因此越少的墓包含的器类，它的值（value）就越高。

墓葬值 = Sum（A×n1+B×n2+……+K×ni）[1]

1998 年，傅罗文在做大甸子墓地研究时，发展了 Jorgensen 的量化方法，进一步将其发展为墓主价值（deceased grave value）和仪式价值（ceremony grave value）。墓室中的随葬品，是随墓主一起放入，是墓主社会地位和财富的象征，这些随葬品类型值的总和被傅罗文命名为"墓主价值"；还有一些遗物则出自壁龛或填土中，它们可能是下葬活动的参加者放入的，反映了当地居民与仪式的关系以及居民的某些行为，它与墓主的社会地位和财富没有直接关系这些随葬品类型值的总和被傅罗文命名为"仪式价值"。傅罗文先生还关注了随葬品以外的其他墓葬属性，最重要的就是"墓圹大小"和"有无壁龛"。

傅罗文先生认为，在所有的墓葬属性中，墓圹大小是与墓葬等级联系最紧的一项指标。因为它暗示了造墓所耗费的劳动力，这些耗费的劳动力与人的社会等级有较强的相关性。最能体现墓圹大小的指标是"容积"，但由于墓地受侵蚀较重，很多墓圹的现存深度与原始深度有较大差异，这对"容积"造成很大影响，因此傅罗文选择圹长作为表现墓圹大小的指标，虽然这种做法存在一些争议，但傅罗文用统计学的方法证明圹长和墓圹容积呈强正相关[2]。笔者在运用这一方法时也选用了圹长作为表现墓圹大小的指标。墓圹大小是仪式价值的重要内容，其计算方法是，将墓葬按照墓圹长度分类，统计每一类墓葬的数量，再将总墓葬数量与每一类墓葬数量相比，得出的结果就是墓圹大小类型值。"有无壁龛"的统计方法与此相类似。除此之外填土和壁龛中出土的随葬品的类型价值均被计入仪式价值。

笔者还吸取了彭鹏对傅罗文先生量化方法的改进建议，对随葬品分类更加细致，不仅仅按照"材质"分类，还有对随葬品的类型价值，设立修正系数 k。比如某器物，如其原始的类型值为 a，在"大墓"中的"平均值"为 b，在"小墓"中的"平均值"为 c，则其修正后的类型值则为 ka（k 为系数），其中，k =（b - c）/（b + c），当 k ≤ 0 时，按 k=0 处理[3]。这样就避免了单一的"物以稀为贵"原则带来的问题。

笔者参考了以上各位研究者的方法，对于下坂地墓地的一些特殊情况，也对这些方法进行了适当的调整和创新。

二　墓葬量化分析研究

表一、二为下坂地墓地第一期墓葬的相关数据。根据遗存的价值，笔者统计了该批墓葬的墓主价值和仪式价值。两者之和即为墓葬价值，根据墓葬价值，笔者将这批墓葬分为三个等级。

---

[1]　墓葬价值的计算方法是先将该座墓葬中同一类型的随葬品的类型价值与数量相乘，再把该墓葬中包含的所有类型的随葬品与其各自数量相乘的结果相加，得到的就是该座墓葬的墓葬价值。A、B……K 分别指这 K 种器物的类型价值（type value）。n1、n2……ni 则分别指器物 A、B……K 在该墓中出现的数量。大意取自 Flad, 1998；30, 48；Flad, 2001；28. 又见秦岭：《类型价值（TYPE VALUE）与墓葬价值（GRAVE VALUE）——介绍墓葬研究中的一种量化方法》，《华夏考古》2007 年第 3 期。

[2]　彭鹏：《对墓葬等级分析中一种量化方法的思考——以大甸子墓地为例》，《边疆考古研究（第 10 辑）》，科学出版社，2010 年。

[3]　彭鹏：《对墓葬等级分析中一种量化方法的思考——以大甸子墓地为例》，《边疆考古研究（第 10 辑）》，科学出版社，2010 年。

大于 50 的是一级墓葬。该批墓葬中共有 5 座一级墓，M62 位于墓地西部的孤立山坡上，M110 位于墓地东北，距离其他墓葬较远。其他三座墓葬较集中的分布在墓地南部（图一）。从表三可以看出，一级墓葬的墓主价值很高，说明墓主是社会财富的拥有者，社会地位很高。但是一级墓的仪式价值出现两极分化的现象。M62、M110 的仪式价值最高，同时墓主价值也很高，

表一　下坂地墓地第一期墓葬墓主价值表

价值　遗存	墓主价值		
	原始类型值	修正系数	修正类型值
铺草[1]（3处）	29.67	0.45	13.35
铺草（2处）	3.30	0.60	1.98
铺草（1处）	4.24	0.46	1.95
墓口摆放木棍	5.93	0	不计
陶束颈罐	2.54	0.75	1.91
陶碗	8.09	0.21	1.70
其他陶器（陶罐底、陶杯）[2]	1.39	0.89	1.24
木盘	22.50	0.99	22.03
木钵	44.50	0.33	14.69
木铲	44.50	1	44.50
木单耳杯、木结具	9.89	均在小墓	不计
银耳环	89.00	1	89.00
铜耳环	22.25	0.44	9.79
铜手镯	22.25	0.55	12.24
铜足链	29.67	0.93	27.59
铜戒	8.90	1	8.90
铜泡	8.90	均在小墓	不计
随葬羊[3]	6.85	0.87	5.96

　　1. 该批墓葬存在墓口、墓底、四壁铺草的现象以及在墓口摆放木棍的现象，笔者认为这些属于葬具范畴，反映了墓主的社会地位（财富）较高（多），故将其划入墓主价值进行计算。

　　2. 由于陶罐底是破损器物的二次利用，陶杯器形很小，二者没有必要从随葬陶器中细分出来，故计算了随葬陶器的类型值，作为它们的类型值。

　　3. 该批墓葬有 13 座墓葬出土羊骨，存在随葬羊的现象，并明显存在 2 种随葬方式。一种是随葬在墓葬中，多发现于随葬陶器或木器中，笔者将其算入墓主价值。还有一种是随葬在墓口或陪葬坑中，笔者将其算入仪式价值。

表二　下坂地墓地第一期墓葬仪式价值表

价 值　　　遗 存	仪式价值		
	原始类型值	修正系数	修正类型值
大墓（墓圹长＞2米）	44.50	无	44.50
中墓（1.3米≤墓圹长＜2米）	3.42	无	3.42
小墓（成人墓墓圹长＜1.3米 未成年墓墓圹长≤1米）	1.27	无	1.27
石堆[1]（长＞10米）	16.50	0.92	15.18
石堆（4米≤长＜10米）	3.67	0.13	0.48
石堆（长＜4米）	1.50	0	不计
石围（长≥3米）	3.85	0.82	3.16
石围（长＜3米）	1.35	0	不计
随葬羊	6.85	0.87	5.96
殉葬坑（M36）[2]	1.27	无	1.27
陶束颈罐	2.54	0.75	1.91
其他陶器（陶罐底）	1.39	0.89	1.24
铜珠	8.90	均在小墓	不计

　　1. 该批墓葬有地表封堆，发掘报告中将其分为石堆、石围和石棺，笔者认为地表封堆和墓圹大小一样，同样暗示了造墓所耗费的劳动力，与墓圹大小一样，属于仪式价值。例如 M1 的封堆直径超过 10 米，远远大于其他墓葬，但 M1 的墓主价值却不高。

　　2. 该批墓葬仅有 M36 发现有殉葬坑，按照傅罗文先生的算法，殉葬坑的价值高达 89，笔者认为这显然不符合实际情况，远远高于殉葬坑所耗费的劳动力的价值。笔者认为殉葬坑的价值应同样遵循墓圹大小的划分标准和计算方法，所以 FK36 的价值应和小墓价值一样，均为 1.27。

　　这两座墓均为火葬墓，且墓葬形制十分相似。但其他三座墓葬的仪式价值很低，特别是 M42，这三座墓葬均为成年女性单人一次葬。这个现象表明火葬墓在埋葬时，当地居民举行了重大葬仪活动，修建墓葬时耗费了大量劳动力。成年女性墓葬却并未进行类似的葬仪活动，修建墓葬也没有耗费过多的劳动力。同时火葬墓的孤立存在以及其他三座成年女性墓葬集中分布在墓地南部，说明该墓地可能出现了阶级分化。

　　墓葬价值大于 10，小于 50 的属于二级墓葬，该批墓葬中共有 17 座墓葬。二级墓葬多分布在墓地边缘一些孤立的山坡上，仅墓地南部分布较密集，其他地区分布较为零散（见图一）。由表四可知，二级墓存在两种较为极端情况。第一种是和一级墓一样，墓主价值特别高，主要出现在墓葬价值较高的墓葬中，这说明这些墓主生前有较多的社会财富，有一定的社会地位。

表三　一级墓葬的墓葬价值构成

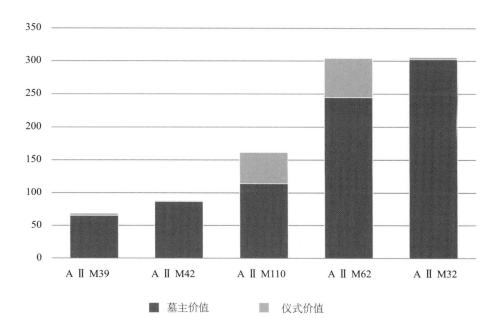

第二种是仪式价值特别高，墓主价值较低，这说明修建墓葬耗费了一定劳动力，在下葬时当地居民举行了相关下葬仪式。

墓葬价值小于 10 的属于小型墓葬，该批墓葬中绝大多数都是小型墓葬。在墓地上大量出现，分布较密集。由表五可以看出小型墓葬大多数的墓葬价值是由墓主价值和仪式价值共同组成的，还有一些完全是仪式价值，但墓葬价值总体较小。说明该墓地大部分墓葬等级较低，大部分居民较为贫穷，死后随葬很少的随葬品甚至没有随葬品。只是进行了简单的埋葬活动。

根据墓葬价值，我们可以看出，下坂地该批墓葬中大量存在的是等级低的小型墓葬，这说明下坂地生活的居民整体较为贫穷，大型墓数量很少且值极大说明社会财富集中在了很少的人手里，该地贫富差距很大，阶级分化十分明显。而且墓地南部一级墓和二级墓数量较多，说明该墓地已经开始出现高等级墓葬聚集的现象。

根据表六我们可以看出，合葬墓数量很少，没有一级墓，二级墓和三级墓数量相同，说明该墓地的合葬墓不属于高等级墓葬，占有大量社会财富的当地居民不会选择合葬墓这种下葬方式。合葬墓在二级墓和三级墓数量相同且数量较小，说明合葬墓不是当地居民的主要埋葬方式。二次葬也没有一级墓，说明二次葬也不属于高等级墓葬，而且二次葬的三级墓数量较多，说明二次葬随葬品数量均较少，等级较低。火葬墓的三级墓占绝大部分，火葬墓普遍随葬品少，等级较低。但火葬墓有 2 座随葬品丰富的一级墓，说明火葬墓的贫富差距非常大。一次葬的三级墓数量最多，远远高于一级墓和二级墓的数量。说明贫困的居民大多还是选择死后直接进行埋葬。但也不可忽视的是，一次葬的一级墓、二级墓的数量也远远多于其他，这说明一次葬是当时社会普遍接受的下葬形式。

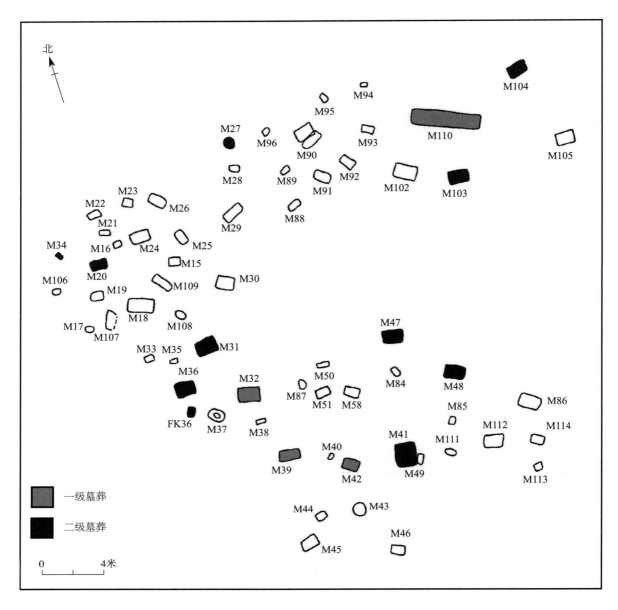

图一　AⅡ号墓地第一期墓葬分布图（局部）

三　墓葬性别统计分析研究

　　根据发掘报告，笔者统计了所有墓葬中可以确认的墓主个体。92 座墓葬中除火葬墓有 11 座无法统计人数外，这批墓葬共有 87 人。表七中可见，未成年人个体共计 31 个，而且婴幼儿个体数量高达 29 个，仅有 2 个青少年个体。成年男性个体仅有 17 个，成年女性个体仅有 15 个，都远远低于未成年人个体。除此之外还有情况不明的个体 19 个。

　　未成年人墓葬人数最多，约占 38%。成年男性约占 21%，略高于成年女性的 18%。笔者统计了与该批墓葬地域上非常接近，文化内涵上联系紧密香宝宝墓地的墓主性别。香宝宝墓地于

表四　二级墓葬的墓葬价值构成

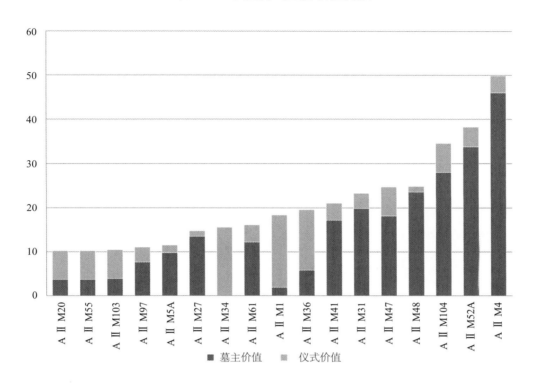

表五　三级墓葬的墓葬价值构成

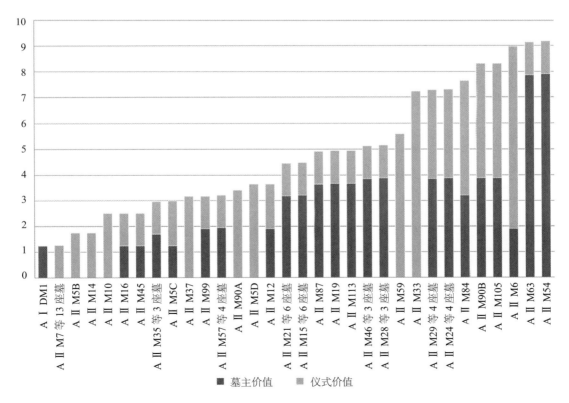

表六　墓葬等级与埋葬方式关系图

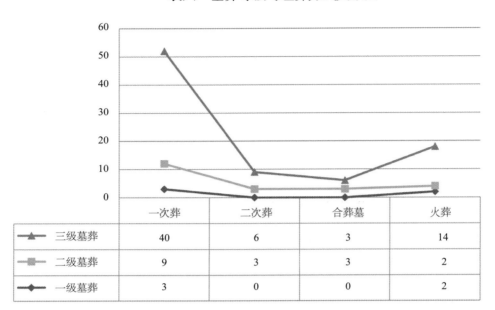

	一次葬	二次葬	合葬墓	火葬
三级墓葬	40	6	3	14
二级墓葬	9	3	3	2
一级墓葬	3	0	0	2

1976～1977年进行了两次发掘，共发掘了40座墓葬，其中空墓3座，有18座土葬墓，19座火葬墓，发掘报告于1981年发表。由于香宝宝墓地发掘年代较早，发掘报告写的比较简略，并未一一介绍每座墓葬的具体情况，笔者仅仅统计了发掘报告中介绍的14座墓葬，共有22人，其中未成年人5人，约占23%。下坂地墓地该批墓葬中未成年人数量远远高于香宝宝墓地。除此之外，笔者还选取了四组青铜时代遗址的相关数据进行比较（表八）。可以发现该批墓葬的未成年人死亡率远远高于其他同时代遗址。尤其注意的是该批墓葬中未成年人死亡个体几乎全部为婴幼儿，婴幼儿死亡率高达35.37%。这些现象暗示了下坂地居民的健康状况较差。

从图二我们可以看到，AⅡ号墓地存在未成年人与成年人混葬在一起的现象，也有未成年人与成年人合葬的现象。合葬现象只有2例。M36为一成年女性和一婴幼儿的合葬墓，在封堆南侧有一座殉葬坑（编号FK36），M90A葬有一婴儿和一成人头骨，均已酥朽。从图二不难看出未成年人墓葬有相对集中的分布区，而且靠近墓地边缘，基本上呈线型排列，较为规律。我们发现每区的未成年人墓葬都有较多的相似性，都存在着小单位的墓葬分组情况，通常是两到三个墓葬成为一组，这表明每组未成年人可能有更为亲近的血缘关系或者下葬时间较为接近。

四　讨论

下坂地墓地青铜时代墓葬形制独特、葬俗葬式丰富多样，共发现92座墓葬，第一期有89座墓葬，具有鲜明的地方特色，目前在新疆地区还是首次发现。第一期墓葬以随葬陶器为主，陶器均为平底器，其中陶束颈罐数量最多，带有明显的安德罗诺沃文化特色，但制作粗糙、没有纹饰，说明受到了安德罗诺沃文化衰落期的影响。铜器中喇叭口形耳环极具特色，属于安德罗诺沃文化的典型器物，但其来源问题还有待研究。

表七　墓葬类型性别统计图

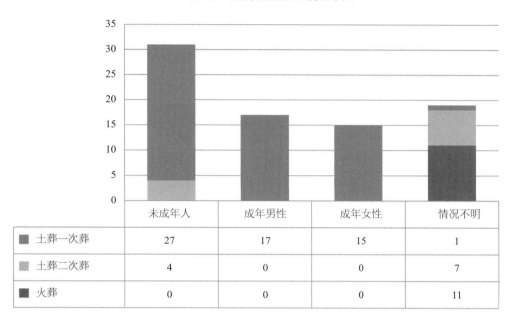

	未成年人	成年男性	成年女性	情况不明
■ 土葬一次葬	27	17	15	1
▨ 土葬二次葬	4	0	0	7
■ 火葬	0	0	0	11

表八　未成年人死亡率对比表

选取数据组	未成年人比例
下坂地墓地组	37.80%
吉林台组	7.30%
察吾呼四号组	2.83%
火烧沟组	17.70%
上孙家寨卡约组	13.16%

　　通过对墓价值的量化分析，我们发现一级墓葬只发现于火葬墓和女性单人葬墓，而火葬墓比土葬墓更加注重下葬仪式，耗费更多了劳动力，更明确的显示出生者与葬仪的关系。女性单人墓葬等级高且较集中分布于墓地南部，银器和铜器集中出现在女性墓葬中，且均为成套出现，至少有2件以上，几乎不见其他墓葬有出土铜器，都说明女性社会地位较高，占有大量社会财富。二级墓葬仅墓地南部分布较密集，其他地区分布较为零散。该批墓葬中大量存在的是等级低的三级墓葬，这说明下坂地的居民整体较为贫穷。一级墓数量很少且价值极大说明，社会财富集中在了很少的人手里，该地贫富差距很大，阶级分化十分明显。而且墓地南部一级墓和二级墓数量较多，说明该墓地已经开始出现高等级墓葬聚集的现象。未成年人死亡个体高达38%且几乎全部为婴幼儿，这说明下坂地居民的健康状况较差。

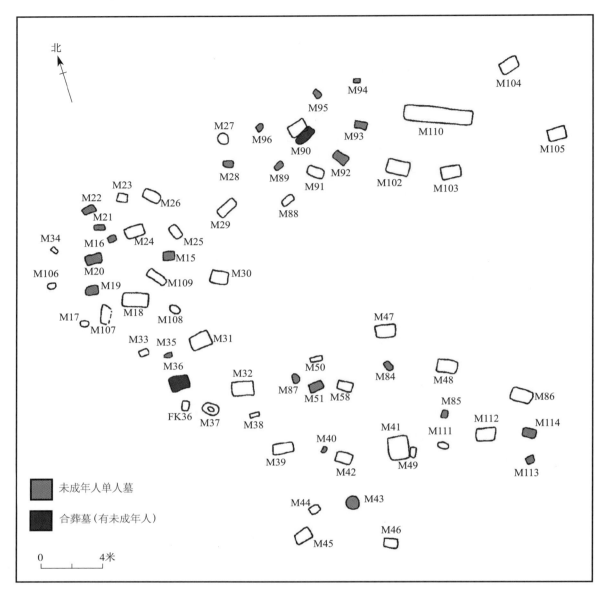

图二　A Ⅱ号墓地第一期未成年人墓葬分布图（局部）

　　墓葬研究一般是根据随葬品的数量及构成进行研究，强调了墓葬中随葬品的重要性，并按照材质等标准将随葬品分类，以直观的方式将每座墓葬中随葬品数量和构成比表现出来，便于研究者更加细致的研究墓葬中的随葬品，包括随葬品与墓葬类型的关系，随葬品与墓主性别、年龄的关系，随葬品的组合问题等。随葬品虽然是墓葬的重要组成部分，但墓葬研究不能仅仅关注随葬品。这种方法忽略了墓葬的其他组成部分，比如墓葬形制、墓葬大小、葬具、下葬仪式等方面的问题。

　　墓葬量化分析研究将墓葬价值分为墓主价值和仪式价值两个方面，出发点是希望尽可能全面的考虑所有墓葬相关的项目，并将它们量化，进行更科学的墓葬研究。墓葬量化分析研究的优点在于更全面的考虑了墓葬相关的各个方面，并且分成了两个方面，让研究者可以更好地研究墓葬这一活动对死者和生者不同的价值。根据分类可以详细研究不同等级墓葬的墓主价值和仪式价值的关系，进而研究该批墓葬的等级结构问题、阶级分化问题等。并且将这些全部转化成了可以度量的，让墓葬研究不再是"定性分析"。但是墓葬量化分析研究的整个研究体系还未完全建立起来，还有许多不足，比如随葬品如何分类进行价值研究，随葬品制作的优劣不能体现出来等等。

五　小结

通过采用墓葬量化分析研究所得出的结论支持了原报告中关于火葬墓、土葬墓共存可能是当时社会中财富占有阶层和贫穷阶层所实行的不同葬俗，该墓地已出现了阶级分化的论述。也使初次接触这批材料的研究者对于该墓地有了一个宏观、清晰的认知。近年来统计学方法的应用和研究为社会科学研究开拓思维、精确分析打下了基础，墓葬量化分析研究是考古学统计量化分析逐渐成熟的又一次尝试。

关于切木尔切克文化来源的一点思考

牧金山[*]

切木尔切克文化是新疆阿勒泰地区众所公认的一支考古学文化。它的提出主要是依据 1963 年王炳华、王明哲、易漫白等先生在克尔木齐公社（现切木尔切克乡）发掘的 32 座石围石堆墓。[1] 因为这批材料是新疆阿勒泰地区首次发掘的墓葬，对墓葬的研究是和现今中国疆域内的考古学发现进行对比，所以一开始便含混不清。另外墓葬中包含着从青铜时代到早期铁器时代长时间段的遗存，开始时研究者并未注意。而且新疆阿勒泰地区的考古工作在整个 20 世纪一直停滞，研究所能依据的只有切木尔切克墓地的材料。在对新疆地区和欧亚草原的材料进行对比的过程中，语言的隔阂也是拦在路上的一座大山。所以，切木尔切克文化的研究千头万绪，纷乱庞杂。但长期以来作为新疆最早的一支考古学文化，其重要地位是学者们所不能回避的。很多和新疆史前研究有关的学者都对切木尔切克文化发表过自己的见解，这些学者包括王博、穆舜英、王明哲、陈戈、常喜恩、陈光祖、水涛、林梅村、郭物、邵会秋、林沄、韩建业、丛德新、贾伟明、张良仁、李水城等先生 [2]。而新疆阿勒泰是阿尔泰山整体的一部分，因而关于切木尔切克文化的讨论就不会只局限于国内，国外学者也参与进来，如俄罗斯艾米塔什博物馆物质文化研究所的科瓦尔廖夫（Ковалёв А.А.），他从 1998 年开始直至 2005 年对与新疆阿勒泰接壤的哈萨克斯坦、蒙古国的青铜时代遗迹开展发掘，提出了关于切木尔切克文化的独到见解，他认为切木尔切克文化是公元前三千纪初从法国南部迁徙而来的，这个过程和吐火罗人的东传相关 [3]。

---

[*] 牧金山：2015 级硕士，现为 2019 应届硕士毕业生。

[1] 易漫白、王明哲：《新疆克尔木齐古墓群发掘简报》，《文物》1981 年第 1 期。

[2] 这些研究包括：新疆社会科学院考古研究所，《新疆考古三十年》，新疆人民出版社，1983 年。新疆社会科学院考古研究所：《新疆古代民族文化》，文物出版社，1985 年。王炳华：《新疆青铜时代考古文化试析》，《新疆社会科学》1985 年第 4 期。陈戈：《关于新疆远古文化的几个问题》，《新疆文物》1985 年创刊号。陈光祖著、张川译：《新疆金属器时代》，《新疆文物》1995 年第 1 期。水涛：《新疆青铜时代诸文化的比较研究——附论早期中西文化交流的历史进程》，《国学研究》第一卷，北京大学出版社，1993 年。王博、祁小山：《丝绸之路草原石人研究》，新疆人民出版社，1995 年。王博：《切木尔切克文化初探》，《考古文物研究——纪念西北大学考古专业成立四十周年文集》，三秦出版社，1996 年。林梅村：《吐火罗人的起源和迁徙》，《新疆文物》2002 年第 3、4 期。郭物：《新疆天山地区公元前一千纪的考古学文化研究》，中国社会科学院考古研究所 2005 年博士论文。韩建业：《新疆青铜时代——早期铁器时代文化的分期和谱系》，《新疆文物》2005 年第 3 期。新疆文物事业管理局：《新疆古物大观》，新疆美术摄影出版社，1999 年。林沄：《关于新疆北部切木尔切克类型遗存的几个问题》，《庆祝何炳棣先生九十华诞论文集》，三秦出版社，2008 年。邵会秋：《试论新疆阿勒泰地区的两类青铜文化》，《西域研究》2008 年第 4 期。丛德新、贾伟明：《切木尔切克墓地及其早期遗存的初步分析》，《庆祝张忠培先生八十岁论文集》，科学出版社，2014 年。张良仁：《西西伯利亚南部的青铜时代分期》，《考古学集刊·20》，社会科学文献出版社，2017 年。李水城：《从新疆阿依托汗一号墓地的发现谈阿凡纳谢沃文化》，《新疆文物》2018 年第 1、2 期。

[3] A.A. 科瓦廖夫、贺婧婧：《公元前第三千纪早期切木尔切克人从法兰西向阿尔泰的大迁移》，《吐鲁番学研究》2015 年第 1 期。

一　研究历史

切木尔切克文化的研究大体上可以分为三个阶段。第一阶段大致从克尔木齐墓地的发掘到20 世纪 90 年代，这一阶段的主要工作是提出并确认切木尔切克文化，特点是将切木尔切克墓地当作一个整体来研究。主要的研究者和研究成果有 1983 年穆舜英、王明哲、王炳华等先生在《建国以来新疆考古的主要收获》中将克尔木齐墓地和突厥遗存一起介绍[1]。1985 年穆舜英、王明哲先生提出克尔木齐墓地中的一些器物和南阿尔泰地区的卡拉苏克文化相似，据此将克尔木齐墓地的年代定在春秋时期[2]。同年，王炳华发表文章认为克尔木齐墓地的陶器和阿凡纳谢沃文化相关，据此他认为克尔木齐墓地的年代为距今 2500 ～ 2000 年，并提出"克尔木齐类型"的概念[3]。1986 年，王博和常喜恩正式提出切木尔切克文化[4]。

第二阶段是 20 世纪 90 年代～ 2000 年前后，这一阶段的特征是普遍将切木尔切克文化同欧亚草原的考古学文化进行对比，以此来探究切木尔切克文化的来源问题。但由于前文所提到的资料和语言的限制，对切木尔切克文化的来源，学术界存在着诸多的争论，归纳起来大致可以分为这样几种观点：来源于阿凡纳谢沃文化（王炳华、林梅村、邵会秋、李水城、张良仁等）；来源于奥库涅夫文化（陈光祖、邵会秋、郭物等），来源于安德罗诺沃文化（水涛、韩建业），卡拉苏克文化（穆舜英、王明哲、水涛等），不清楚来源（王博）[5]。这些学者的研究往往是抓住了切木尔切克文化的某些特征，然后将这些特征和欧亚草原的文化作对比。

第三阶段大致为 2000 年前后至今。这一阶段一方面认识到切木尔切克文化是一个十分复杂的青铜时代考古学文化，对于其来源还得在积累更多实物资料的基础上进行讨论，这一观点是林沄先生首先提出的[6]。随后丛德新、贾伟明在这一思想的指导下细致分析了克尔木齐墓地，提出克尔木齐墓地是一个长时间延续的墓地，过去提出的切木尔切克文化应指克尔木齐墓地青铜时代的考古学文化遗存。接着为了区别于一直沿用的切木尔切克文化，他们提出应以切木尔切

[1]　新疆社会科学院考古研究所：《新疆考古三十年》，新疆人民出版社，1983 年。

[2]　新疆社会科学院考古研究所：《新疆古代民族文化》，文物出版社，1985 年。

[3]　王炳华：《新疆青铜时代考古文化试析》，《新疆社会科学》1985 年第 4 期。

[4]　王博、常喜恩：《温宿县包孜东墓葬群的调查和发掘》，《新疆文物》1986 年第 2 期。

[5]　这些研究包括：新疆社会科学院考古研究所，《新疆古代民族文化》，文物出版社，1985 年。王炳华：《新疆青铜时代考古文化试析》，《新疆社会科学》1985 年第 4 期。水涛：《新疆青铜时代诸文化的比较研究——附论早期中西文化交流的历史进程》，《国学研究》第一卷，北京大学出版社，1993 年。陈光祖著、张川译：《新疆金属器时代》，《新疆文物》1995 年第 1 期。王博：《切木尔切克文化初探》，《考古文物研究——纪念西北大学考古专业成立四十周年文集》，三秦出版社，1996 年。林梅村：《吐火罗人的起源和迁徙》，《新疆文物》2002 年第 3、4 期。郭物：《新疆天山地区公元前一千纪的考古学文化研究》，中国社会科学院考古研究所 2005 年博士论文。韩建业：《新疆青铜时代——早期铁器时代文化的分期和谱系》，《新疆文物》2005 年第 3 期。邵会秋：《试论新疆阿勒泰地区的两类青铜文化》，《西域研究》2008 年第 4 期。王明哲：《论克尔木齐文化和克尔木齐墓地的时代》，《西域研究》2013 年第 2 期。张良仁：《西西伯利亚南部的青铜时代分期》，《考古学集刊·20》，社会科学文献出版社，2017 年。李水城：《从新疆阿依托汗一号墓地的发现谈阿凡纳谢沃文化》，《新疆文物》2018 年 1、2 期。

[6]　林沄：《关于新疆北部切木尔切克类型遗存的几个问题》，《庆祝何炳棣先生九十华诞论文集》，三秦出版社，2008 年。

克一期文化取代切木尔切克文化的称谓，而关于切木尔切克一期文化的具体内涵和文化来源还应该在进一步资料积累的基础上完善[1]。另一方面，中国、哈萨克斯坦、蒙古国等相关资料不断积累。在中国，随着北疆阿勒泰地区考古工作的大规模展开，切木尔切克文化又积累了一批新的材料，这些材料有布尔津县发现的彩绘石棺[2]，托干拜 2 号墓地[3]，博拉提墓地 M18 等[4]。哈萨克斯坦、蒙古国的资料是科瓦廖夫于 1998 ～ 2005 年之间分别于两地发掘了 13 座墓葬和 16 座墓葬[5]。这一阶段可以称为新资料的积累和研究期。

二　文化内涵

根据国内外学者的发掘，目前可以认为是切木尔切克文化的墓葬在新疆阿勒泰有：切木尔切克 Ⅰ 号墓区 M1、M2，M3、M5m2、M7m1、M7m2；Ⅱ 号墓区 M8、M11、M15、M16m2、M17m1、M17m2；Ⅲ 号墓区 M18m2、M18m1、M19、M20、M21、M24 等；托干拜 2 号墓地 M1、M2、M3、M4；布尔津县彩绘石棺 1 座；东塔勒德墓地 IM19；吉木乃县 219 国道墓葬 M23、M26、M20；博拉提墓地 M18。哈萨克斯坦东部有：阿依纳 - 布拉克 1 号墓地（Айна-булак I）M1、M2、M3、M6；阿依纳 - 布拉克 6 号（Айна-булак Ⅵ）墓地 M1、M2；镐巴（Копа）M1、M2、M3；布尕勒达巴得（бугартаботы）M1、M2；阿赫都勒尕（ахтулка）；阿依布拉克 5 号墓地（Айна булак Ⅴ）。蒙古国西部有：乌兰呼尕戈 1 号墓地（улаан худаг I）M1、M12；乌兰呼尕戈 2 号墓地（улаан худаг II）M3；哈勒赞乌苏勒 2 号墓地（халзан узуур II）M1、M2、M3、M4；巴立宫 1 号墓地（полигон I）M1；沙勒苏牧（шарсум I）M1；呼拉伊萨拉阿雷阿姆（хуурай салааны ам）M1、M2；别勒乌斯雷戈日 1 号墓地（бэлэн усны дэнж I）M3；呼勒乌勒（хул уул）M1；库拉克高围（курак гови）M1；浑吉高围（хундий говь）；卡拉都姆斯克（кара тумсик）[6]（图一）。

国内诸多学者多根据新疆境内切木尔切克墓地的发掘材料总结其文化内涵，在此也不做赘

[1]　丛德新、贾伟明：《切木尔切克墓地及其早期遗存的初步分析》，《庆祝张忠培先生八十岁论文集》，科学出版社，2014 年。

[2]　张玉忠：《新疆布尔津县出土的橄榄形陶罐》，《文物》2007 年第 2 期。

[3]　新疆文物考古研究所：《新疆哈巴河县托干拜 2 号墓地发掘简报》，《文物》2014 年第 12 期。

[4]　新疆文物考古研究所：《布尔津县也拉曼墓群考古发掘简报》，《新疆文物》2017 年第 4 期。

[5]　Ковалев А.А. и др. Древнейшие европейцы в сердце Азии: чемурчекский культурный феномен. Часть II.Результаты исследований в центральной части Монгольского Алтая и в истоках Кобдо; памятники Синьцзяна и окраинных земел//Санкт-Петербург, 2015. Ковалев А.А. и др. Древнейшие европейцы в сердце Азии: чемурчекский культурный феномен. Часть I. Результаты исследований в Восточном Казахстане, на севере и юге Монгольского Алтая//Санкт-Петербург ,2015.

[6]　Ковалев А.А. и др. Древнейшие европейцы в сердце Азии: чемурчекский культурный феномен. Часть I. Результаты исследований в Восточном Казахстане, на севере и юге Монгольского Алтая // Санкт-Петербург, 2015. Ковалев А.А. и др. Древнейшие европейцы в сердце Азии: чемурчекский культурный феномен. Часть II.Результаты исследований в центральной части Монгольского Алтая и в истоках Кобдо; памятники Синьцзяна и окраинных земел // Санкт-Петербург, 2015.

图一　切木尔切克文化分布图

1. 阿依纳 - 布拉克 1 号墓地、阿依纳 - 布拉克 6 号墓地　2. 镐巴墓　3. 布尕勒达巴得墓　4. 阿赫都勒尕　5. 阿依纳 - 布拉克 5 号墓地　6. 切木尔切克墓地　7. 托干拜 2 号墓地　8. 东塔勒德墓地　9. 也拉曼墓群　10. 卡拉都姆斯克墓　11. 库拉克高围 M1　12. 呼勒乌勒墓　13. 呼拉伊萨拉阿雷阿姆墓、沙勒苏牧 M1、别勒乌斯雷戈日 1 号墓地 M3　14. 巴立宫 1 号墓地 M1　15. 乌兰呼尕戈 1 号墓地、乌兰呼尕戈 2 号墓地　16. 哈勒赞乌苏勒 2 号墓地

述。根据科瓦廖夫在蒙古国和哈萨克斯坦的发掘材料,可进一步补充切木尔切克文化内涵(图二)。

　　第一,石人系利用天然圆石略经打磨后雕出整体外形,再以减地线刻方法雕刻细部,石人以圆形凸棱表现面部轮廓,眉弓发达,眼睛较圆,鼻子方直,嘴呈一字形,较宽阔,脸颊处一组尖部相对的三角形纹饰较有特点,颈肩部饰有长条形带饰,胸部亦有三角形或圆弧形装饰[1]。石人通常位于墓地的东侧,在蒙古国和哈萨克斯坦还发现了在墓地东侧立石的现象,这个应该与石人表达出相同的内涵。

　　第二,埋葬习俗上,墓葬四周经常用大石板围成一个矩形,而且矩形坟院的大小不一样,几个石棺墓通常放置于同一个坟院中。在蒙古国和哈萨克斯坦还有圆形的封堆墓,圆形石围的墓葬。石棺通常由 5 块石板组成,4 块在墓坑中围成石壁,1 块盖在最上面。有时在石墙内有彩绘图案。仰身或侧身屈肢葬及二次葬流行,仅有少量的仰身直肢葬。

　　第三,陶器以手制灰色或褐色的圜底橄榄型陶罐为主,另有一些平底罐,豆形器。具有很高技术的石容器是这一文化的特色。石范的出现表明已具有较高的青铜冶炼技术,但纯铜器也在使用,出土了一些小件的青铜装饰品。骨器和石器制作技术仍然发达,有琢磨精致的石镞、石棒、骨针、骨质工具等。

---

[1]　于建军:《切木尔切克文化的新认识》,《新疆文物》2015 年第 3、4 期。

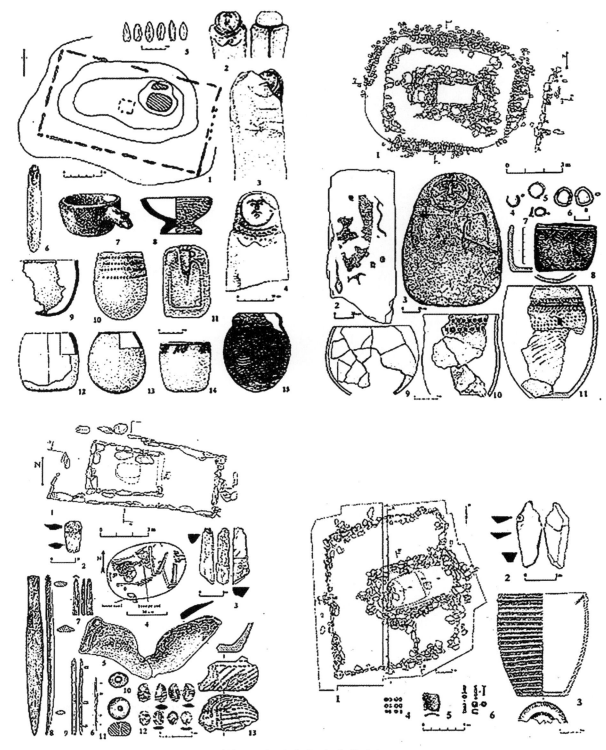

图二　切木尔切克文化内涵

（上面从左到右为新疆阿勒泰切木尔切克文化和蒙古国切木尔切克文化；下面为哈萨克斯坦东部切木尔切克文化，图片采自科瓦廖夫文章[1]）

[1]　A.A. 科瓦廖夫、贺婧婧：《公元前第三千纪早期切木尔切克人从法兰西向阿尔泰的大迁徙》，《吐鲁番学研究》2015 年第 1 期。

三　关于切木尔切克文化来源问题的一点思考

国内诸位学者关于切木尔切克文化源流的研究已经很多，诸学者的观点都有其独到之处，在此不多赘述。但是诸位学者在研究切木尔切克文化的时候，还是以新疆发现的材料为主，缺乏对同时期阿尔泰山其他考古学文化的全面考察。而本文则试图将切木尔切克文化放在阿尔泰山的整体视角下去考量。

切木尔切克文化的年代根据中俄碳 -14 数据来看为 B.C2700 ～ B.C1800 年 [1]。在阿尔泰山周边区域存在的稍早或同时期的考古学文化有阿凡纳谢沃文化（Афанасьевская культура）（B.C3100 ～ B.C2500 年）、耶鲁林文化（Елунинская культура）（B.C2600 ～ B.C1800 年）、卡拉卡里文化 (каракольская культура)（公元前 3 千纪末到公元前 2 千纪初）、奥库涅夫文化 (окуневская культура)（公元前 3 千纪末到公元前 2 千纪初）[2]（图三、四）。

切木尔切克文化和卡拉卡里文化：卡拉卡里文化的发掘材料很少，只有十几座墓葬，墓葬随葬的遗物也很少。从遗物来看，卡拉卡里文化有青铜铸范、橄榄形刻划纹陶罐、橄榄形石罐、石棒、残石锛、残豆形器等。这些在切木尔切克文化之中都能找到相似或相同的器物（图五）。

切木尔切克文化和耶鲁林文化：蒙古国和哈萨克斯坦的切木尔切克文化之中各出土一件相似的耶鲁林文化陶器。切木尔切克文化之中的一些小件的青铜装饰如铜环、铜戒指等和耶鲁林文化相同。切木尔切克文化之中的"Y"形骨器也和耶鲁林文化相同。两者还同时存在着一定数量的石罐，很多石罐在口部都有倒三角形的装饰，只不过耶鲁林文化的石罐流行在器身上绘画各种动物图案，这一点和切木尔切克文化有所不同（图六）。

切木尔切克文化和奥库涅夫文化：新疆切木尔切克文化的外部形态（方形石围内存在着几座墓葬，墓葬内部为几座地面石棺墓）在奥库涅夫文化中有发现。从葬俗上来说，绝大多数是屈肢葬，仅有少量的直肢葬，这一点和奥库涅夫文化也十分相似。从遗物上来说，切木尔切克文化之中存在的平底桶形罐和奥库涅夫文化之中常见的陶器相似，另外切木尔切克文化中盛行在石棺上彩绘这一点在奥库涅夫文化中也大量存在（图七）。

切木尔切克文化和阿凡纳谢沃文化：这两个文化在很多方面都有相似之处。首先墓葬形态上，两者都存在着大石围内部安放几个小的地面石棺墓，只不过阿凡纳谢沃文化盛行圆形石围，切木尔切克文化流行方形石围。埋葬习俗上切木尔切克文化和阿凡纳谢沃文化都盛行侧身屈肢葬，不同的是切木尔切克文化还盛行二次葬，骨骼凌乱（林沄先生认为可能存在着大规模

---

[1]　科瓦廖夫于蒙古国和哈萨克斯坦切木尔切克文化墓地测得的碳 -14 数据在 B.C2600 ～ B.C1800 年之间。新疆切木尔切克文化测了几个碳 -14 数据：托干拜 2 号墓地的年代约为距今 4200 年，博拉提 M18 测的碳 -14 数据年代约为 B.C2700 年，故暂定切木尔切克文化的年代为 B.C2700 ～ B.C1800 年。

[2]　Э.Б. ВАДЕЦКАЯ, А.В. ПОЛЯКОВ, Н.Ф. СТЕПАНОВА. СВОД ПАМЯТНИКОВ АФАНАСЬЕВСКОЙ КУЛЬТУРЫ // Барнаул : АЗБУКА, 2014. С.П. Грушин, Ю.Ф. Кирюшин, А.А. Тишкин и др. ЕЛУНИНСКИЙ АРХЕОЛОГИЧЕСКИЙ КОМПЛЕКС ТЕЛЕУТСКИЙ ВЗВОЗ-I В ВЕРХНЕМ ПРИОБЬЕ // Изд-во Алт, ун-та, 2016. В.Д. Кубарев. ПАМЯТНИКИ КАРАКОЛЬСКОЙ КУЛЬТУРЫ АЛТАЯ//Новосибирск Издательство Института археологии и этнографии СО РАН , 2009. Д.Г.Савинов, М.Л.Подольский :Окуневский сборник-Культура. Искусство. Антропология//Санкт-Петербург，1997.

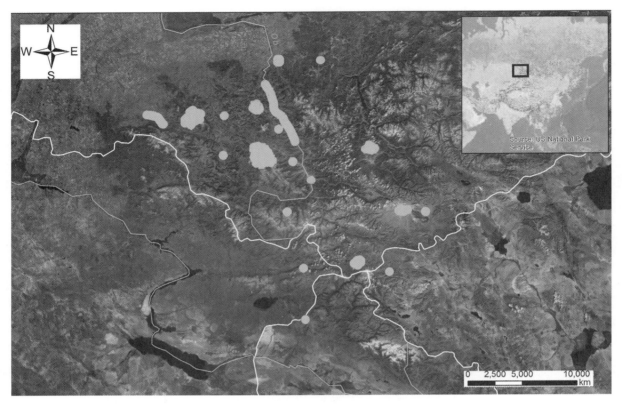

图三　阿凡纳谢沃文化分布图

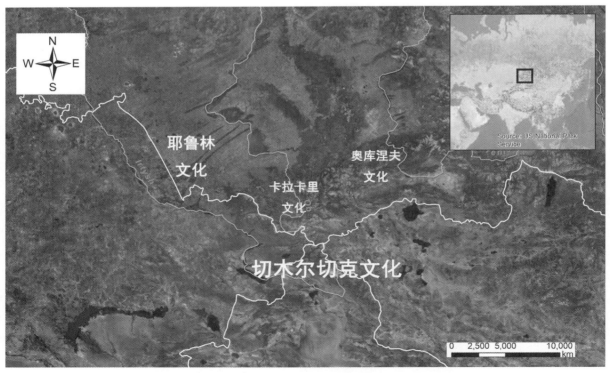

图四　切木尔切克文化、卡拉卡里文化、耶鲁林文化、奥库涅夫文化分布图

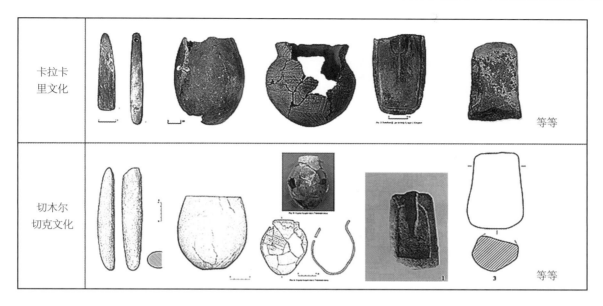

图五　卡拉卡里文化和切木尔切克文化对比

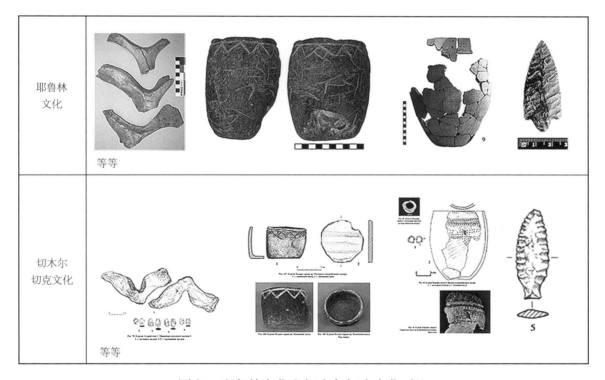

图六　耶鲁林文化和切木尔切克文化对比

的杀殉行为）。两者都存在着大量的用赭石涂红人骨的现象。从随葬的器物上来看，切木尔切克文化存在的橄榄形石罐，平底桶形罐等在阿尔泰的阿凡纳谢沃文化中能找到相似的器形，只不过阿凡纳谢沃文化的橄榄形罐底部更尖。从年代上来看，俄罗斯阿尔泰阿凡纳谢沃文化的年

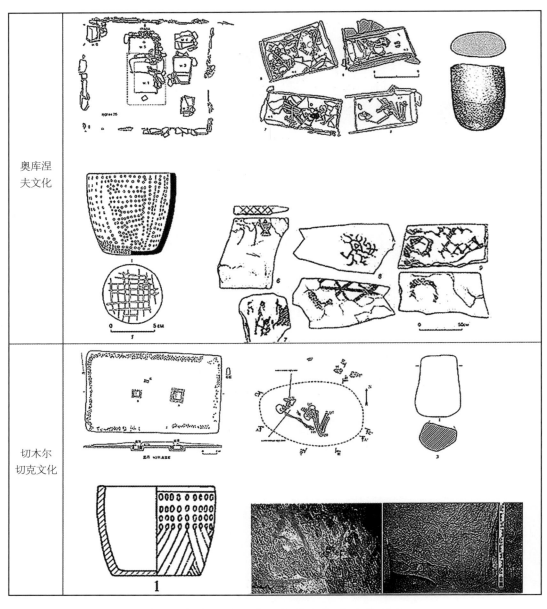

图七　奥库涅夫文化和切木尔切克文化对比

代为 B.C3100～B.C2900 年[1]，蒙古国[2] 和新疆[3] 阿凡纳谢沃文化的碳 -14 数据显示其年代大致在 B.C2900～B.C2500 年之间。而切木尔切克文化经过碳 -14 测年得出的数据是 B.C2700～B. C1800 年。两个文化的人骨分析都显示具有古欧罗巴人种的特征。阿凡纳谢沃文化广泛分布于

[1]　Andrey V Poliakov，Svetlana V Svyatko，Nadezhda F Stepanova, A Review of the Radiocarbon Dates for the Afanasyevo Culture (Central Asia): Shifting Towards the "Shorter" Chronology, Radiocarbon Volume 61, Issue 1，February 2019, pp. 243-263.

[2]　Ковалев А.А., эрдэнэбаатар Д . Афанасьевско-чемурчекская курганная группа Кургак гови (хуурай говь) и вопросы внешних связей афанасьевской культуры //Афанасьевский сборник. Барнаул, 2010. C. 91–108.

[3]　新疆文物考古研究所：《哈巴河县阿依托汗一号墓群考古发掘简报》，《新疆文物》2017 年第 2 期。

俄罗斯阿尔泰地区，在蒙古国西部，哈萨克斯坦东部，中国新疆阿勒泰也有少量分布，而在上述地点也有切木尔切克文化的分布[1]。因而从地域，年代以及文化特征上来看，切木尔切克文化和阿凡纳谢沃文化存在着前后相继的传承关系似乎更为合理（图八）。

需要指出的是，切木尔切克文化的石人具有特殊性，石人在青铜时代中期阿尔泰山地区的奥库涅夫文化中有大量分布，但是这两者之间的差异很明显，不存在直接的关系。有学者指出，切木尔切克文化的石人是来自欧洲传统[2]，这一点不无道理。

从上述的比较分析中可以看出，在青铜时代早中期的阿尔泰山范围内切木尔切克文化同各个文化之间存在着密切的交流。这种交流如果我们转换一下主体，会发现结论仍然成立。卡拉卡里文化的橄榄形陶器和阿凡纳谢沃文化如出一辙，而且这两个文化的墓葬相距不过100米[3]。卡拉卡里文化中墓葬石板上太阳头型人物的彩绘则在奥库涅夫文化中有大量的发现。人骨资料显示卡拉卡里文化更多的表现出蒙古人种类型的特征，以至于俄罗斯一些学者将卡拉卡里文化称为阿尔泰的奥库涅夫文化。再以奥库涅夫文化为例，其平底陶器，小件的青铜装饰品等和耶鲁林文化存在着很多的相似性。不仅发现了奥库涅夫文化叠压在阿凡纳谢沃文化地层之上，而且还发现了奥库涅夫文化和阿凡纳谢沃文化之间的混合墓地[4]。因而从这一点我们可以看出在青铜时代早中期，阿尔泰山四周的考古学文化之间相互影响，彼此之间存在着密切的互动，这是第一方面。

第二，在切木尔切克文化之中，发现了一些研磨精细的石器和骨器，表现出一种古老的气息。这些石器和骨器在阿尔泰山周围的阿凡纳谢沃文化、卡拉卡里文化、耶鲁林文化、奥库涅夫文化中都有发现，而这种器物发现最多的是位于俄罗斯阿尔泰的鲍里舍梅斯卡文化（большемысская культура）[5]。该文化被认为是铜石并用时代文化，其特征保存了许多新石器时代的传统。在新疆阿勒泰发掘了通天洞遗址[6]，通天洞遗址发现了从旧石器一直延续到铁器时代的地层关系，出土了大量的石器，表明阿勒泰地区存在着从旧石器以来一直延续的文化传统。在阿勒泰额尔齐斯河流域也调查发现了这种类型的石器遗存[7]。所以，大致可以认为这样的石器工艺代表的是阿尔泰山地区的石器时代传统。

[1] 在阿尔泰共和国东南部可能存在着切木尔切克文化墓葬，目前还没有经过发掘。信息来源于与戈尔诺-阿尔泰国立大学 Василий Иванович Соенов 的邮件联系。

[2] 陈爱东：《略论切木尔切克类型石人特征及其文化渊源》，《吐鲁番学研究》2012年第2期。

[3] В.Д. Кубарев. ПАМЯТНИКИ КАРАКОЛЬСКОЙ КУЛЬТУРЫ АЛТАЯ // Новосибирск Издательство Института археологии и этнографии СО РАН , 2009.

[4] Э.Б. Вадецкая . Этапы ассимиляции населения афанасьевской культуры племенами окуневской культуры // Археология древних обществ Евразии: хронология, культурогенез, религиозные воззрения. Труды ИИМК РАН. Т. XLII. СПб: ИИМК РАН, «Арт-Экспресс», 2014.

[5] Ю.Ф. Кирюшин. ЭНЕОЛИТ И РАННЯЯ БРОНЗА ЮГА ЗАПАДНОЙ СИБИРИ // Барнаул: Изд-во Алт. ун-та, 2002.

[6] 新疆文物考古研究所、北京大学考古文博学院：《吉木乃县通天洞遗址考古发掘简报》，《新疆文物》2018年第3、4期。

[7] 伊弟利斯·阿不都热苏勒、张川：《额尔齐斯河畔的石器遗存及其类型学研究》，《新疆阿勒泰地区考古与历史文集》，文物出版社，2015年。

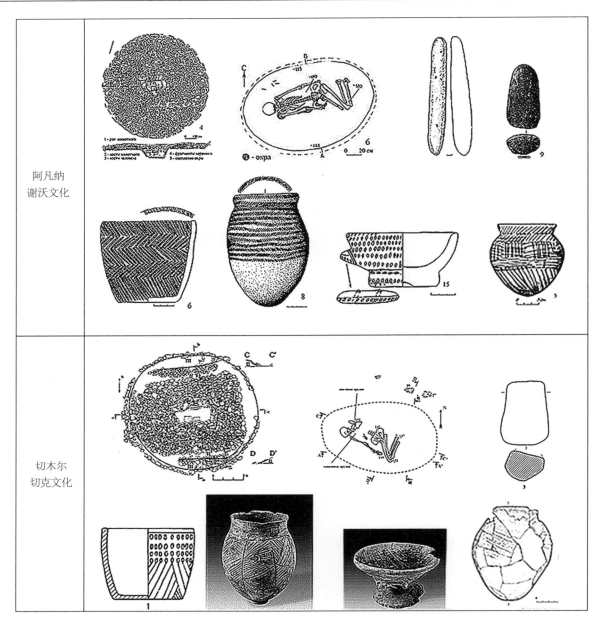

图八　阿凡纳谢沃文化和切木尔切克文化对比

　　第三，从文化因素上来说，切木尔切克文化和阿凡纳谢沃文化存在着最为密切的关系，器物上的橄榄形陶罐，墓葬内的人骨特征，切木尔切克文化之中也存在着圆形石堆墓，人骨的摆放也是侧身屈肢，头西脚东。而且切木尔切克文化和阿凡纳谢沃文化年代相接。在阿勒泰也发现了阿凡纳谢沃文化的墓地。因而可以说切木尔切克文化是阿凡纳谢沃文化在阿勒泰地区的后续演变。

　　结合以上三点，本文认为切木尔切克文化是在保留着一定石器时代传统的前提下被阿凡纳谢沃文化占领演变出的一支新的考古学文化，这支考古学文化在其发展过程中与阿尔泰山周边各个文化存在着广泛的交流互动，文化因素上相互渗透相互影响。

论商王朝对长江中下游地区的经略

赵东升 *

本文所论的长江中下游地区包括江淮之间、鄂东南和赣鄱地区，这三个地区正处于华夏系统和东夷、苗蛮、百越系统交汇的区域，各派势力交汇融合。同时这些地区又有丰富的资源，因此成为维系商王朝政治、经济的重要地区，是商王朝经略的主要目的和方向。

一

本文所使用的商时期编年是以《中国考古学·夏商卷》中的分期为依据，即早商分为三期，中商分为三期，晚商分为四期的分期方案 [1]。

商王朝势力在夏代末期即已进入到了鄂东南地区，这里存在有不少的先商文化南关外类型和二里岗下层一期偏早阶段的因素 [2]。商王朝的直接统治势力在这里一直延续到中商时期，随着盘龙城城址的废弃而退出。晚商时期，这里仍然是商王朝的重点关注地区，商王朝通过控制方国——鄂国（大路铺遗存）的方式对此地进行间接统治。说明荆地不仅是夏王朝着力经营的地区，也为商王朝所看重（图一）。

早商一期时，商王朝重点经略了鄂东南地区，这一点不仅在考古学文化中可以得到证明，古代文献中也有记载。古本《竹书纪年》中所谓："（夏末）商师征有洛，克之，遂征荆，荆降"。而此时对于江淮地区和赣鄱地区还未进行有力的渗透。

大约自早商文化第二期至中商文化第一期，商王朝的势力开始分别通过淮河支流和盘龙城类型分布区而进入到江淮地区。这里以薛家岗遗址为中心的皖西类型和大城墩遗址为中心的大城墩类型都大致形成于这一时期（图二）。也有证据表明，宁镇地区的湖熟文化中也存在着较多的盘龙城类型因素。与此同时，也通过盘龙城类型而继续进入到赣鄱地区北部，创造了吴城文化（图三）。这一个阶段，是商王朝势力大扩张的时期，他们通过盘龙城牢牢的控制了长江中下游之交的地带，并将势力延伸到长江以南的赣鄱地区，继而在那里扶持地方势力而创建了吴城文化。

中商文化二期至晚商文化一期早段，随着盘龙城城址的废弃，商王朝势力在长江中游处于

* 赵东升：2000 级硕士，2006 级博士，现就职于南京大学历史学院。

[1] 中国社会科学院考古研究所编著：《中国考古学·夏商卷》，中国社会科学出版社，2002 年。

[2] 湖北省文物考古研究所纪南城工作站：《湖北黄梅意生寺遗址发掘报告》，《江汉考古》2006 年第 4 期。发掘报告将意生寺遗址的文化堆积分为 4 期，第一期相当于龙山晚期到二里头文化早期，第四期推断为商代前期，第二和三期的年代大致相当于先商时期。

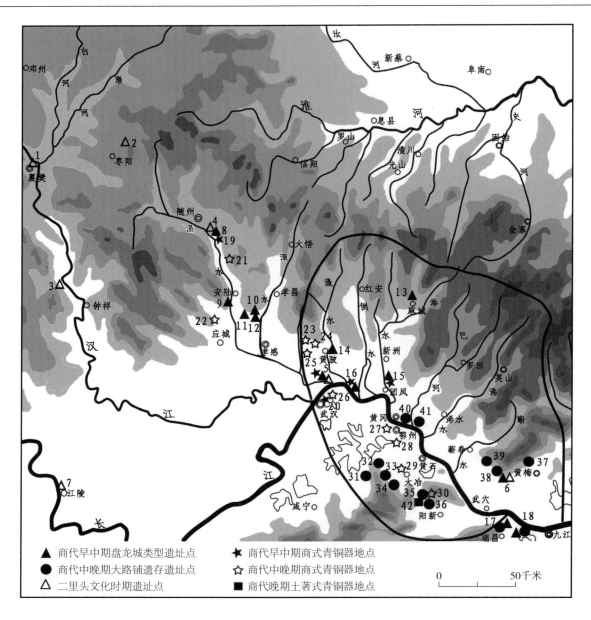

图一　鄂东南地区夏商时期文化分布图

1～7. 襄阳王树岗、枣阳墓子坡、钟祥乱葬岗、随州西花园、黄陂盘龙城、黄梅意生寺、江陵荆南寺遗址　5、6、8～18. 黄陂盘龙城、黄梅意生寺、随州庙台子、安陆晒书台、孝感殷家墩、云梦好石桥、孝感聂家寨、麻城栗山岗、黄陂鲁台山、团风下窑嘴、新洲香炉山、瑞昌铜岭、九江龙王岭遗址　5、15、16、19、20. 黄陂盘龙城墓葬，团风下窑嘴墓葬，新洲香炉山遗址鼎，随州淅河窖藏瓿、爵、斝，汉阳纱帽山窖藏尊　21～30. 广水乌龟山窖藏鼎，应城吴祠窖藏斝、爵，鸦卣，黄陂红进村窖藏瓿、爵，夏店村窖藏爵，袁李湾窖藏斝，汉阳竹林嘴窖藏方彝，鄂州陈林寨瓿、爵、斝，沙窝碧石爵，大冶港湖夔纹提梁卣，阳新铜镜　17、18、31～41. 瑞昌铜岭、九江龙王岭遗址、大冶古塘墩、李河、眠羊地、三角桥、阳新大路铺、和尚垴、黄梅柳塘、乌龟山、钓鱼嘴、霸城山、砚池山遗址　42. 阳新白沙铙

一个低潮时期。在鄂东南地区，盘龙城类型仅剩下一些规模较小的商文化据点。江淮西部的薛家岗商遗存中也开始出现了一些鄂东南长江南岸、宁镇地区以及赣鄱地区的文化因素。吴城文化自北向南发展，逐渐成为一支受到商文化扶持而自身特征明显的地方文化。而在江淮之间，商王朝却进行了较大范围的地域扩张，一直向东将其势力扩展至江淮东部地区，表现出一种东

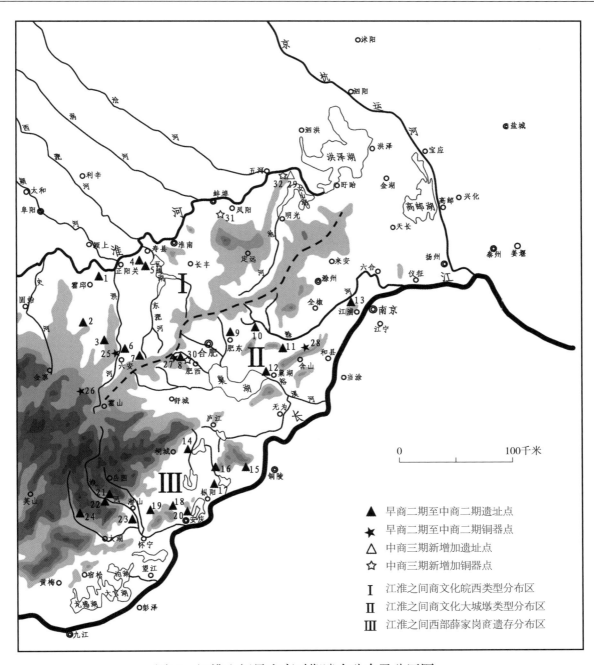

图二　江淮之间早中商时期遗存分布及分区图

1～24.霍邱绣鞋墩、霍邱红墩寺、六安谢后大墩子、寿县斗鸡台、寿县 蜡庙、六安庙台、众德寺、肥西大墩子、乌龟滩、吴大墩、含山大城墩、巢湖庙集大城墩、江浦牛头岗、桐城丁家冲、枞阳汤家墩、小北墩、毛园神墩、怀宁跑马墩、百林山、安庆张四墩、岳西蟹形包、鼓形包、潜山薛家岗、岳西窑形包遗址　25～28.六安觚、斝，霍山斝，肥西戈、斝，含山觚、戈　29.明光泊岗遗址　30～32.肥西爵、觚、斝，蚌埠爵，明光爵、觚、斝、罍

方进攻，而南方收缩的态势，一直到晚商四期，这种在东方的经略始终没有停止（图四）。

　　晚商一期晚段至晚商三期时，商王朝曾经加强了对长江中下游的经略，这时的吴城文化中所包含的商文化因素有过一次明显的增加过程，并且也大致在同时，包含有大量商文化和地方文化因素的青铜器遗存出现，吴城文化的控制地域进一步向赣江东部拓展。这一时期，鄂东南

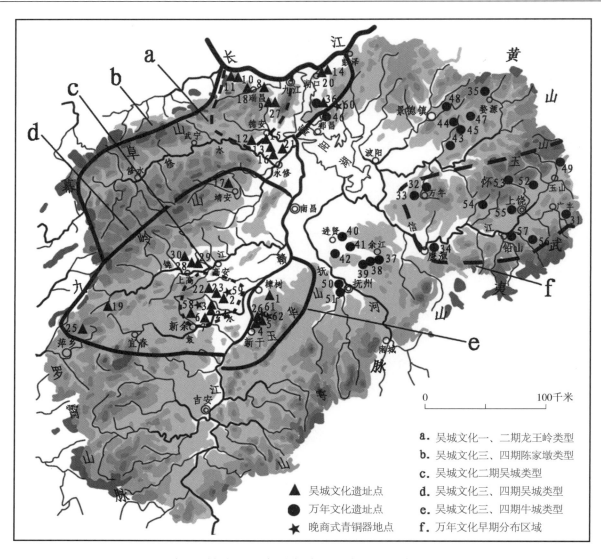

图三　赣鄱地区商时期遗存分布及分区图

1. 樟树筑卫城　2. 樟树樊城堆　3. 樟树吴城　4. 新干大洋洲　5. 新干牛城　6. 新余拾年山　7. 新余陈家　8. 九江神墩　9. 九江龙王岭　10. 瑞昌檀树嘴　11. 瑞昌铜岭　12. 德安石灰山　13. 德安陈家墩-黄牛岭遗址群　14. 彭泽团山　15. 德安蚌壳山　16. 永修新界　17. 靖安寨下山　18. 瑞昌大路口　19. 万载榨树窝　20. 湖口下石钟山　21. 德安米粮铺　22. 高安下陈　23. 樟树大城　24. 樟树狮子山　25. 萍乡赤山大宝山 26. 新干湖西 27. 九江磨盘山　28. 上高狮子脑　29. 上高鸬鹚岭　30. 宜丰船形山　31. 广丰社山头　32. 万年斋山、西山、送嫁山　33. 万年肖家山　34. 鹰潭角山、板栗山　35. 婺源茅坦庄　36. 都昌小张家　37. 余江红龙岗　38. 余江龙岗　39. 余江马岗　40. 进贤水泥厂　41. 进贤南土墩　42. 进贤陈罗　43. 乐平高岸岭　44. 德兴狐狸山　45. 德兴观山　46. 德兴船丘山　47. 婺源中云　48. 浮梁燕窝山　49. 玉山归塘坞　50. 抚州豺狗包　51. 抚州鱼骨山　52. 上饶马鞍山　53. 上饶南高峰　54. 上饶茗洋　55. 上饶南岩　56. 上饶铁山胡家桥　57. 铅山曹家墩　58. 吴城正圹山　59. 樟树锄狮脑　60. 都昌大港乌云山　61. 新干大洋洲　62. 新干中棱水库

地区的大路铺遗存——即鄂国势力开始形成，在鄂国的势力范围内发现了一些具有晚商文化风格的青铜器，可能表明一个在商王朝晚期历史上具有重要作用的地方政权的形成，同时，根据卜辞的记载，此时在鄂东南地区形成的还有"举"国等方国。

　　晚商三期以后，商王朝的势力在长江中游大幅度后撤，典型的商文化遗存仅在鄂东北地区有少量发现。鄂东南地区的鄂方、举方和赣鄱地区的吴城文化虽然名义上仍然保持着与商王朝

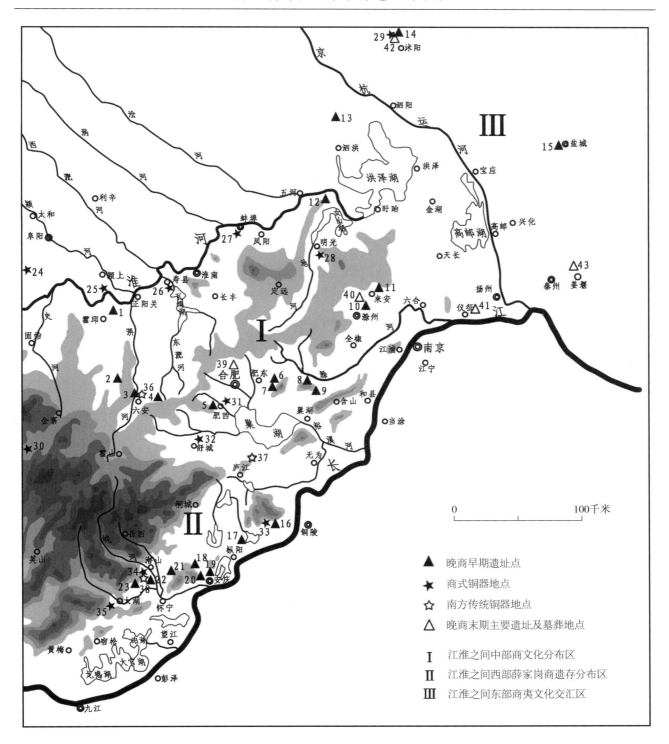

图四　江淮之间晚商时期遗存分布及分区图

1～12. 霍邱绣鞋墩、六安谢后大墩子、城墩、众德寺、肥西陆岗、肥东大陈墩、大城头、含山孙家岗、大城墩、滁州卜家墩、来安顿丘、明光泊岗遗址　13～15. 泗洪赵庄遗址、沭阳万北遗址和墓葬、盐城龙岗墓葬　16～23. 枞阳汤家墩、毛园神墩、怀宁跑马墩、安庆张四墩、芭茅神墩、怀宁百林山、潜山薛家岗、太湖王家墩遗址　24～35. 阜南龙虎尊、饕餮纹尊、鬲、兽面纹爵、觚、斝，颍上县 "酉" 铭爵、"月己" 铭爵、"父丁" 铭爵，寿县斝，蚌埠分裆铭文鼎、斝，明光鬲，沭阳万北戈、矛、铲、锛，金寨 "父乙" 铭鬲、"父癸" 铭爵、尊，肥西 "父丁" 铭觚、"戈" 铭爵，舒城 "父辛" 铭爵、觚，枞阳方彝，潜山1912年尊，太湖 "父辛" 铭爵　36～38. 六安尊、庐江兽面纹铙、潜山兽面纹铙　39～43. 合肥烟大古堆、滁州何郢、仪征甘草山、沭阳万北墓葬、姜堰天目山、单塘河遗址的密切关系，但商王朝已经不对其有绝对的控制权，这里的商文化因素极少。而鄂方的势力范围此时大大扩展，进入了一个大发展的时期。江淮地区的大城墩类型和皖西类型中也仅见晚商青铜器，典型的遗址极少，并且主要分布在皖西类型区域内的滁河北岸，滁河南岸已不见商文化因素的存在。在滁河北岸和江淮东部地区，仍表现出与夷族势力争夺的态势，直到"纣克东夷而殒其身"（图四）。

商人取代夏王朝后不仅立即占领了原先夏人统治的全部区域，而且在其强大的军事征服下，鄂东南地区基本同时纳入到了商王朝的控制之下，势力迅速扩展至整个鄂东南地区的长江沿岸。由于商夷之间的联盟关系[1]，商王朝此时并没有将其势力继续向江淮地区扩展。当商王朝在鄂东南地区站稳脚跟，并获取了当地丰富的铜矿资源之后，为了保证对铜矿资源的占有，他们继续沿矿脉向东南进发[2]，一直到达了赣北地区，与当地文化融合，逐渐形成了吴城文化。为了开拓新的交通路线和控制更多的土地、人口等资源，也为了达到最大限度控制夷人势力扩张的目的，商人至迟在早商二期时即开始向江淮地区推进。

商代中期，由于商王朝内部政局不稳，"自仲丁以来，废适而更立诸弟子，弟子或争相代立，比九世乱，于是诸侯莫朝"（《史记·殷本纪》），都城迁徙不定，商文化势力迅速衰落，对外征服的力度减弱，表现在各地所出土的文化遗存中属于中商时期的文化因素不明显，多数遗址似乎在二里岗上层文化之后直接就进入了殷墟文化，器物分期显示它们之间是衔接的，没有中间阶段，这一点在吴城遗址中表现最为明显。也正是在这一时期，地方文化中的土著文化因素开始增多，商王朝势力在地方的发展受到强烈的抑制。

武丁时期，国力增强，又开始了南征北讨。其中武丁三十二年，"伐鬼方。次于荆。"（《今本竹书纪年》[3]），《诗·商颂》："挞彼殷武，奋伐荆楚。"，说明了武丁对南方地区的控制力又有所增强。主要表现就是在吴城文化中的中原殷墟期的文化因素明显增多，吴城文化和鄂东南地区晚商时期的青铜器也增多。

商代晚期，商王朝的对外经略的重点在于东方与夷人的争夺，因此对于鄂东南地区的控制主要是通过当地土著所实现的，此时的鄂侯甚至与西伯、九侯共为商三公[4]，可见其对于商王朝的重要意义。

二

商王朝经略步骤的证据除了我们所主要依靠的考古学的材料之外，笔者还想从以下两个方面进行旁证。

1. 青铜器和青铜器制作技术的传播

商王朝王权的强大，对地方的优势最主要表现在经济、军事和意识形态三个方面，这三个

---

[1] 张国硕：《论夏末早商的商夷联盟》，《郑州大学学报（哲社版）》2002年第35卷第2期。

[2] 彭适凡：《论扬越、干越和于越族对我国青铜文化的杰出贡献》，《东南文化》1991年第5期。

[3] 《今本竹书纪年》已被证伪，此条记载有《诗经》作补充，当有其事。

[4] （汉）司马迁：《史记·殷本纪》，中华书局，1959年。

方面都与青铜器的控制有关[1]。拥有了青铜器，就拥有了强大的经济、军事力量，并且在宗教、社会组织等意识形态上也具有旧的生产力所无法比拟的优越性。正所谓是生产力决定生产关系。青铜礼器对于商人来说具有政治和宗教意义，自然不会赠与外族人；又，这些铜礼器一般置于庙堂之内，处于商人控制的重心地区，除非灭国，不可能在一般的战争中为外族所获，更不会交换或买卖，而且商人也不会在普通的征战或贸易活动中将这些铜器带在身边[2]。因此早商王权的对外扩张，很大程度上在于对于青铜器制作技术（包括形制、纹饰）等的独占和深层意义的诠释，也决定了商王朝不会轻易的将这些技术传给"外族"。从这个层面上说，在早商王朝的周边地区发现的青铜器是零星的，不具有技术和意识内涵的，单纯的审美和稀有方面的拥有，是商王朝的赐予或者是流传也或者是战争的遗留。

　　而随着商王朝势力的减弱，晚商时期情况却发生了较大的变化，以前零星出土青铜器的地点，比如吴城文化区域、鄂东南长江沿岸和江淮西部地区，却集中出现了大量的青铜器。吴城区域此时出土的青铜器说明商王朝对于吴城文化的控制方式发生了变化，只有借助于象征着王权的青铜器才能重新恢复对当地土著文化的控制，当然这种大量青铜器的出土是否已经在技术层面或者意识形态方面传入了当地人之中，仍然不能做出肯定的回答，但可以肯定的是，吴城文化范围内发现的大量石质青铜工具和兵器铸范说明至少在一定程度上已经接受了中原王朝的铸造技术。对于青铜礼器来说，则可能是商王朝派出了王室的工匠，帮助当地人制作的（因为我们至今尚未见到制作它们的铸范），在制作的过程中也融入了当地文化的因素，以起到安抚和控制的最大作用和利益。

　　而对于江淮地区，虽然自早商时期这里就已经成为商文化的地方类型，纳入商文化直接统治的范围之内，但很明显，早商时期这里并不是商王朝重点经略的地区，这里发现的早商铜器少且零星，且主要分布在滁河上游较小的区域内。这同吴城文化范围内的情况较为一致。伴随着商王朝控制夷人的步伐，商王朝在江淮地区的经略范围大大扩展，包含有中商时期青铜器的墓葬分布到了淮河下游一带。但是晚商时期，大量青铜器则主要分布在江淮西部地区，以及通过江淮西部而进入淮河支流涡河、颖河和汝河流域一带，这些青铜器上大多还带有族徽，说明这一带可能是晚商时期重点经略的地区。

　　商代晚期大量青铜器在吴城文化区域和江淮西部以及鄂东南长江以南地区的出现，表明商王朝在势力衰弱的情况下利用青铜器以达到最大程度笼络地方势力的目的，后三者的稳定合作与否对于晚商时期商王朝的统治意义重大。

2. 对铜矿的占有和因铜矿运输之便而开辟新的交通路线

　　从文献记载来看，我国的古铜矿主要集中在江淮流域，《管子》："蚩尤受庐山之金而作五兵"。《尚书·禹贡》云：荆扬二州，"厥贡惟金三品"。王肃注："金、银、铜也"。《周礼·考工记》云："燕之角，荆之干，妢胡之箭，吴粤之金锡，此材之美者也。"新中国的田野考古工作也

[1] 陈洪波：《商王权政治基础的人类学观察——另一视角下的商代青铜器》，《东南文化》2006 年第 6 期。

[2] 向桃初：《炭河里城址的发现与宁乡铜器群再研究》，《文物》2006 年第 8 期。

印证了这一史实。考古工作者陆续在湖北大冶[1]、阳新[2]、安徽南部[3]、江西瑞昌[4]等地发现了商周时期的古铜矿遗址，也探明有丰富的锡矿资源[5]。

盘龙城修筑于商代早中期之际，殷人在地处长江中游的鄂东南地区较早地修筑据点，主要的原因就是获取这里的铜矿资源，另外，相对于长江上下游而言，这里距商王朝最近，交通较方便，又有夏王朝的开拓，因此成为了商王朝势力扩张的首选之地。殷人在长江中游建立了旨在掠取铜锡的据点——盘龙城是商王朝伸向长江流域的桥头堡，也是铜锡运输线上的中转站。通过盘龙城的开拓，以及盘龙城类型势力范围的确定，商王朝势力逐渐向长江以南和长江中下游地区扩展，构成了一个以铜矿资源和运输路线为主要媒介的商文化分布和影响区。

但是，江淮流域的铜矿资源在整个先秦时代一直掌握在土著的古越人之手[6]，当古越人势力较弱，对铜的认识力低下的时候，对商王朝的开采并没有什么大的阻碍，商王朝也可以比较顺利的进行势力扩张和对土著文化（如吴城文化）进行控制。但是当在商代中晚期，随着商王朝自身势力的减弱，古越族文明化进程加剧，一个较统一的势力范围逐渐形成（大路铺遗存）以后，他们对商王朝的依附力就会大大减弱，成为威胁商王朝矿冶安全的重要力量。殷人曾经控制过的铜矿很有可能为当地势力集团所觊觎，或者甚至商王朝对这些铜矿一度失去控制[7]，这样武丁"挞彼殷武、奋发荆楚。"（《诗经·商颂·殷武》）也就具有了现实意义。但终究，此时盘龙城城址已经废弃，盘龙城类型也已名存实亡，地方上的大路铺遗存势力又迅速发展，单纯依靠王朝力量已无法满足对当地的长期统治，正是在这种情况下，商王不得不把分布在此地的土著势力，即大路铺遗存纳入到中原王朝的联盟之下，这里并逐渐发展成为商晚期最重要的方国之一（鄂国）。而在更南的赣鄱地区通过大量赐予或扶持其铸造青铜器来作为最大程度安抚的手段。

有学者论述，商代早中期商人南下掠铜的主要路线是翻越桐柏山与大别山的隘口，即所谓的"义阳三关"到达长江之畔，然后顺江而下经过现今的鄂州、大冶等地（均有水路可通），从鄱阳湖口进入赣江，从而到达今天的江西境内[8]。笔者认为此说不无道理。首先此线路据商王都最近，除大别山系外地势均较平坦，且有多道河流可资利用，长江支流的滠水就在盘龙城附近，发源于湖北大悟县的竹杆河就位于滠水上游6公里处，后经河南省的罗山县流入淮河；其次在此线附近，有多处的早中商时期的遗址分布，在盘龙城以北的大悟、黄陂、孝感、应山等地就有30多处商代遗址，其中仅黄陂境内的滠水流域就有数处商代早、中期遗址。河南罗山天湖发

[1] 黄石市博物馆：《铜绿山古矿冶遗址》，文物出版社，1999年。

[2] 港下古铜矿遗址发掘小组：《湖北阳新古矿井遗址发掘报告》，《考古》1988年第1期。

[3] 杨立新：《皖南古代铜矿初步考察与研究》，《文物研究（第三期）》，黄山书社，1988年。

[4] 江西省文物考古研究所、瑞昌博物馆：《铜岭古铜矿遗址发现与研究》，江西科学技术出版社，1997年。

[5] 廖苏平：《试论中国青铜时代锡矿的来源》，《南方文物》2002年第2期。

[6] 彭适凡、刘诗中：《关于瑞昌商周铜矿遗存与古扬越人》，《江西文物》1990年第8期。江西省文物考古研究所、江西省新干县博物馆：《江西新干大洋洲商墓发掘简报》，《文物》1991年第10期。

[7] 金正耀等：《江西新干大洋洲商墓青铜器的铅同位素比值研究》，《考古》1994年第8期。

[8] 后德俊：《商王朝势力的南下与江南古铜矿》，《南方文物》1996年第1期。

现的商代息国贵族墓地也是处于这条路线上的重要地点[1]。而经汉水和南阳盆地进入中原的西线因为路线过长，又大多处于蛮荒之地，且附近商代遗址大多阙如，因此不太可能作为红铜北运的主要通道。

但是，随着盘龙城类型的逐渐没落和盘龙城城址的废弃以及地方土著文化的兴起，商代晚期商王朝已不能顺畅的通过这条路线。另外，铜绿山、港下、铜岭等江南古铜矿遗址都位于盘龙城的下游地区，在这些地方开采出来的铜矿石或冶炼出来的金属铜必须逆水而上才能运到盘龙城，通过滠水等运到大别山的南麓，经陆路翻越"义阳三关"等隘口，再通过淮河的支流才能运到中原地区。水路—陆路—水路，困难可想而知。而通过长江中下游进行运输，不仅是顺流而下，而且有水路可达中原地区。当是商代晚期所着重开辟的新的运铜路线。这条路线的存在大致有四点可以证明：

（1）二里头文化时期盘龙城遗存就与江淮西部地区联系密切，而夏桀可能就利用了先人开辟的这条路线。商代盘龙城类型和吴城文化与大城墩类型有相似的文化因素存在。中原地区商文化可能从长江中游的赣江、鄱阳湖地区越过长江，然后扩散到长江下游的宁镇及其他地区[2]。"在吴地偏西的皖南铜陵和郎溪两地，我们已经发现了典型的中原早商式铜器，这似乎说明，早商文化向长江流域的扩展首先是从长江中游突破，然后到达皖南地区的。"[3]说明自夏代开始，经长江由中游到江淮西部的路线就是相通的。

（2）李国梁先生认为以湖北黄陂盘龙城为中心的鄂豫皖区[4]（大略北以桐柏、大别二山为界，西至汉水东岸，南达长江，东部可能达到皖南丘陵西缘的巢湖、铜陵一带）商代青铜文化的内涵基本一致，属于一个统一的大的青铜文化区，从青铜器器物组合、形制、纹饰风格，均强烈地显示出与中原商文化相同的面貌，基本上属于中原文化系统。

（3）正如考古材料中所见，商代晚期在这条路线附近有较多的青铜器发现。另外从湖口下石钟山和彭泽团山遗址表现出的与吴城文化的一致性和鄂东南大路铺遗存文化因素在江淮西部地区的出现都可以看出，大致在晚商一期之后吴城文化和大路铺遗存都曾明显的沿长江东向发展。同时也表明这里必定是商王朝重点经略的地区之一。另外，则是在淮河以北与中原联系的重要的淮河支流沿线也发现了大量商代晚期的青铜器，使得这条路线有了通往中原腹地的可行性。

（4）由太伯、仲雍奔吴的路线也可证明在商代晚期长江中游到下游的长江水道是通畅的。

那么，商代晚期经江淮地区的这条路线大致是怎样的呢？

"金道锡行"是春秋时期《曾伯霥簠》铭文中的一个词语，"克狄淮夷，印燮繁汤。金道锡行，具既卑方"。郭沫若先生释云："金道锡行者，言以金锡入贡或交易之路"[5]。而在这条运输贵重物资的道路上，有着一个重要的据点，即铭文中提到的繁汤（今河南新蔡的繁阳），它是连

[1] 河南信阳文管会、河南省罗山县文化馆：《罗山天湖商周墓地》，《考古学报》1986年第2期。

[2] 水涛：《试论商末周初宁镇地区长江两岸文化发展的异同》，《长江流域青铜文化研究》，科学出版社，2002年。

[3] 水涛：《中国南方商周青铜器研究的新阶段——评〈皖南出土商周青铜器〉》，《文物》2007年第8期。

[4] 李国梁：《皖南出土的青铜器》，《文物研究（第四期）》，黄山书社，1988年。

[5] 《郭沫若全集》（考古编）第8卷，科学出版社，2002年，第398页。

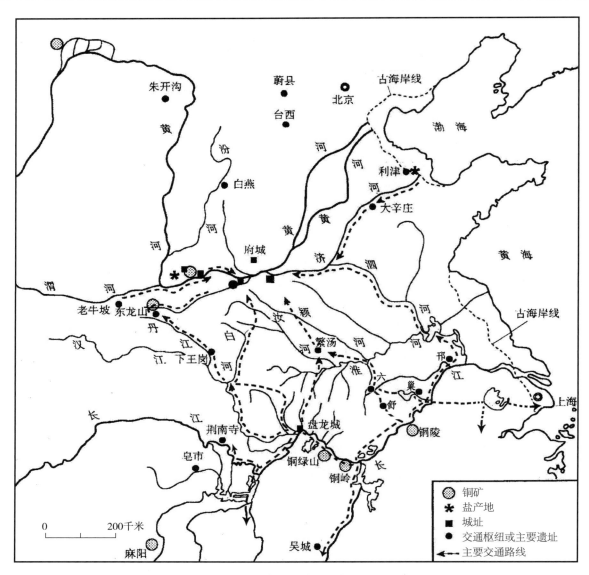

图五　商代运铜路线图

接南北的主要通道[1]。从东周的《晋姜鼎》及《戎生编钟》的铭文记载来看，繁汤很可能是东周时期长江流域所产铜锭的集散地[2]。繁汤的位置就在汝河的沿岸，汝河上与黄河相接，下通淮河，河流在战时常成为入侵之路，而和平状态下则又是重要物资的运输通道的作用由此不言而喻。商王朝正是通过经过繁阳这条路线来运输江南铜矿区出产的铜矿石和金属铜的[3]。

　　江淮大地延袤广漠，主干支流纵横交错，湖泊塘汉星罗棋布。《史记·河渠书》云"于楚……东方则鸿沟江淮之间"，这同《汉书》所称之"东方则通江淮之间"是同一层意思，指的是那个南通长江，北连淮河的江淮水系。在这个水系里，淝水、施水是两条最主要的自然河道，通

---

[1]　陈公柔：《曾伯棨簠铭中的"金道锡行"及相关问题》，《中国考古学论丛》，科学出版社，1995年。

[2]　李学勤：《戎生编钟论释》，《文物》1999年第9期。

[3]　后德俊：《商王朝势力的南下与江南古铜矿》，《南方文物》1996年第1期。

过它，往南可接巢湖，经栅水（今裕溪河）直达长江，向北经寿县而入淮河，同时跨淮后又与汝、颖、涡、夏肥诸水相连，组成更广宽的水网，甚至同黄河水系也有一定的历史关系[1]。然而，长江中游的南铜北运，不一定要到现在的巢湖以东，实际上古时巢湖附近还有一个称之为窦湖[2]的大沼泽，使得巢湖与长江相连，无所谓江湖之隔[3]，沿长江在巢湖西岸枞阳一带进入巢湖，自然也就可顺利的抵达淮河，况且，在枞阳发现的晚商时期的青铜器也可以证明这种方式的可能性。

江淮地区枞阳县，相传先秦时期中原通越，就从枞阳过江，沿河经陵阳，越黄山，由皖南歙县东出钱塘而抵会稽山，这是江淮通越的捷径[4]。

因此，我们认为，商代晚期自长江中游沿江而下至枞阳北上淮河，顺汝、颖等淮河支流经繁阳而抵达中原都城可能是一条除翻越"义阳三关"之外的另一条较方便的道路[5]。从图五中可以看出，两条道路在繁汤一地汇合[6]（图五）。

三

可见，经过夏王朝的经略，商人势力比较顺利的进入鄂东南地区，并在稍后向南和东方扩展，将此地的铜矿资源作为其经略的重要目的。而赣鄱地区，在夏王朝时期还处于新石器时代末期阶段，随着夏王朝和苗蛮以及商王朝势力的介入，它们迅速完成了从新石器时代向青铜时代的过渡，并可能建立了与商王朝对抗的势力集团（万年文化）。对于江淮之间地区，商人通过沿淮河支流的北线和沿长江水道的西线自然接收了夏人原在此地的势力范围。但在商王朝中晚期，随着王朝势力的衰弱，地方势力逐渐发展壮大，鄂东南地区的大路铺遗存（鄂国）和赣鄱地区的万年文化都成为了王朝获取铜矿资源的重大威胁。商王朝不得不通过改变统治方式和改变运输路线的策略以便继续获取铜矿资源。同时，因为利用淮河支流以运送铜矿资源的东线的开辟，使得商王朝与东夷势力产生了冲突，最终在与夷人的争夺和内外交困中覆亡。

[1] 金家年：《江淮水道疏证》，《安徽史学》1984年第3期。马骐、高韵柏、周克来：《将军岭古"江淮运河"的考察及发现》，《长江水利史论文集》，河海大学出版社，1990年。

[2] （北魏）郦道元：《水经注全译》卷二十九，沔水下，贵州人民出版社，1996年。

[3] 金家年：《巢湖史迹钩沉》，《安徽大学学报》1981年第3期。程裕钧：《评〈禹贡〉"九江"地望说异》，《中国历史地理论丛》2004年第2期。这点也是巢湖南岸遗址稀少的原因。

[4] 张国茂：《安徽铜陵地区先秦青铜文化简论》，《东南文化》1991年第2期。

[5] 张爱冰先生也有过相同的观点。见张爱冰：《皖南商周青铜容器初步研究》，安徽大学2008年博士论文。

[6] 本图据刘莉、陈星灿：《中国早期国家的形成——从二里头和二里岗时期的中心和边缘之间的关系谈起》图九改制，此文出自北京大学中国考古学研究中心、北京大学古代文明研究中心编：《古代文明》第I卷，文物出版社，2002年。

湘中地区青铜文化发展的思考

曹栋洋 *

　　本文所指的湘中地区行政区划主要包括长沙市、湘潭市所辖的全部和株洲市北部，大致由九岭山、幕阜山、雪峰山、衡山、九党荆山和洞庭湖围合而成的区域，与以往学者所界定的湘东地区中的北区[1]除不包括洞庭湖东岸地区（岳阳市全境）外范围大致相同。境内湘江贯通南北，两侧支流沩水、浏阳河、渌水等水系沟通东西，地形地貌主要为海拔 200 ～ 400 米的低山丘陵以及由此围成的山间盆地。

　　商周时期，以沩水流域炭河里遗址[2]、高砂脊遗址[3]及其周边地区出土的大量青铜器为代表，湘中地区一度成为南方地区青铜文化发展的中心之一。以高砂脊和炭河里的考古发掘为契机，湖南地区商周考古取得了重大进展。然而囿于以往考古发现的缺环和工作开展的不平衡性，与周邻地区相比，湘中地区的考古工作还较为薄弱，文化序列虽已初步构建，但存在较大缺环。有关"宁乡铜器群"的生存年代、出土背景等问题，一直是学界长期探讨、聚讼已久的焦点所在，至今难成共识。思考和总结湘中地区青铜时代的文化特征以及当下研究中面临的困境，确定今后的工作方向进而有针对性的开展相关工作，即是本文的写作初衷。

　　笔者以为当下湘中地区青铜文化研究面临的问题主要有两点：一是基础性考古工作开展不足，文化序列存在缺环，尤其是宁乡铜器群所在的沩水流域文化序列尚未建立，致使在此基础上的谱系研究无法充分开展。二是如李伯谦先生所言："由于宁乡铜器群核心分布范围内目前尚未发现确切可早到商时期的青铜铸造遗迹，致使对那些可确认为商代的铜器的来源问题产生歧见。"[4]这一客观现实也导致多数学者虽然认定湘中地区存在过高度发达的青铜文明，却对与铜器铸造相关的遗存缺乏足够的认知。

　　上述原因成为制约湘中地区乃至湖南地区商周时期青铜文化研究的重要瓶颈。在现有条件下，彻底解决上述问题的时机仍不成熟，笔者拟在前贤研究的基础上试就湘中地区青铜文化研究中的几个问题提出自己不太成熟的思考，不当之处，望批评指正。

* 曹栋洋：2008 级硕士，现就职于长沙市文物考古研究所。

[1]　向桃初：《湖南先秦文化时空结构及成因分析》，《湖南大学学报（社会科学版）》2012 年第 3 期。

[2]　湖南省文物考古研究所等：《湖南宁乡炭河里西周城址与墓葬发掘简报》，《文物》2006 年第 6 期。

[3]　湖南省文物考古研究所等：《湖南望城县高砂脊商周遗址的发掘》，《考古》2001 年第 4 期。

[4]　湖南大学岳麓书院、宁乡县文物管理局、炭河里遗址管理处编：《宁乡青铜器·序》，岳麓书社，2014 年。

一　湘中地区步入青铜时代的时间

限于材料，目前我们对于湘中地区石家河文化至炭河里文化之间的文化面貌所知有限，正式发表的材料中仅在浏阳樟树塘遗址[1]和株洲磨山遗址晚期遗存[2]中发现有少量该时期遗存，由于发掘面积都较小，难窥全貌。宁乡罗家冲遗址[3]和九牯洞遗址[4]的主体年代也处于该时段内。樟树塘遗址的年代大致处于二里头文化晚期至二里岗时期[5]，文化面貌与大致同时期的铜鼓山遗址[6]差别显著，属于地方土著文化。磨山遗址晚期遗存的性质较为复杂，简报作者将其定为龙山时期，有学者认为晚期地层应属于石家河文化至商代早期之间的过渡性遗存[7]，笔者大致同意其观点，认为除晚期地层外部分墓葬的年代也应偏晚，对此将另文专述。根据湘中地区所见的文化面貌结合江汉地区夏商时期的文化特征[8]，可以初步推断湘中地区在早商时期可能还延续着石家河时期的发展格局，甚至地域特征更为浓厚。

长江流域的青铜文化是在商文化的影响和刺激下产生和发展起来的[9]，湘中地区也不例外。那么，确认商文化势力进入湘江流域的时间、路线等，无疑是解决问题的关键。关于商文化在湖南地区的传播，从现有的考古发现来看，早商文化的影响仅限于湘北的长江沿线[10]，并未向南推进至湘江下游地区，此种现象的背后可能与商文化向南扩张的目的有关。学界认为商文化向南方的扩张主要是为了控制和获取金属资源，保证金属资源运输线的畅通和安全[11]，由于目前尚未在湘江流域及其以南地区发现大量的铜矿资源分布，商文化似乎不存在继续向南扩张的动机。然而岭南地区分布的丰富物产和锡矿资源，却为商文化向岭南传播扩张提供了潜在可能。因此何介钧先生指出：为了获取商王朝赏赐和占卜所需的贝、珍珠、海龟以及商人铸造青铜器所需

[1]　湖南省文物考古研究所：《湖南浏阳城西樟树塘遗址发掘的主要收获》，《考古》1994年第11期。

[2]　湖南省文物考古研究所、株洲市博物馆：《株洲县磨山新石器时代遗址试掘报告》，《湖南考古辑刊（第六集）》，《求索》杂志社，1994年。

[3]　长沙市文物考古研究所：《宁乡罗家冲遗址2014～2015年发掘情况简报》，《湖南省博物馆馆刊·第十二辑》，岳麓书社，2016年。

[4]　长沙市文物考古研究所调查资料，调查简报待刊。

[5]　向桃初著：《湘江流域商周青铜文化研究》，线装书局，2008年，第32页。

[6]　湖南省文物考古研究所、岳阳市文物工作队：《岳阳市郊铜鼓山商代遗址与东周墓发掘报告》，《湖南考古辑刊（第五集）》，《求索》杂志社，1989年。

[7]　尹检顺：《湘江流域原始文化初论》，《南方文物》1999年第4期。

[8]　已有的考古发现和研究表明：二里头文化并未对江汉地区产生强烈影响，江汉地区及其以南的广大地区在早商文化进入以前大多仍处于石家河文化的发展阶段。李伯谦：《长江流域文明的进程》，《考古与文物》1997年第4期。拓古：《二里头文化时期的江汉地区》，《江汉考古》2002年第1期。

[9]　施劲松著：《长江流域青铜器研究》，文物出版社，2003年，第276页。

[10]　主要分布于岳阳铜鼓山、石门皂市和石门宝塔三处遗址中。湖南省文物考古研究所、岳阳市文物工作队：《岳阳市郊铜鼓山商代遗址与东周墓发掘报告》，《湖南考古辑刊（第五集）》，《求索》杂志社，1989年。湖南省文物考古研究所：《湖南石门皂市商代遗存》，《考古学报》1992年第2期。王文建、龙西斌：《石门县商时期遗存调查——宝塔遗址与桅市墓葬》，《湖南考古辑刊（第四集）》，《求索》杂志社，1987年。

[11]　湖北省文物考古研究所：《盘龙城——一九六三——一九九四年考古发掘报告》，文物出版社，2001年，第503页。马江波等：《岳阳商代遗址出土铜器及炉渣的分析研究》，《江汉考古》2018年第3期。

的锡，有一批商人曾远征岭南，湖南在商文化向岭南的传播中起到了关键性的桥梁和中介作用[1]。此说极有见地，近期有学者对湘江中下游地区出土越人青铜器开展的科技检测分析结果[2]以及湖南省文物考古研究所 2015 年在常宁江州遗址发现的商周时期冶炼遗迹[3]均间接证实了其观点的合理性。同时岳阳商代遗址出土铜器及炉渣的检测分析也表明岳阳地区最晚在二里岗时期即开始了青铜器生产[4]。由于湘中地区晚商遗存的缺环，我们对于该时期的文化面貌尚不明确，不排除湘中地区受其影响在稍晚时期开始铜器生产的可能性。因此，要确证湘中地区进入青铜时代的时间，仍然需要更多的考古工作和在此基础上的深化研究。

二　湘中地区商至西周时期的文化格局

　　商至西周时期，湘中地区周围分布的文化类型主要有：西北部湘西北及资水中下游地区商代早期以皂市类型[5]以及与皂市类型中本地文化因素联系密切的常德鼎城贵家岗[6]、汉寿马栏咀[7]、桃江麦子园[8]和桃江许家州[9]等遗址为代表，商代晚期以斑竹类型[10]为代表。北部湘江下游洞庭湖地区早期为铜鼓山类型[11]，晚期为费家河文化[12]。东部赣江以西以萍乡禁山下[13]、吴城遗

　　[1]　何介钧：《试论湖南出土商代青铜器及商文化向南方传播的几个问题》，《商文化论集·下》，文物出版社，2003 年，第 571 ～ 573 页。

　　[2]　通过对湖南湘江中下游各地出土越人青铜器的铅同位素和合金成分分析，发现先秦时期湖南古越人青铜器的合金材质主要是铅锡青铜和锡青铜，锡、铅含量普遍较高。这表明，铸造青铜器所用铜料可能来自铜绿山等长江中游的铜矿山，锡料和铅料则很可能来自湘南的南岭矿山，湘南地区的金属资源开采利用时间较早且延续时间较长。马江波、吴晓桐：《湖南出土周代越人铜刮刀的金属技术及相关问题》，《有色金属·冶炼部分》2017 年第 7 期。2017 年 12 月 15 ～ 18 日中国考古学会新兴技术考古专业委员会第三届年会报道，中国考古网，2017 年 12 月 20 日。

　　[3]　湖南省文物考古研究所：《湖南常宁江州遗址 2015 年度（前段）考古工作收获辑要》，《湖南考古辑刊（第 13 集）》，科学出版社，2018 年。

　　[4]　马江波等：《岳阳商代遗址出土铜器及炉渣的分析研究》，《江汉考古》2018 年第 3 期。

　　[5]　主要包括皂市遗址和宝塔遗址。湖南省文物考古研究所：《湖南石门皂市商代遗存》，《考古学报》1992 年第 2 期。王文建、龙西斌：《石门县商时期遗存调查——宝塔遗址与枙市墓葬》，《湖南考古辑刊（第四集）》，《求索》杂志社，1987 年。

　　[6]　湖南省文物考古研究所等：《湖南省常德市鼎城区贵家岗遗址考古发掘简报》，《江汉考古》2018 年第 3 期。

　　[7]　湖南省文物考古研究所、汉寿县文物管理所：《湖南汉寿马栏咀遗址商周时期遗存》，《湖南考古辑刊（第 10 集）》，岳麓书社，2014 年。

　　[8]　湖南省文物考古研究所：《湖南桃江麦子园遗址发掘报告》，《湖南考古辑刊（第 10 集）》，岳麓书社，2014 年。

　　[9]　益阳市文物管理处：《湖南桃江许家州遗址发掘报告》，《湖南考古辑刊（第 9 集）》，岳麓书社，2011 年。

　　[10]　井中伟、王立新编著：《夏商周考古学》，科学出版社，2013 年，第 465 ～ 469 页。

　　[11]　湖南省文物考古研究所、岳阳市文物工作队：《岳阳市郊铜鼓山商代遗址与东周墓发掘报告》，《湖南考古辑刊（第五集）》，《求索》杂志社，1989 年。

　　[12]　向桃初著：《湘江流域商周青铜文化研究》，线装书局，2008 年，第 52 ～ 90 页。

　　[13]　江西省文物考古研究所、萍乡市博物馆：《江西萍乡市禁山下遗址的发掘》，《考古》2002 年第 12 期。

址[1]为代表。南部湘江中上游地区以山门脚类遗存[2]（也有学者称为坐果山遗存[3]）为代表。东北部赣西北地区早期以九江龙王岭[4]、德安石灰山[5]、德安陈家墩[6]等遗址为代表，以往学界多将其归入吴城文化的地方类型，近来有学者建议将德安石灰山、德安陈家墩等遗址独立出来单独命名为石灰山文化[7]，晚期与鄂东南地区均属于大路铺文化[8]的分布范围（图一）。

1. 与湘江下游—洞庭湖地区及湘江中上游的文化联系

新石器时代末期，由于石家河文化的南传，湘江流域不同地区之间的文化交流有所加强，文化面貌渐趋统一。夏商时期湘中地区间接受到了二里头文化的影响，整体面貌与湘江中上游更为接近，凹沿陶釜、支脚、筒形器、圈足器较为流行（图二），不见早商文化因素，与湘北洞庭湖区差别明显。

晚商西周时期，湘江流域的文化联系进一步增强，不同地域之间已形成一个大的文化系统，以釜、罐、豆为代表的器物组合是其共同的本土文化特征[9]（图三）。埋葬习俗流行碎器葬，墓坑为不规则形或呈规整的方形、长方形。这种文化共性的形成可能也是湘江流域越文化产生发展的重要条件。湘中地区地处湘江下游和湘江中上游的过渡地带，在多重文化势力的影响下，呈现的文化面貌较为复杂，在传承早期土著文化的基础上，与湘江下游的联系有所加强，中心聚落的文化构成较为多元[10]。值得注意的是，与炭河里遗址直线距离仅有9公里之隔的九牯洞遗址，文化面貌却较为单纯，无论是聚落形态还是陶器特征都更接近湘江中上游地区。当然，这种现象的存在可能也与两者聚落等级的差别有关。

需要指出的是，湘中地区的青铜文化并非是对周围文化的被动吸收和接纳，在兼容并蓄、博采众长的同时，也与外界保持着密切的联系和互动。已有多位学者注意到湖北随州叶家山墓地和河南平顶山应国墓地中所见的具有越式风格的陶鼎和铜鼎[11]，当与高砂脊文化[12]北向交流有

---

[1]　江西省文物考古研究所、樟树市博物馆编著：《吴城——1973～2002年考古发掘报告》，科学出版社，2005年。

[2]　向桃初著：《湘江流域商周青铜文化研究》，线装书局，2008年，第138～151页。

[3]　湖南省文物考古研究所编著：《坐果山与望子岗——潇湘上游商周遗址发掘报告》，科学出版社，2010年，第613～619页。

[4]　江西省文物考古研究所等：《九江县龙王岭遗址试掘》，《东南文化》1991年第6期。

[5]　江西省文物工作队等：《江西德安石灰山商代遗址试掘》，《东南文化》1989年第4、5期。

[6]　江西省文物考古研究所、德安县博物馆：《江西德安县陈家墩遗址发掘简报》，《南方文物》1995年第2期。江西省文物考古研究所、德安县博物馆：《江西德安陈家墩遗址第二次发掘简报》，《东南文化》2000年第9期。

[7]　豆海锋：《试论赣北地区石灰山文化》，《考古与文物》2014年第6期。

[8]　湖北省文物考古研究所等编著：《阳新大路铺》，文物出版社，2013年，第755～760页。

[9]　湖南省文物考古研究所编著：《坐果山与望子岗——潇湘上游商周遗址发掘报告》，科学出版社，2010年，第138页。

[10]　向桃初先生对此有详细论述，共将其分为五组文化因素。向桃初著：《湘江流域商周青铜文化研究》，线装书局，2008年，第98～100、129～131页。

[11]　湖北省博物馆、湖北省文物考古研究所、随州市博物馆编：《随州叶家山——西周早期曾国墓地》，文物出版社，2013年，第260、261页。河南省文物考古研究所、平顶山市文物管理局：《平顶山应国墓地I》，大象出版社，2012年，第150页、彩版45-1。高成林：《关于湘潭青山桥铜器窖藏时代的相关思考——兼论南方青铜器断代的相关问题》，《湖南省文物考古研究所建所三十周年纪念文集》，科学出版社，2016年。陈小三：《长江中下游周代前期青铜器对中原地区的影响》，《考古学报》2017年第2期。向桃初著：《古国遗都炭河里》，湖南人民出版社，2017年，第245、246页。

[12]　需要说明的是目前学界对湘中地区西周时期的考古学文化称呼并不统一，炭河里文化和高砂脊文化的名称同时存在。

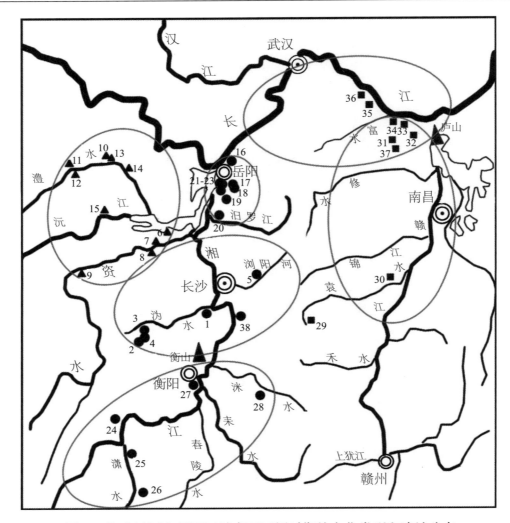

图一　湘中地区与周围区域商至西周时期的文化类型和遗址分布

湘中地区：1. 望城高砂脊遗址　2. 宁乡罗家冲遗址　3. 宁乡炭河里遗址　4. 宁乡九牯洞遗址　5. 浏阳樟树塘遗址　38. 株洲磨山遗址　湘西北及资水中下游地区：6. 汉寿马栏咀遗址　7. 桃江麦子园遗址　8. 益阳许家洲遗址　9. 安化城埠坪遗址　10. 澧县保宁桥遗址　11. 石门皂市遗址　12. 石门宝塔遗址　13. 澧县斑竹遗址　14. 安乡子龙庵遗址　15. 常德贵家岗遗址　湘江下游—洞庭湖地区：16. 岳阳铜鼓山遗址　17. 岳阳易家山墓地　18. 岳阳老鸦洲遗址　19. 岳阳费家河遗址　20. 汨罗玉笥山遗址　21. 岳阳温家山墓地　22. 岳阳樟树潭遗址　23. 岳阳对门山遗址　湘江中上游地区：24. 东安坐果山遗址　25. 零陵望子岗遗址　26. 宁远山门脚遗址　27. 衡阳周子头遗址　28. 茶陵独岭坳遗址　赣江以西地区：29. 萍乡禁山下遗址　30. 樟树吴城遗址　鄂东南、赣西北地区：31. 德安石灰山遗址　32. 九江龙王岭遗址　33. 九江神墩遗址　34. 瑞昌铜岭遗址　35. 阳新大路铺遗址　36. 大冶蟹子地遗址　37. 德安陈家墩遗址（其中分布于江西、湖北地区的文化类型仅标注了代表性的典型遗址）

关。同时有学者指出商周时期湖南与岭南地区的文化交流非常频繁，而且这种交流形式是双向的交流与互动，与湖南新石器时代文化向岭南的单向南传有所区别[1]。

2. 与湘西北地区、资水中下游地区的文化联系

湘北洞庭湖东西两岸地区是早商文化最早致力于文化渗透的地区之一[2]，也是长期以来，中

[1]　高成林：《商周时期湖南与岭南的交通——以出土铜器为中心》，《湖南考古辑刊（第12集）》，科学出版社，2016年。

[2]　王立新著：《早商文化研究》，高等教育出版社，1998年，第236页。

原文化势力相继南下的战略要地。湘中地区与澧水、沅水和资水流域的文化联系主要缘于澧水流域文化势力向南的持续扩散，随其一同南下的可能还有盘踞于江汉平原西部的二里头文化残余势力和经由峡江地区东进的三星堆文化。

3. 与赣江以西地区的文化联系

以湘江中下游为代表的湘东地区，与邻近的赣西地区自新石器时代晚期以来就一直保持着密切的联系与互动。大致与屈家岭文化同时的樊城堆文化，就对湘中地区产生过强烈影响，甚至可将湘中地区划归樊城堆文化的分布范围[1]，在湘中地区已发掘的同时期遗址中均可见到典型樊城堆文化因素的存在。进入新石器时代末期，在石家河文化的强势影响下，与赣西地区的联系似乎有所减弱，但并未中断。岱子坪遗址二、三期遗存[2]与萍乡禁山下一期遗存[3]仍保持着联系与互动。二里头文化时期，虽然两地均发现有少量的二里头文化因素，但所占比重都太小，文化主体仍是新石器时代末期文化发展的延续（图二）。商代前期，由于赣西地区暂未发现该时期遗存，文化面貌尚不清楚。但从吴城文化在该地区的分布范围[4]看，赣西地区可能未受到商文化的强烈影响。

湘中地区与整个赣鄱地区在新石器时代末期至夏商时期有着相同的文化发展轨迹和许多共有的文化特征，两地均在商文化的影响下进入青铜时代并各自发展成为南方地区区域性青铜文化中心；两者之间的差异主要是受到商文化影响和刺激的程度不同所致[5]。

除此之外，湘中地区的青铜文化还受到了来自鄂东南、赣西北地区大路铺文化的部分影响。

三　湘中地区商周时期的文化面貌

湘中地区，在石家河文化之后至楚文化进入之前的这段时间，大致与中原地区夏商西周时期相对应，是地方土著文化自由发展的时期，也有学者称之为本土主导型文化[6]。越文化正是在这个时期内孕育产生并发展壮大，楚文化进入后迅速完成对当地土著越人的融合渗透使湘中地区的文化面貌得到彻底转变，最终在秦汉大一统的背景下融入中原文化之中。

作为中原王朝周边地区的青铜文化，湘中地区商周时期的文化面貌始终具有浓厚的地域特征；中原地区因改朝换代所引起的政治势力变迁并未对这里产生决定性影响。即使是作为区域

[1]　何介钧：《石家河文化试析》，《湖南先秦考古学研究》，岳麓书社，1996 年，第 75、76 页。郭伟民著：《城头山遗址与洞庭湖区新石器时代文化》，岳麓书社，2012 年，第 417 页。

[2]　湖南省博物馆：《湘乡岱子坪新石器时代遗址》，《湖南考古辑刊（第二集）》，岳麓书社，1984 年。

[3]　江西省文物考古研究所、萍乡市博物馆：《江西萍乡市禁山下遗址的发掘》，《考古》2002 年第 12 期。

[4]　赵东升指出："在赣西的萍乡、宜春、新余等地的商代文化也与吴城文化有所区别，它们多不见赣中北遗址中常见的炊器——鬲，可能具有一个新的商文化亚型——或者叫赣西类型。"赵东升：《论青铜时代江淮、鄂东南、赣鄱地区的文化格局及其与夏商西周王朝的互动关系》，南京大学 2009 年博士论文，第 78 页。

[5]　"从出土的青铜器看，那里（指湘江下游）的青铜文化产生和发展的过程更长一些，看不出青铜文化突然兴起的迹象，这或许说明湘江下游一带受商文化的影响和刺激不像赣江流域那样强烈。"施劲松著：《长江流域青铜器研究》，文物出版社，2003 年，第 277 页。

[6]　向桃初：《湖南先秦文化时空结构及成因分析》，《湖南大学学报（社会科学版）》2012 年第 3 期。

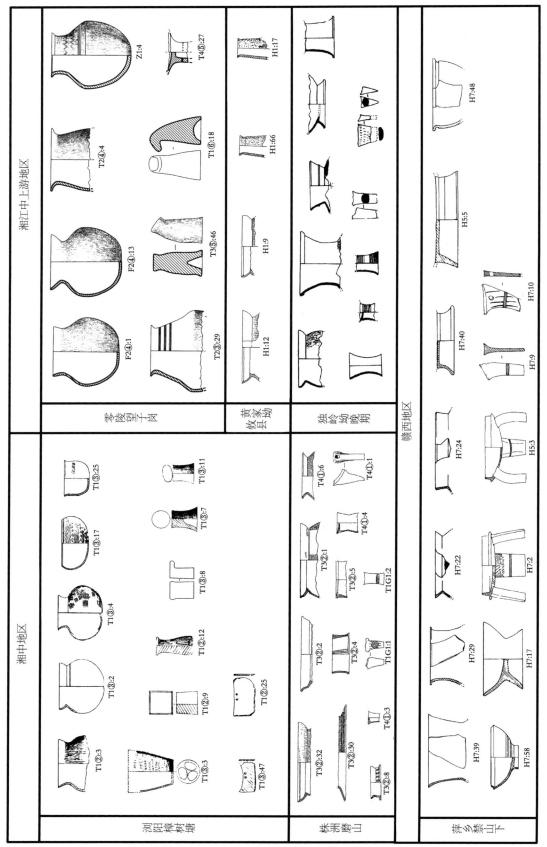

图二　湘中地区与湘江中上游、赣西地区夏商时期本土文化因素对比

注：器物线图除独岭坳遗址外均采自发掘简报或报告，独岭坳遗址晚期遗存出土器物末见正式报道，图中所列器物均参考席道合（席道合：《试论独岭坳与磨山遗址的分期、年代及文化属性》，《湖南考古辑刊（第七集）》，岳麓书社，1999年。），原文末标注器物编号。

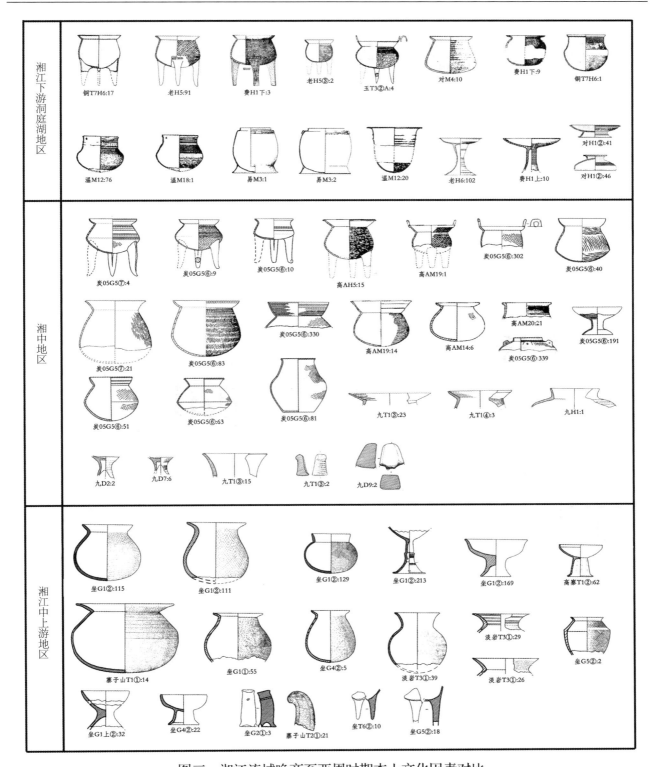

图三　湘江流域晚商至西周时期本土文化因素对比

铜：岳阳铜鼓山遗址　老：岳阳老鸦洲遗址　费：岳阳费家河遗址　玉：汨罗玉笥山遗址　对：岳阳对门山遗址　温：岳阳温家山墓
地　易：岳阳易家山墓地　炭：宁乡炭河里遗址　高：望城高砂脊遗址　九：宁乡九牯洞遗址　坐：东安坐果山遗址　高寨：东安高寨遗
址　寨子山：东安八复寨子山遗址　淡岩：零陵区淡岩遗址　（老 H5：91 引自向桃初先生论著（向桃初著：《湘江流域商周青铜文化研究》，
线装书局，2008 年，第 57 页），老 H5③：2 为 2008 年第二次发掘出土（湖南省文物考古研究所、岳阳市文物管理处：《湖南岳阳老鸦
洲遗址考古发掘报告》，《湖南考古辑刊（第 13 集）》，科学出版社，2018 年），其余均采自调查、发掘简报或报告）。

性聚落中心具有方国都邑性质的炭河里遗址^[1]，虽然呈现的文化因素较为复杂，占主导地位的仍然是本地文化因素；并未改变长期以来形成的土著文化特征。湘中地区青铜时代文化与新石器时代文化一脉相承，中原和周边文化因素在此地的分布和扩展并未改变本地文化延续发展的格局，虽然在商文化的影响下进入了青铜时代，但整体文化面貌始终以地方性文化因素为主。在陶器面貌上，较少见到典型中原文化因素，因此给人以与该区域内出土的大量晚商青铜器相矛盾的印象。此种现象的背后可能与商代青铜礼器文化圈^[2]的存在以及中原王朝在不同时期对南方地区的经略方式和目的有关。

四　结语

湘中地区所处的地理位置和商周时期的文化格局是其特定文化面貌形成的外部条件，始终占主导地位的本土文化因素所表现的顽强生命力是其文化面貌的显著特点。基础性考古工作的薄弱和文化序列的缺环是目前研究遇到的重要瓶颈也是未来开展工作的主要方向。由新石器时代向青铜时代的转变过渡以及以宁乡铜器群为代表的湖南商周青铜器的技术体系和存在背景依然是目前探讨的中心论题。

附记：笔者入职不久便参与启动了 "沩水流域史前至商周时期考古调查"专项课题，自2012年至今，不知不觉已七年有余。身处其境，时常会有一些困惑和问题萦绕在心头，尤其是亲身参与的宁乡罗家冲遗址的发掘和2018年楚江流域的考古调查收获使笔者意识到加强基础工作的重要性以及湘江流域青铜文化体系的复杂性。以上缘由促使笔者不揣冒昧写成此篇小文。

[1]　向桃初著：《湘江流域商周青铜文化研究》，线装书局，2008年，第134、135页。

[2]　徐良高：《文化因素定性分析与商代"青铜礼器文化圈"的研究》，《商文化论集·下》，文物出版社，2003年，第716～727页。

青铜折肩鬲渊源初探

陈学强 *

西周晚期至春秋中期，在汉水和淮河流域流行过一种特色鲜明的器物——青铜折肩鬲，其外形特征可概括为：大口，宽折沿，折肩，弧裆较高，三足多作深腔柱状，平底，肩上部多饰一周重环纹。

这类器物与同时期北方流行的铜鬲在外形上截然不同，特征明显，是西周、春秋时期汉淮地区地方文化的代表器物。对青铜折肩鬲渊源和发生过程进行探讨，有利于更好地理解中原与边疆地区考古学文化之间的交流互动。

一　型式与年代

目前传世及考古发现的青铜折肩鬲数量已较为丰富，现根据其外部形态的差异作初步的类型学分析：

A 型　宽斜折沿，束颈，折肩，高弧裆，根据器壁特征分两亚型。

Aa 型　腹壁斜直。

Ⅰ式　尖锥足。目前仅发现 1 件，安徽舒城凤凰嘴墓葬出土[1]（图一，1）。

Ⅱ式　柱足着地面较小。枣阳郭家庙 M17：3[2]，腹壁几乎与口沿成垂直走势，截锥形足跟内收（图一，2）。

Ⅲ式　柱足粗壮，折沿近平，标本有随州何店何家台小鬲 3 件[3]（图一，3）。

Ab 型　器体与器足交接处内凹，三足略显外撇。

Ⅰ式　截锥柱足较尖，弧裆高而尖，足与器身接处内凹较甚。安居桃花坡 M2 的 2 件[4]，肩饰窃曲纹（图一，4）。

Ⅱ式　裆变低矮，柱足变粗，肩饰重环纹，标本有京山苏家垄 7 件[5]（图一，5）。

Ⅲ式　柱足粗壮，折沿变低。标本为随州万店周家岗 2 件[6]（图一，6），肩饰三组 9 个重环纹，折肩较甚，器壁较斜直。

---

* 陈学强：2007 级硕士，现就职于苏州市吴中区文物管理委员会办公室。

[1]　安徽省文物局文物工作队：《安徽舒城出土的铜器》，《考古》1964 年第 10 期。

[2]　襄樊市考古队等：《枣阳郭家庙曾国墓地》，科学出版社，2005 年，第 80 页。

[3]　随州市博物馆：《湖北随县新发现古代青铜器》，《考古》1982 年第 2 期。

[4]　随州市博物馆：《湖北随县安居出土青铜器》，《文物》1982 年第 12 期。

[5]　湖北省博物馆：《湖北京山发现曾国铜器》，《文物》1972 年第 2 期。

[6]　襄樊市考古队等：《枣阳郭家庙曾国墓地》，科学出版社，2005 年，第 276 页。

B 型　扉棱鬲，肩部饰两个新月形扉棱。

Ⅰ式　细柱状足，腹足相接处内凹。京山檀梨树岗出土 1 件[1]（图一，7），口沿宽而斜折，下腹弧形内收，京山苏家垅大鬲 1 件形制相同。

Ⅱ式　足粗状，腹足接处内凹不明显。标本有信阳平西 M5[2] 的 1 件（图一，8）、M1 的 2 件及传世樊君鬲[3] 等。

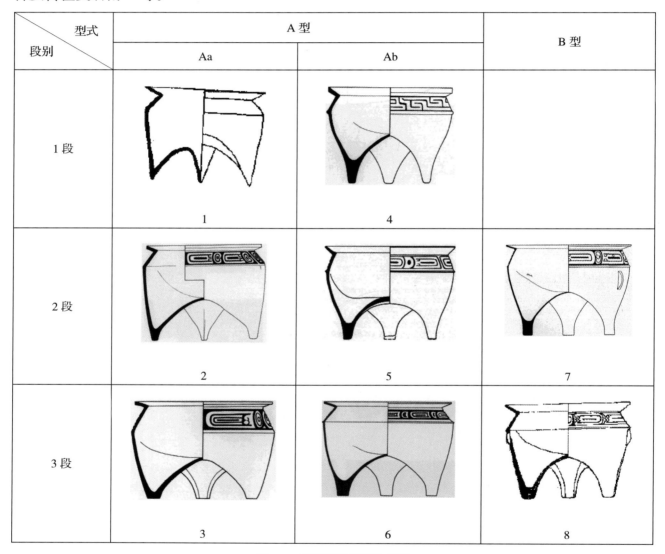

型式 段别	A 型		B 型
	Aa	Ab	
1 段	1	4	
2 段	2	5	7
3 段	3	6	8

图一　青铜折肩鬲型式图

1. 舒城凤凰嘴　2. 枣阳郭家庙 M17：3　3. 随州何家台　4. 安居桃花坡 M2　5. 京山苏家垅　6. 随州周家岗　7. 京山檀梨树岗　8. 信阳平西 M5

第 1 段中的安居桃花坡墓地有 M1、M2 两墓，M1 中Ⅰ式铜鬲上的龙纹装饰和长颈垂腹壶都有西周中期遗风，同组舒城凤凰嘴铜鬲尖锥足的作风年代也应该较早，故 1 组年代约为西周

[1]　湖北省博物馆：《湖北枣阳发现曾国墓葬》，《考古》1975 年第 4 期。

[2]　信阳地区文管会等：《河南信阳市平西五号春秋墓发掘简报》，《考古》1989 年第 1 期。

[3]　容庚：《商周彝器通考》，台湾大通书局，1973 年，第 313 页。

晚期或两周之际。第 2 段郭家庙和京山苏家垅铜器形制多有与虢国墓地相似者，年代当在春秋早期（图二，1）。第 3 段周家岗铜器中最为典型的蟠螭纹接近于光山黄君孟夫妇墓[1]（图二，2），年代也应当与其相近，在春秋中期。

由于青铜折肩鬲流行的时间并不长，上述发展序列更多的是代表一种逻辑关系，是对其演化规律的抽象认识，各型式个体之间的早晚关系并不是绝对的。

二　文化因素的来源

西周春秋时期中原亦流行铜鬲，其明显的特征是扁体，宽平沿，裆底部宽平，跨度很大，肩上饰扉棱，足多为兽蹄形，流行兽面纹、竖楞纹等。河南三门峡上村岭虢国墓地处于两周之际，其铜鬲特征具有代表性，M2001 出土铜鬲 8 件[2]，皆矮体宽平沿，薄方唇，短束颈，腹外鼓，平裆，矮蹄足下端肥大，腹部与足相对处各有一个竖向扉棱，腹部饰曲体龙纹（图二，3）。

反观汉淮青铜折肩鬲，与同时期周式铜鬲相比，总体风格迥异，属于两个系统。这类青铜折肩鬲的直系前身应是东夷文化中的铜鬲。东夷是一个泛称，其分布地域据徐旭生先生考证，大约相当于今天的山东全境及徐淮地区、河南的东部和南部、安徽的两淮之域[3]，西周春秋时期分布在淮河中上游的六、英、群舒、江、黄以及山东的邾、莒等国都属于夷人系统[4]。上述夷人分布的地区存在一套独具特色的青铜器群，包括折肩鬲、兽首鼎、带流盉、小方簋、有肩鼎等，王迅先生认为这是东夷和淮夷系统的青铜礼器，是"夷礼"制度的反映[5]。如邾国曾被鲁人视为"蛮夷"，《左传·僖公二十一年》杜注说："邾公曹姓之国，迫近诸戎，杂用夷礼"，而《中国青铜器全集》恰好收录传世邾伯鬲 1 件（图二，7）[6]，该鬲圆肩高耸，腹壁斜直，矮柱足，饰兽体卷曲纹。山东南部西周、春秋时期是莒、薛等国故地，在这几个小国中夷人文化传统占主导地位。在上述地区的沂水刘家店子（图二，6）[7]、日照董家滩（图二，5）、赵家庄[8] 等出土的青铜鬲也具有邾伯鬲的特征，另外在江苏南京长山子（图二，8）[9]、仪征破山口[10] 等与夷人分布临近地区也出土这类铜鬲。上述铜鬲不同于周式铜鬲，而与汉淮地区的青铜折肩鬲造型相似，而高体、尖足、圆肩的特征较汉淮地区显得要早，因此将东夷系统铜鬲作为汉淮青铜折肩鬲的来源应大致无误。

[1]　河南信阳地区文物管理委员会：《春秋早期黄君孟夫妇墓发掘报告》，《考古》1984 年第 4 期。

[2]　中国科学院考古研究所：《上村岭虢国墓地》，科学出版社，1959 年，第 16 页。河南省文物考古研究所：《三门峡虢国墓》，文物出版社，1999 年，第 36 页。

[3]　徐旭生：《中国古史的传说时代》，文物出版社，1985 年，第 64 页。

[4]　刘和惠：《楚文化的东渐》，湖北教育出版社，1995 年，第 26、27 页。

[5]　王迅：《东夷文化与淮夷文化研究》，北京大学出版社，1994 年，第 148 页。

[6]　中国青铜器全集编辑委员会：《中国青铜器全集（六）》，文物出版社，1998 年。

[7]　山东省文物考古研究所等：《山东沂水刘家店子春秋墓发掘简报》，《文物》1984 年第 9 期。

[8]　杨深富等：《山东日照市周代文化遗存》，《文物》1990 年第 6 期。

[9]　南京市文物管理委员会：《南京浦口长山子出土一批青铜器》，《文物》1980 年第 8 期。

[10]　尹焕章：《仪征破山口探掘出土铜器记略》，《文物》1960 年第 4 期。

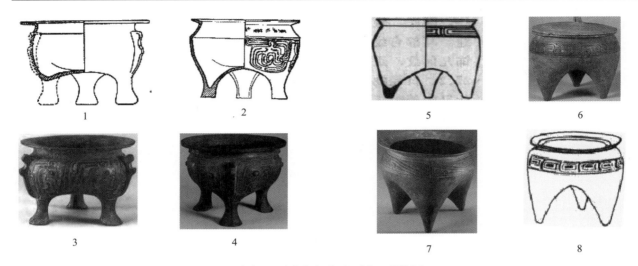

图二　周式和东夷式铜鬲举例

1. 虢国 1631：1　2. 黄君孟夫妇墓 G2：A5　3. 虢季鬲 M2001：85　4. 仲枏父鬲（陈佩芬：《夏商周青铜器研究》，上海古籍出版社，2004年，第266页）　5. 日照董家滩　6. 沂水刘家店子 M1：45　7. 邾伯鬲　8. 南京长山子

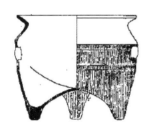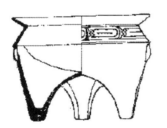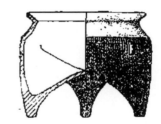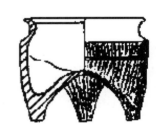

　　　　　　　　　　　　　　　　　　　　1. 吕王城 T5⑥：137　　　2. 堰墩 T604⑥：6

图三　信阳平西 M5 陶鬲、铜鬲　　　　　　　图四　汉淮地区折肩陶鬲

　　汉淮青铜折肩鬲虽来源于东夷文化，但两者却仍存在差异，最大的区别在于后者肩部圆弧，足端尖细，汉淮铜鬲的折肩风格和柱足作风显然另有源头。

　　1986 年信阳平西砖瓦厂 M5[1] 中出土了共存于一墓的陶鬲和青铜鬲各 1 件（图三），为我们探明青铜折肩鬲的渊源提供了线索。陶鬲为夹砂黑陶，侈口束颈，折肩斜腹，腹饰四道弦纹，肩至足部遍饰绳纹，三足上肩部各有一个扁圆形附耳。铜鬲为侈口，尖唇，束颈，折肩，肩下三空足上部各饰一扁圆形扉棱。肩上饰重环纹一周，器内裆线直通肩部。从形制上分析，二者几乎完全一致。

　　处于南北文化交会的南阳盆地，在商周之际即开始出现足跟两次包制的柱足陶鬲，并在东周时期演进为典型楚式鬲[2]。柱足鬲中有一折肩类，最典型特征即是柱足、折肩（图四），柱足折肩陶鬲广泛分布于汉水流域和淮河流域，少见于其他地区，而且有自己完整的演变和发展序列，是汉淮地区陶器群中土著因素的代表[3]。圆肩尖足的东夷式铜鬲来到汉淮地区之后呈现出的柱足、折肩特征无疑是吸收自当地的陶器文化，即仿制的柱足折肩陶鬲。

[1]　信阳地区文管会等：《河南信阳市平西五号春秋墓发掘简报》，《考古》1989 年第 1 期。

[2]　杨宝成：《试论西周时期汉东地区的柱足鬲》，《楚文化研究论集（第四集）》，河南人民出版社，1994 年，第 460 页。

[3]　陈学强：《汉东地区西周考古学文化研究》，南京大学 2007 年硕士论文。

三 发生与传播

青铜折肩鬲的分布范围大体可以划分为三个小区：以舒城、六安为中心的皖西地区、淮河中上游的信阳地区和汉水以东的随枣走廊地区，上述区域可以统称为汉淮地区或者以大别山为中心的文化圈。三个小区之间虽有山脉阻隔，但山间有许多自然的隘口，形成了沟通两地的交通要道，如著名的大胜、武胜、平靖三关[1]。三者实际上构成了一个以大别山为中心，以山间隧道和淮河水道为纽带的完整地理和文化单元。

图五 曾侯乙墓青铜鬲

据铭文及出土地点，青铜折肩鬲国属有曾、黄、樊、番、群舒诸国。我们知道青铜折肩鬲是汉淮地区的典型器，然而它的产生具体又是在其中的哪一小区？哪一国家呢？

就出土数量而言，目前以属于曾国疆域的随枣走廊发现最多，似乎青铜折肩鬲发生于此的可能性最大。饶有趣味的是，京山苏家垅曾国墓两件大鬲有铭文曰："唯黄柠用吉金作鬲"，说明此二鬲为黄国之器。曾国铜器也有多件出于黄国，传世的曾侯簠[2]即是曾侯为叔姬嫁往黄国制作的媵器。两国铜器在对方国家的出现，说明西周晚期至春秋中期曾、黄两国交往密切，互通婚姻。一般认为曾国即文献中的随国，为周王朝分封的"汉阳诸姬"之首，是周文化在南方的代表，春秋中期以前曾国铜器群在器物组合、纹饰等方面都与中原有极大共性，属于同一系统[3]。常理言之，馈赠和陪嫁的青铜器应该代表了本国的文化，曾国送往黄国的媵器即是周文化礼器中的簠，苏家垅青铜折肩鬲虽出土于曾国墓葬，代表的却是淮河流域黄国的文化。另外曾国青铜鬲的型式多样，出土折肩铜鬲的同时还一直存在周式铜鬲。属于战国早期的曾侯乙墓出土铜鬲皆为典型周式（图五），说明随枣走廊地区曾国的折肩鬲仅流行于西周晚期至春秋中期，而且是外来之风，当江淮地区不再流行之后，曾国墓葬中也不再出现这种器物。

淮河中上游信阳地区的江、黄、六、樊、番等国，均为从山东地区迁入的东夷移民[4]，它们虽然邻近中原和汉阳诸姬文化圈，但又与东夷和淮夷国家保持着传统的政治、文化联系。西周至春秋时期，汉淮之间地带一直是中原势力控制和开发南方的桥头堡，是中原王朝直接控制的最南端，文化较为发达。各个小国错居杂侧其间，是中原封国、淮夷集团、江汉土著文化交融碰撞之处[5]。"在两周之际及其前后，在鄂北豫南地区已经形成一个区域青铜文化单元，值得注意的是，这些国家的青铜器又都表现出通过淮水流域与山东地区保持密切的关系。"[6]

群舒所属的皖西地区周式铜鬲发现较少，青铜鬲的型式较为统一，其尖足、高体的特征也较为原始，与山东地区东夷式铜鬲较为接近。张钟云先生认为："除舒城的尖足鬲外，其余地

[1] 史念海：《河山集（一）》，三联书店，1963 年，第 69 页。

[2] 罗振玉：《三代吉金文存》卷十，中华书局，2005 年。

[3] 张昌平：《曾国青铜器简论》，《考古》2008 年第 1 期。

[4] 徐少华：《周代南土历史地理与文化》，武汉大学出版社，1994 年。

[5] 张正明：《汉淮之间——周代的一个文化交错地带》，《中原文物》1992 年第 2 期。

[6] 张昌平：《曾国青铜器简论》，《考古》2008 年第 1 期。

方皆为平柱足，从时间上看，本地的鬲要早于随县和信阳地区的。因此，这种鬲很可能发源于江淮区域，而尖足是其母型"[1]。

青铜折肩鬲渊源于东夷文化铜鬲，其传播路线与东夷、淮夷人群的迁移方向也应该是一致的。东夷铜鬲首先跟随夷人的迁移到达皖西地区，并在这里演变为折肩风格，但高体、细足的特征仍得到保留，随后在淮河中上游的信阳地区与当地文化碰撞，吸收了当地陶鬲的柱足作风和中原铜鬲的扉棱装饰，最后西传至汉水流域。可见，青铜折肩鬲的发生并非一蹴而就，而是经历了一个累积和演变的过程，是在与不同文化的融合中一步步实现的。

综上所述，青铜折肩鬲以随枣走廊发现最多，铜器铭文也以曾国为巨，但若联系到折肩鬲渊源于东夷文化铜鬲的大环境，加之皖西地区折肩鬲高体、细足的特征显得更早，青铜折肩鬲应是最早发生于皖西和淮河中上游的信阳地区，进而向西传播至汉水流域的。

四　小结

通过以上分析，汉淮地区青铜折肩鬲的发生、传播过程已经比较清晰。它来源于东夷系统铜鬲，大约由黄、樊、六、群舒等国从山东地区带来。汉淮诸国并不是单纯的拿来主义，而是将其与当地文化结合，最大的改造在于将东夷铜鬲的圆肩改为折肩，细足变为粗壮的柱足，由于汉淮地区是各种政治势力交汇的舞台，它又吸收了周式铜鬲的扉棱装饰等因素（图六）。至此，一种崭新的、极富特色的青铜器产生，并成为汉淮地区诸国共同的青铜礼器，经常作为媵器、赠品等出现在其他地区。至春秋中期，楚国崛起并以风卷残云之势横扫整个长江中、下游地区，青铜折肩鬲也退出了历史的舞台。

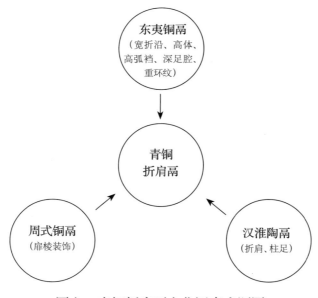

图六　青铜折肩鬲文化因素来源图

---

[1]　张钟云：《淮河中下游春秋诸国青铜器研究》，《考古学研究（四）》，科学出版社，2000年，第160页。

论折（鼓）肩铜鬲

陈中喜 *

两周时期，湖北东北部、豫南信阳地区、安徽长江以北地区和鲁东南出现了一类铜鬲，其突出特点是折肩或鼓肩，多数在肩部饰一周纹饰。这些铜鬲依地域的不同从而呈现出一定区别，但其内在也有联系。近年来，由于发现数量较多，对这类铜鬲的梳理，已经成为一个可以探讨的话题，试分析之。

一　以地域为中心的出土折（鼓）肩铜鬲分析

湖北东北部、豫南信阳地区、安徽长江以北地区和鲁东南地区的铜鬲，可根据肩部的不同分为鼓肩鬲、折肩鬲、融合鬲三大类，详见表一。

表一　折（鼓）肩铜鬲分类表

类	型	亚型	式
鼓肩鬲（甲类）	A 型	Aa 型	
		Ab 型	
	B 型	Ba 型	
		Bb 型	
		Bc 型	
		Bd 型	
折肩鬲（乙类）	A 型	Aa 型	
		Ab 型	
		Ac 型	
	B 型		
融合鬲（丙类）	A 型		Ⅰ式—Ⅱ式—Ⅲ式
	B 型		
	C 型		

＊陈中喜：2008 级硕士，现就职于上海博物馆保管部。

1. 以曾国为中心的鄂东北地区

鄂东北地区出土铜鬲 6 批 23 件，数量最多者 9 件，见于京山苏家垅墓地[1]，最少者 1 件，如京山檀梨树岗[2]和枣阳郭家庙 M17[3]，详见附表一。这些铜鬲，主要集中在曾国区域内，多属曾国所有[4]。可分三型。

甲 Aa 型　以安居桃花坡 M1 出土鬲[5]为代表（图六，2），宽折沿，弧肩微鼓，弧裆较低，短足根，颈部以下饰三组龙纹，各以龙首相对成组，龙纹一直延续至近足根底部。类似龙纹鬲西周晚期多见于中心文化区，且常见扉棱。相比而言，桃花坡 M1 鬲颈部不明显、肩部更加圆鼓、裆较弧、纹饰铺满器身等，应为地方特色。此外，上海博物馆藏曾伯宫父鬲[6]（图一，1），疑似属湖北之曾，其腹部特征与甲 Aa 型类似，显示出与周式鬲的紧密联系。

乙 Aa 型　以枣阳郭家庙 M17 出土鬲为代表（图一，2），其典型特征为宽折沿，折肩，袋足部位近直，足根短小，折肩以上多饰重环纹，同类器有 1976 年万店周家岗鬲[7]、1978 年随州何家台鬲[8]等。这类鬲与乙 B 型相比，整体较为矮胖，部分鬲的足根部位内侧有一"疙瘩"，带有明显的模仿陶鬲痕迹。与之类似的折肩陶鬲，西周中晚期至春秋早期广泛分布在鄂东北至安徽江淮西部的广大区域。研究者认为，郭家庙 M17 鬲为两周之际，早于周家岗和何家台鬲，后者时代为春秋早期[9]。

乙 B 型　以京山苏家垅出土黄季鬲（图一，3）、安居桃花坡 M2 出土鬲[10]为代表（图一，4）。与乙 Aa 型相比，此类鬲的突出特征是肩部锐折，有一道凸起的棱，袋足内收，足根粗壮，折肩以上多饰重环纹。同类器有 1966 年京山苏家垅鬲、1975 年京山檀梨树岗鬲等。乙 B 型鬲，除黄季鬲的年代，可能较早外，其他鬲的年代多为春秋早期。

甲 Aa 型鬲目前仅有安居桃花坡 M1 出土的 4 件，比较而言乙 Aa 型、乙 B 型鬲数量较多，其中乙 B 型鬲数量最多，多达 12 件，占据主导地位。

2. 以信阳为中心的豫南地区

豫南地区的折（鼓）肩铜鬲，主要出土于信阳及邻近的南阳等地区。据附表二，信阳及周

[1]　湖北省博物馆：《湖北京山发现曾国铜器》，《文物》1972 年第 2 期。湖北省文物考古研究所：《曾国青铜器》，文物出版社，2007 年，第 21 ～ 23 页。

[2]　湖北省文物考古研究所：《曾国青铜器》，文物出版社，2007 年，第 8、9 页。

[3]　襄樊市考古队等：《枣阳郭家庙曾国墓地》，科学出版社，2005 年，第 64、68 页。

[4]　湖北省文物考古研究所：《曾国青铜器》，文物出版社，2007 年，前言第 10 ～ 24 页。

[5]　随州市博物馆《湖北随县安居出土青铜器》，《文物》1982 年第 12 期。湖北省文物考古研究所：《曾国青铜器》，文物出版社，2007 年，第 235、236 页。

[6]　湖北省文物考古研究所：《曾国青铜器》，文物出版社，2007 年，第 430 页。

[7]　随州市博物馆：《湖北随县发现商周青铜器》，《考古》1984 年第 6 期。湖北省文物考古研究所：《曾国青铜器》，文物出版社，2007 年，第 276 ～ 278 页。

[8]　随州市博物馆：《湖北随县新发现古代青铜器》，《考古》1982 年第 2 期。湖北省文物考古研究所：《曾国青铜器》，文物出版社，2007 年，第 215 ～ 217 页。

[9]　张昌平：《曾国青铜器研究》，文物出版社，2009 年，第 64 页。

[10]　随州市博物馆《湖北随县安居出土青铜器》，《文物》1982 年第 12 期。湖北省文物考古研究所：《曾国青铜器》，文物出版社，2007 年，第 258、259 页。

　　1　　　　　　　　2　　　　　　　　3　　　　　　　　4

图一　鄂东北地区出土铜鬲

1. 曾伯宫父鬲　2. 枣阳郭家庙 M17 鬲　3. 苏家垅黄季鬲　4. 安居桃花坡 M2 鬲

边地区共出土铜鬲 6 批 11 件，依形制区别可分三型。

　　甲 Ba 型　以 1981 年信阳明港钢厂建筑工地所出 2 件铜鬲[1] 为代表，窄折沿，束颈，鼓肩，袋足，足根粗壮，宽弧裆，素面（图二，1）。甲 Ba 型鬲在信阳地区发现数量很少，明港建筑工地所出的 2 件，据简报发表图像，一件鼓肩，一件已近似于折肩。

　　乙 Ab 型　以 1986 年信阳平西砖瓦厂 M5 出土鬲[2] 为代表（图二，2）。这种鬲整体矮扁，宽折沿，束颈，折肩，袋足斜向内收，足根粗短。肩部饰重环纹一周，三袋足上部有扉棱。根据 M5 共出铜器分析，乙 Ab 型鬲的年代应为春秋早期。

　　丙 A 型　以 1978 年明港段湾征集铜鬲[3]（图三，2）、平西大队南山咀 M1 出土的 2 件鬲[4]（图二，4）和黄君孟夫妇墓 G2∶A5 鬲（黄夫人鬲）[5]（图二，3）为代表。根据纹饰、肩部区别，可分三式。

　　Ⅰ 式　明港段湾征集铜鬲。段湾鬲，折沿较平，束颈较长，颈下部起折棱并连通袋足，足根外撇，颈部饰重环纹，肩部以下饰竖向直棱纹。这些特征与西周晚期流行于中心文化区的铜鬲较为相似，如周原出土的伯先父鬲[6]（图三，1），因此 Ⅰ 式鬲的时代当早于其他几件铜鬲。

　　Ⅱ 式　樊夫人鬲。南山咀 M1 的墓主人为樊夫人，该墓所出 2 件铜鬲均有铭文，一般称之为樊夫人鬲。樊夫人鬲，敞口外侈，圆唇，鼓腹，三袋足，足根平齐，颈部饰窃曲纹，器腹与三足上部有较小的扉棱。其肩部折棱不明显，而是呈外鼓状，但其足根外撇、颈部饰窃曲纹、袋足上部饰扉棱等特征，均与段湾鬲类似。

　　Ⅲ 式　黄夫人鬲。光山宝相寺黄君孟夫妇合葬墓中，G2 的墓主人为黄夫人。G2 出土铜鬲 2 件，造型相似，均为敛口，折肩，斜腹，宽弧裆近平，三足略外撇，腹饰三组龙纹，三足上部有扉棱。黄夫人鬲的纹饰布局与段湾鬲类似，但其外撇的足跟，说明其也受到了樊夫人鬲的影响。

　　丙 A 型鬲中，除黄夫人鬲可能晚至春秋中期外，其余鬲时代当属春秋早期。

[1]　信阳地区文管会等：《信阳县明港发现两批春秋早期青铜器》，《中原文物》1981 年第 4 期。

[2]　信阳地区文管会等：《河南信阳市平西五号春秋墓发掘简报》，《考古》1989 年第 1 期。

[3]　信阳地区文管会等：《信阳县明港发现两批春秋早期青铜器》，《中原文物》1981 年第 4 期。

[4]　河南省博物馆等：《河南信阳市平桥春秋墓发掘简报》，《文物》1981 年第 1 期。

[5]　河南信阳地区文管会等：《春秋早期黄君孟夫妇墓发掘报告》，《考古》1984 年第 4 期。

[6]　曹玮主编：《周原出土青铜器》，巴蜀书社，2005 年，第 942 页。

1　　　　　　　　　2　　　　　　　　　3　　　　　　　　　4

图二　信阳地区出土铜鬲
1. 明港钢厂建筑工地鬲　2. 平西砖瓦厂 M5 鬲　3. 黄夫人鬲　4. 樊夫人鬲

1　　　　　　　　　　　　　　2

图三　段湾征集铜鬲对比图
1. 伯先父鬲　2. 段湾征集鬲

　　信阳地区出土的铜鬲，以丙 A 型数量最多，乙 Ab 型数量最少，时代多数属春秋早期。这些铜鬲，有三个特点较为突出。一是多数鬲的袋足外侧上部均有扉棱，这与中原地区西周中晚期流行的铜鬲类似，而与其他三个地区有明显的不同。二是多数鬲以 2 件的组合形式出现墓葬中。三是能辨别出性别的墓葬中，同出 2 件铜鬲的墓主人均为女性。

3. 以江淮为中心的安徽长江以北地区

　　安徽长江以北，共计发现铜鬲 5 批 11 件。另外，浦口长山子[1] 和宣城正兴村[2] 出土铜鬲亦可归入，详见附表三。这 7 批 13 件铜鬲，可分三型。

　　乙 Ac 型　以舒城凤凰嘴墓出土鬲[3] 为代表（图七）。宽折沿，束颈，折肩，三袋状锥形足，宽弧裆较低。素面或在袋足部位有齿状扉棱，大部分有盖。出土此类鬲的墓葬中，铜容器组合较为完整的有舒城凤凰嘴墓和潜山黄岭墓[4]。凤凰嘴墓出有兽首鼎 1、盖鼎 2、鬲 3、甗形盉 1、缶 3、盘 3，其中兽首鼎、甗形盉和缶为江淮地区特有器类。黄岭墓组合简单，包括甗 1、鬲 4、盉 1、甗形盉 1。由此可见，江淮地区的折肩铜鬲与甗形盉有较为明确的组合关系，当为淮夷-

[1]　南京市文物保管委员会：《南京浦口出土一批青铜器》，《文物》1980 年第 8 期。

[2]　安徽大学等：《皖南商周青铜器》，文物出版社，2006 年，第 80 页。

[3]　安徽省文化局文物工作队：《安徽舒城出土的铜器》，《考古》1964 年第 10 期。

[4]　潜山县文物局：《潜山黄岭春秋墓》，《文物研究（第 13 辑）》，黄山书社，2001 年，第 125～127 页。

群舒系文化所独有。

甲 Bb 型　以宿州平山出土鬲[1]为代表（图四，1）。敛口，宽折沿，束颈圆肩，袋足向下内收，足根尖长。腹部饰窃曲纹一周。口沿有铭文。甲 Bb 型鬲目前在安徽地区仅发现 2 件，该墓的铜器组合为鼎 1、龙耳簋 1、匜 1。鼎为西周晚期至春秋早期常见的式样，在曾国区域和河南信阳地区多有发现，同类型的匜主要见于皖南，时代多为西周晚期。比较特别的器物为龙耳簋，此器为目前仅见。综合看，甲 Bb 型鬲的年代应为西周晚期或稍晚。

甲 Bc 型　以滁州章广镇出土鬲[2]为代表（图四，2）。这类鬲折沿较窄，颈部不明显，肩部微鼓，袋足向下斜收，足根短粗。通常在肩部饰窃曲纹一周，也有少数装饰重环纹，如浦口长山子出土的铜鬲以及圆饼形装饰，如宣城正兴村出土的铜鬲。章广镇鬲，《安徽江淮地区商周青铜器》一书认为属春秋。浦口长山子鬲，简报认为属西周晚期至春秋早期。宣城正兴村鬲，研究者认为属西周晚期[3]。根据鲁东南地区同类鬲的时代，甲 Bc 型的时代当不早于甲 Bb 型鬲，因此应属春秋早期。

安徽地区的铜鬲，以乙 Ac 型为主，主要出土地集中在巢湖西部、大别山 - 霍山以东的区域，最南端的分布点在潜山。这类鬲多素面，少部分鬲在袋足部位有小扉棱，主要流行于春秋早中期前后。甲 Bb 型鬲目前仅在宿州出土 2 件，在本区的数量较少。甲 Bc 型鬲主要分布在安徽的东部，主要发现地点有滁州及其以南的南京浦口、皖南的宣城等地。甲 Bc 型鬲与山东地区的甲 Bd 型鬲较为相似，后者在春秋时期成为莒文化的代表性器类，在鲁东南地区的沂水流域有较多发现[4]。

4. 以沂水流域为中心的鲁东南地区

山东鲁南、鲁东南地区出土铜鬲数量较多，与其他铜器共出的有 8 批 25 件，详见附表四。另外还有零星出土，存于各个博物馆等机构的[5]，总数超过 40 件。根据形制，这些铜鬲可分四型。

甲 Ab 型　以滕县后荆沟出土鬲[6]为代表（图六，3），同类鬲还有沂水李家庄出土者[7]（图六，5）。这种鬲呈方形，器较低矮，宽折沿，腹部鼓出，袋足足根内收，足跟较尖或钝平，肩部多饰窃曲纹一周。从器型看，此类鬲明显与流行于西周早中期的周式陶鬲有渊源关系，很可能是仿自陶鬲。其肩部所饰窃曲纹又有较晚的特点，因此其时代应为两周之际至春秋早期。

甲 Bd 型　以临沂中洽沟出土鬲[8]为代表（图六，6）。此型鬲宽折沿，腹微鼓，弧裆较高，袋足较深，多数实足根呈圆柱状。肩部多饰窃曲纹、顾首龙纹等。同类鬲在山东地区出土

[1]　李国梁：《安徽宿县谢芦村出土周代青铜器》，《文物》1991 年第 11 期。

[2]　安徽大学等：《安徽江淮地区商周青铜器》，文物出版社，2014 年，第 166 页。

[3]　陆勤毅、宫希成主编：《皖南商周青铜器研究》，文物出版社，2016 年，第 56 ～ 58 页。

[4]　刘延常等：《莒文化新发现及相关认识与思考》，《青铜器与山东古国学术研讨会论文集》，上海古籍出版社，2017 年。

[5]　刘延常等：《莒文化新发现及相关认识与思考》，《青铜器与山东古国学术研讨会论文集》，上海古籍出版社，2017 年。杨深富等：《山东日照市周代文化遗存》，《文物》1990 年第 6 期。

[6]　滕县博物馆：《滕县后荆沟出土不娶簋等青铜器群》，《文物》1981 年第 9 期。

[7]　山东省文物管理处：《山东文物选集》（普查部分），文物出版社，1959 年，第 44 ～ 46 页。

[8]　临沂市博物馆：《山东临沂中洽沟发现三座周墓》，《考古》1987 年第 8 期。

1　　　　　　　　　　2

图四　安徽地区出土铜鬲

1. 宿州平山鬲　2. 滁州章广镇鬲

1　　　　　　　　　　2

图五　山东地区出土铜鬲

1. 沂水纪王崮 M1：110 鬲　2. 蒙阴石峰峪村鬲

较多，时代自西周晚期延续至春秋晚期，以春秋时期最为流行[1]。禚柏红先生在梳理西周至春秋时期鲁东南地区的考古学发现时认为，鼓肩陶鬲应是在周式鬲的基础上，融合了一部分岳石文化陶鬲的一些特点，形成的一种鬲。甲 Bd 型铜鬲则是对鼓肩陶鬲的模仿，是莒文化的典型器类之一[2]。

丙 B 型　以沂水纪王崮 M1：110 鬲[3]为代表（图五，1）。其特征为宽折沿，束颈，折肩，腹部较浅，袋足斜内收，足根粗高，多为素面。这类鬲在山东地区较少见，目前仅在纪王崮有发现，时代约为春秋中期偏晚。

丙 C 型　以蒙阴县石峰峪村鬲[4]为代表（图五，2）。这类鬲，窄折沿，鼓肩，鼓腹，宽弧裆，袋足下部向内收，足根外撇。肩部饰变形龙纹，数量极少。

分布于鲁南和鲁东南地区的铜鬲，从时代上来说，甲 Ab 型时代稍早，丙 B 型和丙 C 型，延续时间较短，甲 Bd 型则自西周晚期延续至春秋晚期。从数量上来说，甲 Bd 型占据绝对多数，

---

[1] 王青：《海岱地区周代墓葬与文化分区研究》，科学出版社，2012 年，第 87、88 页。

[2] 禚柏红：《莒文化研究》，《东方考古（第 6 辑）》，科学出版社，2009 年，第 200 ～ 233 页。

[3] 山东省文物考古研究所等：《沂水纪王崮春秋墓出土文物集萃》，文物出版社，第 44 ～ 46 页。

[4] 刘延常等：《莒文化新发现及相关认识与思考》，《青铜器与山东古国学术研讨会论文集》，上海古籍出版社，2017 年，第 254 页。

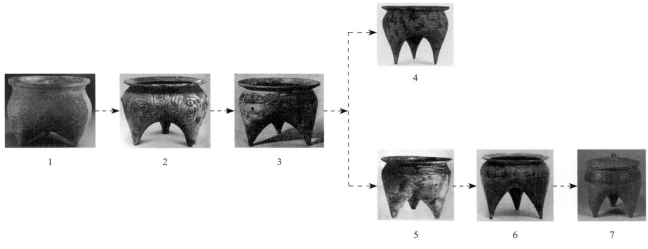

图六　甲类铜鬲演变趋势

1.洛阳北窑 M410：1 鬲　2.安居桃花坡 M1 鬲　3.藤县后荆沟鬲　4.宿州平山鬲　5.沂水李家庄鬲　6.临沂中洽沟鬲　7.沂水刘家店子鬲

其余各型鬲均较少。从发展线索来看，甲 Bd 型铜鬲先于同类陶鬲而产生 [1]，显然不是仿自陶鬲，需另寻。

二　以传播与交流为中心的横向分析

甲类　鼓肩鬲。按照袋足形态的不同，可分为两型。

甲 A 型　袋足下部斜向内收，多数足根较尖，时代为西周晚期至春秋早期。从外形来看，甲 A 型鬲中，Aa 型鬲与周式鬲联系最紧密。实际上，约在西周中期，中原地区已然存在一类造型仿自陶鬲的铜鬲，如洛阳北窑 M410：1 铜鬲 [2]（图六，1）。这种铜鬲的存在，很可能促进了形如桃花坡 M1 龙纹鬲，即甲 Aa 型鬲的产生。其后，铜鬲腹部原本布满的龙纹，转而变为肩部的一周纹饰，即甲 Ab 型鬲。进而，鬲体由方矮不断升高，最终成为甲 B 型。

甲 B 型　袋足下部斜直，袋足较深，多数足根较短，可分四亚型。其中，以 Bd 型数量最多、分布地域最集中、延续时间最长，因此 Ba 型、Bc 型皆是受到 Bd 型影响的结果。

Bd 型鬲中，沂水李家庄鬲的形态介于藤县后荆沟鬲与临沂中洽沟之间，而沂水刘家店子鬲（图六，7）在整体造型保持基本一致的情况下，足根已经变粗短，袋足已经近似斜直。由此可见，甲 Bd 型鬲变化趋势为，由矮胖向瘦高方向发展，其他特征则保持不变，因此，可以认为甲 Bd 型铜鬲的源头就是甲 Ab 型铜鬲。Bb 型鬲的形态与 Bd 型鬲类似，区别在于二者肩部外鼓程度不同。比较而言，Bb 型鬲是甲 Ab 型足部升高后的形态。因此，其很可能是受到甲 Ab 型鬲影响后形成的一种鬲。

对此，亦有学者指出，"此类铜鬲肩部明显耸出，弧裆较高。此类鬲无论是陶器抑或铜器，都最早见于淮河流域，在鲁东南直到春秋初期才出现，至春秋早期偏晚阶段才开始较多的出现，

[1]　王青：《海岱地区周代墓葬与文化分区研究》，科学出版社，2012 年，第 42、43、87、88 页。

[2]　洛阳市文物工作队：《洛阳北窑西周墓》，文物出版社，1999 年，第 207、208 页，图版六九，1。

因此其是鲁东南地区陶鬲受淮夷文化影响的产物。"[1] 在目前江淮地区铜鬲材料发现有限，共存器物较少以及文化性质认识存在分歧的情况下，这一观点可备一说。

乙类　折肩鬲。此类鬲按整体形态的不同，可分两型。

乙A型　宽体鬲，主要特点是整体偏矮，多数呈方形，可分三亚型。Aa、Ac型数量较多，Ab型数量最少。值得注意的是Ac型，即舒城凤凰嘴墓出土的铜鬲。据简报，该墓出土铜鬲3件，发表图像2件。近年来，《江淮地区商周青铜器》[2]和《江淮群舒青铜器》[3]刊布了这2件铜鬲的清晰图像。从外形看，凤凰嘴墓出土的2件铜鬲，主要区别在于足根，一个尖一个钝，一个高一个矮，可区分为Ⅰ式和Ⅱ式（图七）。二者同出一个墓葬，年代应差别不大。同墓所出牺首鼎、曲柄盉、缶等皆为群舒的典型器物，因此该墓的年代当不早于春秋早期[4]。基于这一认识，潜山梅城鬲和平西砖瓦厂鬲当晚于凤凰嘴Ⅰ式鬲，时代约在春秋早期偏晚阶段。乙Aa型鬲中，郭家庙M17鬲与凤凰嘴Ⅱ式鬲较为类似，时代应相当。

乙B型　高体鬲，多见于曾国区域。其中，苏家垄所出黄季鬲，学者认为属西周晚期。实际上，折肩铜鬲在江淮地区的兴起，当不至于早至西周晚期。那么，黄季鬲的时代问题，可当另论。一方面，以郭家庙M17鬲为代表，其足根部位的处理，代表了一种本地特有的做法，其时代已如上文所言，当为春秋早期。另一方面，黄季鬲所属的黄国，一般认为在信阳地区。联系到信阳地区平西砖瓦厂M5出土的折肩鬲，时代属春秋早期。因此，黄季鬲很可能亦属春秋早期。类似于安居桃花坡M2鬲的高体折肩鬲，即乙B型，在鄂东北地区占据主流，而这种鬲的造型恰恰与舒城凤凰嘴鬲较为相似。这些都说明，流行于曾国地域的折肩高体铜鬲，其时代应多属春秋早期前后。

折肩鬲的起源问题，有学者认为青铜折肩鬲应是最早发生于皖西和淮河中上游的信阳地区[5]。近年来发掘的河南南阳市桐柏县月河墓地M4[6]，或可为铜折肩鬲的起源提供新的思考。月河M4为近方形土坑竖穴墓，方向85°。墓壁垂直，墓圹长3.5、宽3.1、深0.8米。有熟土二层台。墓室分棺室和边箱，棺位于墓室中部偏北。铜器放置于边箱，其中边箱东端放置鼎2、罍2、鬲2，每件鬲内有匕；西端放置盘1、匜1。简报提供了所出8件铜器的清晰图像（图八）。

月河M4的时代，简报认为属春秋早期，结合墓葬出土铜器，这一结论大体可信。若考虑到鼎、盘、匜等的特征，或可早至春秋早期偏早。其出土的2件铜鬲，形制、大小相同，折沿、短颈、折肩，弧裆较高，锥状足，足根平齐。三袋足腹部各饰扉棱，肩部饰重环纹一周，间以圆圈纹，腹部饰垂鳞纹三周。沿面均有铭文，已漫漶不清。M4所出铜鬲，与常见折肩鬲最为明显的区别

[1] 曹斌：《鲁东南西周至春秋早期的文化谱系研究》，《北方民族考古（第1辑）》，科学出版社，2014年，第75～97页。

[2] 安徽大学等：《安徽江淮地区商周青铜器》，文物出版社，2014年，第165页。

[3] 安徽博物院编著：《江淮群舒青铜器》，安徽美术出版社，2013年，第29页。

[4] 张钟云认为凤凰嘴墓的年代为春秋早期偏晚，参见张钟云《淮河中下游春秋诸国青铜器研究》，《考古学研究（四）》，科学出版社，2000年，第148～150页。

[5] 陈学强：《青铜折肩鬲渊源初探》，《苏州文博论丛》（总第2辑），文物出版社，2011年，第22～29页。

[6] 河南省文物考古研究所等：《河南桐柏月河墓地第二次发掘》，《文物》2005年第8期。

1. I 式鬲　　　　　　　2. II 式鬲

图七　舒城凤凰嘴墓出土铜鬲

1　　　　　　　　　　　2

3　　　　　　　4　　　　　　　5

6　　　　　　　7　　　　　　　8

图八　桐柏月河 M4 出土铜器

1.鼎 M4：6　2.鼎 M4：7　3.鬲 M4：2　4.鬲 M4：4　5.罍 M4：1　6.罍 M4：8　7.盘 M4：9　8.匜 M4：10

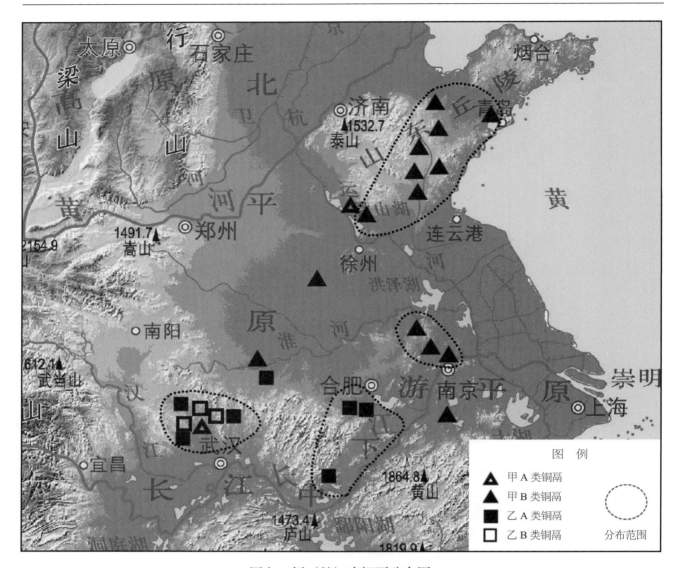

图九 折（鼓）肩铜鬲分布图

有三处，其一是纹饰布局，为肩部一周纹饰和腹部纹饰的组合。其二，在折沿以下，有明显的颈部。其三，其折肩的肩部近平。前述三点，均为同时代或稍早时期周式鬲的特征。这说明，折肩鬲之所以出现，其渊源当主要有两点：一是周式铜鬲的造型和纹饰布局，二是"淮式"陶鬲的折肩风格。如是，那么月河 M4 所出铜折肩鬲，很可能代表了折肩鬲的最初形态。

基于上述认识，可以认为折肩鬲首先出现于与周文化接触较多的南阳 - 信阳地区，时代当为春秋早期。其后，这种折肩鬲演化出三种主要类型：

一是以乙 Aa 型为代表的鬲，主要分布于鄂东北的曾国范围内。这种鬲在信阳地区的后续形态应为乙 Ab 型。

二是以乙 Ac 型为代表的鬲，主要分布于巢湖以西的群舒故地。此类鬲较为特殊之处在于其多为素面，应为当地特有。

三是以乙 B 型为代表的鬲，分布范围基本同乙 Aa 型，可视为受到后者影响下的本地特有类型。

丙类　融合型鬲，包括丙 A 型、丙 B 型、丙 C 型，其主要特征多为融合一个以上源头形成。丙 A 型的问题已见前文所述，当为融合周式鬲的整体形态和足部特征以及折肩鬲的肩部形态形成的一种鬲。丙 C 型应为融合了周式鬲的足部特征以及甲 B 型鬲的肩部特征，形成的一种鬲，由于目前资料较少，尚无法深入讨论。根据目前材料，可以重点讨论丙 B 型鬲的问题。丙 B 型仅见于沂水纪王崮，时代较晚。纪王崮大墓的时代，一般认为是春秋中期偏晚。该墓规模较大，出土铜鬲 7 件，6 件有盖。7 件铜鬲中，6 件属本文所分析的甲 B 型鬲，仅有 1 件属折肩鬲，即 M1：110。这说明，这件鬲在当地并不是主流。联系到折肩鬲主要流行于鄂东北、河南信阳和江淮西部地区，那么很可能纪王崮的这件折肩鬲，就是融合了鼓肩鬲后，乙 B 型折肩鬲在春秋中晚期的形态。

上述甲、乙二类铜鬲的分布如图九。甲 A 类鬲的分布地域并不连续，缺少信阳地区。甲 B 类鬲主要分布在除鄂东北以外的其他地区，以鲁东南地区为中心，主要影响方向为巢湖以东的江淮地区，邻近的皖南地区有零星分布[1]。乙 A 型鬲主要分布在鄂东北地区、信阳地区以及巢湖以西的江淮地区。根据目前材料，这类鬲很可能最初产生于信阳地区附近，其后向西影响至鄂东北地区，向南影响至群舒故地。乙 B 型鬲可以视作乙 A 型鬲地方化的结果，其主要来源应是信阳地区的折肩鬲，随后在鄂东北地区流行。

三　余论：江淮地区的东西二元对立

铜鼓肩鬲和铜折肩鬲，在江淮之间呈东西相对的分布态势。实际上，若考虑到陶器所表现出来的特征，诚如学者指出的那样，江淮东部地区的夷人文化因素自西周早期以来，一直都存在。反观巢湖以西地区，本地文化因素则自西周中期以来，占据主导地位[2]。一般认为，物质文化的表象特征背后，总有人群的作用使然。那么，来自于铜器、陶器的物质特征差异，既是代表了人群的差异。如是，则可以认为分布于巢湖西部、大别山 - 霍山以东以及信阳地区的人群为偃姓 - 群舒联合体，分布于巢湖以东的人群为东夷 - 淮夷联合体。这种并不完全的二元对立，在应对周人的威胁时，表现出了内部的向心力，成为一个联盟，在西周时期集体对抗周人的压力。进入春秋以后，以东部的徐 - 吴 - 越和西部的偃姓诸国 - 群舒 - 楚为两方，不断在江淮地区彼此争夺，成为塑造江淮地区文化特征的主导力量。

---

[1]　信阳地区出土的铜鼓肩鬲，由于图像并不清晰，按照简报描述，已称之为折肩。如是，那么则可以认为在江淮西部是没有铜鼓肩鬲分布的。参见信阳地区文管会等：《信阳县明港发现两批春秋早期青铜器》，《中原文物》1981 年第 4 期。

[2]　赵东升：《论江淮地区西周时期考古学文化格局与政治势力变迁》，《安徽大学学报（哲学社会科学版）》2012 年第 5 期。

附表一　鄂东北地区出土铜鬲

序号	出土地点	数量	典型器图像	时代
1	1966 年京山苏家垅	2		春秋早期
		7		春秋早期
2	1975 年京山檀梨树岗	1		春秋早期
3	1976 年万店周家岗	2		春秋早期
4	1978 年随州何家台	4		春秋早期
5	1979 年安居桃花坡 M2	2		春秋早期
6	1979 年安居桃花坡 M1	4		西周晚期
7	2002 年枣阳郭家庙 M17	1		春秋早期

分类	共存铜容器	资料来源
乙 B 型	鼎 9、甗 1、豆 2、方壶 2、盉 1、匜 1	湖北省博物馆：《湖北京山发现曾国铜器》,《文物》1972 年第 2 期。图像采自湖北省文物考古研究所：《曾国青铜器》,文物出版社,2007 年,第 21 ～ 23 页
乙 B 型		
乙 B 型	鼎 2？	湖北省文物考古研究所：《曾国青铜器》,文物出版社,2007 年,第 8、9 页
乙 Aa 型	鼎 2、簋 2、圆壶 2、盘 1、匜 1	随州市博物馆：《湖北随县发现商周青铜器》,《考古》1984 年第 6 期。图像采自湖北省文物考古研究所：《曾国青铜器》,文物出版社,2007 年,第 276 ～ 278 页
乙 Aa 型	鼎 2、方甗 1、簋 2、圆壶 2、盘 1、匜 1	随州市博物馆：《湖北随县新发现古代青铜器》,《考古》1982 年第 2 期。图像采自湖北省文物考古研究所：《曾国青铜器》,文物出版社,2007 年,第 215 ～ 217 页
乙 B 型	重环纹鼎 3、弦纹鼎 1、簋 1	随州市博物馆：《湖北随县安居出土青铜器》,《文物》1982 年第 12 期。图像采自湖北省文物考古研究所：《曾国青铜器》,文物出版社,2007 年,第 258、259 页
甲 Aa 型	鼎 2、鬲 4、簋 4、壶 1、盘 1、匜 1	随州市博物馆：《湖北随县安居出土青铜器》,《文物》1982 年第 12 期。图像采自湖北省文物考古研究所：《曾国青铜器》,文物出版社,2007 年,第 235、236 页
乙 Aa 型	鼎 2、鼎足 1、壶 2、杯 1、方座器 1	襄樊市考古队等：《枣阳郭家庙曾国墓地》,科学出版社,2005 年,第 64、68 页

附表二 信阳及周边地区出土铜鬲

序号	出土地点	数量	典型器图像	时代
1	1978 年信阳市五星公社平西大队南山咀 M1	2		春秋早期
2	1981 年信阳明港钢厂建筑工地	2		春秋早期
3	1978 年信阳明港段湾	2		春秋早期
4	1986 年信阳平西砖瓦厂 M5	1		春秋早期
5	1983 年黄君孟夫妇墓 G2	2		春秋中期
6	2002 年桐柏月河墓地 M4	2		春秋早期

分类	共存铜容器	资料来源
丙 A 型	鼎 1、壶 1、盆 1、匜 1	河南省博物馆等:《河南信阳市平桥春秋墓发掘简报》,《文物》1981 年第 1 期。图像采自信阳博物馆编著:《信阳博物馆藏青铜器》,文物出版社,2018 年,第 114 页
甲 Ba 型	鼎 4、壶 3、盘 1、匜 1	信阳地区文管会等:《信阳县明港发现两批春秋早期青铜器》,《中原文物》1981 年第 4 期
丙 A 型	鼎 2、壶 2、盆 1、盘 1	信阳地区文管会等:《信阳县明港发现两批春秋早期青铜器》,《中原文物》1981 年第 4 期。图像采自信阳博物馆编著:《信阳博物馆藏青铜器》,文物出版社,2018 年,第 115 页
乙 Ab 型	鼎 2、壶 1、盆 1、簋 1	信阳地区文管会等:《河南信阳市平西五号春秋墓发掘简报》,《考古》1989 年第 1 期。图像采自《中国青铜器全集》第 7 卷第 109 页
丙 A 型	鼎 2、豆 2、壶 2、罍 2、盘 1、匜 1、瓢形盉 2、铜盒 2、方座器 1	河南信阳地区文管会:《春秋早期黄君孟夫妇墓发掘报告》,《考古》1984 年第 4 期。图像采自《中国青铜器全集》第 7 卷第 83 页
乙 Ab 型	鼎 2、鬲 2、罍 2、盘 1、匜 1	河南省文物考古研究所、桐柏县文物管理委员会:《河南桐柏月河墓地第二次发掘》,《文物》2005 年第 8 期

附表三　江淮及周边地区出土铜鬲

序号	出土地点	数量	典型器图像	时代
1	1959 年舒城县隆舒人民公社凤凰嘴墓葬	3		春秋中期
2	1993 年潜山梅城镇七里村黄岭墓葬	4		春秋中期
3	1983 年宿州市桂山乡平山村墓葬	2		西周晚期
4	嘉善县废品公司拣选	1		春秋早期
5	滁州市章广镇出土	1		春秋早期
6	浦口长山子出土	1		春秋早期
7	宣城正兴村出土	1		春秋早期

分类	共存铜容器	资料来源
乙 Ac 型	兽首鼎 1、盖鼎 2、瓶形盉 1、缶 3、盘 3	安徽省文化局文物工作队：《安徽舒城出土的铜器》，《考古》1964 年第 10 期。图像采自安徽大学等：《安徽江淮地区商周青铜器》，文物出版社，2014 年，第 165 页；安徽博物院编著：《江淮群舒青铜器》，安徽美术出版社，2013 年，第 29 页
乙 Ac 型	连体瓶 1、瓶形盉 1、鐎盉 1	潜山县文物局：《潜山黄岭春秋墓》，《文物研究（第 13 辑）》，黄山书社，2001 年，第 125～127 页。图像采自安徽大学等：《安徽江淮地区商周青铜器》，文物出版社，2014 年，第 165 页
甲 Bb 型	鼎 1、龙耳簋 1、匜 1	李国梁：《安徽宿县谢芦村出土周代青铜器》，《文物》1991 年第 11 期。图像采自安徽博物院编著：《江淮群舒青铜器》，安徽美术出版社，2013 年，第 131 页
甲 Bc 型		安徽大学等：《安徽江淮地区商周青铜器》，文物出版社，2014 年，第 166 页
甲 Bc 型		安徽大学等：《安徽江淮地区商周青铜器》，文物出版社，2014 年，第 166 页
甲 Bc 型	鼎 1、鬲 3	南京市文物保管委员会：《南京浦口出土一批青铜器》，《文物》1980 年第 8 期
甲 Bc 型		安徽大学等：《皖南商周青铜器》，文物出版社，2006 年，第 80 页

附表四　鲁南及鲁东南地区出土铜鬲

序号	出土地点	数量	典型器图像	时代
1	1984 年临沂中洽沟 M1	1		春秋早期
2	1996 年莒县西大庄 M1	1		春秋早期
3	1977 年沂水刘家店子 M1	9		春秋早期
4	安丘市吾山镇贾孟村	1		春秋早期
5	安丘柘山镇东古庙	2		春秋早期
6	沂水纪王崮 M1	1		春秋中期
		7		
7	1959 年沂水李家庄	1		春秋早期
8	1986 年滕县后荆沟 M1	2		春秋早期

分类	共存铜容器	资料来源
甲 Bd 型	鼎 4、鬲 1、盘 1、匜 1	临沂市博物馆：《山东临沂中洽沟发现三座周墓》，《考古》1987 年第 8 期
甲 Bd 型	鼎 3、甗 1、簋 4、壶 2、盘 1、匜 1、舟 1	莒县博物馆：《山东莒县西大庄西周墓葬》，《考古》1999 年第 7 期
甲 Bd 型	鼎 16、簋 7、壶 7、盆 2、盘 1、匜 1、舟 2、盂 1、罍 4、瓿 2、盏 1、甗 1、罐 1	山东省文物考古研究所等：《山东沂水刘家店子春秋墓发掘简报》，《文物》1984 年第 9 期。图像采自《中国青铜器全集》第 9 卷第 72 页
甲 Bd 型	鼎 1	安丘县博物馆：《山东安丘发现两件青铜器》，《文物》1989 年第 1 期
甲 Bd 型	鼎 5、方壶 1、罍 4、盂 1、觯 2、盘 1、匜 1、斗 2	安丘市博物馆：《山东安丘柘山镇东古庙村春秋墓》，《文物》2012 年第 7 期
丙 B 型 甲 Bd 型	鼎 7、小鼎 5、鬲 7、甗 1、罍 1、贯耳壶 1、瓠壶 1、盂 1、小罐 1、铺 7、浴缶 7、敦 3、舟 4、盘 1、匜 1	山东省文物考古研究所等：《沂水纪王崮春秋墓出土文物集萃》，文物出版社，2016 年，第 44～46 页
甲 Bd 型	壶、盘、匜、提链小罐	山东省文物管理处：《山东文物选集》（普查部分），文物出版社，1959 年，第 44～46 页
甲 Ab 型	鼎 2、簋 2、鬲 2、罐 2、盘 1、匜 1、簠 2、	滕县博物馆：《滕县后荆沟出土不娶簋等青铜器群》，《文物》1981 年第 9 期

青铜器视角下的东周赵国

杜博瑞 *

　　东周赵国脱胎于晋国，与秦人同祖。《史记·赵世家》记载："赵氏之先，与秦共祖"[1]。又载："周幽王无道，去周如晋，事晋文侯，始建赵氏于晋国。"[2] 春秋时期，晋国发生旁支取代宗室的事件，传统宗法制被进一步破坏。晋献公时期，为避免旁支取代宗室的事件再次发生，尽杀群公子。此举导致公族衰弱，异姓卿大夫开始走上舞台。赵氏就在此背景下逐步走向权力舞台，并最终成为战国七雄之一。春秋末期，韩、赵、魏三分公室，各自建国。《史记·周本纪》记载："威烈王二十三年，九鼎震。命韩、魏、赵为诸侯。"[3] 东周赵国成为诸侯之后，直至秦攻破代国，东周赵国彻底被秦所灭，前后存在约 679 年。总体来看，东周赵国产生于社会大变革与转型的时期，其独特的发展经历必然有东周时期社会的影子。

　　东周赵国脱胎于晋国母体，作为异姓卿大夫走向了权力舞台，其发展的过程必然在青铜器上有所体现。《左传·成公二年》记载："器以藏礼。"[4] 青铜器是宗庙与宫室中陈列的器物，常用于祭祀、宴享等典礼仪式的场合。并且每一种器物的变化都与典礼制度、习俗甚至王朝的更替息息相关[5]。因此，研究青铜礼器，可以从一个侧面去审视东周赵国人群构成、军事发展以及社会思想的诸多方面。然而目前，未有专门从青铜器视角去审视东周赵国社会进程的研究。

　　截止目前，在原平刘庄[6]、榆次棉纶厂[7]、邯郸百家村[8]、邢台南大汪[9]、涉县李家巷[10]、邯

* 杜博瑞：2018 级博士研究生在读。

[1]　（汉）司马迁：《史记·赵世家》，中华书局，1982 年，第 1779 页。

[2]　（汉）司马迁：《史记·赵世家》，中华书局，1982 年，第 1780 页。

[3]　（汉）司马迁：《史记·周本纪》，中华书局，1982 年，第 158 页。

[4]　（清）洪亮吉撰、李解民点校：《春秋左传诂·成公二年》，中华书局，1987 年，第 437 页。

[5]　陈佩芬著、丁一民编：《认识古代青铜器》，《陈佩芬青铜器论集》，中西书局，2016 年。

[6]　山西忻州地区文物管理处：《原平县刘庄塔岗梁东周墓》，《文物》1986 年第 11 期。忻州地区文物管理处、原平市博物馆：《山西原平刘庄塔岗梁东周墓第二次清理简报》，《文物季刊》1998 年第 1 期。

[7]　榆次市文管所：《榆次市棉纶厂战国墓清理简报》，《文物季刊》1997 年第 3 期。

[8]　河北省文化局工作队：《河北邯郸百家村战国墓》，《考古》1962 年第 12 期。

[9]　河北省文物局文化工作队：《邢台战国墓发掘报告》，1959 年编印。

[10]　邯郸市文物保护研究所、涉县文物保管所：《河北涉县李家巷春秋战国墓发掘报告》，《文物》2005 年第 6 期。

钢北大门[1]、柳林杨家坪[2]、长子牛家坡[3]、潞城潞河[4]、太原金胜村[5]、林州大菜园[6]、元氏杨家寨[7]、涉县北关[8]、邯郸市张庄桥[9]、武安市固镇古城镇[10]、和林格尔大堡山[11]、长治分水岭[12]等17处地点发现东周赵国青铜礼容器。青铜礼容器共428件，器类有鼎、鬲、甗、簋、铺、豆、簠、敦、盘、鉴、匜、罐、盉、舟、罍、壶、炭盘、鍑等。我们将在这些青铜礼容器的基础上，审视东周赵国的社会进程。

一　军事扩张与社会融合

　　东周赵国从以晋阳为中心，疆域逐渐扩展。极盛时北至内蒙古中部、陕西北部，东至河北献县、扶柳，西至汾水，南与韩国接壤[13]。其版图最大的扩张即在于北方，向北方的军事扩张必然带来人口的增长，北方族群与中原族群的相互交汇。此过程必然会影响原有的社会，产生新的社会分化。铜器器类与数量的改变，器物组合的变化皆有军事扩张与社会融合的影子，试析如下。

　　本文所指的军事扩张，主要指对北方地区的扩张。具体表现为青铜鍑等器类在东周赵国墓葬中的出现。青铜鍑是北方民族特有的青铜器类，东周赵国的青铜鍑，分布范围从战国早期的太原扩张至战国中晚期的内蒙古一带。此外，瓠壶从战国早期的潞城、太原地区扩展至战国中晚期的绥德。这两类器物出土地点的变更，表现出东周赵国向陕北、内蒙古中部挺进的军事路线，最迟于战国中晚期达到了对这些地区的控制。单月英等认为陕北地区在战国晚期时中原器物的增多，与秦、赵、燕三国北拓疆土，修筑长城，草原游牧文化被迫退出陕北，中原文化继而北上息息相关[14]。内蒙古和林格尔墓地出土东周赵国的器物，就是东周赵国文化北上的又一体现。

[1]　郝良真、赵建朝：《邯郸出土青铜器及赵国贵族墓葬区域》，《文物春秋》2003 年第 4 期。

[2]　吕梁地区文物事业局：《1997 年柳林县杨家坪战国墓葬清理简报》，《山西省考古学会论文集（三）》，山西古籍出版社，2000 年。

[3]　山西省考古研究所：《山西长子县东周墓》，《考古学报》1984 年第 4 期。

[4]　山西省考古研究所、山西省晋东南地区文化局：《山西省潞城县潞河战国墓》，《文物》1986 年第 6 期。

[5]　山西省考古研究所、太原市文物管理委员会：《太原晋国赵卿墓》，文物出版社，1996 年。李建生：《辉县琉璃阁与太原赵卿墓相关问题》，《中国国家博物馆馆刊》2012 年第 2 期。

[6]　河南省文物考古研究院：《河南林州大菜园东周墓地出土青铜器保护修复报告》，中州古籍出版社，2016 年。

[7]　张金栋：《元氏县发现一座石板墓》，《文物春秋》1990 年第 2 期。

[8]　曹玮主编：《传承与谋变——三晋历史文化展》，三秦出版社，2014 年。

[9]　邯郸市文物研究所编：《邯郸文物精华》，文物出版社，2005 年。

[10]　邯郸市文物研究所编：《邯郸文物精华》，文物出版社，2005 年。

[11]　内蒙古师范大学历史文化学院、内蒙古自治区文物考古研究所：《和林格尔县大堡山墓地发掘报告》，《草原文物》2013 年第 2 期。

[12]　山西省文物管理委员会：《山西长治分水岭古墓的清理》，《考古学报》1957 年第 1 期。山西省文物管理委员会、山西省考古研究所：《山西长治分水岭战国墓第二次发掘》，《考古》1964 年第 3 期。山西省文物工作委员会晋东南工作组、山西省长治市博物馆：《长治分水岭 269、270 号东周墓》，《考古学报》1974 年第 2 期。山西省考古研究所、山西博物院、长治博物馆：《长治分水岭东周墓地》，文物出版社，2010 年。

[13]　沈长云等：《赵国史稿》，中华书局，2000 年，第 179 页。

[14]　单月英、汪涛、曹玮：《陕北地区东周秦汉时期的铜器研究》，《陕北出土青铜器》，巴蜀书社，2009 年。

文献的诸多记载也表明了东周赵国对北方民族的征伐。《左传·闵公元年》记载："赵夙御戎，毕万为右，以灭耿、灭霍、灭魏。"[1]《史记·赵世家》记载："襄子姊前为代王夫人。简子既葬，未除服，北登夏屋，请代王。使厨人操铜枓以食代王及从者，行斟，阴令宰人各以枓击杀代王及从官，遂兴兵平代地。"[2] 又载："二十年，王略中山地，至宁葭；西略胡地，至榆中。林胡王献马。归，使楼缓之秦，仇液之韩，王贲之楚，富丁之魏，赵爵之齐。代相赵固主胡，致其兵。"[3] 从文献记载可见，东周赵国的征伐即是灭代、征林胡，向北方挺进的路线。向北方征伐一直是东周赵国的既定战略，《史记·赵世家》记载："简子乃告诸子曰：'吾藏宝符于常山上，先得者赏。'诸子驰之常山上，求，无所得。毋恤还，曰：'已得符矣。'简子曰：'奏之。'毋恤曰：'从常山上临代，代可取也。'简子于是知毋恤果贤，乃废太子伯鲁，而以毋恤为太子。"[4] 东周赵国向北方的不断扩张，间接也使东周赵国文化形成了与北方游牧民族文化二重构成的特点[5]。

社会融合，指拥有不同文化背景的人群或族群互相融合的现象。战国早期开始出现的青铜瓠壶、无盖绳络纹扁壶以及豆式鍑等器类，显现出中原文化与北方文化的融合。此外，分水岭 M269 与 M270、分水岭 M10 与 M11、分水岭 M12 与 M25、分水岭 M14 与 M26、潞城潞河 M7 与 M8 为男女对子墓，其中部分女性铜器墓葬中显现的青铜器数量与组合的高等级与其夫的低等级，也是高等级人群与低等级人群融合的体现。这些器类与对子墓的出现，表明社会融合出现了多民族、多阶层的特点。《左传·僖公二十四年》记载："文公妻赵衰，生原同、屏括、楼婴。"[6] 晋文公将自己女儿嫁于赵衰，表明存在高等级家族将其女嫁于低等级家族的情况。这段记载也间接表明东周时期赵国的社会存在一种婚姻促进阶层融合的现象，这与部分对子墓中女性墓出土青铜器数量与质量皆高于男性墓的现象不谋而和。东周赵国社会融合的复杂性，与东周赵国军事战争扩张以及社会结构等多方面相关。狄宇宙认为，战国时期中原各国长城的修建，使中原各国向北方地区迁徙人口以及开垦提供了便利，同时也使长城以内的游牧民族被迫与中原民族相处，成为华夏的一部分[7]。内蒙古毛庆沟墓地[8]出现的中原人群与北方族群共葬一处墓地的现象，即是北方族群与中原族群相互融合的直接证据。但是，长城的修建仅是加速了其融合的进程，并非融合的唯一原因。我们认为，中原各国的经济贸易需求也是促进其融合的主要原因之一。《史记·货殖列传》记载："乌氏倮畜牧，及众，斥卖，求奇缯物，间献遗戎王。

[1] （清）洪亮吉撰、李解民点校：《春秋左传诂·闵公元年》，中华书局，1987 年，第 263 页。

[2] （汉）司马迁：《史记·赵世家》，中华书局，1982 年，第 1793 页。

[3] （汉）司马迁：《史记·赵世家》，中华书局，1982 年，第 1811 页。

[4] （汉）司马迁：《史记·赵世家》，中华书局，1982 年，第 1789 页。

[5] 孙继民、郝良真：《试论战国赵文化构成的二重性》，《河北学刊》1988 年第 2 期。

[6] （清）洪亮吉撰、李解民点校：《春秋左传诂·僖公二十四年》，中华书局，1987 年，第 316 页。

[7] 狄宇宙著，贺严、高书文译：《古代中国与其强邻——东亚历史上游牧力量的兴起》，中国社会科学出版社，2010 年，第 177 页。

[8] 内蒙古文物考古研究所、日本京都中国考古学研究会：《饮牛沟墓地 1997 年发掘报告》，《岱海考古（二）——中日岱海地区考察研究报告集》，科学出版社，2001 年。

戎王十倍其偿，与之畜，畜至用谷量马牛。"[1] 与戎人的贸易，可以获得巨大的经济效益，补充中原所缺的诸多物品。赵武灵王胡服骑射的改革，刺激了东周赵国对马匹的需求。马匹的主要产地即为北方，这就迫使东周赵国不得不频繁的与戎人进行交流。因此，战争与贸易，促进了游牧社会与中原社会的相互融合。

关于中原各国阶层间的相互融合，我们认为主要是由于宗法制的破坏与军公爵制度的建立。战国早期东周赵国青铜器形成的鼎、豆、壶为中心的组合，在战国晚期被打破，中小贵族墓葬面积急速增大但器类数量间的差值缩小，并逐渐演变为无序状态。《左传·哀公二年》记载："简子誓曰：'克敌者，上大夫受县，下大夫受郡，士田十万，庶人、工、商遂，人臣、隶、圉免。'"[2] 文献记载可见，普通下层民众可以通过军功的形式迈入贵族的行列，而传统的贵族如若没有军功，既有的权利可能会丧失。传统的宗法制已经被适应争霸需要的军公爵制所替代，这或许就是战国晚期贵族墓随葬青铜器无序的一点原因。总体来看，青铜镂、瓠壶和十字纹带扁壶等器物，其分布地点的变化与纹饰的融合，皆表现出东周赵国向北方的军事扩张及与北方族群相互融合的情形。器用制度中鼎、豆、壶的兴起与破坏，部分女性随葬铜器所展现的高等级，皆表明婚姻与军公爵等制度也是阶层融合的催化剂之一。其中婚姻对于阶层融合的具体作用，还有待今后资料的丰富以及进一步的研究。

二 崇礼与革新思想的纠葛

崇礼，不是个别国家的喜好，而是整个东周社会的特点之一。东周赵国尊礼与崇礼的特点，从晋国赵卿时即以显现。《左传·襄公二十八年》记载："楚屈建卒。赵文子丧之如同盟，礼也。"[3]《左传·襄公二十九年》记载："自卫如晋，将宿于戚，闻钟声焉，曰：'异哉！吾闻之也，辩而不德，必加于戮。夫子获罪于君以在此，惧犹不足，而又何乐？夫子之在此也，犹燕之巢于幕上，君又在殡，而可以乐乎？'文子闻之，终身不听琴瑟。"[4] 从这些记载可见，赵文子对礼的遵守与崇敬。赵文子的崇礼行为，得到了鲁国等国的极高赞扬。《左传·襄公三十年》记载："季武子曰：'晋未可偷也。有赵孟以为大夫，有伯瑕以为佐，有史赵、师旷而咨度焉，有叔向、女齐以师保其君。其朝多君子，其庸可偷乎？勉事之而后可。'"[5] 东周赵国青铜器装饰中最为明显的即为蟠螭纹与蟠虺纹占据了纹饰的主流，战国早期宽带纹、画像故事纹也开始占据主要位置，战国中晚期青铜器开始以素面为主。其中画像故事纹中大量的礼乐祭祀图，为古礼的一种变相体现。此外太原金胜村 M251、长子牛家坡 M7、林州大菜园 M801 与潞城潞河 M7 出土的方座豆，其敛口、鼓腹、圜底，矮柄下接方座的形制，与分水岭 M26 与分水岭 M12 出土的方座豆式簋，其折沿、深鼓腹、圜底、矮圈足下接方座的形制皆为仿照西周时期的方座簋。

[1]（汉）司马迁：《史记·货殖列传》，中华书局，1982 年，第 3260 页。

[2]（清）洪亮吉撰、李解民点校：《春秋左传诂·哀公二年》，中华书局，1987 年，第 848 页。

[3]（清）洪亮吉撰、李解民点校：《春秋左传诂·襄公二十八年》，中华书局，1987 年，第 605 页。

[4]（清）洪亮吉撰、李解民点校：《春秋左传诂·襄公二十九年》，中华书局，1987 年，第 614 页。

[5]（清）洪亮吉撰、李解民点校：《春秋左传诂·襄公三十年》，中华书局，1987 年，第 617 页。

不仅如此，分水岭 M26 出土的双立耳蹄足鼎，也是仿照西周晚期青铜鼎的一种复古行为。这些器物与铜器装饰纹样风格的演化，即是东周赵国崇礼的物化表现。

东周赵国崇礼的同时，也存在废礼与革新的思想。《左传·昭公二十九年》记载："晋赵鞅、荀寅帅师城汝滨，遂赋晋国一鼓铁，以铸刑鼎，著范宣子所为刑书焉。"[1] 赵鞅此举遭到了孔子的严厉批判，批其"失其度矣，何以尊贵？"可见赵鞅此举对礼的不敬。《史记·赵世家》记载："明日，荀欣侍以选练举贤，任官使能。明日，徐越侍以节财俭用，察度功德。"[2] 公仲连的改革，使选人、财政等制度进行了彻底的革新。《史记·赵世家》记载："王曰：'今吾将胡服骑射以教百姓。'"[3] 赵武灵王身先士卒，主动身披胡服以促进胡服骑射的改革。以上文献的记载，皆体现东周赵国革新的思潮。春秋晚期鼎、豆、壶新器类组合的使用，以及铜器纹饰中传统纹样被弃用与新纹饰组合等的兴起，皆为其革新思想的表现。

革新与崇礼思想并存，必然导致其矛盾的社会风貌。赵武灵王沙丘之变的产生，就与此矛盾的现象密不可分。《史记·赵世家》记载："二十七年五月戊申，大朝于东宫，传国，立王子何以为王。"[4] 赵武灵王立王子何后开始征战四方，但是一次听朝的过程中不忍见其长子章向其弟称臣，欲分赵而予章。故而导致其饿死沙丘宫的惨剧。我们不讨论其间过程，该事件最为明显的体现即是其革新与崇礼思想的矛盾。传统礼制系统下的王位继承应是嫡长子继承制，保证其王位的正统性。《左传·宣公二年》记载："赵盾请以括为公族，曰：'君姬氏之爱子也。微君姬氏，则臣狄人也。'公许之。冬，赵盾为旄车之族，使屏季以其故族为公族大夫。"[5] 赵盾此举就是维护旧礼的一个体现。赵武灵王"大朝东宫"的立储与此后的反悔摇摆行为，则为崇礼与革新思想下的矛盾体现。东周赵国青铜器中的鼎、豆、壶新器类组合的形成与方座豆、鼎等复古器物的存在，同样是其矛盾思想的物化表现。

三　王权与权利意识的新生

国家，是建立在统治者与被统治者之间的统治契约基础之上，不论契约关系的建立对国家政治会产生什么样的结果[6]。罗曼·赫尔佐克的此番言论比较精确的阐释了国家建立的一个方面，即契约精神。礼书[7] 对于国家爵位等多方面的划分，就是王与诸侯达成的契约。西周至东周时期，国家的契约发生了转换。西周时期周王分封诸侯，诸侯保护王室。《左传·僖公二十四年》记载："昔周公吊二叔之不咸，故封建亲戚。以蕃屏周。"[8] 东周以来"以蕃屏周"的功能已经渐渐淡化，转为诸侯与国民的契约。《史记·管晏列传》记载："周道衰微，桓公既贤，而不勉之至王，

---

[1]　（清）洪亮吉撰、李解民点校：《春秋左传诂·昭公二十九年》，中华书局，1987 年，第 796 页。

[2]　（汉）司马迁：《史记·赵世家》，中华书局，1982 年，第 1797 页。

[3]　（汉）司马迁：《史记·赵世家》，中华书局，1982 年，第 1806 页。

[4]　（汉）司马迁：《史记·赵世家》，中华书局，1982 年，第 1812 页。

[5]　（清）洪亮吉撰、李解民点校：《春秋左传诂·宣公二年》，中华书局，1987 年，第 400 页。

[6]　（德）罗曼·赫尔佐克著、赵蓉恒译：《古代的国家——起源和统治形式》，北京大学出版社，1998 年，第 282 页。

[7]　（清）孙希旦撰，沈啸寰、王星贤点校：《礼记集解·王制》，中华书局，1989 年，第 309 页。

[8]　（清）洪亮吉撰、李解民点校：《春秋左传诂·僖公二十四年》，中华书局，1987 年，第 317 页。

乃称霸哉。"[1]诸侯富强称霸，国民生活富足，这成为东周时期国家的契约之一，君主违背契约，则会被新的统治者所替代。《韩非子·二柄》曰："田常上请爵禄而行之群臣，请君爵禄而与群臣，所以树私德于众官。下大斗斛而施于百姓，于下而用大斗斛以施百姓，所以树私恩于众庶也。此简公失德而田常用之也，故简公见弑。"[2]田氏代齐的事件从某种角度来说，即是齐君违反其契约精神所造成的田氏取而代之。新契约意识的建立，必然导致其原有的王权意识产生新的变化，相对应的权利意识也会发生新的变化。《荀子·王制》曰："虽王公士大夫之子孙，不能属于礼义，则归之庶人。虽庶人之子孙也，积文学，正身行，能属于礼义，则归之卿相士大夫。"[3]荀子一席话，表现出传统的血缘权利已经发生了变化，展现出能者上，弱者下的态势。总体上看，东周时期的社会是国家重新诠释与权利意识新生的时代。

东周赵国的建立，必然也伴随着契约的订立与权利的更迭。银雀山汉简《吴问》记载："赵是（氏）制田，以百二十步为畹，以二百卌步为畛，公无税焉。公家贫，其置士少，主金臣收，以御富民，故曰固国。晋国归焉。"[4]赵氏家族通过改革田亩的尺寸与税收，成功与民众和贵族建立了新的契约关系，为东周赵国的建立打下了基础。前文荀子的言论，表现东周赵国"王不常在，贵不永久"的思想。东周赵国田亩及其他领域变革，皆表现了其建国前后对王权的隐忧。此外，其青铜器墓葬不断增大的面积以及赵王陵封土的出现，青铜器中鼎数量的不断增多，及战国晚期青铜鼎的复古性，与东周时期兴盛的"九鼎传说"相互映衬。同时也表明九鼎传说象征王权的抽象意义的形成。东周赵国从未见过九鼎，但鼎的复古仿制表明其王权意识的觉醒。战国晚期赵王陵巨大的封土，邯郸城宏伟的规模，物化了新的权利意识。巫鸿先生认为陵墓高大的封土以及宏伟的建筑，表明诸侯将墓葬看作个人的纪念碑[5]。总体来看，青铜器与陵墓共同构建了东周赵国纪念碑性的权利观念与高高在上、唯一性的王权理念。

[1]　（汉）司马迁：《史记·管晏列传》，中华书局，1982年，第2136页。

[2]　（清）王先慎撰、钟哲点校：《韩非子集解·二柄》，中华书局，1998年，第40页。

[3]　（清）王先谦撰、沈啸寰、王星贤点校：《荀子集解·王制》，中华书局，1988年，第148页。

[4]　银雀山汉墓竹简整理小组：《银雀山汉墓竹简（壹）》，文物出版社，1985年，第30、31页。

[5]　巫鸿：《中国古代艺术与建筑中的纪念碑性》，上海人民出版社，2009年，第15页。

从战国西汉凸瓣纹金属器看中外文化交流

殷　洁 *

　　几乎中国历史的每个时期，尤其在贵族生活时尚中，皆可见域外文化和艺术产生的影响。唐代以前的考古发现，金银器是外来文物中最重要的一部分。几千年来，金、银以各种各样的表达方式出现在中西方语言中，如"圣人的金色传说（*Legen-da Aurea*）""黄金时代""白银时代""金科玉律"。[1] 纵观整个世界历史，金、银这种稀有金属始终是财富的代表，被用以制作珍贵的珠宝、装饰、钱币、容器以及其他各种物品，以满足宗教或世俗的需求。[2] 正是由于金银器皿在造型、纹样和制作技术上比其他遗物更复杂，因而表现的异域文化特征更直观和具体，反映的东西文化交流信息也更为丰富和多样。[3]

　　与政治、经济、社会领域相较而言，物质文化领域更容易发生变化。中国上层社会始终存在对域外物品、样式或者装饰图案的强烈渴求，因为这些具有异国情调的物品象征了奢华、地位和财富，这一点从贵族王侯墓出土的舶来品可以证明。本文将以我国山东、安徽、江苏、云南和广东出土的凸瓣纹 [4] 金属器皿为例，试探究域外文化东渐过程中的传递与融入、模仿与改造的情况。

一　凸瓣纹金属器皿出土情况梳理

　　据已出土凸瓣纹金属器皿的墓葬年代来看，时间跨度从战国末期到西汉中期，当然器物本身的年代或许更早些。墓主人身份为王侯一类的贵族阶级。器物的金属材质主要为银和铜，整体造型除了一件浅腹碗状外，其他都呈盒 [5] 状。盒身、盒盖上用锤揲技法打压出一圈辐射状凸

---

　　* 殷洁：2015 级博士，现就职于南京大学历史学院。

　　[1] Dietrich Von Bothmer, "A Greek and Roman Treasury", *The Metropolitan Museum of Art Bulletin*, Vol. 42, No. 1, 1984, p.5.

　　[2] Thomas Hoving, "Gold", *The Metropolitan Museum of Art Bulletin*, Vol. 31, No. 2, 1973, p.75.

　　[3] 齐东方：《唐代金银器研究》，中国社会科学出版社，1999 年，第 248 页。

　　[4] 李零先生将圆面切分的花式构图（floral pattern），中央是花心，四周是花瓣，花瓣作辐射状的纹饰称为裂瓣纹（lobed decoration）。裂瓣纹主要分两种，一种是平面，作为常见的构图单元出现在建筑、石刻、器物、服饰上；另一种是立体，专施于器皿上，花心在器底，花瓣在器腹，看似一朵立体朝上翻起的花朵，专称"凸瓣纹"（fluted decoration）。李零：《论西辛战国墓裂瓣纹银豆——兼谈我国出土的类似器物》，《文物》2014 年第 9 期。由于本文的研究对象为立体器皿，故统一称为"凸瓣纹"。

　　[5] 此类器皿学界称之为盒或豆。如果称盒，是就其主体而言。而我国出土的器皿皆在盒盖上加了钮，盒底部加了圈足，所以有学者认为更符合"矮足有盖豆"的器形。孙机：《中国圣火：中国古文物与东西方文化交流中的若干问题》，辽宁教育出版社，1996 年，第 139 页。本文统一称为"盒"。

瓣纹，凸起部分可以在不扩大器皿本身高度或直径的情况下，增加其容量。我国出土此类器物的数量并不多，按照考古发掘时间顺序，分别是：1956～1958 年晋宁石寨山滇王家族墓出土铜盒四件；1979 年临淄西汉齐王刘襄墓出土银盒一件；1983 年广州西汉南越王赵眜墓出土银盒一件；1996～1998 年巢湖汉墓出土银盒一件；2004 年青州西辛战国墓出土银盒两件；2009～2011 年盱眙大云山西汉江都王刘非墓出土银盒一件、银碗 [1] 两件。银盒共计六件，铜盒四件，银碗两件。

1. 云南晋宁石寨山滇王家族墓

晋宁石寨山滇王墓位于云南省昆明市晋宁区的石寨山。1956～1957 年进行系统发掘时，该墓葬群的十一号和十二号墓中各出土镀锡铜盒一件，墓的年代约在公元前 175～前 118 年。铜盒无铭文，由器盖、器身和圈足三部分构成。器物口沿无带饰，盒盖和盒身上饰有两排凸瓣纹，每排各有两圈，每圈 25 枚。两件铜盒的盖子上各有三枚盖钮，十一号墓的盖钮为凫形（图一），十二号墓为豹形（图二）。盖钮和圈足底座皆为原有之物，并非后配 [2]。1958 年冬进行第三次发掘时，于二十三号墓（西汉晚期）中再次发现类似的铜盒两件 [3]。这批器物的内壁平整无凹坑，李零先生认为是我国传统的范铸法，并非锤揲制成 [4]。由于滇王是藩王，礼制上只能以铜代银，为了仿制高等级的银器，在器物表面镀了一层锡 [5]。

2. 山东临淄西汉齐王刘襄墓

西汉齐王刘襄墓位于山东临淄窝托村，20 世纪 70 年代末配合胶济铁路东风车站扩建工程，进行了勘探和发掘工作。该墓的第一号陪葬坑中出土凸瓣纹银盒一件（图三），器身和器盖均锤揲出上下两排尖头相向、交错对置的凸瓣纹，每排各两圈，每圈 17 枚。盒盖和盒身部分为银质，盒盖上的三枚兽形钮和喇叭形圈足底座为铜铸件，后添加 [6]。附加的方式是铆接，而不是焊接 [7]。器腹内底和圈足旁的腹壁上，均有铭文"南木"，"木"为工匠的名字，"南"是"齐大官南宫"的简称，"齐大官"是齐王的食官，"南宫"是置用之所 [8]。此件器物与广州南越王墓所出极为相似，只是器口无带饰。发掘者推测此随葬坑的年代在公元前 179 年左右，早于南越王墓。

3. 广东广州西汉南越王赵眜墓

西汉南越王赵眜墓位于广州象岗山，1983 年进行了系统发掘。主棺室内发现银盒一件（图四），位于棺椁的足箱内。其盖面顶部有两圈凹弦纹和一圈连弧纹，弦纹外侧有三个银焊的凸榫。器身和器盖均饰有上下两排交错对置的凸瓣纹，每排各两圈，每圈 26 枚。盒盖和盒身为银质，口沿各饰有一道麦穗纹。盒盖中心篆刻一圈铭文，根据李零先生的释读，焊点一标"一"，旁有"一

[1] 同类器型在西方被称为"bowl"，本文遵从国际上通用的称谓。

[2] 云南省博物馆：《云南晋宁石寨山古墓群发掘报告》，文物出版社，1959 年，第 69 页。

[3] 云南省博物馆：《云南晋宁石寨山第三次发掘简报》，《考古》1959 年第 9 期。发掘报告未公布二十三号墓中两件铜盒的图片信息。

[4] 李零：《论西辛战国墓裂瓣纹银豆——兼谈我国出土的类似器物》，《文物》2014 年第 9 期。

[5] 李零：《论西辛战国墓裂瓣纹银豆——兼谈我国出土的类似器物》，《文物》2014 年第 9 期。齐东方：《唐代金银器研究》，中国社会科学出版社，1999 年，第 251 页。

[6] 山东省淄博市博物馆：《西汉齐王墓随葬器物坑》，《考古学报》1985 年第 2 期。

[7] 李零：《论西辛战国墓裂瓣纹银豆——兼谈我国出土的类似器物》，《文物》2014 年第 9 期。

[8] 李零：《论西辛战国墓裂瓣纹银豆——兼谈我国出土的类似器物》，《文物》2014 年第 9 期。

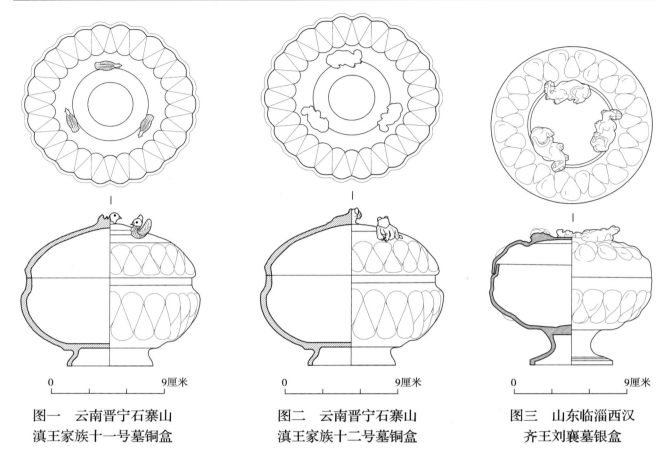

图一　云南晋宁石寨山　　　　图二　云南晋宁石寨山　　　　图三　山东临淄西汉
滇王家族十一号墓铜盒　　　　滇王家族十二号墓铜盒　　　　齐王刘襄墓银盒

斤四两，右游一，私官，容三升大半"；焊点二标"二"，旁有形似"又"和"名甘百册一"；焊点三标"三"，旁有"三"字[1]。盒盖上的盖钮脱失，从焊点的遗痕可以判断出为铜质。喇叭形铜质鎏金的圈足底座完整无损，上有铭文两处：一处作"名甘"，下文残缺；一处作"之（？）三。私官，容"，下文残缺[2]。此件银盒的器形、尺寸比临淄更加低矮，与石寨山滇国墓十分相似[3]，只不过滇国墓铜盒上的凸瓣纹比南越王银盒少一对。

4. 安徽巢湖北头山西汉墓

1996～1998年安徽巢湖市东郊的放王岗、北头山清理发掘出三座西汉大型墓葬，其中北头山一号墓的北边厢出土银盒一件（图五）。盖面微弧，盖顶中心饰有一圈凹弦纹和一圈连弧纹。与其他几件银盒相比，无钮，连焊接点也没有。盖顶中心处篆刻一圈铭文，"十三两十二朱（铢）"；外底部也有铭文，"□□两十二朱（铢），二〻，十两□朱（铢）昊"[4]。器身和器盖均有上下两排交错对置的凸瓣纹，口沿各饰一圈未鎏金的平行斜线纹，但方向相反。盒底的喇叭形圈足为铁质，发现时已脱落[5]。

---

[1]　李零：《论西辛战国墓裂瓣纹银豆——兼谈我国出土的类似器物》，《文物》2014年第9期。

[2]　李零：《论西辛战国墓裂瓣纹银豆——兼谈我国出土的类似器物》，《文物》2014年第9期。

[3]　广州市文物管理委员会、中国社会科学院考古研究所、广东省博物馆编：《西汉南越王墓》，文物出版社，1991年，第209、210页。

[4]　李零：《论西辛战国墓裂瓣纹银豆——兼谈我国出土的类似器物》，《文物》2014年第9期。

[5]　安徽省文物考古研究所、巢湖市文物管理所编：《巢湖汉墓》，文物出版社，2007年，第105、106页。

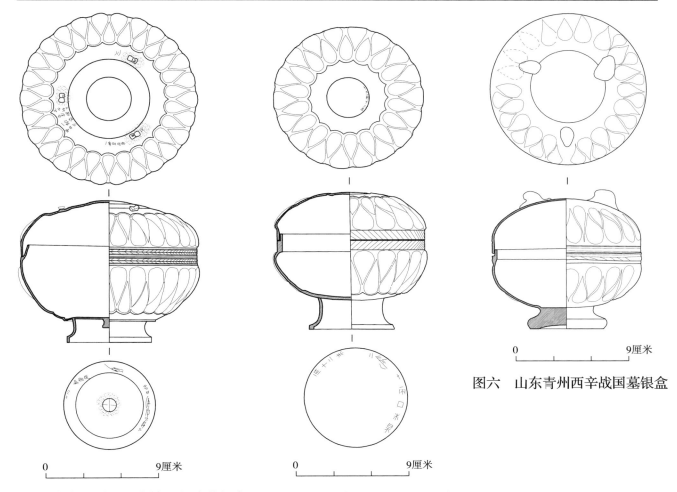

图六　山东青州西辛战国墓银盒

图四　广东广州西汉南越王赵眜墓银盒　　图五　安徽巢湖北头山西汉墓银盒

5. 山东青州西辛战国墓

　　西辛战国墓位于山东省青州市东高镇，2004年底为配合当地公路改造工程，对此墓进行了抢救性发掘。根据墓葬形制、建筑方式和出土器物判断，该墓约属于战国末期，墓主可能是齐国贵族。墓中出土银盒两件（图六），形制相同。器盖、器身均饰有交错对置的凸瓣纹，口沿有凸弦纹夹平行斜线纹的鎏金纹饰带。盖上有三钮，但已覆满铁锈，推测应为卧姿虎豹状的青铜钮。器底圈足为青铜质，有鎏金痕迹[1]。盖钮和圈足没有铆接的痕迹，推测为焊接[2]。圈足旁的腹壁上均有铭文"叟，一又卅分"，李零先生认为"叟"字可能是粤字的变形，为工匠的名字；"一又卅分"估计是器物的重量[3]。

6. 江苏盱眙大云山西汉江都王刘非墓

　　西汉江都王刘非墓位于江苏省盱眙县马坝镇大云山，2009～2012年进行了抢救性发掘。银盒出土于前室盗洞中，通体鎏金，略呈扁球形，由器盖、器身和圈足三部分组成（图七）。盖顶饰有一圈凹弦纹与一圈连弧纹，之间均匀分布三处钮饰，惜已残损丢失。器盖与器身均饰有

[1]　山东省文物考古研究所、青州市博物馆：《山东青州西辛战国墓发掘简报》，《文物》2014年第9期。

[2]　李零：《论西辛战国墓裂瓣纹银豆——兼谈我国出土的类似器物》，《文物》2014年第9期。

[3]　李零：《论西辛战国墓裂瓣纹银豆——兼谈我国出土的类似器物》，《文物》2014年第9期。

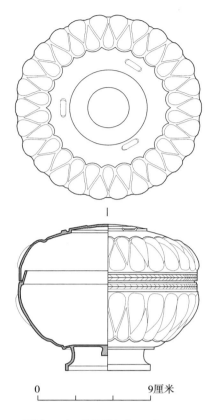

图七　江苏盱眙大云山
西汉江都王刘非墓银盒

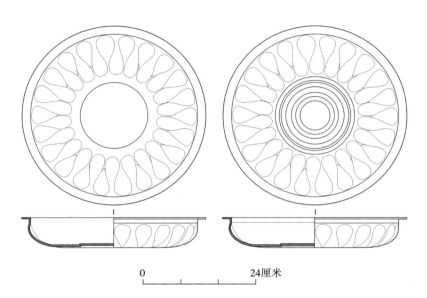

图八　江苏盱眙大云山西汉江都王刘非墓银盘

交错状凸瓣纹，相接的口沿处各饰有一道麦穗纹。圈足为素面，没有其他纹饰。南回廊东部下层还发现两件银盘（图八），其形制、尺寸相同，口径38、底径22.4、高6.4厘米，腹部均饰有交错状凸瓣纹，外底还刻有铭文。其中一件内底饰以凸弦纹，外底中心刻"田□左工名日半十一""五斤十四两十三朱""五斤十五两一斗九升"，外底边缘刻"北私今五斤十四两三朱"。另一件内底素面，外底边缘刻"北私今六斤十两""北私今五斤十四两十二朱"，口沿下还刻有"五斤五两□朱名田□"[1]。

二　意匠渊源

关于凸瓣纹金属器皿的意匠渊源，学术界一致认为来自西方，具体划分为波斯说和希腊罗马说。徐平芳认为它们来自西亚或中亚[2]；孙机认为凸瓣纹是锤揲打压而成，这种技术可追溯到亚述时期，兴盛于阿契美尼德帝国，继承并发展于安息王朝，我国的银盒应为安息后期的制

[1]　南京博物院、盱眙县文广新局：《江苏盱眙县大云山西汉江都王陵一号墓》，《考古》2013年第10期。

[2]　徐苹芳：《考古学上所见中国境内的丝绸之路》，《十世纪前的丝绸之路和东西方文化交流》，新世界出版社，1996年，第271页。

表一

	云南晋宁石寨山滇王家族墓	山东临淄西汉齐王刘襄墓	广东西汉南越王赵眜墓	安徽巢湖北头山西汉墓	山东青州西辛战国墓	江苏盱眙大云山西汉江都王刘非墓
年代	11、12 号墓为公元前 175～前 118 年；23 号墓为西汉晚期	西汉，约公元前 179 年	西汉，约公元前 122 年	西汉，约公元前 140 年	战国晚期，约公元前 3 世纪	西汉，约公元前 128 年
地点	云南省晋宁县石寨山滇王家族墓地十一、十二、二十三号墓	山东省淄博市临淄区大武乡窝托村西汉齐王墓一号陪葬坑	广东省广州市象岗西汉南越王墓主棺室足箱内	安徽省巢湖市北头山一号墓	山东省青州市东高镇西辛村西	江苏省盱眙县马坝镇云山村大云山汉墓一号墓
数量	4	1	1	1	2	3
尺寸	一件未写尺寸；一件通高 12.5、口径 13.4、腹径 14.2、圈足径 7 厘米；另外两件高 11 厘米	通高 11、口径 11.4 厘米	通高 12.1、盖径 14.3、腹径 14.8、口径 13、圈足径 6.9、圈足高 1.8 厘米	通高 11.4、口径 11.2、腹径 12.3、圈足径 6.8 厘米	一件通高 11.1、腹径 11.3、底径 5.6 厘米；另一件高 10.6、腹径 11.6、底径 5.8 厘米	银盒通高 12.1、口径 13.2、圈足径 6.8 厘米；银碗高 6.4、口径 38、底径 22.4 厘米
重量	未标明	器重 570 克	器重 572.6 克，器腹腐蚀穿孔；器盖完好，重 243.8 克	器盖重 192 克；器身重 328 克；底座重 69 克	一件重 375.25 克；另一件重 385.03 克	未标明
材质	器身均为铜	器身银，座铜	器身银，盖与身结合处的上下边缘各饰的一匝穗状纹有薄鎏金，铜圈足座鎏金	器身银，铁圈足	器身银；口沿带饰鎏金；圈足铜，有鎏金痕迹	器身银，通体鎏金

品[1]；饶宗颐基本认同孙先生的西亚说[2]；李零根据卢浮宫收藏的一套埃及托德神庙银器，认为凸瓣纹器皿可以追溯到古亚述时期[3]；齐东方认为齐王墓和南越王墓的银盒，与波斯及罗马地区金银器的工艺和纹样极为接近[4]；林梅村根据伊朗新的考古资料，证明青州西辛银盒与埃兰的一件银器如出一辙，因此凸瓣纹金银器最早见于近东埃兰文明，后来为波斯人、帕提亚人传承[5]；赵德云从凸瓣纹装饰在西亚和地中海地区的发展过程分析，认为希腊和罗马地区是通过战争、贸易等形式来源于波斯，因此时间上晚于波斯[6]；伊朗学家叶奕良认为伊朗地区从公元前 4 世纪左右便是中国和西亚、东欧交流的纽带[7]。不仅我国学者对凸瓣纹的意匠渊源进行过充分探讨，西方学者也注意到中国境内出现的这种具有典型西方特征的器物，如米歇尔·琵若茹丽认为中

[1] 孙机：《凸瓣纹银器与水波纹银器》，《中国圣火：中国古文物与东西方文化交流中的若干问题》，辽宁教育出版社，1996 年，第 142～144 页。

[2] 饶宗颐：《由出土银器论中国与波斯、大秦早期之交通》，《华学》第 5 辑，中山大学出版社，2001 年，第 1 页。

[3] 李零：《论西辛战国墓裂瓣纹银豆——兼谈我国出土的类似器物》，《文物》2014 年第 9 期。

[4] 齐东方：《唐代金银器研究》，中国社会科学出版社，1999 年，第 250 页。

[5] 林梅村：《丝绸之路十五讲》，北京大学出版社，2006 年，第 104、105 页。

[6] 赵德云：《凸瓣纹银、铜盒三题》，《文物》2007 年第 7 期。

[7] Ye Yiliang, Outline of Political Relations between Iran and China, *Aspects of the Maritime Silk Road: from the Persian Gulf to the East China*, Wiesbaden: Harrsassowitz Verlag, 2010, p.3.

国的银盒源自希腊罗马式，可能其中有几件是直接进口，有几件是本土仿制[1]；相反，杰西卡·罗森则认为来源于安息[2]；Sophia-Karin Psarras 认为这种器物的伊朗化来源毋庸置疑[3]。由此可见，国内外学者持波斯说观点的居多。

首先，从制作工艺来看，除了晋宁石寨山的四件器皿为铜制外，其余七件皆为银制。利用金属银质地柔软、延展性强的特点，在器物表面锤打出凹凸不平的裂瓣纹装饰，形成浮雕式的立体效果。这种锤揲法与中国传统的陶范、失蜡法迥异，难以纳入我国金属器铸造工艺的发展序列中，而与地中海沿岸和古波斯国家制作金银器的工艺极为相似。西方金银器多用一整块金片或银片，利用模具（外模或内模）锤揲而成[4]。李零先生曾近距离观察过西辛出土的器物，发现盒体器壁上有很多漏洞和小眼，是由于锤揲时受力不均造成有些地方太薄导致破损，并非范铸的气眼[5]。

早在公元前 15 ～前 7 世纪，采用锤揲法制作金属器皿在伊朗高原即已出现，其中最著名的当属洛雷斯坦青铜器（Luristan bronze）。伊朗国家博物馆藏有一件洛雷斯坦时期的凸瓣纹青铜钵（图九），该钵口沿外侈，颈内束，钵腹较深，通体饰有凸起的水滴和菱形纹样，内壁形成对应的凹陷。因此不太可能作为日常生活用具，有可能作为祭祀之用[6]。这种青铜器纹样的制作方法与金银器的锤揲技术类似，其影响力一直持续到后来的阿契美尼德王朝时期。

其次，从装饰纹饰来看，裂瓣纹流行于埃及、两河流域、伊朗等地，是西方艺术中极为常见的一种装饰纹饰。时间上最早可以追溯到乌鲁克时期（Uruk Period，约公元前 3500 ～前 2900年），据说与美索不达米亚的娜娜女神有关，阿契美尼德时期凸瓣纹装饰从附属地位发展成主体，达到鼎盛[7]。尽管波斯工匠来自帝国的不同附属国，造成波斯艺术的风格和工艺自带多样化属性，但是这种多样化不是不同风格之间的勉强调和，而是合成了一种独一无二的波斯特性[8]。

尽管在西方没有出现过凸瓣纹金属"盒"的器型，但是同样工艺和装饰的碗（bowl）状器皿保存下来翔实的记录[9]，伊朗、安纳托利亚、高加索、塞浦路斯、埃及、希腊、巴尔干半岛、意大利、法国和西班牙等地都有发现。但是根据 Pierre Briant 关于阿契美尼德国王及其宫廷活动模式的研究显示，国王去哪里都会携带大量的金属器皿，并且在途中也会从附属国获取大量贡

[1] 米歇尔·琵若茹丽：《外部世界对中国文化的贡献：接触和同化》，《"迎接二十一世纪的中国考古学"国际学术讨论会论文集》，科学出版社，1998 年，第 406 页。

[2] Jessica Rawson, "The Eternal Palaces of the Western Han: A New View of the Universe", *Artibus Asiae*, Vol. 59, No. 1/2 (1999), p.27.

[3] Sophia-Karin Psarras, "Rethinking the Non-Chinese Southwest", *Artibus Asiae*, Vol. 60, No. 1 (2000), p.30.

[4] 李零：《论西辛战国墓裂瓣纹银豆——兼谈我国出土的类似器物》，《文物》2014 年第 9 期。

[5] 李零：《论西辛战国墓裂瓣纹银豆——兼谈我国出土的类似器物》，《文物》2014 年第 9 期。

[6] 罗世平、齐东方：《波斯和伊斯兰美术》，中国人民大学出版社，2010 年，第 22 页。

[7] 赵德云：《凸瓣纹银、铜盒三题》，《文物》2007 年第 7 期。

[8] Edward Lipiński; Karel van Lerberghe; Antoon Schoors; Karel Van Lerberghe; Antoon Schoors: *Immigration and Emigration within the Ancient Near East*, Leuven: Peeters Publishers, 1995, p.119.

[9] P. R. S. Moorey, Catalogue of the Ancient Persian Bronzes in the Ashmolean Museum. Oxford University Press, 1971. p. 183.

品[1]。因此本文列举三位阿契美尼德君王：大流士一世（Darius I 522～486B.C）（图一〇）、薛西斯一世（Xerxes I 486～465B.C）（图一一）和阿塔薛西斯一世（Artaxerxes I 486～465B.C）的专用器皿，以确保考古出土信息的准确性。皇室凸瓣纹金属器一般都是成套（两件或四件）制作，1932年哈马丹[2] 出土的四件阿塔薛西斯一世银碗[3]（图一二～一四）就是证据之一。

阿契美尼德诸王的凸瓣纹金属器皿，皆在器物的口沿处，在最引人注目的地方用古波斯楔形文字刻有一圈内容相似的铭文，如阿塔薛西斯银碗上写的"伟大的国王阿塔薛西斯，王中之王，王国之王，薛西斯（大流士之子）的儿子，皇室制作。"[4]特别值得注意的是，围绕边缘环刻的铭文经过了精心设计和排版，以便留下空白区域，这可能是为使用者在抓握时大拇指不会挡住铭文[5]。这些诸王所制的金银凸瓣纹器皿，以其交相辉映的凸瓣纹反射出的光影，闪现出贵金属器皿的璀璨豪华，不再增添其他花纹。大流士时的早期之作，仅在器肩上突起一排水滴状凸瓣，器腹穿插进叶形凸瓣[6]。大流士之后诸王的图案更富于变化，中央内凸外凹的圆形脐饰（central omphalos）宛如花心，不同的几何图形呈均匀放射状分布在器腹上，组合出盛开的花朵样式。不仅从材质上，也从纹饰上体现出皇室器皿的繁华。

鉴于贵金属的内在价值和可识别的权威价值，刻有皇家铭文的凸瓣纹金属器皿偶尔也会赠给某个重要附属国的君主或总督，但是在普通私人墓葬中从未出现过[7]。这与波斯波利斯国库中储存的丰富且崭新的情况形成对比，无疑表明此类器皿是作为"皇室用具"专为皇家活动与仪式使用[8]。由此联系到我国凸瓣纹金属器皿出土的墓葬，也皆是王侯一类的贵族阶级，普通墓葬中未出现。

除了南越王墓所出银盒内有黑色丸状物，发掘者推测银盒可能用来盛装药丸之外，我国出土的此类器皿功能不详。然而阿契美尼德诸王所制器皿的功能明确，即皇家祭祀仪式中的奠酒

---

[1] 转引自 Ann C. Gunter and Margaret Cool Root, "Replicating, Inscribing, Giving: Ernst Herzfeld and Artaxerxes' Silver Phiale in the Freer Gallery of Art", *Arts Orientalis*, 1998, Vol.28, p.20.

[2] 关于阿塔薛西斯一世四件银碗出土地点，Ann C. Gunter 和 Margaret Cool Root 的文章进行了详细探讨。Ann C. Gunter and Margaret Cool Root, "Replicating, Inscribing, Giving: Ernst Herzfeld and Artaxerxes' Silver Phiale in the Freer Gallery of Art", *Arts Orientalis*, 1998, Vol.28, p.20.

[3] 目前分别由德黑兰 Reza Abbasi 博物馆、弗利尔美术馆、大英博物馆以及大都会博物馆收藏。

[4] 阿塔薛西斯一世四件银碗上的铭文存在是否为后刻的疑问。Rolanid G. Kent, "Old Persian: Grammar, Texts, Lexicon", *American Oriental Series*, Vol.33, 1953；Ann C. Gunter and Margaret Cool Root, "Replicating, Inscribing, Giving: Ernst Herzfeld and Artaxerxes' Silver Phiale in the Freer Gallery of Art", *Arts Orientalis*, 1998, Vol.28

[5] Ann C. Gunter and Margaret Cool Root, "Replicating, Inscribing, Giving: Ernst Herzfeld and Artaxerxes' Silver Phiale in the Freer Gallery of Art", *Arts Orientalis*, 1998, Vol.28, p.23.

[6] 孙机：《凸瓣纹银器与水波纹银器》，《中国圣火：中国古文物与东西方文化交流中的若干问题》，辽宁教育出版社，1996年，第142页。

[7] Ann C. Gunter and Margaret Cool Root, "Replicating, Inscribing, Giving: Ernst Herzfeld and Artaxerxes' Silver Phiale in the Freer Gallery of Art", *Arts Orientalis*, 1998, Vol.28, pp.22-23.

[8] Erich Schmidt, *Persepolis II: Contents of the Treasury and Other Discoveries*, Chicago: Oriental Institute Publications, 1957, pp.92-93.

图九　公元前 10 世纪，洛雷斯坦时期，伊朗国家博物馆藏

图一〇　大流士一世金碗，约公元前 6～前 5 世纪，阿契美尼德王朝，金，高 11.1 厘米，重 1100 克，大都会博物馆藏

图一一　薛西斯一世金碗，约公元前 5 世纪，阿契美尼德王朝，金，高 11.6、径 20.5 厘米，重 1407 克，伊朗国家博物馆藏

图一二　阿塔薛西斯一世银碗，约公元前 465～前 424 年，阿契美尼德王朝，银，弗利尔美术馆藏

图一三　阿塔薛西斯一世银碗，约公元前 465～前 424 年，阿契美尼德王朝，银，高 4.6、径 29.2 厘米，大都会博物馆藏

图一四　阿塔薛西斯一世银碗，约公元前 465～前 424 年，阿契美尼德王朝，银，高 4.7、径 28.9 厘米，重 804.1 克，大英博物馆藏

器"筐罍"（Phialai）[1]。"筐罍"一词来源于古希腊，部分学者认为它既可以表示饮酒，也可以表示献祭仪式中的奠酒器，但是目前学术界倾向于认定它的功能仅限于在宗教仪式中向诸神敬酒之用[2]。在古代希腊献祭仪式中，奠酒是最重要的形式之一。根据描绘奠酒场景的瓶画、雕塑中，我们可以了解到奠酒的具体形式：先将酒从酒壶倒入奠酒碗中，再将奠酒碗中的酒倾倒落地（图一五、一六）[3]。在希腊，有此用途的奠酒碗在后荷马时代被称之为"筐罍"[4]。

大都会博物馆的两件藏品印证了筐罍的使用方式：右手持筐罍，拇指扣在口沿处，其余四只手指分开托住底部，中指和无名指的指尖勾住中空的脐部（图一七、一八）。这种持法可以在奠酒仪式中稳稳地握住筐罍，有助于缓慢地倾倒出碗中的酒。

通过上文对锤揲法和凸瓣纹的详细探讨，印证了我国凸瓣纹金属器皿的意匠渊源"波斯说"。然而，与阿契美尼德时期富于变化的布局不太一样的是，中国境内出土的器皿纹饰结构并不复杂，整体上呈现出辐射状尖头相向、交错对置的样式。孙机根据美国弗利尔美术馆藏安息时期的一件凸瓣纹银碗（图一九），发现与中国的纹饰非常接近。尤其是江苏大云山西汉墓出土的银盘，无论是尺寸、纹饰、材质还是器型，与弗利尔所藏安息时期的银盘几乎一模一样。

公元前 330 年春，亚历山大火烧波斯波利斯，阿契美尼德王朝覆灭。公元前 312 年，伊朗成为塞琉古帝国的一部分。公元前 247 年，塞琉古帝国失去对帕提亚的控制。凸瓣纹金属器皿在我国出土的时间从战国晚期延续到西汉晚期，大体相当于帕提亚王朝时期（公元前 247 年～公元 224 年）。从时间上来说，两者也相互吻合。

我国史籍中详细记载了安息的地理、政治、经济、文化、风俗习惯等信息："安息在大月氏西可数千里。其俗土著，耕田，田稻麦，蒲陶酒。城邑如大宛。其属小大数百城，地方数千里，最为大国。临妫水，有市，民商贾用车及船，行旁国或数千里。以银为钱，钱如其王面，王死辄更钱。效王面焉。画革旁行以为书记。其西则条枝，北有奄蔡、黎轩。"（《史记·大宛列传》）两国正式缔交始于公元前 2 世纪中叶，即汉武帝刘彻统治时期及安息帝国密斯利得斯统治时期。公元前 119 年，张骞第二次出使西域，并派其副使出使安息，安息随后也遣使回访汉地。《汉书·西域传》记录了中国与伊朗的第一次正式外交互访："安息国王治番兜城……北与康居，东与乌弋山离，西与条支接，土地、风气、物类，所有民俗与乌弋、罽宾同。亦以银为钱，文独为王面，幕为夫人面，王死辄更铸钱。有大马爵。其属小大数百城，地方数千里，最大国也。临妫水。商贾车船行旁国。书革旁行为书记。武帝始遣使至安息。王令将将二万骑迎于东界，东界去王都数千里。行比至过数十城，人民相属。因发使随汉使者来观汉地，以大鸟卵及犁靬眩人献于汉。"

[1] 孙机也将这几件阿契美尼德诸王器皿通称为筐罍，但是定义为"器型略近矮颈阔底钵"似乎不妥，因为相较于大流士一世器高 11.1 厘米、薛西斯一世器高 11.6 厘米而言，阿塔薛西斯一世的四件器皿高仅 4.6 厘米左右，不能纳入这个定义之中。孙机：《凸瓣纹银器与水波纹银器》，《中国圣火：中国古文物与东西方文化交流中的若干问题》，辽宁教育出版社，1996 年，第 142 页。

[2] Margaret C. Miller, *Athens and Persia in the Fifth Century BC: A Study Cultural Receptivity*, Cambridge: Cambridge University Press, 1997, p.60.

[3] William D. Furley, "Prayers and Hymns," in Daniel Ogden, eds., *A Companion to Greek Religion, Malden*, MA: Wiley-Blackwell, p.127.

[4] Dietrich Von Bothmer, "A Gold Libation Bowl", *The Metropolitan Museum of Art Bulletin*, Vol.21, No.4, 1962, p.154.

图一五　公元前 340～前 320 年,阿普里亚(Apulian),赤陶双耳喷口杯,西班牙考古博物馆藏

图一六　公元前 460 年,特尔斐(Delphi),基里克斯陶杯,特尔斐考古博物馆藏

图一七　公元前 1 世纪～公元 1 世纪,伊特鲁里亚(Etruscan),青铜,高 11.4 厘米,大都会博物馆藏

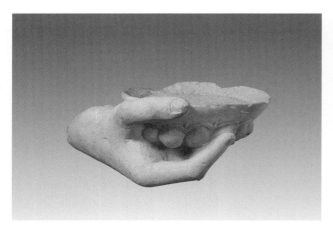

图一八　公元前 6～前 5 世纪,塞浦路斯(Cypriot),筐罍高 16.5 厘米,大都会博物馆藏

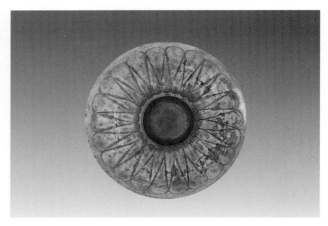

图一九　公元 100～300 年,安息王朝,银,高 5.9、径 21.8 厘米(底部),弗利尔美术馆藏

（《汉书·西域传》）。

　　但是我们不能由此一概而论的认为中国境内出土的器皿都是汉通安息以后传入，因为此类器物初传的年代，在战国至西汉早中期，属于与安息建立正式外交关系以前流入中国的实物。这些器物的发现表明在丝路正式拓通多年之前，中国就已经与安息存在交流的迹象[1]。安息人不仅与东方的中国发生了密切交流，还以波斯湾为中心，与西方的罗马与印度进行贸易。这样，处于东西方中间咽喉地带的安息成为东西方贸易的中介，促进了整个古代世界国际贸易的发展。汉武帝从国家层面上正式开通丝绸之路之前，不同种族、不同信仰、不同文化背景的商人、僧侣、军队川流不息，往来在东西方交通的道路上，创造并传递着宗教、艺术、财富、战争、疾病和灾难。打破种种自然的和人为的险阻，推动着不同文明之间的沟通和交流，实现了一个广泛范围内的跨界与互动。

三　传播路径

　　中国出土的这些金属器皿是由丝绸之路贸易区交易而来，抑或是由本土工匠制作，还是移居在中国的外国工匠制作，目前还不具备充分的条件来回答这些问题，但是我们仍可进行一定程度的讨论。关于它们的传播路径，学术界主要分为绕过或不绕过马六甲海峡的海路与经由西南蜀地或欧亚大陆的陆路两种观点。

　　孙机认为在汉武帝凿空西域之前，安息产品通过陆路运输到我国的困难较大，但是从海陆运输可能性更大[2]。从地理上看，广州地处百川汇合之地，靠山面海，外有海港与各国往来。顾祖禹曾在《读史方舆纪要》中说到："广之地介于岭海之间，北负雄韶，足以临吴楚；东肩惠潮，可以制瓯闽；西固高廉，扼交邕之襟吭；南环琼岛，控黎夷之门户。而广州一郡，屹为中枢，山川绵邈，环拱千里，足为都会。"[3]特殊的地理位置使得广州在早期海上丝绸之路中就扮演着重要的角色，与西汉王朝鼎力对峙近一个世纪之久的南越国，利用海上交通的独特优势，与外部世界发生了密切的联系[4]。南越王墓内西耳室内出土了非洲象牙，证明南越国或更前年代的广州已发展出海上贸易。齐王墓所出者，估计也是从海陆运输到南方，再通过汉代国内井然有序的内陆交通网，转运到临淄[5]。饶宗颐根据史籍记载传入我国的非洲象牙、犀角、红海乳香、紫贝等物，推测凸瓣纹器皿也是海上交通输入。[6]徐苹芳、齐东方、徐龙国等学者基本也持类似的

　　[1]　王三三：《帕提亚与丝绸之路关系研究》，南开大学 2014 年博士论文，第 168 页。

　　[2]　孙机：《凸瓣纹银器与水波纹银器》，《中国圣火：中国古文物与东西方文化交流中的若干问题》，辽宁教育出版社，1996 年，第 143 页。

　　[3]　顾祖禹：《读史方舆纪要·卷二·广东第十二》，中华书局，2005 年，第 5397 页。

　　[4]　张荣芳，周永卫，吴凌云：《西汉南越王墓多元文化研究》，中山大学出版社，2015 年，第 129 页。

　　[5]　孙机：《凸瓣纹银器与水波纹银器》，《中国圣火：中国古文物与东西方文化交流中的若干问题》，辽宁教育出版社，1996 年，第 143 页。

　　[6]　饶宗颐：《由出土银器论中国与波斯、大秦早期之交通》，《华学》第 5 辑，中山大学出版社，2001 年，第 1、2 页。

观点[1]。林梅村通过伊朗尸罗夫港，推测这些波斯舶来品很有可能通过尸罗夫港远渡重洋，辗转到印度、东南亚各地港口，最后来到中国东南沿海地区[2]。并根据近东埃兰的银器，推测山东青州西辛银盒也是由海路传入[3]。李庆新在著作中绘出汉代海上航线图，表明当时波斯与中国已建立了通畅的海上来往路线[4]。

与海上通道不同的是，部分学者认为西亚舶来品经由陆道的可能性更大。广州一带的南越王墓在汉初的海路就比较发达，地理优势比较明显，海运的可能性比较大。但是南越国也出土大量北方草原风格的动物纹牌饰，不能轻易排除陆路传来的可能性。并且战国晚期沿海地区与西方的海路交通是否真的存在，目前在学术界也有争议。山东临淄汉墓、青州西辛战国墓一带虽然也有海运的可能，不过与欧亚大陆联系较密可能性也较大。周永卫通过凸瓣纹银盒一同出土的蚀花肉红石髓珠和海贝，推测当时中国南方地区和印度的交往是以中南半岛为桥梁，走的是滇缅印道或交趾陆道，而不是绕过马六甲海峡的海路[5]；王云鹏、庄明军、张安生三位学者则通过青州西辛墓中的金环首刀柄，认为青州是草原丝绸之路的终点，并于此与海路相接，更倾向于认为从草原丝绸之路输入[6]。赵德云认为在战国晚期至西汉早中期，中国与北方草原地区通过战争、贸易等形式进行频繁接触，且波斯凸瓣纹器皿在黑海沿岸、俄罗斯等欧亚大陆的草原地点多有发现，因此也倾向于认为是通过草原游牧民族传入[7]。

哈萨克斯坦国家博物馆藏有一件公元前5世纪下半叶出土于普罗霍罗夫卡（Prokhorovka）的凸瓣纹银器（图二〇），此件器物与刻有阿塔薛西斯一世铭文的银筐罍近似一样。在昔日阿契美尼德帝国北部边疆以外的众多行省中，此类器物多有出土，西方学者称之为"阿契美尼德国际风格"[8]。证明此类器物在阿契美尼德时期曾广泛传播至西域地区，但是并没有证据显示草原交通要道上出土过安息时期的同类型器物。中国史籍中的确记载了由天山南道可到达安息："自玉门、阳关出西域有两道：从鄯善傍南山北，波河西行至莎车，为南道，南道西逾葱岭则出大月氏、安息。"（《汉书·西域传》）但是战国至西汉早期，中国通往西域的陆路由强大的匈奴把持，匈奴灭东胡、破月氏，控制了中国东北部、北部和西部广大地区。张骞于建元三年出陇西使西域时，不幸被匈奴俘获长达十年之久。归途改走南道，但仍为匈奴所虏，又被拘留一年多。可见当时陆路交通的地形复杂、政局动乱、关卡众多，道阻且险。

[1]　徐苹芳：《考古学上所见中国境内的丝绸之路》，《十世纪前的丝绸之路和东西方文化交流》，新世界出版社，1996年，第271页。齐东方：《唐代以前的外来金银器》，《远望集：陕西省考古研究所华诞四十周年纪念文集（上）》，西安人民美术出版社，1998年，第746～748页。徐龙国：《山东临淄战国西汉墓出土银器及相关问题》，《考古》2004年第4期。

[2]　林梅村：《波斯湾古港的变迁——2012年伊朗考察记之一》，《紫禁城》2012年第4期。

[3]　林梅村：《丝绸之路十五讲》，北京大学出版社，2006年，第105页。

[4]　李庆新：《海上丝绸之路》，五洲传播出版社，2006年，第31～39页。

[5]　周永卫：《南越王墓银盒舶来路线考》，《考古与文物》2004年第1期。

[6]　王云鹏、庄明军：《青州西辛战国墓出土金银器对草原丝绸之路的佐证》，《潍坊学院学报》2012年第3期。

[7]　赵德云：《凸瓣纹银、铜盒三题》，《文物》2007年第7期。

[8]　Mikhail Treister, "'Achaemenid' and 'Achaemenid-inspired' Goldware and Silverware, Jewellery and Arms and their Imitations to the North of the Achaemenid Empire", in J. Nieling and E. Rehm, eds., *Achaemenid Impact in the Black Sea: Communication of Power*, Aarhus: Aarhus University Press, 2010, p.242.

图二〇　公元前5世纪下半叶，普罗霍罗夫卡，银，
哈萨克斯坦国家博物馆藏

事实上，对于同一个墓中出土的不同文化风格的器物，如海洋风格的象牙、海贝，或者草原风格的动物纹饰、胡人形象，不同学者得出来的结论往往大相径庭。笔者认为，中国境内出土的凸瓣纹金属器皿具有极大的相似性，除了大云山银盘与西方器型几乎一模一样之外，其他盒型器皿上都添加了铜制的圈足和盖钮，整体器型是中国本土固有的。而西方的器型都是敞开的碗状，没有上下扣合的字母口，非盒状器型。对该器物的中国化改造方式如此高度一致，必然是存在一套标准化的改造程序对其进行调适，由境外传入我国的某一个特定地点，然后再统一分配到以上地区[1]。这不禁让笔者产生这样的猜测，比起将西方现成品直接改制成盒的形状，也许传入我国境内的更有可能是样品或图纸。而在齐王刘襄墓、南越王赵眜墓、北头山西汉墓、西辛战国墓、大云山西汉墓出土的银器上刻有工匠的名字、职司官署、置用之所和计量方式，更可能是由我国工匠所制，而非外国工匠在中国制作此类器皿。

四　中外文化交流可能存在的方式

文化交流，通常指不同文化的同化、整合过程，这个过程暗含着选择，其主要表现为纹饰、形态、功能、使用方式的改变，实际反映的是整合过程中的碰撞问题和外来文化因素的适应问题[2]。任何一个国家或民族对外来文化的接受与否，必然有内在的原因。这个原因也许出于各国文化自身，也许是政治、经济、宗教或战争的副产品。仅仅列举那些具有"异国情调"的海外物品，还不能够帮助我们分析内在原因。因此，我们对中外文化交流所作的研究，最终势必需要厘清这样的问题：在什么样的条件下外来文化能对本土文化产生影响，或者无法产生有效影响？这些影响又是如何发生、如何消亡？不同文化之间能够产生有效影响的规律和原则是什么？讨论文化交流可能存在的方式将有助于我们理解文化接受方如何对外来文化进行选择，以及怎

[1] Sophia-Karin Psarras，"Rethinking the Non-Chinese Southwest"，Artibus Asiae, Vol. 60, No.1 (2000), p.30.

[2] 赵德云：《西周至汉晋时期中国外来珠饰研究》，科学出版社，2016年，第9页。

样将这些外来因素予以同化。

　　借鉴和效仿外来文化最简单的方式是借鉴外来文化中的某些因素，从而创造一种具有异国情调的氛围，并不从本质上改变文化接受方。例如本文探讨的凸瓣纹器物，中国南方和北方的贵族，虽然珍爱这种器皿，但是他们总不习惯直接使用西方样式，所以按中国的习惯加以改装，这一点在早期东西方文化交流中十分突出。[1] 其工艺、纹饰具有异国情调的因素，而加上青铜底座和兽形钮改造成中国本土的豆或盒的器型，以适应汉民族的审美取向和使用方式，两者结合在一起显示出一种世界主义的倾向。这种接受、改造和同化的形式几乎出现在受到外来文化影响的所有文物类别中，不仅对中国来说如此，相同的现象也同样出现在其他文化中。比如大航海以后传入欧洲的瓷器、丝绸、漆器、壁纸、绘画等各类物品成为中国文化西传的载体，触发了欧洲盛极一时的"中国风物热"。

　　不同地域、国家之间一连串承载着技艺、商品和文明、思想的道路网络，从西方穿越亚洲内陆到达东方。不同的文明中，与人类生老病死相关的文化可能自然产生，但是艺术审美必然是受到彼此启发的，在比较中要么由于暴力或非暴力的原因前进，要么自我放弃。尽管我们还不能准确描述凸瓣纹金属器皿具体改造过程，比如为什么要改造这种珍贵的金属器物？它们是在何处制作？在什么情况下为谁而作？又是为了何种社会、礼仪、政治、经济活动而服务？也尽管中西文化之间的影响断断续续、间接微妙，甚至误解丛生，但是却极大地开阔了彼此的格局和视野，使得我们至少在某种程度上意识到了世界上存在的不同文化和思想，它们客观上丰富和发展了对方文化的内涵和宽度。更让我们深刻地认识到，中西方之间的交流绝不是对立双方的勉强调和，而是一种辩证作用的积极过程[2]。

　　从考古学的角度考察一种外来文化因素，不仅仅是指出它的存在，还要分析它的来源和传播路线，明本辨流，并进而注意传播途径沿线的文化因素对它的影响。综合整理我国凸瓣纹金属器皿的情况目前尚未得出全面或完整的信息，未来进一步的研究也许可以在贵金属来源、矿产资源的位置、工坊设置和社会功能中建立一些联系。然而，涉及中外交流的文物大都零星分散在世界各地，这是研究此类课题最棘手的地方，因此在研究中也容易一叶障目不见全林。解决这些局限性，需要得到不同地区可以提供相关材料的学者支持，包括伊朗地区以及藏有相关文物的欧美博物馆。更需要研究者具备更广阔的视野，以及从更大范围、更深层次思考和解决问题的意识和能力。

　　[1]　徐苹芳：《考古学上所见中国境内的丝绸之路》，《十世纪前的丝绸之路和东西方文化交流》，新世界出版社，1996 年，第 277 页。

　　[2]　迈克尔·苏立文：《东西方艺术的交汇》，上海人民出版社，2014 年，第 8 页。

鲜虞—中山国考古学文化的构建与视野

张　鹏[*]

中山国是战国时期的"千乘之国"，鼎盛之时达到"王国"级别，与赵、魏、燕等强国比肩，是我国东周时期北方地区的重要势力。因为其狄族的性质，中原各国对其多有蔑视，史书对其记录甚少且多在晋、赵等大国记载里间接提及。随着 20 世纪 70 年代中山古城遗址及中山王陵的发现，战国中山国历史才逐步被了解，"中山三器"及"兆域图"铭文的发现，更是在学术界掀起研究中山国历史文化的热潮。

四十年来，学者们对中山国的研究和探索已成果丰富，通过收集和整理可知，目前关于中山国的研究大致可分三个方面。首先，是根据考古发现对鲜虞和中山国的墓葬、城址、文化类型等进行分析，如墓葬分期、文化因素分析、器物排序、与周边文化的对比等，属考古学研究。其次，是对出土文物或某一方面专题研究，如"成帛"刀币、"中山三器"铭文、中山王墓玉器、建筑构件、"兆域图"等，属文物学的研究。第三则是较为广泛的历史研究，学者们或基于考古发现，或基于文献记载，其主题覆盖了众多方面：有鲜虞与中山国的来源、族属、君主世系等，有政治制度、经济生活、军制战争、疆域交通等，有史料中相关事件、人名、地名的考证等，还有经验总结、历史教训等。

中山国研究的百家争鸣归根结底是建立在考古发现上的，相对于史料中的寥寥记载，中山古城遗址及中山王陵的发现为我们填补了中山国历史的空白。故提及中山国时，研究也多集中在中山古城与中山王陵的发现上，都城可以作为一国文化的典型代表，但一国之考古学文化不能局限于都城。换言之，我们以中山古城的发现去认识中山国，但不能以中山古城文化等同于中山国文化，况灵寿仅是中山国后期都城。中山国的起源；早期中山国与鲜虞族群的范围与关系；其文化范围在历史发展中的变化；其聚落体系与地方差异等均是中山国研究的关键问题。考古学文化在历史中是动态的发展过程，故应当构建整体的鲜虞—中山国考古学文化，从而对进一步研究提供更好的学术基础和框架。

一　关于鲜虞—中山国考古学文化的发现

目前关于鲜虞—中山国的既往考古工作主要有三类：经过发掘的遗址，零星发现的墓葬，调查发现的遗址和相关地望的城邑。

1. 经过发掘的遗址

经过发掘的遗址主要有中山古城遗址和行唐故郡遗址两处。中山古城遗址[1]1973 年被发现，

---

[*] 张鹏：2015 级硕士，现就职于河北省文物研究所。

[1]　河北省文物研究所：《战国中山国灵寿城——1975 ～ 1993 年考古发掘报告》，文物出版社，2005 年。

1974～1978 年考古队调查、发掘了以中山王陵为代表的一百多座战国墓葬。除中山王陵的重大发现外，发掘的小型墓葬包含有早期鲜虞文化墓葬，与中山古城同时期的家族墓，赵国占领后的战国晚期墓，年代衔接较为完整。20 世纪 80 年代，河北省文物研究所对中山古城遗址主城区先后进行过 9 次大规模发掘，其中，4 号制陶作坊遗址、5 号冶炼作坊遗址、6 号居住遗址和 9 号夯土建筑遗址发掘总面积近 1 万平方米，认识较为明确。1 号居住遗址、3 号大型夯土建筑遗址因破坏活动而进行小规模试掘，其余遗址均为勘探调查，还需进一步探索。中山古城周边岗北村、访驾庄、北七汲、郭村、张杨村等处 200 多座墓葬后来也陆续发掘。东部小城在 2014 年进行了系统勘探和重点发掘，其地层、遗迹、城墙及护城河情况已基本了解。

行唐故郡遗址总面积超 50 万平方米，2015～2017 年共发掘 8000 平方米，清理东周时期墓葬 37 座，车马坑 7 座，水井 50 座，灰坑 520 余个等，简报中将这批发现分为春秋晚期土坑墓，战国早期积石墓，战国中期居址及水井三期[1]。从丧葬风俗与出土器物类型来看，当地族群特征十分明显，可作为鲜虞或早期中山国的典型代表。如此规模较高的墓葬，其所属居址必然具有一定的规模，在发掘区南部故郡村叠压下发现的城址为我们寻找早期中山国提供了重要线索。

此外，石家庄市庄战国遗址曾在 1955 年发掘过 230 平方米，根据出土的布币文字等一些文化特征，推测该遗址为赵国中晚期遗址[2]。由于当时中山国文化尚未发现，其文中提到的盘式豆、圈底尊、三棱箭镞等特征在故郡和中山古城遗址中同样也有较多发现，有必要结合最新认识再度审视该遗址相关资料。

2. 零星发现的墓葬

零星发现的墓葬大约有十余处，多为村民发现或配合建设的抢救性发掘，在行唐李家庄[3]、庙上村和黄龙岗[4]、唐县钓鱼台[5]、北城子[6]，新乐中同村[7]，灵寿西岔头[8]，顺平坛山[9]，曲阳大赵邱[10]等处都有发现。墓葬有土坑积石墓和土坑墓，多随葬有鼎、豆、壶、甗、盘等青铜容器及短剑、锛、凿、削等青铜工具，饰品常见金盘丝耳环、虎形牌饰、绿松石串珠等，文化特征较为明显。

行唐县西石邱村[11]曾出土一批战国青铜器，有青铜甗、鼎、壶、豆、匜等，但出土遗迹情况不详，根据器物特征与组合来看应为一座鲜虞或中山国文化墓葬。唐县淑闾遗址[12]在 4000 余平

[1]　河北省文物研究所、中国社会科学院考古研究所、石家庄市文物研究所、行唐县文物保护管理所：《河北行唐县故郡东周遗址》，《文物》2018 年第 7 期。

[2]　河北省文物管理委员会：《河北石家庄市市庄村战国遗址的发掘》，《考古学报》1957 年第 1 期。

[3]　郑绍宗：《行唐县李家庄发现战国铜器》，《文物》1963 年第 4 期。

[4]　河北省文物研究所：《行唐县庙上村、黄龙岗出土的战国青铜器》，《河北省考古文集》，东方出版社，1998 年，第 199～201 页。

[5]　胡金华、冀艳坤：《河北唐县钓鱼台积石墓出土文物整理简报》，《中原文物》2007 年第 6 期。

[6]　郑绍宗：《唐县南伏城及北城子出土周代青铜器》，《文物春秋》1991 年第 1 期。

[7]　文启明：《河北新乐中同村发现战国墓》，《文物》1985 年第 6 期。

[8]　文启明：《河北灵寿西岔头村战国墓》，《文物》1986 年第 6 期。

[9]　保定市文物管理所：《河北顺平县坛山战国墓》，《文物春秋》2002 年第 4 期。

[10]　王丽敏：《河北曲阳县出土战国青铜器》，《文物》2000 年第 11 期。

[11]　王巧莲：《行唐县西石邱出土的战国青铜器》，《文物春秋》1995 年第 3 期。

[12]　河北省文物研究所、唐县文物保管所：《唐县淑闾东周墓葬发掘简报》，《文物春秋》2012 年第 1 期。

方米发掘区中发现有三座东周墓葬,属零星发现,其中 M2 文化特征较为鲜明,有象征性石椁,随葬有马头,盘丝耳环等饰品,但覆面织痕的发现说明其玉皇庙文化因素较多,这一点对鲜虞—中山国文化的交流与分界有着重要参考价值。此外,平山黄泥村[1]、灵寿青廉村[2] 所发现的墓葬和窖藏距离中山古城遗址较近,都在十公里左右,可结合历年中山古城周边发现来观察中山都城的聚落体系。

3. 调查发现的遗址和相关地望的城邑

《史记·赵世家》中有(赵成侯)"六年,中山筑长城"的记载,1988 年,唐河东岸发现石砌长城遗迹,考古工作者随即对保定境内的中山国长城进行了调查,发现涞源、唐县、顺平、曲阳一线长城约 89 公里。中山长城多为就地取材的土石混砌,在一些重要地点筑城并配属有烽燧、戍屯点等,是一套完整的防御体系[3]。

考古所发现的中山其他城址有石家庄东古城、南故邑、藁城西,灵寿故城村,唐县洪城、西城子等,有学者统计文献中明确提到的中山城邑有顾、灵寿、中人、左人、房子、鄗、曲阳、丹丘、昔阳、棘蒲、宁葭、石邑、东垣、封龙、扶柳、苦陉 16 处,这些以及出土布币中提到一些中山国地名如宋子、望都等皆有地望可考[4]。上述诸多地点都有待具体调查和发现证实。

二　鲜虞—中山国考古学文化的构建

1. 文化中心的变化

基于上述考古发现,目前可构建起鲜虞—中山国文化的前后两段,即以行唐故郡遗址为代表的前期鲜虞或早期中山国文化和以中山古城遗址为中心的晚期中山国文化。关于鲜虞和中山的关系,史学界一直存在争议,但从考古发现所展现出的相关面貌上看,二者无疑是有着承接关系的。

故郡遗址发现多为墓葬、井和灰坑,墓葬以积石墓为代表,积石多为长 20~30 厘米左右的河卵石,等级高的配有车马坑,一般贵族随葬有一车,马用头蹄葬形式。级别最高的二号车马坑中有 5 车 16 马,其中 5 号"头车"体量较大,车轮辐条达 38 根,车厢前半部装饰彩绘,后半部装饰三排贴金铜饰,车辀与殉牲坑相连同时保有头蹄葬习俗[5]。主墓腰坑中发现大量青铜礼器,可见墓主为诸侯王级别,与中山王陵配属灵寿城一样,故郡遗址应为鲜虞或早期中山国高级统治者所在。

故郡墓地的延续时间大致从春秋晚期到战国中期,这与灵寿城外早期墓葬有所交集,是文化序列连接的关键所在。故郡墓葬与中山古城外早期墓葬均流行积石墓,随葬的青铜容器大多为中原形制,但存在绳索纹、兽钮、壶加链等地方特色,流行随葬勺、锛、凿、削、短剑等青

[1]　夏素颖、韩双军:《河北平山县黄泥村战国墓》,《文物春秋》2002 年第 4 期。

[2]　杨书明、杨勇:《灵寿县青廉村战国青铜器窖藏》,《文物春秋》2008 年第 4 期。

[3]　李文龙:《保定境内战国中山长城调查记》,《文物春秋》2001 年第 1 期。

[4]　曹迎春:《战国中山人口探索》,《河北师范大学学报(哲学社会科学版)》2009 年第 2 期。

[5]　参见央视网《探索发现》,《故郡古车发掘记》2019 年 1 月 28 日。

铜工具和金盘丝、石骨贝等饰品。而到了中山古城时期，故郡墓地已经衰落，中山古城周边积石墓逐渐变少，陶礼器开始随葬并增多。从文化因素上看，行唐故郡遗址保留的地方民族特征相对较多，到中山古城阶段时，习俗已经与中原各国相近，礼制也较为完善，这也体现了这一族群由鲜虞到中山国发展的华夏化趋势。

综上所述，在春秋晚期至战国早期，鲜虞或早期中山国以故郡地区为中心，平山一带是其文化覆盖区域。而到了中山复国后，这一势力的文化中心转移到了灵寿古城，并继承和发展了早期的鲜虞文化，同时融入了更多的华夏因素。

2. 体系与时空范围

从鲜虞到中山国，作为春秋战国间的重要势力，有着一定的范围。故郡和中山古城虽为先后两个时期中心文化所在，但不等于鲜虞或中山一国之文化。中山国能从魏国手下复国，与赵国进行多年战争，介入燕国内乱，没有一定的实力是无法想象的。鼎盛时的中山国"方五百里"，北至徐水东部战国长城遗址，向西经满城、顺平北部至倒马关，南至邢台北部隆尧、柏乡、高邑、赞皇一带，西至井陉关南北一线，东至新河、深泽、安国、清苑一线[1]，包含了今石家庄、保定南部和邢台北部及衡水西部部分地区。因此，在故郡与中山古城这两个中心的基础上，这一范围内发现、未发现的相关遗存都是鲜虞—中山国文化体系的组成部分。

从国都到一般城邑，再到村落共同构成一个行政和聚落体系。墓葬通常在居址周围，应归于相关遗址的一部分，上文所整理的各项发现需归于这一框架，这一体系还需各处新的城址、聚落、墓葬等发现来填补，发现空间极大。目前"邑"级的城址基本都有地望可考，有待进一步的调查和发掘，以构建鲜虞—中山国文化是否存在地方类型。此外，中山国长城作为一个既独立又连接西北部相关聚落的防卫系统，除保定外的其他地区是否还有存在尚需调查。

在构建聚落空间的同时，宜综合整理中山古城遗址和故郡遗址所出土陶器、青铜器来建立文化序列，由于地层较为简单，分期可适当参考临近的燕、赵等文化，在排出器物序列和风俗演变规律后，再将零星发现纳入体系。鲜虞—中山国数百年发展过程中，一些历史事件引起格局的变动，可作为分期节点。如魏灭中山导致中原化进程加快，中山复国带动灵寿城和中山王陵修建等。反之，也可从考古上的发现反观文献中不曾记载的事件，如故郡遗址作为鲜虞或早期中山国文化中心的使用和废弃、M58 大型墓葬的墓主级别等，都包含着目前不为人知的史实。

从中山复国到灭亡的中山古城时期目前可以确定，而较故郡遗址更早的时期在鲜虞文化考古中还是空白。同时，故郡与中山古城两遗址虽然从考古上看存在重合，但在历史延续上尚有"中山武公居顾"和魏属中山时期的缺环。必须注意的是，疆域的变化、文化主动与被动的华夏化、族群的融合等因素始终贯穿鲜虞—中山国的发展过程，不同阶段内的周边、内部形势，统治者主观政策等方面对文化面貌均有影响，而鲜虞—中山国文化的构建正可为我们进一步研究中山国建立起新的框架和思路。

---

[1]　路洪昌：《鲜虞中山国疆域变迁考》，《河北学刊》1983 年第 3 期。

三 鲜虞—中山国考古学文化的研究视野

既已明确构建整体的鲜虞—中山国文化，研究的视野也随之打开，日后的探索便可在整体的框架下丰富认识，研究活动在相关遗址的剖析基础上，形成由小到大的三层视野。

首先是鲜虞—中山国文化圈，也是本文所提倡构建的考古学文化。鲜虞为白狄族分支，而中山国为战国列国之一，从鲜虞到中山国的发展演变使这一势力由族群文化进化到有固定疆域的国别文化，因此这一考古学文化包含有族群和诸侯国双层的含义，不同阶段侧重不同。当最终发展至国家层面时，无论是鲜虞族还是中山国，只要是其统治范围下的遗存，都是鲜虞—中山国文化的组成部分，不拘泥于所谓典型的族群文化因素界限，才是"整体的"鲜虞—中山国文化。

第二层视野或可称之为"华北文化圈"。春秋时期的鲜虞部落历经了迁徙，肥、鼓灭亡等事件，发展到中山国时，本身就是整合了不同人群的共同体，再加之与三晋多年的战争、与燕国的商贸往来等，其器物类型与风俗都体现了不同文化因素的兼容。将鲜虞—中山国文化与相邻及存在可比较因素的文化置于同一视野，如晋—赵文化、燕文化、玉皇庙文化等，在研究鲜虞—中山国文化时，应具体分析其与周边文化的交流与相互关系，减少使用笼统的"华夏化""中原化"说法，突破以往只强调一些文化因素来源的做法。要注重在整个周边大环境下，鲜虞—中山国的发展变化与影响，不仅要分析"引进来"的文化因素，同时要注重"走出去"的，以区域的视野来看待和推动鲜虞—中山国文化的研究。

第三层视野上升到当时的中国文化圈，并包含了北方草原文明。春秋战国不仅是我国从分裂到统一的重组时期，也是汉民族融合形成的时期。作为北狄族嵌入华夏文明的关键点，鲜虞—中山国文化则具备了政治统一与民族融合的双重特性。无论是魏灭中山还是赵灭中山，都是华夏国家为统一做出的努力，赵国兼并中山后与秦国争霸，最后由秦统一。如果说魏国占领后，中山人还能保留本民族认同伺机复国的话，那么当中山国参与了"相王""合纵""伐燕"等事件后，已然融入到华夏大家庭中，原先的狄族认同不再明显，灭国后其人民直接转化为"胡服骑射"的赵国人。春秋战国数百年的分裂与战乱使戎、狄诸部先后融入中华民族中，鲜虞—中山国无疑是其中最为光彩夺目的一支，作为中华文明进程中典型所在，其文化遗存、至美工艺、兴亡教训等成为中华民族宝贵的文化遗产，鲜虞—中山国考古学文化的构建更是对考古中国具有重要意义。

楚式"镇墓兽"特征综论

丁 兰[*]

　　楚式"镇墓兽"是楚地所特有的一种漆木器（极少数为陶木复合型），已出土 400 余件。其器形一般为方体底座，其上榫接人、神或鸟兽躯首，绝大部分头顶插鹿角。学术界对楚式"镇墓兽"的研究颇丰，但其研究对象多为较典型的楚式"镇墓兽"，部分有区域特征但出土数较少的则研究不多，同时近年来新出土的一批楚式"镇墓兽"，也为这一研究提供了新的重要资料。拙文在前人研究的基础上，对楚式"镇墓兽"的时代与区域特征、随葬楚式"镇墓兽"的墓主人身份、功用等问题进行探讨。因其与其他朝代出土的镇墓兽在器形与功用方面存在差异，故此处暂称其为楚式"镇墓兽"。

　　目前出土的楚式"镇墓兽"主要分布于湖北荆州[1]、宜昌[2]、十堰[3]、襄樊[4]、潜江[5]、荆

　　* 丁兰：2007 级博士后，现就职于中南民族大学文物与博物馆学系。

　　[1]　湖北省荆州地区博物馆：《江陵雨台山楚墓》，文物出版社，1984 年，第 107、108、110、111 页。湖北省文物考古研究所：《江陵雨台山楚墓发掘简报》，《江汉考古》1990 年第 3 期。湖北省文物考古研究所：《江陵九店东周墓》，科学出版社，1995 年，第 298～308 页。湖北省荆州博物馆：《枣林岗与堆金台——荆江大堤荆州马山段考古发掘报告》，科学出版社，1999 年，第 125～128 页。湖北省博物馆等：《湖北江陵拍马山楚墓发掘简报》，《考古》1973 年第 3 期。湖北省博物馆江陵工作站：《江陵溪峨山楚墓》，《考古》1984 年第 6 期。江陵县博物馆：《江陵溪峨山楚墓》，《江汉考古》1992 年第 4 期。江陵县文物局：《湖北江陵武昌义地楚墓》，《文物》1989 年第 3 期。湖北省文物考古研究所：《江陵望山沙塚楚墓》，文物出版社，1996 年，第 95、96、150、151、190 页。湖北省文物考古研究所：《湖北荆州市施家地楚墓发掘简报》，《考古》2000 年第 8 期。湖北省博物馆等：《湖北江陵太晖观 50 号楚墓》，《考古》1977 年第 1 期。湖北省博物馆：《湖北江陵太晖观楚墓清理简报》，《考古》1973 年第 6 期。湖北省文物考古研究所：《湖北荆州纪城一、二号楚墓发掘简报》，《文物》1999 年第 4 期。荆沙铁路考古队：《江陵秦家咀楚墓发掘简报》，《江汉考古》1988 年第 2 期。荆州地区博物馆：《江陵天星观 1 号楚墓》，《考古学报》1982 年第 1 期。湖北省荆州博物馆：《荆州天星观二号楚墓》，文物出版社，2003 年，第 187、190、191 页。荆州地区博物馆：《江陵马山砖厂二号楚墓发掘简报》，《江汉考古》1987 年第 3 期。湖北省博物馆江陵工作站：《江陵马山十座楚墓》，《江汉考古》1988 年第 3 期。湖北省文物管理委员会：《湖北江陵出土虎座鸟架鼓两座楚墓的清理简报》，《文物》1964 年第 9 期。荆州地区博物馆：《湖北江陵藤店一号发掘简报》，《文物》1973 年第 9 期。江陵县博物馆：《江陵枣林铺楚墓发掘简报》，《江汉考古》1995 年第 1 期。荆州地区博物馆：《湖北荆州砖瓦厂 2 号楚墓》，《江汉考古》1984 年第 1 期。荆州博物馆：《湖北荆州院墙湾一号楚墓》，《文物》2008 年第 4 期。

　　[2]　湖北省宜昌地区博物馆等：《当阳赵家湖楚墓》，文物出版社，1992 年，第 157、158 页。湖北省宜昌地区博物馆：《湖北枝江姚家港楚墓发掘报告》，《考古》1988 年第 2 期。宜昌地区博物馆：《湖北当阳赵巷 4 号春秋墓发掘简报》，《文物》1990 年第 10 期。湖北省宜昌地区博物馆：《当阳曹家岗 5 号楚墓》，《考古学报》1988 年第 4 期。宜昌地区博物馆：《湖北宜昌姚家港高山庙楚墓发掘简报》，《考古》1991 年第 11 期。

　　[3]　湖北省文物考古研究所等：《1986～1987 年湖北房县松嘴战国两汉墓发掘报告》，《考古学报》1992 年第 2 期。

　　[4]　湖北省文物考古研究所等：《湖北宜城罗岗车马坑》，《文物》1993 年第 12 期。

　　[5]　潜江博物馆：《潜江龙湾小黄家台楚墓》，《江汉考古》1988 年第 4 期。湖北省潜江博物馆等：《潜江龙湾 1987～2001 年龙湾遗址发掘报告》，文物出版社，2005 年，第 430、431 页。

门[1]、天门[2]、黄冈[3]、鄂州[4]、武汉[5]等市，湖南省张家界[6]、湘潭[7]、常德[8]、益阳[9]、长沙[10]，河南省驻马店[11]、信阳[12]，安徽省六安[13]、安庆[14]等市也有出土（表一）。

一

鉴于楚式"镇墓兽"底部及身躯部分的历时性及地域性差异较小，而首部形态变化较大，本文首先以首部特征为标准将其分为6个大型，即无面部特征的圆首或近圆形首（A型）、神首（B型）、人首（C型）、兽首（D型）、鸟首或鸟身神首（E型）、方体或多边体首（F型）。其中神面系指其面部特征夸张，非具体象形某一兽，而与出土帛书画中神的面部特征酷似，故此处暂以神面称之。

信阳长台关M1、M2出土器物M1：694和M2：275报告称为镇墓兽，其器形为蹲坐状怪兽，无楚式"镇墓兽"底座，而且同墓中出土了更具楚式"镇墓兽"特征的M1：716、M2：156和

[1]　湖北省荆沙铁路考古队：《包山楚墓》，文物出版社，1991年，第39、42页。湖北省文物考古研究所等：《荆门罗坡岗与子陵岗》，科学出版社，2004年，第94、95页。

[2]　湖北省荆州博物馆：《天门石家河考古发掘报告之一——肖家屋脊》，文物出版社，1999年，第365、366页。

[3]　黄冈市博物馆、黄州区博物馆：《湖北黄冈两座中型楚墓》，《考古学报》2000年第2期。湖北省文物考古研究所等：《湖北黄州楚墓》，《考古学报》2001年第2期。黄州古墓发掘队：《湖北黄州国儿冲楚墓发掘简报》，《江汉考古》1983年第3期。

[4]　湖北省鄂城县博物馆：《鄂城楚墓》，《考古学报》1983年第2期。

[5]　武汉市考古队等：《武汉市汉阳县熊家岭楚墓》，《考古》1988年第12期。李红鹰：《沌口战国楚墓群6号墓出土18件重要文物》，《武汉晚报》2005年4月28日。王进良：《江夏战国楚墓的内棺被打开》，《楚天都市报》2009年6月8日。李永康：《武汉江夏丁家嘴发现战国楚墓并出土竹简》，《江汉考古》2009年第3期。

[6]　高中晓等：《湖南慈利官地战国墓》，《湖南考古辑刊》第2集，岳麓书社，1984年。湖南省文物考古研究所等：《湖南慈利石板村36号战国墓发掘简报》，《文物》1990年第10期。湖南省文物考古研究所等：《湖南慈利县石板村战国墓》，《考古学报》1995年第2期。

[7]　湖南省博物馆：《湖南湘乡牛形山一、二号大型战国木椁墓》，《文物资料丛刊》第3期.文物出版社，1980年。湖南省博物馆：《湖南韶山灌区湘乡东周墓清理简报》，《文物》1977年第3期。

[8]　湖南省博物馆等：《临澧九里楚墓发掘报告》，《湖南考古辑刊（第三集）》，岳麓书社，1986年。熊传新：《临澧九里发掘一座大型战国木椁墓》，《湖南日报》1980年12月13日。

[9]　益阳地区文物工作队：《益阳羊舞岭战国东汉墓清理简报》，《湖南考古辑刊（第二集）》，岳麓书社，1984年。

[10]　湖南省博物馆等：《长沙楚墓》，文物出版社，2000年，第373～375页。长沙市文物考古研究所：《湖南长沙三公里楚墓发掘简报》，《文物》2007年第12期。

[11]　河南省文物考古研究所：《新蔡葛陵楚墓》，大象出版社，2003年，第111、112页。

[12]　河南省文物研究所：《信阳楚墓》，文物出版社，1986年，第60～62、114～118页。河南省文物考古研究所等：《河南信阳长台关七号楚墓发掘简报》，《文物》2004年第3期。河南省文物考古研究所：《固始侯古堆一号墓》，大象出版社，2004年，第83页。

[13]　安徽省六安县文物管理所：《安徽六安县城西窑厂2号楚墓》，《考古》1995年第12期。六安县文物管理所：《安徽省六安县城北楚墓》，《文物》1993年第1期。

[14]　左伦：《楚国贵族墓潜山见天日》，《安徽商报》2006年6月17日。

M2：157[1]，即本文所称之 F 型楚式"镇墓兽"，故信阳长台关 M1：694 和 M2：275 本文未收入。
另外由于在楚墓中除"镇墓兽"之外的其他器物如飞鸟[2]、卧鹿[3]等器物也带鹿角，而目前所见
春秋时期楚式"镇墓兽"并无鹿角也无插鹿角的卯孔，故仅出土鹿角的墓葬本文暂未收入。楚式"镇
墓兽"底座造形基本不见于楚中其他器物[4]，故仅出土底座部分的残"镇墓兽"计入统计数。

A 型　面部无五官，圆首或近圆形首。器底为四棱柱体，其上榫接四棱柱体身躯。可分为
四个亚型。

Aa 型　头面圆鼓，无目、舌，身作方柱体，下连小方座，其下接带盝顶的长方体底座，无
鹿角也没有插鹿角的卯孔。可分两式。

表一　楚式"镇墓兽"统计表

省	市区	墓名	件数	资料来源
湖北	荆州	雨台山楚墓	197	《江陵雨台山楚墓》；《江汉考古》1990 年第 3 期
		九店楚墓	65	《江陵九店东周墓》
		枣林岗楚墓	20	《枣林岗与堆金台——荆江大堤荆州马山段考古发掘报告》
		拍马山楚墓	10	《考古》1973 年第 3 期
		溪峨山楚墓	10	《考古》1984 年第 6 期；《江汉考古》1992 年第 4 期
		武昌义地楚墓	9	《文物》1989 年第 3 期
		*望山沙冢楚墓	4	《江陵望山沙冢楚墓》
		施家地楚墓	3	《考古》2000 年第 8 期
		太晖观楚墓	3	《考古》1977 年第 1 期；《考古》1973 年第 6 期
		纪城楚墓	2	《文物》1999 年第 4 期
		秦家嘴楚墓	2	《江汉考古》1988 年第 2 期
		天星观楚墓	2	《考古学报》1982 年第 1 期；《荆州天星观二号墓》
		马砖 M2	1	《江汉考古》1987 年第 3 期
		马联 M1	1	《江汉考古》1988 年第 3 期
		葛陂寺 63JGM34	1	《文物》1964 年第 9 期
		藤店 M1	1	《文物》1973 年第 9 期
		枣林铺 M1	1	《江汉考古》1995 年第 1 期

[1]　河南省文物研究所：《信阳楚墓》，文物出版社，1986 年，第 60～62、114～118 页。

[2]　湖北省荆州地区博物馆：《江陵雨台山楚墓》，文物出版社，1984 年，第 102、112 页。

[3]　荆州地区博物馆：《湖北江陵藤店一号墓发掘简报》，《文物》1973 年第 9 期。

[4]　蔡其原：《楚墓中"镇墓兽"之分布与演变及其形象意义析论》，《东华中国文学研究》2006 年第 4 期。

省	市区	墓名	件数	资料来源
湖北		荆州砖瓦厂 M2	1	《江汉考古》1984 年第 1 期
		院墙湾 M1	1	《文物》2008 年第 4 期
	宜昌	当阳赵家湖楚墓	11	《当阳赵家湖楚墓》
		枝江姚家港 M2	1	《考古》1988 年第 2 期
		当阳赵巷 M4	1	《文物》1990 年第 10 期
		当阳曹家岗 M5	1	《考古学报》1988 年第 4 期
		枝江姚家港高山庙 M6	1	《考古》1991 年第 11 期
	十堰	房县松嘴 M27	1	《考古学报》1992 年第 2 期
	襄樊	罗岗 M3	1	《文物》1993 年第 12 期
	潜江	龙湾楚墓	8	《江汉考古》1988 年第 4 期；《潜江龙湾》
	荆门	包山 M1	1	《包山楚墓》
		罗坡岗楚墓	3	《荆门罗坡岗与子陵岗》
	天门	肖家屋脊	1	《肖家屋脊》
	黄冈	曹家岗Ⅱ	1	《考古学报》2000 年第 2 期
		黄州 WM18	1	《考古学报》2001 年第 2 期
		国儿冲 M1	1	《江汉考古》1983 年第 3 期
		芦冲 M1	1	《考古学报》2000 年第 2 期
	鄂州	*鄂城楚墓	3	《考古学报》1983 年第 2 期
	武汉	汉阳熊家岭 M2	1	《考古》1988 年第 12 期
		沌口石岭村 M6	1	《武汉晚报》2005 年 4 月 28 日
		江夏丁家嘴 M2	1	《楚天都市报》2009 年 6 月 8 日第 20 版；《江汉考古》2009 年第 3 期
湖南	张家界	慈利官地 M1	1	《湖南考古辑刊（第二集）》
		*慈利石板村楚墓	4	《文物》1990 年第 10 期；《考古学报》1995 年第 2 期
	湘潭	*湘乡牛形山楚墓	3	《文物资料丛刊》第 3 集
		韶山灌区 65SXM71	1	《文物》1977 年第 3 期
	常德	*临澧九里楚墓	5	《湖南考古辑刊（第三集）》；《湖南日报》1980 年 12 月 13 日第 3 版
	益阳	羊舞岭 80 益农 M3	1	《湖南考古辑刊（第二集）》

省	市区	墓名	件数	资料来源
湖南	长沙	长沙楚墓	10	《长沙楚墓》
		长沙三公里 2002M1	1	《文物》2007 年第 12 期
河南	驻马店	新蔡葛陵楚墓	1	《新蔡葛陵楚墓》
	信阳	*长台关楚墓	4	《信阳楚墓》；《文物》2004 年第 3 期
		*固始侯古堆 M1	2	《固始侯古堆一号墓》
安徽	六安	六安城西窑厂 M2	1	《考古》1995 年第 12 期
		六安城北楚墓	1	《文物》1993 年第 1 期
	安庆	潜山梅城镇万岭村 M45	1	《安徽商报》2006 年 6 月 17 日

注：1.* 号为该墓地存在一座墓中出土两件镇墓兽的现象。2. 报告中正文与其墓葬登记表中的镇墓兽件数不一者，本文采用后者数据。

Ⅰ式　头部刻卷云纹、圆圈纹。周身用红漆绘卷云纹，典型器物为赵巷 M4∶32（表二，1）。

Ⅱ式　面部有一周边框，颈后折，底座可见卷云纹，典型器物为当阳曹家岗 M5∶38（表二，2）。

其演变趋势为首部由圆鼓状到带边框圆首，颈部渐后折。

Ab 型　带盝顶的长方体底座，四周雕刻若干凹槽，四棱柱体身躯，颈后折，面部平，典型器物为赵家湖 JM229∶7（表二，3）。

Ac 型　带盝顶的长方体底座，上立四棱柱形身躯，部分颈部略曲，部分可见面部彩绘卷云纹，典型器物为枣林岗 JZM175∶1（表二，4）。

Ad 型　长方体底座，其上无盝顶，无颈。圆顶方首，头顶有对称小方孔，典型器物为枣林岗 JZM146∶4（表二，5）。

B 型　神面。带盝顶的长方体座，座的四边均雕刻若干凹槽，盝顶之上叠置小方体，其上榫接半截身躯及圆首方面，身躯中部有小方体，有的称之为方形腰带或带状突起。面部浮雕圆眼凸额，长舌下垂，龇牙，额部雕刻卷云纹，头顶两侧各插一鹿角。周身饰卷云纹或几何形纹，一般为黑漆地上着红、黄彩，部分器身绘实体龙纹，多数底座下部正中的长方形、盝顶之上叠置小方体以及身躯中部的小方体三处的纹饰相同。可分为两个亚型。

Ba 型　单首单身，头顶插两支鹿角。可分四式。

Ⅰ式　颈部呈圆弧状，舌、颈间的弧形空洞大，垂舌略折，部分"镇墓兽"身躯呈节状，多见云纹，典型器物为九店 M244∶1（表二，6）。

Ⅱ式　颈部圆弧度较小，垂舌略折，身躯部分绘云纹或实体龙纹。典型器物为雨台山 M354∶11（表二，7）。

Ⅲ式　曲颈后部渐平直，垂舌略折，舌、颈间的弧形空洞小，部分盝顶之上的小方体较矮，典型器物为九店 M295∶24（表二，8）。

表二　楚式"镇墓兽"分期图

	A 型				B 型		C 型	D 型		E 型			F 型	
	Aa	Ab	Ac	Ad	Ba	Bb		Da	Db	Ea	Eb	Ec	Fa	Fb
春秋中期	I 1													
春秋晚期	II 2													
战国早期		3	4	5	I 6									
战国中期					II 7 III 8	I 10 II 11	I 12	I 16	I 18	20	21	22	23	24
战国晚期					IV 9		II 13 III 14 IV 15	II 17	II 19					

1.赵巷(M4：32)　2.当阳曹家岗(M5：38)　3.赵家湖(JM229：7)　4.枣林岗(JZM175：1)　5.枣林岗(JZM146：4)　6.九店(M244：1)　7.雨台山(M354：11)　8.九店(M295：24)　9.九店(M51：3)　10.天星观(M2：240)　11.九店(M546：10)　12.九店(M617：1)　13.九店(M712：1)　14.雨台山(M555：7)　15.长沙(M569：42)　16.国儿冲(M1：32)　17.80益农(M3：4、7、13、20)　18.临澧80九里M1　19.黄冈曹家岗(M5：1)　20.牛形山(M1：1)　21.长沙(M109：11)　22.长沙(M397：5、6)　23.长台关(M2：157)　24.龙湾(M32：10)

Ⅳ式　颈部斜直，垂舌无折，舌、颈间的弧形空洞甚小，几至于无，蓝顶之上的小方体较矮，典型器物为九店 M51：3（表二，9）。

演变趋势：舌、颈间的弧形空洞从大到小，渐至于无，垂舌从略折弯至折弯较甚，后渐至斜直。

Bb 型　双首双身，头顶插四支鹿角。两头对称背向相连，双身曲颈相连，曲体中部各有一小方体，双身下部连成小方体，底端呈榫头状插入方座之上，器身流行实体龙纹。可分两式。

Ⅰ式　身躯部分斜弧而上，两侧身躯相交形成的内空部分较窄，舌、颈间的弧形空洞较大，典型器物为天星观 M2：240（表二，10）。

Ⅱ式　身躯弯曲弧度较大，两侧身躯相交形成的内空部分较宽，个别在内空部分设 T 字形支架，舌、颈间的弧形空洞较小，典型器物为九店 M546：10（表二，11）。

C 型　人面。带蓝顶的长方体座，直身，曲颈或直颈。人面或近似人面。头顶两侧各插一鹿角。底座部分一般未雕刻，部分施彩绘。可分四式。

Ⅰ式　蓝顶之上无小方体，直接榫接四棱柱体身躯及头颈部，垂舌，屈短颈。面部用白色绘五官，大眼、阔嘴。周身绘云纹，身躯部分斜绘一梯状物，典型器物为九店 M617：1（表二，12）。

Ⅱ式　蓝顶之上叠置小长方体，其上四棱柱体身躯及头颈部，直颈，长舌下垂。面、眉目彩绘，鼻、嘴、舌雕刻后填色，周身饰卷云纹和连续折曲纹，典型器物为九店 M712：1（表二，13）。

Ⅲ式　蓝顶之上叠置小长方体，其上为四棱柱体及头颈部，面部雕刻鼻眼，颈近直，长舌下垂，典型器物为雨台山 M555：7（表二，14）。

Ⅳ式　蓝顶之上无小方体，直接榫接人体的上半部身躯及头部，面部雕刻五官，直颈。制作粗糙，彩绘脱落，典型器物为长沙 M569：42（表二，15）。

演变趋势：首部由方形演变为人首形，面部由大眼、阔嘴、口吐长舌至安祥的人面。身躯部分由近似龙体至人体上半身写实。底座之上的小方体由无到有，后期渐消失。垂舌由短到长，其后消失。

D 型　兽面。方形底座，其上榫接兽体的上半截身躯及首部。可分为两个亚型。

Da 型　无蓝顶的方体底座，一般首部扁圆，头部或身躯上部留有卯孔。可分两式。

Ⅰ式　方座雕刻凹槽，绘卷云纹，身躯部分绘鳞片纹，形似龙体，首部为长扁圆或方体，小眼，无舌，头部有卯孔，典型器物为黄州国儿冲 M1：32（表二，16）。

Ⅱ式　长方体座，颈身中部折曲，首部扁圆，大眼，阔嘴，长舌平伸，背部有圆孔，典型器物为 80 益农 M3：4、7、13、20（表二，17）。

Db 型　方体底座，四周雕刻凹槽，屈状身躯，兽首，小眼，阔嘴，长舌下垂，部分为竖耳。可分两式。

Ⅰ式　底座雕刻凹槽或彩绘卷云纹，其上榫接小方体，有的身躯中部设小方体，颈部折曲较甚，长舌下垂，典型器物为临澧 80 九里 M1（表二，18）。

Ⅱ式　底座较高，其上为屈状身躯，兽首，竖耳，长舌下垂，头顶有卯孔，可见红黑色彩绘。典型器物为黄冈曹家岗 M5：1（表二，19）。

E 型　鸟首。方座，其上榫接若干鸟体，无鹿角。可分三个亚型。

　　Ea 型　方形底座之上立一鸟，通体在黑漆地上用红、黄色彩绘三角形云雷纹和 S 形纹。典型器物为牛形山 M1∶1（表二，20）。

　　Eb 型　带盝顶的长方体座，未雕刻，其上为两鸟，鸟首托一方体神首。神首面部为方眼、平鼻、阔嘴、长舌外吐、头顶有卯孔。可见彩绘，纹饰不清，典型器物为长沙 M109∶11（表二，21）。

　　Ec 型　雕刻凹槽的长方体底座，绘云纹，其上 4 鸟双头双身相背而接，鸟首之上为长方体神首，神首为方面、双眉、大圆眼、方鼻、阔嘴、长舌外吐。全身髹黑漆，鼻朱绘圆圈纹，口朱绘"S"纹，鸟身和方座朱绘云纹。典型器物为长沙 M397∶5、6（表二，22）。

　　F 型　长方体底座，身躯中部有小方体，首部为长方体，头顶插鹿角。可分为两个亚型。

　　Fa 型　无盝顶长方体底座，直身微外弧，头顶两侧各插一鹿角，典型器物为河南信阳长台关 M2∶157（表二，23）。

　　Fb 型　带盝顶的长方体底座，其上叠置三个方体。双头与双身套榫结合，首部为长方体。双头各插一对鹿角，兽面方形，眉目不清，无舌，典型器物为潜江龙湾 M32∶10（表二，24）。

二

　　根据楚式"镇墓兽"的器形特征，其从产生到消失约可分为早、中、晚三期（见表三）。

　　早期流行 Aa 型，时代属春秋中、晚期。发现数量少，出土数约占目前总数的 0.6%。分布区域小，仅见于湖北省当阳，豫南出土的一件器形不清。

　　中期器型增加，出土数量多，雕刻精美，纹饰繁缛。可分为两个阶段，前段属战国早期，流行器型主要有 A（除 Aa 型外）、B 型，呈现出从早期向中期后段过渡的特征，出土数量不多，约占目前出土总数的 22%，分布区域主要在江陵纪南城附近墓地和湖南长沙。中期后段时属战国中期，早期和中期前段出现的 A 型"镇墓兽"不见，主要器型为 B、C、D、E、F 型，此期为楚式"镇墓兽"的兴盛阶段，出土数量多，约占总数的 70%，而且器型复杂、制作精巧、纹饰繁缛。地域分布也最广，湖北、湖南、河南、安徽等地均有出土。

　　晚期流行的楚式"镇墓兽"主要有 Ba、C、D 型，C 型人面"镇墓兽"是此期的流行器型，时代为战国晚期。这一时期出土楚式"镇墓兽"的数量较中期减少，约占目前出土总数的 7%，器型渐趋单一，制作工艺趋简，素面较多。分布区域主要在江汉平原西部、鄂东、皖西和湘北。

　　目前所见一座墓中出土两件楚式"镇墓兽"的墓葬约有 7 例，除一例为春秋时期以外，时代集中于战国中期。其器型与同时期 Ba、Ea、Fa 型相同。同出的两件"镇墓兽"一般形制相同，大小微别。主要见于鄂东、豫南、湘北和江陵，推测其意与双首双身楚式"镇墓兽"相同。

　　从分布区域来看，楚式"镇墓兽"在春秋时期仅出现于湖北当阳和河南固始，数量极少。至战国早期分布范围扩大，数量增加。主要分布于纪南城周边墓地和湖南长沙市的个别墓葬中。战国中期在湖北、湖南、河南、安徽都有出土，而且数量大增。战国晚期分布范围缩小，在湖北、湖南长沙、安徽西部有出土，数量急骤减少。从出现、流行、消失时间来看，其与典型楚文化的发展历程大体相当，并呈现出从江汉平原西部地区向南、向东传播的路径。

部分楚式"镇墓兽"器型的分布也具有明显的区域性，如 Bb 型主要分布于纪南城周边墓地，枝江姚家港出土一例。C 型人面"镇墓兽"绝大部分出土于紧邻纪南城的雨台山、九店和纪城墓地，长沙有少量出土。D 型只见于鄂东和湘北。E 型鸟身（首）楚式"镇墓兽"主要见于湘北，鸟身（首）楚式"镇墓兽"可能是融入某种特征的文化因素，或与这一地区的早期越文化有关。F 型则仅出土于河南信阳和湖北潜江。

表三　各型楚式"镇墓兽"流行年代示意图

型式 ＼ 时期	春秋时期		战国时期		
	中期	晚期	早期	中期	晚期
Aa	I	II			
Ab			———		
Ac			———		
Ad			———		
Ba			I	II III	IV
Bb				I II III	
C				I	II III IV
Da				I	II
Db				I	II
Ea				———	
Eb				———	
Ec				———	
Fa				———	
Fb				———	

三

从目前的资料分析，不同等级身份的墓主人其随葬楚式"镇墓兽"的型式存在差异。Aa 型楚式"镇墓兽"两件，均出土于大夫级墓葬中。Ab 型仅一件，墓主人身份为"元士"。Ac 型出土相对较多，一般出于"中下级士"墓。Ad 型仅一件，为该墓地随葬楚式"镇墓兽"的墓葬中随葬品最少者。Ba 型数量最多，墓主人身份从"上大夫"到"中下级士"均有。Bb 型约 20 件，为高级贵族墓葬随葬楚式"镇墓兽"的主要器型。C 型"镇墓兽"墓主人身份以"中下级士"为主，部分为"元士"。Da 型数量极少，墓主人身份为"元士"，或有"下大夫"。Db 型数量也较少，墓主人身份为"大夫"。Ea 型两件，出土于"上大夫"和"中下级士"墓。Eb 型仅一件，出土于"中下级士"墓。Ec 型仅一件，墓主人身份为"下大夫"。Fa 型目前共出土三件，均出土于"上大夫"墓。Fb 型仅一件，墓主人身份为"元士"。一座墓中出土两件楚式"镇墓兽"的墓葬，墓主人身份为"大夫"及以上等级。

　　同时各时期随葬楚式"镇墓兽"的墓主人身份也有差异，春秋时期楚式"镇墓兽"仅见于"下大夫"及以上等级墓葬，战国早期出土楚式"镇墓兽"墓葬的墓主人绝大多数为"中下级士"，等级较高者为"下大夫""元士"，数量极少。至战国中期墓主人身份上至封君、"上大夫"，下至"中下级士"均有，绝对数量方面仍以"中下级士"墓出土较多。战国晚期随葬楚式"镇墓兽"的墓葬以"中下级士"墓为主，少数为"下大夫"和"元士"。

　　"士"级墓葬随葬楚式"镇墓兽"始现于战国早期，一经出现则数量较大，战国早期约 73 件，为战国早期随葬楚式"镇墓兽"总墓数的 94%，战国中期为 76%，战国晚期为 81%。"士"级墓葬随葬楚式"镇墓兽"的绝对数居各等级之首，但"士"级墓葬中随葬楚式"镇墓兽"比例较高级贵族墓低，如江汉平原西部地区高级贵族墓葬随葬"镇墓兽"的比例为 67% ～ 83%。同一地区中下层楚人墓地随葬"镇墓兽"的比例仅 7% ～ 62%[1]。

四

　　随葬楚式"镇墓兽"的墓葬中，其头向依时代和墓主人身份等级的不同，而存在一定的差异。春秋时期出土楚式"镇墓兽"的墓葬均为"下大夫"及以上等级，其头向 67% 为东向，33% 为西向。战国早期出土楚式"镇墓兽"的墓葬中"下大夫"墓一律头向东，"元士"墓一律头向南。"中下级士"墓头向以南为主，约占 78%，东、西、北向墓均有。战国中期"上大夫"墓中 83% 为东向，17% 为南向。"下大夫"墓 78% 为东向，22% 为西向。"元士"墓南向 86%，东向 7%，西向和北向均有，中下士墓南向 76%，东向 14%，西、北向墓均有。战国晚期"下大夫"墓一律头向东，"元士"墓一律头向南，"中下级士"墓 56% 头向南，32% 头向东，12% 头向北。时代仅能确定为东周的一批随葬楚式"镇墓兽"的墓葬中，南向墓 88%，另为东、西向墓。以上仅统计头向清楚的墓葬，头向不清者计入总数。

　　据此，"下大夫"及以上等级的墓葬墓主人头向以东向为主，一般超过 60%，战国早、晚期更高达 100%。"元士"墓则以头向南为多，战国早、晚期高达 100%，其他时期也均在 78% 以上。"中下级士"墓中，一般各种头向均有，而以南向墓居多，战国中期及以前一般占到 76% ～ 86%，战国晚期降至 56%。"中下级士"墓中头向东的墓葬比例战国早期为 11%，战国中期的 14%，到战国晚期则上升到 32%，呈逐渐增加的趋势。一座墓中出土两件楚式"镇墓兽"的墓葬，其头向以东向为主，一例南向。

---

[1]　丁兰：《试论楚式"镇墓兽"与东周时期楚民族的巫文化》，《中南民族大学学报》2008 年第 3 期。

目前已发掘的楚墓表明，楚国高级贵族墓的头向为东向，一般认为楚公族墓头向东，以三苗为主体的楚蛮族头向南，西向则与秦国葬俗有关[1]。如此则可推测楚公族中"下大夫"级的贵族于春秋中期最先随葬楚式"镇墓兽"，从春秋中期至战国晚期，随葬楚式"镇墓兽"的"下大夫"及以上等级以头向东的楚公族占绝对多数，而"元士"墓墓主人绝大多数为头向南的当地原住民，中下士墓各种头向均有，这一现象或可说明楚地存在多国族的人群均随葬楚式"镇墓兽"的现象。当然，众多南向墓中，也不排除部分没落的楚公族渐从蛮俗之例[2]。

五

关于楚式"镇墓兽"的功用问题中外学者讨论较多，目前于旧说之"山神说"[3]、"土伯说"[4]、"镇墓神说"[5]、"龙说"[6]、"巫觋之说"[7]、"灵兽说"[8]等之外，北京大学高崇文先生新近提出楚式"镇墓兽"为"祖重"，为死者神灵的象征[9]，此说为楚式"镇墓兽"的研究注入了新的活力。本文中 C 型"镇墓兽"即为人形，A 型虽无人的五官，但其首部颇似人首，B 型神面亦可理解为人死所化之神。从楚式"镇墓兽"出现之初的 A 型分析，其很可能为墓主人神的象形。到战国中期出现 B 型神面、D 型兽面、E 型鸟形或鸟身神面和长方体首的 F 型，人形很可能为其初始的意象。楚式"镇墓兽"构形实为楚人丰富想象的一个综合体。正如有的学者所言，楚式"镇墓兽"意象的叠加赋与形象上的诡异特征[10]。

有研究认为楚式"镇墓兽"的构型与长沙马王堆 M1 出土的帛画相似，是墓主人灵魂从冥府升入天界的全景图，反映的是墓主人魂升天界的过程[11]。这一场景是以墓主人（或神）为中心的包括坟丘、地面建筑、升天所凭依的龙、鸟等动物助手、天界等的一个升天全景。只是因时代、区域和等级的差异而产生了略有区别的构型。河南固始侯古堆随葬的楚式"镇墓兽"出土时发现其被置于肩舆前，河南信阳长台关 M7 所出楚式"镇墓兽"与一乘木车等物同置于左后室，则可推测楚式"镇墓兽"的功用或与墓主人出行相关，而从楚人的灵魂观来看，人死之后，其魂将飞升于天界祖先神所居之处，故而楚式"镇墓兽"存在引魂升天功用的可能。

与楚式"镇墓兽"的功用相关，随葬楚式"镇墓兽"人群职司也是一个值得探讨的问题。

[1] 张正明：《楚文化史》，上海人民出版社，1987 年，第 106、107 页。

[2] 张正明：《楚文化史》，上海人民出版社，1987 年，第 106、107 页。

[3] 王瑞明：《"镇墓兽"考》，《文物》1979 年第 6 期。

[4] 陈跃钧、院文清：《"镇墓兽"略考》，《江汉考古》1983 年第 3 期。

[5] 蒋卫东：《"镇墓兽"意义辨》，《江汉考古》1991 年第 2 期。

[6] 彭浩：《"镇墓兽"新解》，《江汉考古》1988 年第 2 期。

[7] 邱东联：《"镇墓兽"辨考》，《江汉考古》1994 年第 2 期。

[8] 潘佳红：《小议"镇墓兽"——与〈"镇墓兽"意义辨〉一文商榷》，《江汉考古》1992 年第 2 期。

[9] 高崇文：《楚"镇墓兽"为"祖重"解》，《文物》2008 年第 9 期。

[10] 蔡其原：《楚墓中"镇墓兽"之分布与演变及其形象意义析论》，《东华中国文学研究》2006 年第 4 期。

[11] 丁兰：《楚式"镇墓兽"的象征意义及其称名的商榷》，《楚文化年会论文集》第八集，大象出版社，2009 年，第 411 ～ 421 页。

目前一般认为楚式"镇墓兽"是信巫鬼的"士"及以上贵族方能随葬的器物，但是近万座楚墓中目前仅发现 400 余座墓随葬楚式"镇墓兽"，这显然与东周时期楚国巫风炽盛[1]现象相悖。有研究认为随葬该器物的墓主人可能为一个拥有某种特殊资质的群体。从楚式"镇墓兽"有龙鸟载魂升天的造型分析，这可能与一个特殊的群体——巫觋有关[2]。

* 本文受中国博士后科学基金资助，资助编号为 20080431076。

原载《江汉考古》2010 年第 1 期

《楚式"镇墓兽"特征综论》一文是我在南京大学跟随水涛教授做博士后期间的成果，并且获得了中国博士后科学基金资助。又读此文，让我想起在校期间导师水涛教授的悉心教导和鼓励，导师特别强调要我关注西方考古学理论和方法，并耐心予以说明。之后我出国访学，接触到较多西方学者的研究成果，方知导师用心良苦，让我受益匪浅。而且我就职高校的文博本科专业和专硕点的建设也得到水涛教授的耐心指导和大力支持。借此机会表达对导师水涛教授的深深敬意和诚挚感谢！

---

[1]　《汉书·地理志》记载：楚人"信巫鬼，重淫祀。"对此王国维先生认为："周礼既废，巫风大兴，楚越之间，其风尤盛"。王国维：《宋元戏曲考》，《王国维戏曲论文集》，中国戏剧出版社，1984。

[2]　丁兰：《试论楚式"镇墓兽"与东周时期楚民族的巫文化》，《中南民族大学学报》2008 年第 3 期。

詹庄汉墓十五年寺工铭文铜铍考略

李彦峰 *

　　1993 年江苏仪征陈集乡杨庄村詹庄西汉墓出土了 2 件铜铍（以下简称詹庄铜铍），其中一件浅刻"十五年寺工武光□作府吉工方山拜"铭文，另一件浅刻"十五年寺工缮"铭文[1]（图一）。长期以来，詹庄铜铍被认为与陕西西安秦始皇陵兵马俑一号坑出土的铜铍极为相似，因此是制作于秦王嬴政十五年（公元前 232 年）[2]。然而仔细审视詹庄铜铍，并参考全国各地出土的春秋战国至西汉时期的铜铍以及相关研究成果，可以发现这一断代是十分可疑的。

　　秦始皇陵兵马俑一号坑出土的 16 件铜铍，其中 5 件较为完整，部分铍上还有朱书"寺工"二字以及"十五年寺工"等铭文[3]。将詹庄铜铍与之比较，可以发现两者区别较为明显：

　　第一，铜铍尺寸和比例不同。秦始皇陵兵马俑一号坑铜铍，除一件长 27.5、茎长 4.1 厘米外，其余十五件均长 35 ～ 36、宽 3、茎长 11 ～ 12 厘米。而詹庄铜铍一件长 46.8、宽 3、茎长 12 厘米，另一件长 45.5、宽 3.1、茎长 10.5 厘米。两者尺寸差别较大。

　　第二，铭文字体风格不同。秦始皇陵兵马俑一号坑的铜铍铭文为小篆，笔划均匀，字体较为端正（图二）。而詹庄铜铍铭文则布局较为随意，笔划契刻自如，从中难觅篆书之意。

　　第三，铭文格式不同。根据秦始皇陵兵马俑一号坑发掘报告中的《铜铍铭文一览表》，一号坑出土的铜铍铍身铭文主要有两种格式，分别以"十五年寺工敀造工黑""十九年寺工邦工目"为代表，茎部刻有干支、"左"和数字，格刻有"寺工"二字[4]。这与詹庄铜铍铭文格式和刻划位置有一定的区别，而铭文的不同往往代表着制作时代和地域的不同。

　　第四，寺工等名称不同。从《铜铍铭文一览表》可以看出，秦王嬴政十五年造铍 3 件、十六年造铍 1 件、十七年造铍 6 件、十八年造铍 1 件，这 11 件铜铍的制造者都是"寺工敀"，十九年造铍 5 件，制作者都是"寺工邦"，可知秦国的寺工是比较稳定的。詹庄铜铍铭文中有"十五年"，仪征市博物馆将寺工名称释读为"武光"。这一释读虽然还存在一定改释的可能性，但绝非"敀""邦"等字则是判然无疑的。另外，铭文中还有"作府"字样，这在秦王嬴政时

　　* 李彦峰：2009 级硕士，2018 级博士在读，现就职于陕西省考古研究院。

　　[1]　仪征市博物馆编：《仪征出土文物集粹》，文物出版社，2008 年，第 32 页。扬州市文物局编：《韫玉凝晖——扬州地区博物馆馆藏文物精粹》，文物出版社，2015 年，第 98、99 页。两书对铜铍铭文的说明略有不同。

　　[2]　仪征市博物馆编：《仪征出土文物集粹》，文物出版社，2008 年，第 6、7 页。

　　[3]　陕西省考古研究所、始皇陵秦俑坑考古发掘队编：《秦始皇陵兵马俑坑一号坑发掘报告（1974 ～ 1984）》上册，文物出版社，1988 年，第 261 页。

　　[4]　陕西省考古研究所、始皇陵秦俑坑考古发掘队编：《秦始皇陵兵马俑坑一号坑发掘报告（1974 ～ 1984）》上册，文物出版社，1988 年，第 265 页。

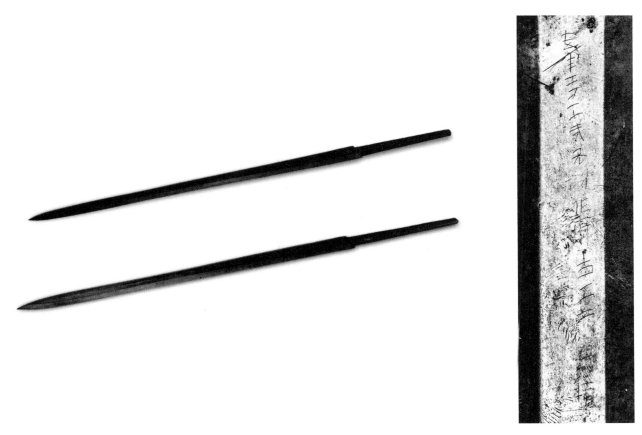

图一 詹庄汉墓"十五年寺工"铜铍与铭文

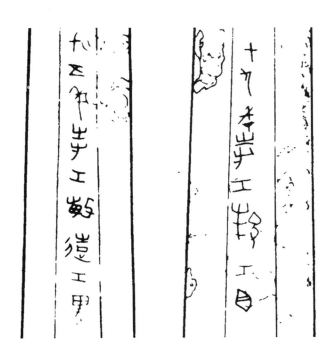

图二 秦始皇兵马俑一号坑的铜铍铭文(左:十五年寺工敆造工黑,右:十九年寺工邦工目)

期的铜铍等各类兵器的铭文中均未曾出现过[1]。

　　总之，詹庄铜铍与秦始皇兵马俑一号坑出土者有显著区别，应该不是制造于秦王嬴政时期。

　　作为流行于春秋至西汉时期的一种兵器，全国考古工作中已经发现了约 100 件铜铍。有学者对这些铜铍进行了类型和分期研究，将其分为五期：第一期，两周之际至春秋晚期前段；第二期，春秋末期至战国早期；第三期，战国中期；第四期，战国晚期至秦；第五期，西汉早中期。第四、第五期的铜铍形制大致相同，只有扁茎铜铍一种，而且西汉中期以后的墓葬或遗址中已不见铜铍出土，所以西汉早中期是铜铍发展过程中的衰亡期[2]。据此，詹庄铜铍的时代下限应该约在西汉中期。

　　再将詹庄铜铍与这些出土同类器比较，可以发现有一件较为相似者，即满城汉墓二号墓出土的编号 2∶4030 的铜铍[3]（图三）。该铜铍通长 40.2 厘米，平脊，断面作扁六角形，茎扁平，上有两个穿孔，并刻划有铭文，无格。满城二号汉墓墓主人为西汉中山靖王刘胜之妻窦绾，墓葬年代在元狩五年（公元前 118 年）至太初元年（公元前 104 年）之间，因此铜铍制造于西汉中期或稍早。詹庄铜铍的时代应该与之相近。

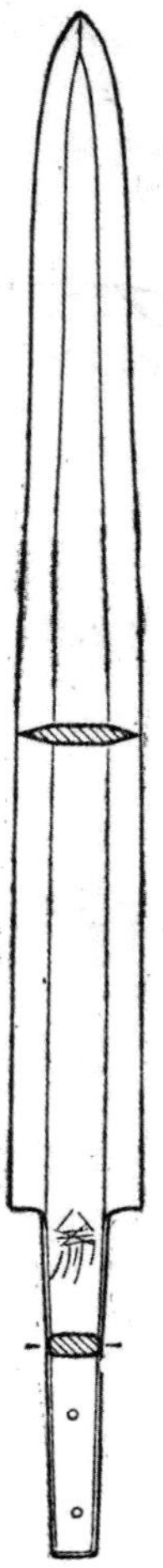

　　从字体来说，秦代铜器铭文多为篆书，西汉则变为隶书。西汉早期铜器上的隶书尚为古隶，武帝到宣帝时的铜器铭文则渐渐形成成熟的八分书[4]。扬州地区西汉墓葬中出土铭文器物也印证了这一点。盱眙大云山汉墓出土器物的铭文笔划波折明显，不带篆书笔意，如编号 M1∶3607 的铜鼎腹部有"二石一斗五升共一钧十七斤六两第三"铭文[5]（图四），与詹庄铜铍铭文较为相似。

　　综合来看，詹庄铜铍极可能制作于西汉中期。如果这一推断不误，则铭文中的"十五年"可能是江都王刘非十五年（公元前 139 年）或广陵王刘胥十五年（公元前 103 年）。

　　西汉早中期，诸侯国内多使用自己的纪年，而不一定是汉朝廷的纪年和年号。如山东沂南阳都故城出土一件铜斧，上有"廿四年，莒傷（阳）丞寺，库齐，佐平，职"铭文，裘锡圭考订为西汉遗物，"廿四年"为城阳王刘喜二十四年（公元前 153 年）或刘延二十四年（公元前 120 年）[6]。湖南望城风篷岭汉墓出土铜壶上有"铜壶一容五斗有盖并重□□斤十二两长沙元年

图三　满城二号汉墓出土铜铍

[1] 相关兵器铭文参见陈林：《秦兵器铭文编年集释》，复旦大学 2012 年硕士论文，第 99 ～ 152 页。

[2] 孙燕：《出土铜铍的类型与分期》，《中国国家博物馆馆刊》2011 年第 7 期。

[3] 中国社会科学院考古研究所、河北省文物管理处：《满城汉墓发掘报告》上册，文物出版社，1980 年，第 265 ～ 269 页。原报告将其定名为铜剑。

[4] 参见裘锡圭：《文字学概要（修订本）》，商务印书馆，2013 年，第 86 页。

[5] 南京博物院、盱眙县文广新局：《江苏盱眙县大云山西汉江都王陵一号墓》，《考古》2013 年第 10 期。

[6] 赵文俊：《山东沂南阳都故城出土秦代铜斧》，《文物》1998 年第 12 期。裘锡圭：《沂南阳都故城铜斧应为西汉遗物》，《文物》1999 年第 5 期。

图四　大云山汉墓出土铜鼎（M1∶3607）铭文

造第七"铭文，使用的是长沙王纪年[1]。这些应该都是诸侯王国自己制作的器物。具体到江都国，大云山汉墓一号墓出土了"江都宦者重三斤容一升半升六年哺陵造"铭文铜灯、"廿四年三月南工官监臣延年工臣县诸造""緒杯容一蕭廿七年二月南工官监延年大奴元造"等铭文漆耳杯[2]，也都是使用江都王刘非的纪年。

那么，江都国是否可能制造刻有"寺工""作府"等铭文的铜铍呢？答案应该是肯定的。根据研究，西汉前期，诸侯王国所用器物的生产机构既有专设的府库，也有中央工官，到西汉中期，诸侯国仍有府库自造器的情况，同时还出现了郡国工官，这类地方工官虽曾短暂地转归大司农管辖，但基本上仍以郡国控制为主。大云山汉墓一号墓出土的耳杯等漆器上有"南工官"铭文，被认为是目前发现诸侯国最早设置工官的实物资料，其最早纪年为江都王刘非二十一年（公元前133年），最晚为二十七年（公元前127年）[3]。既然江都国设置有"南工官"，则参照中央工官设置"寺工""作府"是十分可能的。

寺工之名称，不见于《史记》《汉书》等文献记载，从秦始皇陵兵马俑一号坑铜铍等带"寺工"铭文的器物来看，战国末期秦国已经设有这一机构，负责生产兵器、车马器等。汉承秦制，中央工官中仍有寺工[4]。据日本学者大庭脩推断，"寺工"是西汉时期的"三工官"之一[5]。"作府"之"作"指生产性劳动，作府乃工官下面的手工业作坊，啬夫为其主管[6]。与中央工官一样，郡国所设置的工官中也有"寺工""作府"，以往的考古资料印证了这一点。山东淄博出土有"寺工丞印"，其年代为齐懿王至齐厉王时期，大致为汉景帝四年（公元前153年）至武帝元光四年（公元前131年）[7]。"作府"铭文则在西汉的铜器、骨签、简牍上都较为常见。这也可作为西汉江都国"南工官"中设置有"寺工""作府"的辅证。

[1]　长沙市文物考古研究所、望城县文物管理局：《湖南望城风篷岭汉墓发掘简报》，《文物》2007年第12期。

[2]　南京博物院、盱眙县文广新局：《江苏盱眙县大云山西汉江都王陵一号墓》，《考古》2013年第10期。

[3]　钱彦惠：《铭文所见西汉诸侯王器物的生产机构——兼论西汉工官的设置与管理》，《东南文化》2016年第3期。

[4]　陆德富：《寺工续考》，《考古》2012年第9期。

[5]　（日）大庭脩著、林剑鸣等译：《秦汉法制史研究》，上海人民出版社，1991年，第412页。

[6]　吴荣曾：《西汉骨签中所见的工官》，《考古》2001年第1期。

[7]　孙闻博、周晓陆：《新出封泥与西汉齐国史研究》，《南都学坛》2005年第5期。

太湖流域汉墓的发现与几个认识

孙明利 *

近年，我们在苏州木渎古城的考古工作中，陆续发掘了一批汉代墓葬。这批汉代墓葬的埋藏地点、墓葬形制等具有很强的地域特点 [1]。随着发掘与整理的推进，我们将视野扩大，注意到太湖流域汉代墓葬的面貌问题。这个区域汉代墓葬具有较为统一的面貌特征，且目力所及，尚未见到该区汉墓的考古学研究，所以在此将太湖流域汉代墓葬的几个问题予以阐发，并求教于方家。

一 太湖流域汉墓的发掘与研究

太湖流域包括江苏省、浙江省、上海市长江以南，钱塘江以北，天目山、茅山分水岭以东的区域 [2]（图一）。这个区域里，基本没有高山大川，偶尔有一些低矮丘陵。从现在的行政区划上看，太湖流域包括江苏省常州、无锡、苏州三市，镇江东部，浙江省嘉兴、湖州二市及杭州市的一部分，上海市大部，安徽省东部与江浙接壤的地区。流域面积达 36900 平方公里。

吴汝祚 [3]、苏秉琦 [4] 等先生认识到太湖流域考古的问题，但主要着眼于史前考古学的研究上。在太湖流域汉代墓葬的研究上，综合性研究较多。这一地区多作为南方或长江下游地区的一部分进行研究，如黄晓芬 [5]、黎毓馨 [6]、滕铭予 [7]、张玲 [8] 等；更多学者从现代行政区划来进行研究，如姚仲源 [9]、刘波 [10]、汪维寅 [11]、徐良高 [12] 等；有以太湖西部地区进行研究的俞杨阳 [13] 等。本文将

---

　　* 孙明利：2004 级硕士，现就职于苏州市考古研究所。

　　[1]　徐良高、唐锦琼：《苏州地区汉代土墩墓的两点观察》，《秦汉土墩墓考古发现与研究——秦汉土墩墓国际学术研讨会论文集》，文物出版社，2013 年。

　　[2]　引自《太湖流域管理条例》，中华人民共和国国务院于 2011 年 11 月 1 日起施行。

　　[3]　吴汝祚：《太湖、杭州湾地区的史前文化在我国史前史上的地位》，《东南文化》1987 年第 3 期。

　　[4]　苏秉琦：《太湖流域考古问题》，《东南文化》1987 年第 1 期。

　　[5]　黄晓芬：《汉墓的考古学研究》，岳麓书社，2003 年。

　　[6]　黎毓馨：《长江下游地区两汉吴西晋墓葬的分期》，《浙江省文物考古研究所学刊》，长征出版社，1997 年。

　　[7]　余静、滕铭予：《中国南方地区汉墓的发现与研究简史》，《江汉考古》2008 年第 4 期。

　　[8]　张玲：《长江下游地区西汉至新莽中小型墓葬研究》，吉林大学 2005 年硕士论文。

　　[9]　姚仲源：《浙江汉六朝古墓概述》，《中国考古学会第三次年会论文集》，文物出版社，1984 年。

　　[10]　刘波：《浙江地区西汉墓葬的分期》，《南方文物》2000 年第 1 期。

　　[11]　汪维寅、汪俊明：《江苏西汉墓葬二题》，《东南文化》2005 年第 2 期。

　　[12]　徐良高、唐锦琼：《苏州地区汉代土墩墓的两点观察》，《秦汉土墩墓考古发现与研究——秦汉土墩墓国际学术研讨会论文集》，文物出版社，2013 年。

　　[13]　俞杨阳：《太湖西部地区汉代土墩墓初步的研究》，安徽大学 2011 年硕士论文。

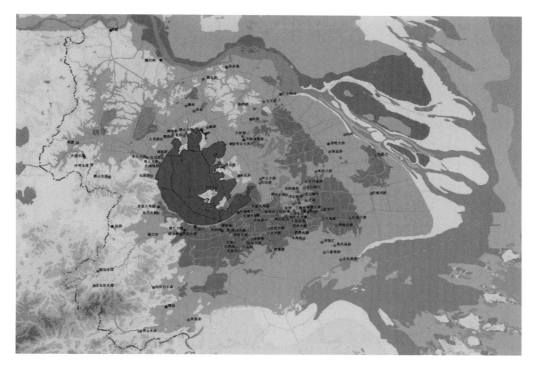

图一　太湖流域全图

太湖流域从现有行政区划中分离出来，单独考察该区域发现的汉代墓葬，并进行初步研究。

　　两周时期，太湖流域为吴、越之地。秦始皇二十六年，"分天下以为三十六郡"[1]。太湖流域即西汉会稽郡北部，郡治吴县，即今苏州市。吴县因此成为江南地区的行政中心，并一直延续下去。西汉时期的会稽郡管辖地域极为辽阔，大致囊括了今江苏省长江以南部分、上海市、浙江省以及福建省。东汉顺帝永建四年（129 年），分原会稽郡浙江以西地域为吴郡，以吴县为郡治；而以浙江以东地域为会稽郡，以山阴县为郡治，形成了以浙江为界，吴郡、会稽郡分立的行政格局。东汉时期，太湖流域大致与吴郡范围吻合。

　　镇江东部、茅山以东一带出土汉墓主要集中在市郊，如大港、丹徒等地，环绕城区分布。出土汉代墓葬主要有丹徒镇南虎头山汉墓、金家山"丹徒右尉"墓、丹徒农机学院墓葬、铁瓮山汉墓、花山湾汉墓、南门煤球厂汉墓群、镇江冷库工地汉墓、桃花坞汉墓、三官塘冶校汉墓、桃树山汉墓[2]、谏壁砖瓦厂汉墓[3]、丹徒荞麦山与北山汉墓[4]、丹徒蔡家村汉墓[5]、长岗许前村西汉墓[6]、大港经济开发区沿江土丘山岗汉墓群[7]、大港龙泉村西汉墓[8] 等。

[1]　（汉）司马迁：《史记》卷六《秦始皇本纪》，中华书局，1959 年，第 239 页。

[2]　以上墓葬发掘资料见刘建国著：《古城三部曲——镇江城市考古》，上海古籍出版社，1995 年。

[3]　林留根：《镇江谏壁砖瓦厂发现汉墓》，《东南文化》1985 年第 1 期。

[4]　江苏丹徒考古队：《丹徒荞麦山与北山汉墓》，《东南文化》1988 年第 1 期。

[5]　镇江市博物馆：《江苏丹徒县蔡家村汉墓》，《考古》1987 年第 7 期。

[6]　镇江博物馆：《江苏镇江长岗许前村西汉墓发掘简报》，《东南文化》2007 年第 5 期。

[7]　镇江博物馆编：《镇江大港两汉墓发掘报告》，《镇江博物馆建馆四十周年纪念文选》，黄山书社，1999 年。

[8]　镇江博物馆：《江苏镇江大港龙泉村西汉墓地发掘简报》，《东南文化》2016 年第 5 期。

常州地区的汉墓有常州国棉二厂西汉墓[1]、常州酱品厂汉墓[2]、兰陵恽家墩汉墓[3]、溧阳旧县半头墩[4]以及溧阳上兴镇蒋笪里汉墓等。

苏州地区汉墓主要分布在城区周边，早期发掘有高山墩、青旸地、凤凰墩、鸳鸯墩、长凳墩、孙坟头等[5]，有资料发表的有天宝墩27号汉墓[6]、觅渡桥汉墓[7]、新庄徐福墓[8]、"破虏墩"墓地[9]、真山汉墓[10]、虎丘汉墓[11]、高坟汉墓[12]，另外木渎古城考古项目中先后还发掘了彭家墩汉墓、高和坟、"看会墩"汉墓、善山墓地以及合丰161号墩[13]等。

无锡地区的有壁山庄汉墓[14]、惠山娘娘堂古墓[15]等。

浙江的湖州嘉兴地区汉墓分布密集，尤以湖州中西部地区最为密集。据统计，湖州杨家埠区块已发掘汉代土墩遗存70余处，清理汉墓300余座[16]。另外，安吉古城周边几个工业开发区内，自1989年至今也经历了多次大规模发掘，先后发掘土墩数十座，清理的两汉墓葬也达到了数百座之多，如安吉上马西汉墓[17]等。经野外调查，两区域内尚各有土墩数百座。此外，在湖州长兴县、嘉兴海盐县和杭州余杭区一带也有少量汉代土墩遗存，如长兴县弁山东汉墓葬[18]、杭州古荡朱乐昌墓[19]等。

上海地区发现汉墓有青浦骆驼墩[20]、嘉定县外岗古墓[21]、松江佘山汉墓[22]、福泉山[23]等。

[1]　陈娟英、陈丽华：《常州发现西汉墓》，《文物》1993年第4期。

[2]　黄建秋：《常州酱品厂发现汉墓》，《东南文化》1989年第2期。

[3]　常州博物馆：《江苏常州兰陵恽家墩汉墓发掘简报》，《南方文物》2011年第3期。

[4]　常州博物馆、溧阳市文化广电体育局：《2011年溧阳市旧县半头墩汉墓群发掘简报》，《常州文博论丛》2017年总第3辑。

[5]　钱公麟、徐亦鹏著：《苏州考古》，苏州大学出版社，2000年，第181页。

[6]　苏州博物馆：《苏州市天宝墩二十七号汉墓清理简报》，《苏州文物资料选编》，1980年。

[7]　苏州博物馆：《苏州觅渡桥汉墓清理》，《苏州文物资料选编》，1980年。

[8]　钱公麟：《苏州市新庄汉徐福墓》，《中国考古学年鉴·1985》，文物出版社，1985年。

[9]　朱伟峰：《苏州"破虏墩"墓地》，《中国考古学年鉴·1988》，文物出版社，1989年。

[10]　苏州博物馆：《真山东周墓地》，文物出版社，1999年。苏州市考古研究所：《苏州地域考古的新探索》，《中国文物报》2012年11月23日。

[11]　闻惠芬、朱伟峰：《苏州虎丘乡汉墓发掘简报》，《东南文化》2003年第5期。

[12]　姚晨辰、金怡、闻惠芬：《浒关镇高坟西汉墓群发掘简报》，《苏州文物考古新发现——苏州考古发掘报告专辑（2001～2006）》，古吴轩出版社，2007年。

[13]　苏州古城联合考古队资料。

[14]　朱江：《无锡壁山庄发现汉墓》，《考古》1955年第4期。

[15]　江苏省文物管理委员会：《无锡惠山娘娘堂古墓清理的简报》，《考古》1957年第2期。

[16]　李晖达：《试论浙江汉代土墩遗存》，《东南文化》2011年第3期。

[17]　安吉县博物馆：《浙江安吉县上马山西汉墓的发掘》，《考古》1996年第7期。

[18]　《长兴县弁山春秋和东汉墓葬》，《中国考古学年鉴·2004》，文物出版社，2005年。

[19]　浙江省文管会：《杭州古荡汉代朱乐昌墓清理简报》，《考古》1959年第3期。

[20]　黄宣佩、孙维昌：《上海市青浦县骆驼墩汉墓发掘》，《考古》1952年第12期。

[21]　黄宣佩：《上海市嘉定县外岗古墓清理》，《考古》1959年第12期。

[22]　孙维昌：《上海市松江县佘山汉墓清理》，《考古》1962年第5期。

[23]　王正书：《上海福泉山西汉墓群发掘》，《考古》1988年第8期。

安徽东南部广德一带也出土较多汉代墓葬，如南塘汉代土墩墓地[1]，共发掘土墩 70 余座，合计 270 余座单体墓葬，绝大多数为汉代土墩墓。

据不完全统计，截止 2018 年底，太湖流域已发掘不少于 3000 座汉墓。

从已经发表的考古资料来看，太湖流域汉墓具有集中分布的特征，主要分布在当时郡治或县治所在，在周边形成环形分布，比如苏州为会稽郡和吴郡郡治所在，镇江为丹徒县所在，浙江湖州为乌程县所在，安吉现有安吉古城遗址一处，城址平面近方形，是汉代鄣郡郡治所在[2]。在这些密集分布的汉墓区之外，则是大量的空白地带。这与西汉至东汉末年江南地区的开发状况是一致的。《史记·货殖列传》说："楚越之地，地广人稀。"[3] 会稽郡虽说是西汉辖境最广的郡之一，但是人口相对都集中在郡治或县治所在，所以大批的汉墓也集中在当时城的周边埋葬，形成我们现在所看到的墓葬区。

另外，从发表资料来看，太湖流域鲜见大型墓葬。

在 20 世纪 70 ～ 80 年代，苏州配合农田水利基本建设平整土墩时发现大量汉墓，尤其是小型汉墓星罗棋布，密布于四郊[4]。这其中最大的一座为天宝墩二十四号大墓[5]，该墓为土坑竖穴木椁双室合葬墓，东室长 4 米、宽 2.45 米，西室长 3 米、宽 1.7 米，东西室中间有宽 15 厘米土梁相隔。出土文物 64 件，其中西棺室出土陶壶、陶瓿、陶罐、陶屋、铜盉；东棺室随葬有陶钫、陶鼎、陶瓿、陶灶、陶耳杯、陶灯，铜麟趾金、陶弩机，玉格铁剑、铜矛、金饼、玉璧、铜镜等。

镇江地区出土的大墓有丹徒镇南虎头山汉墓，土坑木椁墓，青铜器近百件，有越式撇足鼎、小口匏壶式鼎、鸟首三足盉、跪人像足樽、敦、铜镜、铜印。兵器矛、镞，釉陶瓿、罐、香薰、滑石鼎以及玉璧、水晶球等饰件[6]。可能为汉代谢氏家族墓群。

安吉一带出土墓葬规模也不大，除了五福村出土的 M1，规模很大，出土器物最为精美。但是墓葬有封土，呈馒头状，墓葬形制为楚式深土坑木椁墓，木椁外四周及木椁底面至生土坑底间也全部填筑纯净的青膏泥。该墓随葬品出土共 68 件（组），包括木俑、陶俑、木虎子、陶钫等，被追缴文物有 54 件（组），铜器有剑、盉、镜，彩绘陶器有鼎、豆、钫、盒、杯、俑，漆木器有盒、奁、卮、盘、案、几、瑟、博局、羽觞、俑、梳等。墓葬还出土六偶人 1 件，跪立于木椁前端盖板上，可能与镇墓有关[7]。发掘者初步判断墓葬的时代为战国末期到西汉初期，但从文物的整体面貌和该区域汉墓的特征来看，比如墓坑里的青膏泥、箱式的棺椁结构，鼎豆钫等，还是较为典型的楚式墓葬。

湖州杨家埠汉代家族土墩墓群发掘了 48 座土墩，其中包含有西汉中期到东汉早期的墓葬

[1]　安徽省文物考古研究所：《安徽广德县南塘汉代土墩墓发掘简报》，《考古》2014 年第 1 期。

[2]　田正标、游晓蕾：《安吉古城及上马山汉墓群的调查与发掘》，《秦汉土墩墓考古发现与研究——秦汉土墩墓国际学术研讨会论文集》，文物出版社，2013 年。

[3]　（汉）司马迁：《史记》卷一二九《货殖列传》，中华书局，1959 年，第 3270 页。

[4]　钱公麟：《苏州文物考古工作四十年》，《东南文化》2000 年增刊 1。

[5]　《苏州市娄葑公社团结大队天宝墩二十七号汉墓清理简报》，《文物资料丛刊·9》，文物出版社，1985 年。

[6]　刘建国著：《古城三部曲——镇江城市考古》，上海古籍出版社，1995 年，第 16 页。

[7]　李晖达、刘建安、胡继根：《安吉五福战国至西汉初木椁墓的发掘》，浙江省文物考古研究所编：《浙江考古新纪元》，科学出版社，2009 年。

218座，其中土坑木椁墓212座，土坑砖椁墓12座，券顶砖室墓7座[1]。不论从墓葬的尺寸，还是从随葬品的多寡，这批墓葬均为中小型墓葬。这一情况，与当时社会"……江淮以南，无冻饿之人，亦无千金之家。"[2]的发展情况也是相吻合的。墓葬的规模、等级以及随葬品都直接反应了当时社会的情况。

二　太湖流域汉代墓葬多以"土墩"的形式存在

从太湖流域各地所披露的材料来看，汉代墓葬多数都是埋葬在土墩上的，鲜有例外。这是太湖流域汉墓的最大特点。这些汉墓所在土墩遗存外观大小不等，高低各异，但均为外表隆起，高出周围地面的土丘。有的后期被破坏，或不存，或残缺。土墩多为熟土墩，一般为汉代堆筑，还有些利用早期原有土墩或遗址，加筑而成。墓葬多无封土，或没有能够确认封土，大多数为竖穴土坑或砖室，使用木棺或木椁。墓葬集中埋葬，方向多一致，早期有规划，可能属家族墓葬性质。

苏州发现的汉代墓葬中，除了善山、真山等汉墓位于山地上外，其余均出土于平地上的土墩。少量墓葬出土地点虽然已不存在土墩，但是根据调查，基本能够确定此处曾经存在土墩。

浙江省湖州市杨家埠村有200多个土墩墓，它们成群分布，每群5～7座土墩。土墩群之间相距数十米至百余米，土墩群内土墩之间相距不足10米。

安徽广德县南塘村共发现70余座土墩，其中有270余座单体墓葬。土墩绝大多数分布在岗地上，平缓的地面上也有少量分布[3]。这类土墩与北方地区异穴合葬的汉墓封土是不同的。南塘汉代土墩墓是大一统汉文化圈内沿用本地区商周土墩墓的埋藏习俗，体现出具有地方特色的文化面貌。

关于太湖流域汉代墓葬这种埋藏形式，浙江省的考古学者提出过"汉代土墩墓""汉代土墩遗存"[4]的命名，也意识到简单地将含有汉代墓葬的大型土台均称之为"汉代土墩遗存"或"汉代土墩墓"都不够严谨[5]。之后还出现"汉代墩式土冢"[6]、"坟丘墓"[7]、以及山东地区"墩式封土墓"[8]等名称。这些命名显示出在对这类汉墓的研究上，我们把握住了墓葬的年代，而对墓葬的结构尚未达成统一认识。

《说文》："墩，平地有堆"。"土墩"是一种口语化的状态描述，不属于墓葬这一类建筑的科学描述。土墩、土丘、土台、土堆都可以用来称呼这一类突出地表的土，不过江南一带约

[1]　《湖州杨家埠汉代家族土墩墓及其他墓葬的发掘》，《浙江考古新纪元》，科学出版社，2009年。

[2]　（汉）司马迁：《史记》卷一二九《货殖列传》，中华书局，1959年，第3270页。

[3]　安徽省文物考古研究所：《安徽广德县南塘汉代土墩墓发掘简报》，《考古》2014年第1期。

[4]　李晖达、刘建安、胡继根：《湖州杨家埠汉代家族土墩墓及其他墓葬的发掘》，《浙江考古新纪元》，科学出版社，2009年。李晖达：《试论浙江汉代土墩遗存》，《东南文化》2011年第3期。胡继根：《试论汉代土墩墓》，《汉代城市和聚落考古与汉文化》，科学出版社，2012年。

[5]　李晖达：《试论浙江汉代土墩遗存》，《东南文化》2011年第3期。

[6]　浙江省文物考古研究所编著：《起于累土——土台·土墩·土冢》，浙江古籍出版社，2012年。

[7]　胡继根：《浙江"汉代土墩墓"的发掘与认识》，《秦汉土墩墓国际学术研讨会论文集》，文物出版社，2013年。

[8]　青岛市文物保护考古研究所、青岛市黄岛区博物馆：《琅琊墩式封土墓》，科学出版社，2018年。

定俗成，以土墩称呼居多，土墩墓的由来即此。在南方地区，尤其江浙沪皖一带，土墩基本都是考古学意义上的遗址，反过来也基本成立，即遗址大部分都是以高出地面的土墩或土堆呈现的。

湖州杨家埠地区发掘的 69 座土冢，根据堆筑时间、方式以及堆土量，将土冢分为两类即新筑和沿用，四分之三为新筑土冢，四分之一为沿用早期土墩[1]。从这个统计可以看出，此类土墩主要是为了埋藏墓葬而出现的，采取新筑或者利用早期土墩的情况都存在。换言之，土墩仅仅是墓葬的一种载体，而非墓葬的一种结构。

太湖流域一带自新石器时代以来就有大量的土墩遗存。黄建秋认为这是江南地区的一种传统，"江南地区从崧泽文化时期开始人工堆筑土台作为墓地，这个传统在良渚文化时期得到继承和发扬。从外部形态看，它与吴越时期的土墩墓基本相同。笔者认为两者之间存在着承袭关系，当然其间还存在着缺环。"[2] 王根富认为苏南地区的有些土墩，虽然年代有早晚，但是外观上已难以区分[3]。从以上研究来看，江南地区尤其太湖流域一带遗址存在着人工堆筑土台作为墓地的传统，从早期崧泽文化土台到良渚高台墓地，再到商周时期土墩墓，再到汉代"墩式土冢"，虽然这中间存在缺环。正是因为缺环的存在，我们才能更好地理解太湖流域土墩遗存的"传统"，其实是人群适应环境所出现的行为。这不会因为人群的迁移，社会与国家的变革而改变。这是其精神内核。

太湖流域三面临江滨海，西部为天目山、茅山山麓丘陵。北、东、南三边受长江和钱塘江入海口泥沙淤积的影响，形成沿江及沿海高地，中间则为平原、洼地，整个地形呈周边高、中间低的碟状。这种碟状洼地，对于墓葬这种埋藏行为有很大不利。而汉代已经出现了"有求择吉地之风"[4] 的做法，《后汉书四十五袁安传》云：初，安父没，母使安访求葬地，道逢三书生，问安何之。还有"以先葬之地遭水而改葬者。"[5] 的情形出现，《水经注》五河水篇云：昔南阳文叔良以建安中为甘陵丞，夜宿水侧，赵人兰襄梦求改葬。叔良明循水求棺，果于水侧得棺，半许落水。叔良顾亲旧曰：若闻人传此，吾必以为不然。遂为移殡，醊而去之。以此来看，增筑土墩并葬墓其上，抬高墓葬位置而不得水侵，是江南地区长久以来迫不得已的做法。

在太湖流域之外，全国其他地区也出现这种墓葬埋藏方式，如江苏北部的宿迁泗阳[6]、淮安王庄[7]，湖南常德[8]、贵州咸宁[9]、山东日照[10] 等。2012 年 11 月，浙江安吉召开"秦汉土墩墓国际学术研讨会"，对秦汉土墩墓的发现与命名，秦汉土墩墓的文化属性，各地秦汉土墩墓的成因与特征及其相互关系，中国秦汉土墩墓与日韩坟丘墓的关系以及先秦土墩墓与秦汉土墩墓的

[1] 浙江省文物考古研究所编著：《起于累土——土台·土墩·土冢》，浙江古籍出版社，2012 年。

[2] 黄建秋：《江南土墩墓三题》，《东南文化》2011 年第 3 期。

[3] 王根富：《苏南土墩墓的初步研究》，《华夏考古》2001 年第 1 期。

[4] 杨树达：《汉代婚丧礼俗考》，上海古籍出版社，2000 年。

[5] 杨树达：《汉代婚丧礼俗考》，上海古籍出版社，2000 年。

[6] 江苏泗阳三庄联合考古队：《江苏泗阳陈墩汉墓》，《文物》2007 年第 7 期。

[7] 胡兵：《江苏淮安王庄村汉墓群的发现与研究——兼谈淮安地区汉代土墩墓》，《东南文化》2016 年第 5 期。

[8] 龙朝彬等：《湖南常德南坪西汉土墩墓群》，《中国文物报》2011 年 8 月 26 日。

[9] 贵州省博物馆考古组、咸宁县文化局：《咸宁中水汉墓》，《考古学报》1981 年第 2 期。

[10] 山东省文物考古研究所：《山东日照海曲西汉墓（M106）发掘简报》，《文物》2010 年第 1 期。

关系等问题展开了讨论[1]。从土墩墓的渊源、分布区域以及各地秦汉土墩墓的成因来看，决定这种墓葬埋藏形式更多的是环境因素，而不是制度。从苏州地区来看，不仅限于汉代，汉代之后的墓葬尤其明清墓葬也多出现在这类汉墓密集的土墩上。土墩墓已经约定俗成是江南地区商周时期特殊的一种墓葬形式，而在秦汉时期这一区域集中出现的这一类墓葬形式，用年代加以约定是可以的，没有必要再增加新的命名。

三　合葬墓的发现与认识

太湖流域史前至商周时期发现的墓葬中，多为单人竖穴土坑墓，能够确定为夫妻合葬者，非常少见。太湖流域汉代墓葬中，合葬墓的发现已经比较多，显示出汉代社会文化习俗的嬗变。

杨树达《汉代丧葬制度考》云："妇从其夫葬为合葬，凡夫妇以合葬为常"。本文所讨论的合葬墓也仅限于夫妻合葬。太湖地区汉墓常见合葬墓，多两棺合葬，少见三棺或更多。

杭州古荡朱乐昌墓，形制极为特殊，由两个长方形土坑竖穴组成，可以分辨出3人合葬，其中朱乐昌夫妇葬具均为朱漆木棺墓葬中，随葬品丰富。另外一座无葬具，且随葬品仅为3件小陶器[2]。

苏州近年考古发现合葬墓多为双人墓，以善山墓葬[3]发掘为例，发现多种形式的合葬墓，有并穴合葬即同茔异穴、移骨合葬等。

并穴合葬墓有M12与M14，这两座墓存在打破现象，墓坑错位。但这两座墓的墓坑在尺寸、位置、深度、方向等方面有相似性，随葬品上，两座墓有各自随葬品，各成系统，基本成对出现，但非常类似。如M12为鼎2，盒2，壶1，瓿2，罐6，甑1釜1组合；M14为鼎2，盒2，壶2，瓿2，罐6，漆器1铜镜1组合。还存在两座墓葬并排埋葬，互不打破，但墓葬形制极为类似，随葬品基本相同的情况，推测也是此类并穴合葬墓。

M6原先推测为同穴合葬，但墓坑边缘出现的较小错位现象以及墓坑底部稍有落差，显示不是一次下挖而成。但是该墓左右两棺大小一致，已经很接近同穴合葬。M6为竖穴土坑墓，近正方形，墓坑南北长380～428、东西宽376、深120厘米。墓主头向均朝西。该墓左右两棺有各自的随葬品，各成系统，釉陶的鼎、盒、壶、瓿组合，成对出现，陶罐也成对出现。另外，随葬品显示出的性别差异，是明确的夫妻合葬墓。

从常规推断，土坑墓的同穴合葬是很难实现的，除非墓主死亡时间相当接近。砖室墓出现后，夫妻合葬则由并穴合葬（同茔异穴）转向同穴合葬了。

M5与M13为移骨合葬墓。两座墓开口层位一致，方向一致，尺寸接近，墓坑外缘重合处较多。墓坑内填土显示有打破关系，深度接近，墓坑底部有一定落差。随葬器物区别明显，M13随葬品与常规不同，未随葬陶器、釉陶、铜器等常见器类，在漆盒内发现铜镜、玉剑格、玉剑珌各一，显示出M13应为迁葬墓。这两座墓应当是分别下葬两处，后M13迁葬来此与M5合葬。

[1] 中国社科院考古研究所、浙江省文物考古研究所编：《秦汉土墩墓国际学术研讨会论文集》，文物出版社，2013年。

[2] 浙江省文管会：《杭州古荡汉代朱乐昌墓清理简报》，《考古》1959年第3期。

[3] 苏州市研究考古所发掘资料。

以上三座合葬墓，均为二人二次合葬，即墓穴不是一次挖成，而是后葬者确定先葬者位置，挖开墓穴重新合葬，每个墓主有各自的随葬品，先期下葬墓葬后应当有明确的范围标识，或为封土一类遗存。

四　如何通过中小型墓葬来认识当时社会

太湖流域远离汉代中原都城，偏居东南一隅。汉初会稽郡管辖范围虽然极其庞大，恰好从侧面反映了郡内地广人稀的这一事实。目前太湖流域所能确认的汉代遗存除少数城址、遗址外，更多的就是墓葬，且这些墓葬基本为中小型墓葬。如果从人群来说，基本为地方官吏和普通民众两类。从墓葬来研究当时的物质文化和社会虽然具有明显的局限性，但是我们可以做一试探。

上节我们探讨了流域内汉代土墩墓的情况，可以大致看出汉代会稽郡的自然环境，与《史记》"楚越之地，地广人稀，饭稻羹鱼，或火耕而水耨"基本吻合。还有从出土墓葬的规模、随葬器物等看，与记载的"江淮以南，无冻饿之人，亦无千金之家"的社会情况也是吻合的。

太湖流域汉墓目前研究仍以类型学和建立地区的分期编年为主，但是基础性研究还比较薄弱，如太湖北部和东部的苏锡常地区分期编年仍比较粗疏。刘波将浙江地区的西汉墓分为五期[1]，汪维寅[2]等将江苏地区的西汉墓葬分为三期，二人均把武帝之前的墓葬作为第一期。但是第一期墓葬在太湖流域的分布很不平衡，浙江境内很少发现第一期墓葬，上海、扬州和苏州发现第一期墓葬，但数量不多。

关于缺少西汉早期墓葬资料的问题，刘波和李晖达[3]均认识到了汉初江南传统文化受到汉文化影响的滞后性，导致一些早期汉墓被当作战国晚期墓葬来认识。从这里可以看出，作为汉文化大一统国家，太湖流域处于王朝东南地区，这一带的政治中心如吴县能够比较早的接收主流汉文化的影响，但偏远地区，墓葬上受文化的影响而产生的变革则略有滞后。

从文化传播的滞后性来看，不仅两汉时期，各个时期政权或者国家更替过程中，都会存在这种问题，需要我们在今后的工作当中加以区别和研究。

西汉以来，太湖流域的墓葬文化面貌，除了延续"土墩墓"的形态外，在随葬品方面却有着明显的反差。从随葬类别来看，商周时期风靡江南一带的原始青瓷器基本不出，取而代之的是釉陶器的大量出现。

太湖流域发现的汉墓中，以釉陶器、泥质陶为主，取代了原始瓷与印纹硬陶的主流地位。瓷器基本不见出土。苏州地区汉墓中，基本未见青瓷，唯有合丰2013M4号汉墓出土1件青瓷瓿。

中原地区大量汉墓中，同样以泥质陶、釉陶器为主流，虽然其中的釉陶为低温釉陶。同样不见或仅见极少量瓷器。洛阳烧沟225座汉墓出土4700多件陶器，只有一件"黄褐色瓷罐"，且已是东汉晚期墓葬出土[4]。

[1] 刘波：《浙江地区西汉墓葬的分期》，《南方文物》2000年第1期。

[2] 汪维寅、汪俊明：《江苏西汉墓葬二题》，《东南文化》2005年第2期。

[3] 李晖达：《试论浙江汉代土墩遗存》，《东南文化》2011年第3期。

[4] 中国科学院考古研究所洛阳区考古发掘队：《洛阳烧沟汉墓》，科学出版社，1959年。陈亮：《河南西汉墓出土陶器的初步研究》，安徽大学2009年硕士论文。

以青瓷、印纹硬陶为代表的吴越地区文化因素被以釉陶、泥质陶为代表的中原地区文化因素所代替，显示出大一统的汉文化的强大辐射力。青瓷较多出现在墓葬中，是在东汉的中晚期。太湖流域与中原地区基本同步，东汉中晚期青瓷从原始状态中脱颖而出，较多青瓷开始出现在墓葬中。经六朝的积累，终成唐宋时代青瓷的巅峰。

在随葬品上，该区域也有着地方特点，如明器、漆器远不如中原、江汉发达。明器上，在太湖流域汉代墓葬中，随葬模型明器的风气远不如中原、江汉等地区风行。中原地区流行的模型明器仓、灶、井、磨、猪圈等出土较少。上海福泉山发掘的46座汉墓中，没有出一件模型明器。苏州真山、高和坟、高坟、彭家墩、"看会墩"以及善山等出土汉墓群中，上述明器基本不见。太湖流域墓葬用漆器较少，多为盛托类漆器，但生活用具类漆器基本不见，而一江之隔的扬州地区则出土大量漆器。

五　存在问题与研究方向

汉代土墩墓是近二十年左右才逐渐被大家所认识，这是一种较为特殊的墓葬埋藏形式。但是在这一观点提出之前，很多土墩墓的发掘报告缺少对于周边环境的介绍，缺少海拔高程数据，且对于该地区早期地貌并没有做过相关针对的调查等。另外，较早发表的报告也存在一些问题。一是内容过于简单，有的仅是介绍，没有墓葬和器物描述及相关照片、线图等等；二是有的由于墓葬规模小，发现数量少，被盗或破坏严重，墓葬资料未能公布。三是一些小面积发掘可能包含家族资料，由于发掘者不太重视墓地布局，未能提供详细的发掘资料，导致研究难以更进一步。所以在今后的工作中，需要注意以下问题，并加深研究。

在今后的发掘与报告的整理中，需要针对环境、地貌、高程等做好充分的调查和记录，且要做到全息式的信息报告，即全部信息予以发表。20世纪的土地平整改造，农田水利建设等人类活动也对汉代土墩墓造成了非常大的影响。导致大量汉墓出土区域虽是平地地貌，但早期却明确存在土墩的情况。

从研究的内容来看，目前这一区域的研究还是集中在类型学与分期，建立太湖流域两汉墓葬的分期与年代学标尺，从目前的资料来看，已经具备分期研究的条件了。

需加强中小型墓葬和家族墓地的研究。这一流域发现的墓葬主要为中小型墓葬，人群应为地方官吏和中下层平民，可能更能反应太湖流域汉代社会人群的情况。与单个墓葬的墓葬形制、葬具葬式、随葬品的研究相比，家族墓葬墓地及分布规律所揭示的内涵，更能反映当时的人口组成家庭结构、家族观念，甚至社会组织结构，也是墓葬研究中不可或缺的部分。

加强对汉墓墓主的体质人类学研究。太湖流域一带土质多为酸性土壤，这种土壤对于人体骨骼的保存极为不利。早期新石器时代如马家浜文化、崧泽文化、良渚文化等墓葬，墓主骨骼保存极差。汉代土墩墓也同样存在这样一个问题。大部分汉代墓葬存在骨骼样本较差，或者一个墓地中仅有几座保存有墓葬，对于汉墓墓主的骸骨的提取与研究远远不足，从而无法进行建立在骨骼材料分析基础之上的古人口统计、古病理、古食谱及人种、遗传方面的研究等。

两汉魏晋南北朝时期将军类武职官印的类型学研究

吴生道*

　　研究魏晋南北朝时期的将军印章，材料来源主要有罗福颐先生编的《秦汉魏晋南北朝官印征存》。《征存》征得秦汉魏晋南北朝官印 2658 方，故宫博物院的藏品，全国各大博物馆的藏品，历代古印谱著录的官印，几乎囊括其中。《征存》虽属印谱一类，但它对以前极为混乱的秦汉印系官印作了细致的断代区分，每卷、每个朝代均作有简短的按语，每方印下均有精辟的考证。因为《征存》著录的每方印章均标明了出处和钮式，印面大小又忠于实物，这一严谨的治学态度，确保了该书的学术价值。

　　分析魏晋南北朝时期的将军印，我们有必要对隋以前的将军设置作扼要介绍。

　　"三代之制，天子六军，其将皆命卿。故《夏书》曰，大战于甘，乃召六卿。盖古之天子，寄军、政于六卿。居则以田，警则以战，入使理之，出使长之之义。其职在国，则以比长、闾胥、族师、党正、州长、乡大夫为称，其在军，则以卒伍、司马、将军为号，所以异军、国之名。诸侯之制，大国三军，次国二军，小国一军，其将亦命卿也。晋献公初作二军，公将上军，则将军之名起于此也。魏献子、卫文子并居将军之号"[1]。

　　"自战国置大将军，周末又置前、后、左、右将军。秦因之"[2]。

　　汉兴，置大将军、骠骑将军，位次丞相。车骑将军、卫将军、左右前后将军，位次上卿，掌京师兵卫、四夷屯警。孝武征闽越、东瓯，又有伏波、楼船。及伐朝鲜、大宛，复置横海、度辽二师。宣帝增以蒲类、破羌，权时之制，若此非一，亦不常设[3]。

　　"光武中兴，诸将军皆称大，及天下已定，武官悉省"[4]。

　　四征兴于汉代，四安起于魏初，四镇通于柔远，四平止于丧乱。其渡辽、凌江、轻车、强弩，式遏遐外，用表攻伐，兴而复毁，厥号弥繁[5]。

　　魏晋时期，大将军、骠骑、车骑、左右前后将军、四征、四镇、四安、四平是高级别的将军。杂号将军进一步膨胀，特别是在战乱纷扰的东晋十六国时期，有冠军、龙骧、征虏、辅国等号，品级较高，又有宁朔、五威（建威、振威、奋威、广威、扬威）、五武（建武、振武、奋武、广武、扬武），品级稍次，再次是鹰扬、折冲、轻车、虎威、明威、宣威、威远、宁远、伏波、凌江、

---

　　* 吴生道：1998 级硕士，现就职于广东省文物鉴定站。

[1]　（南宋）郑樵：《四部精要 11·通志略》上海古籍出版社，1993 年。

[2]　（南宋）郑樵：《四部精要 11·通志略》上海古籍出版社，1993 年。

[3]　（南宋）郑樵：《四部精要 11·通志略》上海古籍出版社，1993 年。

[4]　（南宋）郑樵：《四部精要 11·通志略》上海古籍出版社，1993 年。

[5]　（唐）房玄龄等：《晋书·职官上》，中华书局，1974 年。

材官、牙门。其他杂号将军的品级多数较低[1]。

南梁时期，将军名号有 125 号，分 24 班。普通六年，又置专施外国的将军 109 号，亦分 24 班。大通三年定制，将军凡 240 号，24 班；专施外国的将军 125 号 28 班。陈依梁制。梁、陈成为我国历史上将军名号最多最杂的两朝[2]。

"后魏将军之名多矣，谓骠骑、车骑、卫为三将军，末年有八柱国大将军，其中六人，各督二大将军，凡十二大将军。又各分统开府，一人一开府，领一军兵，是为二十四军，分掌禁旅。自大统十六年以后，功臣位至柱国及大将军者众矣，咸是散秩无复统御"[3]。

后周武帝三年，改诸军军士并为侍官。自隋及唐，战乱偃息，国家一统，诸杂号将军于是鲜矣。

另外，魏晋南北朝时期还有镇卫京师、皇宫、东宫、后宫的禁卫、宿卫军。其将军有卫尉、领军将军、护军将军等，也有五校、中郎将等职司，品级较高。

汉末魏晋南北朝时期军事机器十分庞大，汉末曹魏设置之将军，大多为蜀、吴、两晋十六国、南北朝所沿用，特别是东晋十六国时期，各国、各路豪强均有大致相同的建置，实任将军数量或是其他时期的 16 倍以上，所以，仅凭文献考证来分清汉末魏晋南北朝时期将军印的确切年代和地域是不可能的。《征存》不可回避要遇到这一问题，总体上编者能够按照印章形态区分出大的时代框架，至于将所有的武职印章硬行分配到各个具体的时代和十六国各国，实属无奈，实际上，据编者回忆，在编者之间也有不同意见。

自秦始皇至今，官印有专门的管理机构，钮式、大小、印面布局、文字格式均较规范，可以就相关特征加以分类，下面让我们对《征存》中时空特色较明显的将军类印章作一番类型学分析。

一　魏晋南北朝将军印的型式演变

《征存》著录含将或军字的武职官印 505 枚，其中主要是将军印章。根据将字形态的显著变化，我们可以将这批印章分为 9 种类型。根据军字、章字的演变、印文布局、篆刻风格的不同以及钮式的变化等因素，我们又可以将这 9 种类型分出若干式别。

（一）A 型将军印

两汉时期的武职官印时代相对清晰，不是本文分析的重点，这里不列出全部相关印章，仅挑个别典型，简单分出型式，以便理出将军印演变的来龙去脉。

A Ⅰ式　参考图一（拓片均为原大，下同不注）。A Ⅰ式将军印将字爿（丬）部所占空间较大，两"足"伸展较长；月部上裹之笔向上尖拱，中间为一竖点。A Ⅰ式将军印概括的是典型的西

---

[1]　叶其峰：《魏晋南北朝时期的将军及有关武职官印》，《秦汉魏晋南北朝官印研究》，香港中文大学文物馆，1990 年，第 194 页。

[2]　叶其峰：《魏晋南北朝时期的将军及有关武职官印》，《秦汉魏晋南北朝官印研究》，香港中文大学文物馆，1990 年，第 194 页。

[3]　（南宋）郑樵：《四部精要 11·通志略》上海古籍出版社，1993 年。

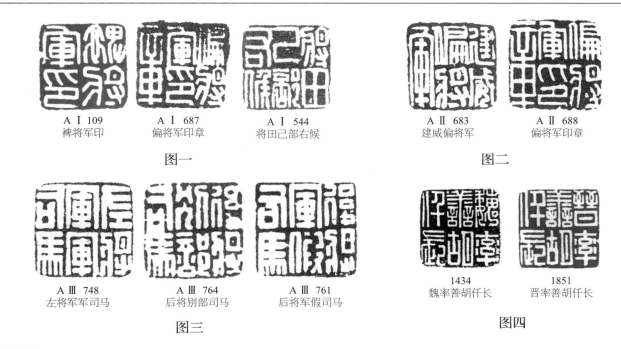

A I 109
裨将军印

A I 687
偏将军印章

A I 544
将田己部右候

图一

A II 683
建威偏将军

A II 688
偏将军印章

图二

A III 748
左将军军司马

A III 764
后将别部司马

A III 761
后将军假司马

图三

1434
魏率善胡仟长

1851
晋率善胡仟长

图四

汉风格。

A II 式　参考图二。A II 式将军印同 A I 式一样笔划圆劲。将字爿部所占空间缩小，月部上拱不明显，逐渐，月部变成一个竖长方口，中间仍为一竖点。A II 式将军印大约行用于东汉早期。

A III 式　参考图三。A III 式将军印笔划劲直宽博。将字月部所占空间渐大，形态为一长方口中加一竖点，少数变成了横点。图三761后将军假司马出土于西安永红路公社菊花园（761为《征存》使用的印章序号，以下同），有关研究将它定在东汉初年[1]。764后将别部司马的部字，不部演变为两短竖，与图一544西汉王莽时期的将田己部右候的部字不部的两长"足"有显著的区别。A III 式将军印形态非常稳定，风行于东汉早中期，征存著录多达26方。

从 A I 到 A III 式，主要在于篆刻风格的演变，演变脉络十分清晰。

（二）B 型将军印

1. 典型 B 型将军印的特征

将字月部写成曰状；寸部约作15°倾斜；月部中横和寸点的短方横空悬、劲促。

2. B 型将军印的时代

东汉末年到西晋武帝时期，中央政权的官印制作进入了一个相对稳定的时期，汉、魏、晋的禅代似乎没有影响到官印的制作。魏、晋颁发给兄弟民族的大量官印，如果没有加注魏、晋的朝代名号，我们无法遽然作出断代区分（参考图四）。汉末、魏、西晋时期的尚符玺郎官或尚方作坊很可能为同一家族掌控。这一时期的将军印章，我们可以归为 B 型。但是，要对属于 B 型的具体的将军印章再作断代区分，难度较大。

3. B 型将军印的式别

B I 式　图五242部曲将印（242为《新出历代玺印集录》的印章序号），出土于河南禹县

[1] 王人聪：《新出历代玺印集录》，香港中文大学文物馆专刊之二，1982年，第86页。文物出版委员会编：《文物资料丛刊·1》，文物出版社，1977年，第192页。

朱坡村[1]，此印部字不部的两短横空悬、劲促、时代要晚于 A Ⅲ 式，但其笔划方直，印文较宽满，似乎刚从东汉中期的宽满作风中走出来，形式上属于 B Ⅰ 式早期，出土简报将其时代定在东汉晚期，比较可靠。

以 1296 丞相前将军校尉、1510 裨将军印章为代表的武职官印，使用冲刀法，不作过多修饰，笔划峻直，粗细相间，形式上属于 B Ⅰ 式中期，时代可定在三国时期。

1296 丞相前将军校尉，《征存》考证为后汉末丞相曹操的属官印章。《后汉书》载，建安十三年夏六月，罢三公官，置丞相、御史大夫。癸巳，曹操自为丞相。丞相属官居然有左、右、前、后将军，罕见。据此可证，此方武职官印应当是东汉末年曹操主政时期的印章。

虎牙将军始于汉武，延用至曹魏，晋及南朝不用，北魏曾翻检出来使用。北魏时期

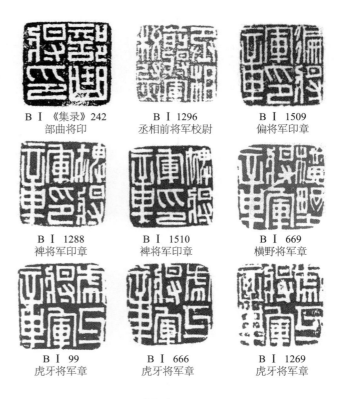

B Ⅰ《集录》242
部曲将印

B Ⅰ 1296
丞相前将军校尉

B Ⅰ 1509
偏将军印章

B Ⅰ 1288
裨将军印章

B Ⅰ 1510
裨将军印章

B Ⅰ 669
横野将军章

B Ⅰ 99
虎牙将军章

B Ⅰ 666
虎牙将军章

B Ⅰ 1269
虎牙将军章

图五

具名号品级，不见实际受任者，也不见实物遗存（北魏印章特征明显，容易判断，《征存》区分较科学）。汉昭、宣时田顺为虎牙将军，王莽时期成都侯王邑居之，三国魏文帝时鲜于辅又居之。后汉诸将军多加大，盖延曾为虎牙大将军。99、666、1269 三方虎牙将军章，笔划粗细错落明显，不作过多修饰，应当是汉末三国时期的将军印。

横野将军名号始于西汉，三国时期多见横野中郎将，两晋不见用横野，刘宋时期曾翻检出来序用。东汉早中期常见横野大将军。669 横野将军章的笔划更加劲健，粗细错落更加明显，横字特别是横字木部的细中竖与图七 1553 三国时期的横江中郎将印完全一致，应当是典型的三国印。此印军字宀部的点呈锐折状，同于图二 683 建威偏将军的军字，有东汉早期遗风。

1509 偏将军印章，印字爪部硬冲的三斜笔是汉末三国时期的典型风格。

偏、裨将军，两汉、三国时期是常设将军，两晋不见使用记录，可能是杂号将军的更多创置替代了它们的功能。1288、1510 两方裨将军印章是典型的 B Ⅰ 式中期将军印。

晋武帝当政前后的官印与汉末三国时期差别不大，这一时期的将军印大多可以归入 B Ⅰ 式，参考图六。

晋武禅代之时，诸胡来贺，更换印章。图六 2019 晋鲜卑率善中郎将应当是晋武帝时期颁发的。

晋武帝时期重兵官，二卫属官有熊渠武贲和伏飞武贲。图六 1660、1661 两方武贲将印是西

---

[1] 王人聪：《新出历代玺印集录》，香港中文大学文物馆专刊之二，1982 年，第 87 页。孙传贤：《河南禹县出土一批汉代文物》，《考古》1965 年第 12 期。

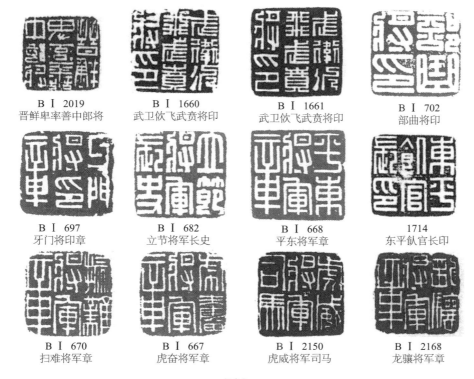

B Ⅰ 2019　　B Ⅰ 1660　　B Ⅰ 1661　　B Ⅰ 702
晋鲜卑率善中郎将　武卫伖飞武贲将印　武卫伖飞武贲将印　部曲将印

B Ⅰ 697　　B Ⅰ 682　　B Ⅰ 668　　1714
牙门将印章　立节将军长史　平东将军章　东平飤官长印

B Ⅰ 670　　B Ⅰ 667　　B Ⅰ 2150　　B Ⅰ 2168
扫难将军章　虎奋将军章　虎威将军司马　龙骧将军章

图六

晋印。

1714 东平飤官长印，《征存》考证为晋官印。东平国属兖州，江左以后东平国不复存在。此印应当为西晋印。此印布局平稳，结字方正，笔划边缘修饰平匀，精神风貌十分"中和"，可能制作于 280 年前后全国一统时期。反观图四 1851 晋率善胡仟长印，笔划修饰稍嫌过度，仟字的笔划存在叠合现象，显得雍容，而 1434 魏率善胡仟长印，笔划不作过多修饰，粗细错落有致，显得刚健，这就是典型魏官印与典型西晋官印的细微区别。

四平止于丧乱。平东将军始于东汉末曹魏时期。668 平东将军章与东平飤官长印风格完全相同，应是西晋时期的将军印。

立节类武官始于三国吴设立的立节中郎将，晋以后常见立节将军。682 立节将军长史的将字属于 B Ⅰ 式，长字又与东平飤官长印的长字一致，应为西晋将军印。但此印笔划稍显臃迟，时间或稍后。

牙门将始于三国，三国魏时期掌行营之牙门，也称门候，品级较低，蜀则用为牙门将军。晋初级别较高。697 牙门将印章笔划平匀工整，应为西晋印。

征以文献，扫难将军，晋以前未见使用，刘宋以后为常用杂号将军；虎奋将军仅在《魏书·官氏志》和《通典·职官二十·陈官品》中有品级记录，南北朝以前应当没有这一杂号将军；虎威将军设始于三国吴，两晋不见使用记录，可能属于那类"兴而复毁"的杂号将军；龙骧将军始于三国吴，晋以后任龙骧将军者众。图六 670 扫难、667 虎奋、2150 虎威、2168 龙骧四方印章，笔划细劲局促，不够大气，特别是 2150 虎威将军章的虎字几部写成了人字，而不是汉至南北朝时期没有例外的从"爪"。因此，我们怀疑，这四方印章，特别是后两方，可能是古印，但印

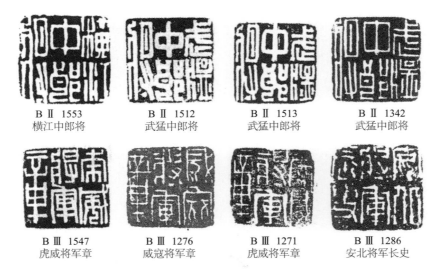

BⅡ1553　　　BⅡ1512　　　BⅡ1513　　　BⅡ1342
横江中郎将　　　武猛中郎将　　　武猛中郎将　　　武猛中郎将

BⅢ1547　　　BⅢ1276　　　BⅢ1271　　　BⅢ1286
虎威将军章　　　威寇将军章　　　虎威将军章　　　安北将军长史

图七

文后刻。

图六 702 部曲将印，笔划边缘修饰匀整，应当是西晋官印。

BⅡ式　参考图七上排。BⅡ式为三国魏晋时期诸中郎将印，将字写法非常典型，权列一式。这种将字是因为空间狭长，月部中横改为空悬的长竖，我们仍可将它归入 B 型。

横江中郎将仅见于三国吴。武猛中郎将出现在三国、西晋时期。

1342 武猛中郎将的中字与图六 2019 晋鲜卑率善中郎将的中字一致，"口"极大，中间竖笔上下出头很短，这是西晋时期中字的典型篆法，与三国时期的中郎将印明显不同。

BⅢ式　参考图七下排。BⅢ式将军印与 BⅠ式基本一致。差别在于将字月部中横不作空悬状，寸部倾斜角度也不一致。根据章字写法的一致性，我们另列一式。

虎威将军始置于吴。1547 虎威将军章军字宀部两边的竖划与图五 1510 裨将军印章的军字篆法一致，有粗细的律动，属于不加过多修饰的冲刀法，应当是三国印。

史料记载，汉至南北朝时期任威寇将军者仅两人。杨璇曾为东汉光武时期的威寇将军。至西晋惠帝永康元年（300 年），诏征益州刺史赵廞为大长秋，赵廞叛，自称大都督、大将军、益州牧，安抚起义之巴氏流人李特，以特弟庠为威寇将军。此后，文献记载仅见《魏书·官氏志》中列有威寇这一杂号将军名，未见具体受任者。

史家鱼豢曰，镇北、四安，魏黄初太和中置。三国时期有安北将军谭正。两晋以后，征、镇、安、平一直是杂号将军中的重号将军，十分常见。

BⅢ式将军印尽管章字的写法一致，因为篆刻风格略有差异，时代可能有别。1276 威寇、1271 虎威和 1286 安北长史三方印章钮式形态都属于三国时期，很可能是三国印，但是，因为篆刻草率，又未能证明汉末三国时期有威寇将军，故也可能是西晋印。

（三）C 型将军印

C 型将军印章的行用时代大约在西晋末至前秦统一北方前。永嘉时期的洛阳之难，西晋的

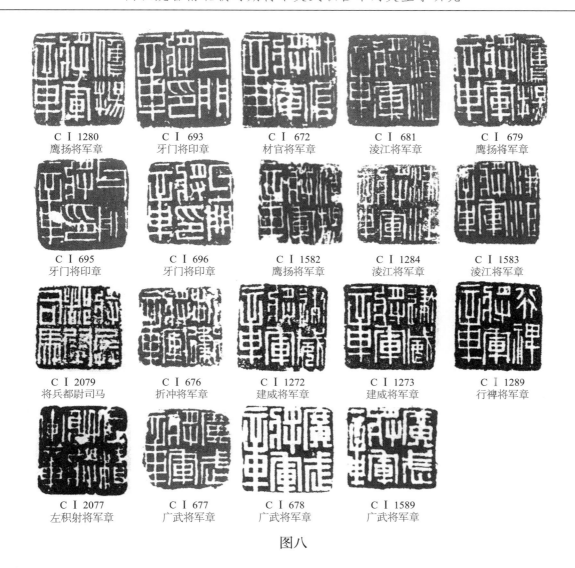

C I 1280 鹰扬将军章 　 C I 693 牙门将印章 　 C I 672 材官将军章 　 C I 681 凌江将军章 　 C I 679 鹰扬将军章

C I 695 牙门将印章 　 C I 696 牙门将印章 　 C I 1582 鹰扬将军章 　 C I 1284 凌江将军章 　 C I 1583 凌江将军章

C I 2079 将兵都尉司马 　 C I 676 折冲将军章 　 C I 1272 建威将军章 　 C I 1273 建威将军章 　 C I 1289 行禆将军章

C I 2077 左积射将军章 　 C I 677 广武将军章 　 C I 678 广武将军章 　 C I 1589 广武将军章

图八

朝官几乎全部罹难，传统的制印官匠或被杀或遭掠，印章制作承继无力（"方寸乾坤大"，印章制作宜有师承），规范失序。前秦统一北方前后，北方的印章有了新的面貌，南方东晋的印章也起了新的变化。

C 型将军印章的突出特征是将字寸部倾斜角度近 0°，直观上为一竖三叉形顶着寸部上边的"月"，为了直观理解和行文方便，我们可以名之为"中寸将"。

C 型将军印章大多无边框，少量有边框；将字月部有的为一横月状，有的为一横日状，形态较多，我们至少可以分出 5 式。

早期 C 型将军印有的尽管属于同一式别、同一品级、甚至同一名号，印体尺寸却存在较大差异，不少印章印面边长差幅高达 3 毫米以上，如图八。这说明，随着国家的分裂，印章的主体在分化，印章的制作也在分化。不过，这一时期，印章的地域风格还不甚明显。

C I 式　参考图八。C I 式的主要特征是笔划硬直；将字月部写成横月状。

属于西晋时期的图六 1661 武卫伏飞武贲将印是"中寸将"印的雏形，是为 C I 式将军印的源头。

"广武将军，晋江左置"《宋书·百官上》。图八 678 广武将军章笔划修饰平匀，其武字的写法与图六 1661 武卫伙飞武贲将印一致，应当是西晋晚期印。

图八 696 和图六 697 两方牙门将印章，印体大小和篆刻风格近似，但图八 696 将字月部演变为一个横置的月字，寸部倾斜角度也小了许多。我们认为，这两方牙门将印章有明显的承继关系，时代应当相继。

以上说明，Ｃ Ⅰ 式将军印源于西晋。

《宋书·百官上》记载，材官将军，主工匠土木之事。汉武以李息为之。汉武以后以左右校领其职，迄曹魏，右校下置材官校尉，主天下材木事。西晋材官校尉属少府《晋书·职官志》。晋江左改材官校尉曰材官将军《宋书·百官上》。图八 672 材官将军章非西汉印甚明，显然属于东晋以后的武职官印。据其将字形态，时代应在东晋初年。

图八第一行与材官将军章一样印体尺寸硕大、篆刻风格一致的印章均应属于同一时期、同一区域。

"鹰扬将军，汉建安中，魏武以曹洪居之"《宋书·百官上》。继曹洪居此官者众，但大多在东晋以后。

"凌江将军，魏置"《宋书·百官上》。凌江或凌江以及陵江将军的大量出现是在晋江左时期。

折冲将军，王莽时期，大鸿胪、望乡侯阎迁为折冲将军，三国时期甘宁曾任魏国的折冲将军，晋惠帝时期，成都王司马颖以石超为折冲将军。自此以后，任折冲将军者众。

建威将军，自前汉韩安国任建威将军以后，任此职者众。

1289 行裨将军章，三国时期的冲刀法特征甚明显，《征存》定在三国魏，因文献又有记载刘表之中郎将黄忠降魏后被曹操假为（委任为）行裨将军。但此印将字属于Ｃ Ⅰ 式，不是三国魏印；裨字从示，是一个错字，错字印章是文化水平较低的胡人政权的一大特色；行谓暂时署理，一般一年后转正，用在印章上很不正式；又因为裨将军在两晋时期不见使用，其功能似被越来越多的杂号将军替代，故此印真伪存疑。

永嘉东渡前后，印章颁行的主体较多，除晋朝廷外，有前赵、后赵、成汉和前凉，另外，诸晋王室也有僭置的将军，尚不知有否颁发印章。Ｃ Ⅰ 式将军印的地域差异我们也可以作一番探讨。

图九所列官印可推定为后赵时期。

《通志·后赵·石勒》载，"观雀台崩，杀典匠少府任汪，复使修之，倍于常度"。《册府元龟·好土功》也有同样的记载，同卷另载有"监营邺宫，勒亲将规矩"。又据《征存》考证，观雀台监和邺宫监印均为后赵官印。后赵官印笔划细直平匀，绳墨规矩板直的 90° 转折是其显著特征。由此可知，2063 亲赵侯印、2065 率义侯印、2187 安西将军司马均为后赵官印。较之图六 1714 东平飤官长印，后赵似得西晋印正统，但又有较大的革新，包括钮式多为独特的马钮等外部形态的变化。

部曲将的行用时间较长，从东汉末一直使用到齐梁，东晋以后多在南方使用，北方诸胡政权往往代之以诸部大人、千人督、百人督、百人将等。但图九 2080 部曲将印笔划细直平匀，印字爪部"脊背"的弯曲弧度与 2063 亲赵侯印基本一致，应是后赵官印。

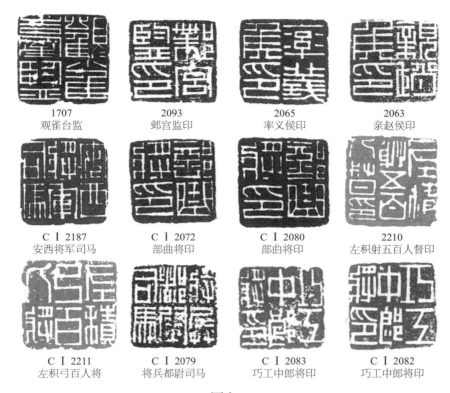

1707
观雀台监

2093
邺宫监印

2065
率义侯印

2063
亲赵侯印

ＣⅠ2187
安西将军司马

ＣⅠ2072
部曲将印

ＣⅠ2080
部曲将印

2210
左积射五百人督印

ＣⅠ2211
左积弓百人将

ＣⅠ2079
将兵都尉司马

ＣⅠ2083
巧工中郎将印

ＣⅠ2082
巧工中郎将印

图九

积射将军始于东汉末年，何进曾担此任。晋改设左、右积弩将军。宋至梁积射将军为杂号中的常号将军。但左积射将军我们仅见石勒任用冉闵父冉瞻时用之。很可能，左、右积射将军仅为后赵所置。2210左积射五百人督印印字爪部"脊背"的弯曲弧度也与2063亲赵侯印基本一致，当为后赵官印。据此，图八2077左积射将军章也应当为后赵官印。图九2211左积弓百人将可能是积射将军的属官，此印平直的作风与观雀台监一致。

魏、晋、南朝政权不用将兵都尉。将兵都尉始见于成汉，常见于石氏后赵政权。2079将兵都尉司马与2187安西将军司马风格基本一致。

巧工一职，《征存》考证可信，属后赵官职官。2082、2083、2084巧工中郎将的中字没有晋风，郎字匕部演变为两点，显然要晚于西晋。

后赵将军印总体上不脱离ＣⅠ式，但有自身鲜明的风格。部分印章将字寸部倾斜弧度较大，或者寸部中竖呈弧形，是为ＢⅠ式风格的直接延续。

后赵官印的推定进一步说明，ＣⅠ式将军印章兴盛时期大约在东渡前后30～50年左右的时间里。

ＣⅡ式　参考图一〇。ＣⅡ式将军印将字同于ＣⅠ式。ＣⅡ式将军印加有边框。因图一〇2171建威将军章与图八1272、1273两方建威将军章几无二致，且加边框的魏兴太守章可能是成汉印，而临川太守章笔划平匀，所具地名地属江州，应当是东晋早期印。我们推测，加边框的ＣⅡ式官印可能是司马睿称帝前后因卑让或致哀等原因而特别颁行的印章。

ＣⅢ式　参考图一一。ＣⅢ式将军印主要特征有四：一是ＣⅢ式将军印的章字占位窄；二

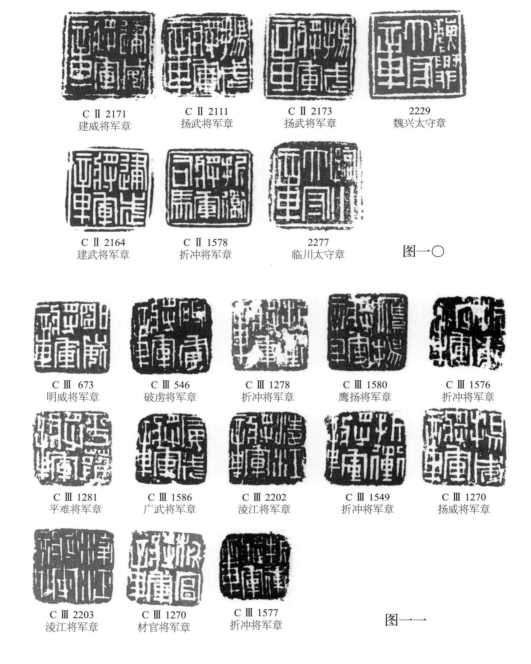

CⅡ2171
建威将军章

CⅡ2111
扬武将军章

CⅡ2173
扬武将军章

2229
魏兴太守章

CⅡ2164
建武将军章

CⅡ1578
折冲将军章

2277
临川太守章

图一〇

CⅢ673
明威将军章

CⅢ546
破虏将军章

CⅢ1278
折冲将军章

CⅢ1580
鹰扬将军章

CⅢ1576
折冲将军章

CⅢ1281
平难将军章

CⅢ1586
广武将军章

CⅢ2202
凌江将军章

CⅢ1549
折冲将军章

CⅢ1270
扬威将军章

CⅢ2203
凌江将军章

CⅢ1270
材官将军章

CⅢ1577
折冲将军章

图一一

是印体尺寸小；三是笔划一般短而促；四是隶体字、错字较多。

CⅢ式将军印的风格不尽相同，时代和地域应当有一定的差别。如图一一前三方印章，将字的最末两笔均为一捺加一短撇；图一一第二行前两方将军印的将、军、章三字几乎完全相同，应属于同时同地；其他印章风格各异。我们有理由推断，CⅢ式将军印分化在加剧，已经走到了C型将军印的末途，新型将军印正在孕育。图一一前三方印章将字寸部末笔向左下踢出，踢开了前秦时期"撇寸将"一统北方的新时代。

综上并结合下文，我们认为，CⅢ式将军印行用时间大约在后赵至前秦之间，行用地域应在北方。

CⅣ式 参考图一二。根据"中寸将"和章字占位窄两个特征，我们本可以简单地将图一二两方印章归入CⅢ式。CⅣ式将军印特列一式的主要理由是，这类印章连最常用的那个军字都写错了，军字的车部竟少刻了一横。"镇远将军长史"印六个字竟有军、长、史三个错字。另外，这类印章隶书味道较浓。据此，我们认为，五胡政权统治者的汉文化水平普遍是较低的，他们对掌握汉字比较困难，在真、行书十分盛行的时代，能写好隶书就不错了，要他们掌握汉字的篆法就更难为了。不可否认，五胡政权大多礼遇有才干的汉人，但这些汉人的才干或者不在技艺要求较高的印章制作上。

必须特别说明的是，类似CⅢ式、CⅣ式的将军印还有很多，我们可以判断它们属于C型将军印的晚期，但无法归入以上任何式别。这是这一时期印章制作严重分化的结果。

CⅤ式 参考图一三。CⅤ式将军印的将字基本形态与CⅠ式是一致的，些微的差别在于CⅤ式的将字月部为一横置的日字，而CⅠ式月部为一横置的月字。

图一三694与图八693两方牙门将印章尺寸相当、风格一致，应当属于同一时期。图一三675折冲将军章与图八2079将兵都尉司马和676折冲将军章尺寸相当、风格一致，笔划边缘均呈锯齿状，时代和地域也应大致相当。总体而言，我们认为，CⅤ式将军印的行用时间与CⅠ式是并行的。另外，应当是行用地域的不同，与CⅠ式一样，CⅤ式将军印也存在印体尺寸和篆刻风格的显著差异，待条件充分，我们还可以进行更细的式别划分。

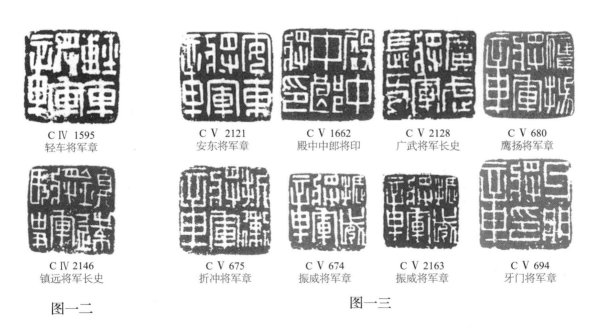

CⅣ 1595
轻车将军章

CⅤ 2121
安东将军章

CⅤ 1662
殿中中郎将印

CⅤ 2128
广武将军长史

CⅤ 680
鹰扬将军章

CⅣ 2146
镇远将军长史

CⅤ 675
折冲将军章

CⅤ 674
振威将军章

CⅤ 2163
振威将军章

CⅤ 694
牙门将军章

图一二　　　　　　　　　　　图一三

CⅥ式 参考图一四。CⅥ式将军印的将字与CⅤ式差别很小，另列一式的原因在于CⅥ式章字的写法很有代表性，立部呈双"U"形。这种型式的将军印传世仅见图一四所列的四方。

广威将军最早见于晋惠帝时任用闵王司马承，江左以后十分常见。凌江将军的使用情况已如前述，凌江或淩江以及陵江将军的大量出现在晋江左时期。此类"横日"将"双U"章式将军印，其源当然是CⅤ式将军印，也就是说，此式是C型将军印中较晚出现的类型，其行用时代应该与同样较晚的CⅣ式相当，约在后赵与前秦之间。因为北魏时期的将军印多为"双U"章、"横日"将，吸收了较多的此式将军印因素，特别是，2123 凌江将军章的凌、军二字部分横划有先打两点以确定位置的作法，这在十六国时期末段比较流行，故该式将军印可能与北魏相承，但据将字形态的逻辑演变，它们又不应该晚于前秦，时代较难把握。

（四）D 型将军印

D 型将军印直接承继了 B 型将军印，将字爿部仍出两足，月部为一个曰字，月部和寸部的短横空悬、劲促。D 型将军印的显著变化是，与 C 型将军印将字寸部 0°倾斜相对应，D 型将军印将字寸部作 90°最大程度的倾斜，变为平置。D 型将军印的出现可能是对于 C 型承继 B 型的一种矫枉过正。D 型将军印存世数量极少，它的出现应当是 C 型将军印盛行时期的一支小插曲。

立义将军始见于三国魏，庞德居之，继之则有后赵石季龙任用段勤为立义将军，后又见后秦姚泓任命姚成都为立义将军。东晋不见立义将军建置。图一五立义将军（325 为《新出历代玺印集录》的印章序号）出土于陕西省干阳县[1]，在后赵和后秦的势力范围内。但是，已如前述，C 型将军印章的全盛期在后赵石勒时期，D 型是对全盛 C 型的一种反思，很可能，此方"立义将军"印的时代在后赵晚期。从其与 B 型将军印的紧密关系来看，断不会晚至姚秦所制。

2212 牙门将印笔划细直平匀，吸收了较多的石勒风格。但是，此印除笔划不够石勒风格刚劲外，将字爿部的转折较圆劲，下出的两足奋拉下垂，均不作石勒风格的绳墨规矩，而有较多的南方因素；门字所有横划平行上斜，与《征存》西晋印 1687 建春门候、1688 宣阳门候、1689 津阳门候一致。此印的行用地域尚待明晰。

C Ⅵ 1276　　　　C Ⅵ 1607　　　　C Ⅵ 2122　　　　C Ⅵ 2123　　　　D 型《集录》325　　　D 型 2212
广威将军章　　　广威将军章　　　凌江将军章　　　凌江将军章　　　　立义将军　　　　牙门将印
　　　　　　　　　图一四　　　　　　　　　　　　　　　　　　　　　　　　图一五

（五）E 型将军印

与 D 型将军印同时或更早，主要是在南方的东晋，这种将字寸部平置的将军印较为流行。E 型将军印可能始于东晋早中期，延用直至南朝陈。

E 型将军印的主要特征是：将字寸部倾斜角度为 90°，月部为以横曰状为主，有少量的横月形。

自东晋迄南朝陈，E 型将军印可分 5 式。

E Ⅰ 式　参考图一六。E Ⅰ 式将军印的典型特征是将字月部为一横置的曰字，早期寸部短方

[1]　王人聪：《新出历代玺印集录》，香港中文大学文物馆专刊之二，1982 年，第 99 页。文物出版委员会编：《文物资料丛刊·1》，文物出版社，1977 年，第 193 页。

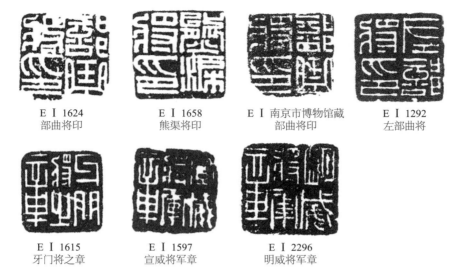

E I 1624　　　　　E I 1658　　　　E I 南京市博物馆藏　　　　E I 1292
部曲将印　　　　　熊渠将印　　　　　　部曲将印　　　　　　左部曲将

E I 1615　　　　　E I 1597　　　　　　E I 2296
牙门将之章　　　　宣威将军章　　　　　明威将军章

图一六

横空悬、劲促。

1624 部曲将印出土于福州南安狮子山东晋古墓，时空关系非常清晰[1]。它的出土，为我们分析将字的逻辑演变提供了一个强有力的支点。

两晋有较多的左部帅，多任用少数民族诸部大人或者头人，左部将不见用。1292 左部将印笔划细匀方直，很可能就是后赵晚期印，至少是受到了后赵的强烈影响。

两晋十六国时期，多见"牙门将印"或"牙门将印章"，"牙门将之章"罕见。通览《征存》，两汉时期流行的"之字官印"，两晋十六国不见。1615 牙门将之章，门字中的横划下斜，而不是通常的平置或上斜，将字月部呈竖长方而不是通常的扁长方等等均不符合印章发展的历史逻辑，此印存疑，或为东晋末期武职官印。

宣威、明威属于两晋十六国南北朝时期的常用杂号将军。相对于东晋中期（或稍早）的 1624 部曲将印的严整，1597 宣威和 2296 明威两方将军印的印面布局一局促一松散，均应晚于东晋中期，但两方印章笔划较沉稳，不同于刘宋以后的尖细，应当不入南朝。

综上，E I 式将军印大约在东晋中晚期行用。

E II 式　参考图一七。同于 C I 式与 C V 式将军印的差别，E II 式与 E I 式将军印的差别也只在于将字的月部，一为横置的月字，一为横置的日字。

监军，历朝历代均有，但监军将军少见，《华阳国志（卷 22）》记载李福曾为三国蜀的监军将军司马。但是，我们从 2498 监军将军章的将字形态判断，它的制作年代不可能早到三国时期。龙骧和征虏两号将军自前赵至北周、东晋至南陈一直为常用杂号将军，实际受任者非常之多，数不胜数。此类将军章，我们无法运用文献考证来理顺其时空关系。根据印章形态的演变逻辑，我们可以推断，E II 式印行用的年代和地域应当与 E I 式大致相同。

E III 式　参考图一八。E III 式形态比较稳定，遗存数量也比较多。对比图一六和图一八，我

[1]　王人聪：《新出历代玺印集录》，香港中文大学文物馆专刊之二，1982 年，第 102 页。文物出版委员会编：《文物资料丛刊·1》，文物出版社，1977 年，第 133 页。

E Ⅱ 2174　　　　E Ⅱ 2142　　　　E Ⅱ 2498　　　　E Ⅱ 2106
龙骧将军章　　　征虏将军章　　　监军将军章　　　监军将军章

图一七

们可以推定，EⅠ式和EⅢ式在时间上是继起的，形式上没有任何缺环。EⅢ式将军印的主要特征是：将字爿部两足夸拉下垂，月部为一横置的扁"日"，寸部平置，寸部的竖划较放，寸部末笔、空悬的短横周围显得较空。章字"立"大"早"小，笔划尖细。因为此类印章末笔大多放纵不收，字与字之间顶得比较开，加之笔划尖细，因而显得疏朗。

辅国、龙骧、宁朔、广威、冠军、建武、征虏诸杂号将军使用过滥，文献考证可以帮助我们了解它们的起用和弃用时间，对于查考这些印章的主人，没有任何帮助。

积弓、积射、积弩、强弩诸号武职的使用有较大的时空差别。冷兵器时代，弓箭兵（弩营）一直是防守和伏击的上佳兵种，战乱频繁的魏晋南北朝时期对此尤为重视。武器有了很大的改进，甚至还发明了连发的弩机。

强弩将军，汉武帝时置，李沮为强弩将军，汉宣帝时乐成侯许延寿居之，王莽时期拜王骏为强弩将军，光武时期陈俊又居之。强弩将军属官有强弩司马，现传世有大量的两汉时期的强弩司马印章。

两晋时期，"二卫始制前驱、由基、强弩，为三部司马，各置督、史。左卫熊渠武贲，右卫伏飞武贲。"由此可证，两晋时期有属二卫统领的强弩司马，应该不会再叠置强弩将军，下置长史、司马、参军等而造成混乱。况且，晋还置有左、右积弩将军。

刘宋时期，强弩将军为诸杂号中的常号将军。任此职者有尹怀顺、杜叔文、苟思达、童太一、任农夫、沈邵等。

积弩将军，汉成帝时置，武让曾为积弩将军，屯函谷关。光武时期，傅俊为积弩将军。晋置左、右积弩将军，为台职，领营兵。刘宋时期，职属东宫，为太子左、右积弩将军，不复领营兵。

积射将军，我们在讨论后赵官印时已有述及。积射将军始置于东汉，左、右积射始于后赵，南朝时期积射将军使用频繁。

据印文形态并结合文献，我们认为，2162强弩将军章非东晋印，应制于刘宋时期。

图一八最后一方，2238长广令印的广字与第四方2169广威将军章的广字形态基本一致。长广在今山东青岛一带。《宋书·州郡志》载，长广太守，本长广县，前汉属琅邪，后汉属东莱。晋太康地志云，故属东莱。起居注：咸宁三年，以齐东部县为长广郡。领县四，有长广县。咸宁以后，长广先后为后赵、前燕、前秦、后燕、南燕所有。刘裕北伐，收复了山东半岛全境，置有长广郡，下辖长广县。南齐以后，长广先后属北魏、东魏、北齐。因2238长广令印明显属于南方印系官印，我们推断，长广令印和2169广威将军章均应为刘宋时期的官印。

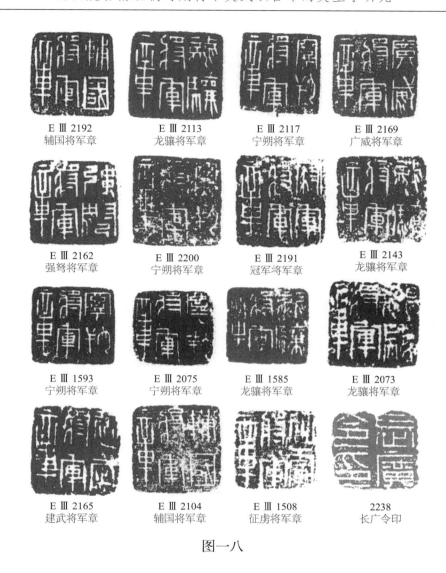

E Ⅲ 2192　　　　E Ⅲ 2113　　　　E Ⅲ 2117　　　　E Ⅲ 2169
辅国将军章　　　龙骧将军章　　　宁朔将军章　　　广威将军章

E Ⅲ 2162　　　　E Ⅲ 2200　　　　E Ⅲ 2191　　　　E Ⅲ 2143
强弩将军章　　　宁朔将军章　　　冠军将军章　　　龙骧将军章

E Ⅲ 1593　　　　E Ⅲ 2075　　　　E Ⅲ 1585　　　　E Ⅲ 2073
宁朔将军章　　　宁朔将军章　　　龙骧将军章　　　龙骧将军章

E Ⅲ 2165　　　　E Ⅲ 2104　　　　E Ⅲ 1508　　　　2238
建武将军章　　　辅国将军章　　　征虏将军章　　　长广令印

图一八

E Ⅳ 2074　　　　　E Ⅳ 2144　　　　　E Ⅳ 2295
龙骧将军章　　　　龙骧将军章　　　　宣惠将军章

图一九

综上，我们认为，E Ⅲ式将军印大多为刘宋时期的武职官印，早的可能到刘裕当政的晋末时期，部分篆刻草率、将字月部非扁方而倾圆转（2104）、印面由竖长方朝扁方方向演变的将军印（2075、1585）可能晚至肖齐。

　　E Ⅳ式　参考图一九。E Ⅳ将军印和 E Ⅲ式差别较小，仅笔划稍宽，篆刻较草，将字寸部竖划末端上勾，印面正方或扁方较为明显。

宣惠将军仅在肖梁和南陈时期行用。ＥⅣ将军章的时代可能在梁武帝当政之初。

ＥⅤ式　参考图二〇。从将字形态和篆刻风格来看，ＥⅢ式、ＥⅣ式、ＥⅤ式将军印差别甚微，在时空关系上，此三式将军印应当是在相同地域上相继而起。但是，图二〇所列ＥⅤ式将军印，大到骠骑、征北，小至十飚，诸将军印均不再称"章"，而统称"之印"，变化较为剧烈，其时代应与前述诸式将军印有绝然的分别，这可能与梁武帝重新排定将军班秩有关。

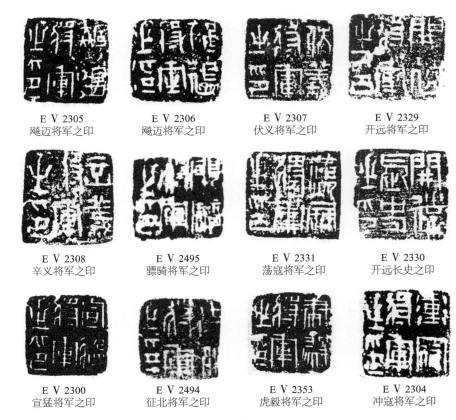

| ＥⅤ 2305 | ＥⅤ 2306 | ＥⅤ 2307 | ＥⅤ 2329 |
| 飚迈将军之印 | 飚迈将军之印 | 伏义将军之印 | 开远将军之印 |

| ＥⅤ 2308 | ＥⅤ 2495 | ＥⅤ 2331 | ＥⅤ 2330 |
| 辛义将军之印 | 骠骑将军之印 | 荡寇将军之印 | 开远长史之印 |

| ＥⅤ 2300 | ＥⅤ 2494 | ＥⅤ 2353 | ＥⅤ 2304 |
| 宣猛将军之印 | 征北将军之印 | 虎毅将军之印 | 冲寇将军之印 |

图二〇

梁天监七年，武帝命有司厘定将军名号及班秩。诏以将军之名，高卑舛杂，命更加厘定。于是有司奏置一百二十五号将军。大通三年，有司奏曰：天监七年，改定将军之名，有因有革。普通六年，又置百号将军，更加刊正，杂号之中，微有移异。

从天监七年到大通三年重新厘定将军班秩，历时长达 21 年，新增杂号将军占绝大多数，其中增有十飚将军（飚迈、飚猛等）、宣猛将军等。又有很多杂号前朝曾经使用，但长时间已不用，此次厘定又重新翻检出来排序。如此费时费力的排班，实际意义不大，因为绝大多数杂号未见实际应用。

陈承梁制。

图二〇所列ＥⅤ式诸将军印大多应属于肖梁，少量或者制于南陈。

（六）Ｆ型将军印

Ｆ型将军印源于Ｃ型，将字月部多为横置的月字，寸部斜弯角度近 0°。Ｆ型与Ｃ型的最大

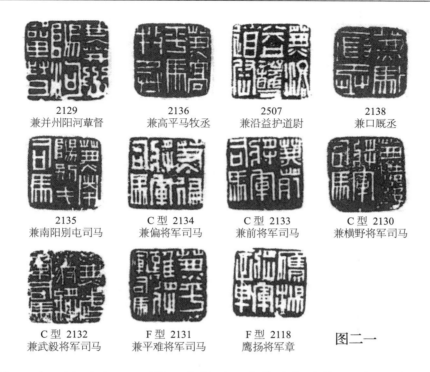

2129 兼并州阳河菫督	2136 兼高平马牧丞	2507 兼沿益护道尉	2138 兼口厩丞
2135 兼南阳别屯司马	C 型 2134 兼偏将军司马	C 型 2133 兼前将军司马	C 型 2130 兼横野将军司马
C 型 2132 兼武毅将军司马	F 型 2131 兼平难将军司马	F 型 2118 鹰扬将军章	图二一

区别是：将字爿部只有一足下垂。F 型将军印的时空定位我们将依式别一一推定。

1. F 型与 C 型将军印的共存关系

图二一所列诸印篆刻风格均较柔劲，又均为兼官印，兼官入印比较特别；兼字下部四点水的写法均不是传统的篆法，隶书特征明显；"司马""军司马""丞"等字的写法一致；诸印的印面布局也基本一致。综上，我们认为，图二一所列诸印应为十六国某个国家专有。

图二一所列诸印印体较小、隶书因素入印、2133 兼前将军司马的前字是个错字、2130 兼横野将军司马章字所在位置占空间狭小（此印为军司马三字），说明这批印章的时代应该同于前文所列 C Ⅲ式将军印，在后赵和前秦之间，此一时段北方极度混乱，各方力量均较弱，印章印体较小，印章风格的分化在加剧。

2129 兼并州阳河菫督、2136 兼高平马牧丞、2135 兼南阳别屯司马、2132 兼武毅将军司马等印，笔划细直平匀，有较多的后赵因素。

护道尉一职多设在关塞、谷口等形势险要处，《通典》记载两晋、刘宋时期有此职。2507 兼沿（浴）益（谷）护道尉护字隹部上面的艹和两个口的写法比较特别，与图九 1707 观雀台监的观字写法一致。观雀台监为后赵官印。

菫督一职十分特别，文献无考。《征存》据"界山祠碑"考证，前秦有菫督一职。菫，是一种草，应当是牧草，这种牧官应为胡人所置。氐胡有，不排除匈奴和鲜卑就没有。

图二一所列诸印涵盖的地域有并州、阳河、高平、南阳、沿谷等，后赵势力不及南阳。352 年，慕容俊杀冉闵，称帝迁邺，领土包铜城而临漠北，"西秦"（指苻秦）劲卒顿函关而不进，"东夏"（指东晋）遗黎企邺宫而授首，据有南阳及并州至阳（荥阳郡？）、河（河南郡？河内郡？）一线。高平在河南巨野泽南，地属前燕腹地。与前燕并存的前秦早期，只是雄居关中。

综上，我们认为，图二一诸兼官印归入前燕较为妥当。

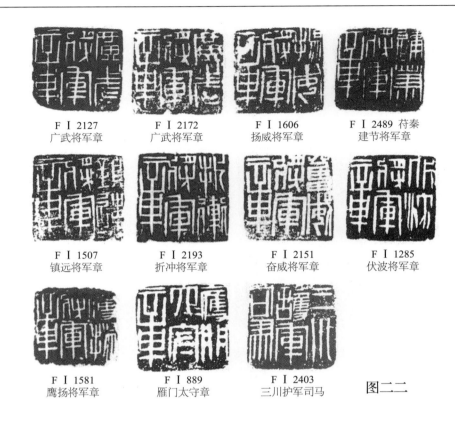

FⅠ2127
广武将军章

FⅠ2172
广武将军章

FⅠ1606
扬威将军章

FⅠ2489 苻秦
建节将军章

FⅠ1507
镇远将军章

FⅠ2193
折冲将军章

FⅠ2151
奋威将军章

FⅠ1285
伏波将军章

FⅠ1581
鹰扬将军章

FⅠ889
雁门太守章

FⅠ2403
三川护军司马

图二二

　　需要特别引起我们注意的是，图二一所列某国专有诸兼官印，既有 F 型又有 C 型将军印，这充分说明，F 型和 C 型将军印有直接的承继关系。

2. F 型将军印的式别

F 型将军印可以分为 5 式。

FⅠ式　参考图二二。FⅠ式将军印笔划末端一般不收，刀锋犀利，其最显著的特色是将字寸部的末笔向左下剔出，我们可以名之为"捌寸将"。

　　比较图二二所列将军印和图一一 C Ⅲ式将军印的前三方"捌寸将"印，两者的相同点有，笔划末端一般不收，刀锋犀利；军字的结字和篆法完全一致；将字月部为一横置的扁月，寸部倾斜角度近 0°；寸部末两笔为一捺加一短撇。这是将军印分式的核心特色的一致。不同点在于，C Ⅲ式将军印印体尺寸小；章字所在位置占有空间极小；将字屮部两足下垂。这是将军印分型的核心特色的差别。分型的核心特色的差别和分式的核心特色的一致说明，与前述兼官印情况相同，C Ⅲ式将军印的前三方"撇寸将"印与 FⅠ式将军印应同属十六国某个国家所有，它们的差别应当只在时间早晚的不同。

　　比较 FⅠ式将军印和 C Ⅲ式将军印，FⅠ式将军印给人的总体感觉是刚劲有力，焕然一新。FⅠ式将军印，章字大气、行笔结字大气，印体尺寸大，更显其大气，具有一种一扫中原、一统国家的风范。

　　根据图二二 2151 奋威将军章的奋字上部和 2403 三川护军司马护字右上部的特殊写法（同图九 1707 观雀台监的观字），我们可以进一步确定，FⅠ式将军印为十六国时期后段分化出南北印系后北方印系的印章。

图二二下排三方印章的"鹰""雁""护"三字有显著的一致性，我们可以肯定它们为一国专有，这个国家设有三川护军，并拥有雁门郡。

三川为伊水、洛水、黄河三川交汇处，秦并韩，设三川郡。汉更名为河南郡。魏、晋、刘宋或都于此或改为司州。前秦得晋故都洛阳（司马氏之晋），效仿嬴秦陷韩都故事（三分晋后有韩、赵、魏），复三川地名，置三川护军，专理夷族夷民（前秦、北魏等复古，称汉族为东夷或岛夷），意在统一全国，其理可通。十六国时期，各国国号复古、地名复古现象十分常见。此"三川护军司马"印为何非后秦姚氏所置呢，因为苻坚统一了北方，同时并有雁门、三川两地，而姚秦时期，雁门是后燕的领土。

综上，我们认为，FⅠ式将军印的时代应该在苻坚统一北方之际。

FⅡ式 参考图二三。FⅡ式将军印的显著特征是章字有一直通长竖，这种章字的篆法初次出现，时代应当晚于同型的FⅠ式将军印，即晚于苻秦。

FⅡ式将军印将字寸部末笔的撇势还比较明显，图二二1285和图二三1584两方伏波将军章的伏波二字又有较多的一致性，因此，我们认为，FⅡ式将军印是直接承继FⅠ式将军印而来。

南安、越巂所在邛来山地区是姚羌的老巢，《水经注》载有越巂羌、牦牛羌、白水羌、研种羌、

FⅡ 1602　　　FⅡ 2166　　　FⅡ 2126　　　FⅡ 2112　　　FⅡ 2207
建威将军章　　建威将军章　　广武将军章　　扬武将军章　　建威将军章

FⅡ 2059　　　FⅡ 1574　　　FⅡ 2487　　　FⅡ 2324　　　FⅡ 1584
建武将军章　　平东将军章　　立节将军章　　明威将军章　　伏波将军章

FⅡ 2167　　　FⅡ 2399　　　FⅡ 2405　　　FⅡ 2116　　　FⅡ 2145
安东将军章　　凌江将军章　　凌江将军章　　建威将军章　　镇北将军章

2283 河东太守章　　1773 越巂太守章　　　　　　　　　图二三

武都羌等，皆出于青藏高原东南部。羌人谓奴为无弋，姚弋仲（即无弋之仲）本为奴，参加巴氏流民起义反晋后有相当的势力，后为氐人苻坚所用。两晋无越嶲郡。十六国胡人政权在汉人和其他民族聚居地区一般置有护军，实行军事化管理。除羌族所立国家外，在越嶲羌人聚居区应当不会置郡来管理，十六国时期，越嶲郡必为属于越嶲羌的后秦姚氏所置。

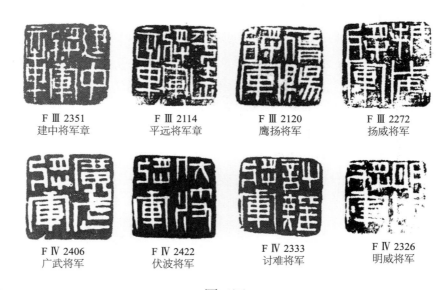

F Ⅲ 2351　　　　　F Ⅲ 2114　　　　　F Ⅲ 2120　　　　　F Ⅲ 2272
建中将军章　　　　平远将军章　　　　鹰扬将军　　　　　扬威将军

F Ⅳ 2406　　　　　F Ⅳ 2422　　　　　F Ⅳ 2333　　　　　F Ⅳ 2326
广武将军　　　　　伏波将军　　　　　讨难将军　　　　　明威将军

图二四

　　1975 年，宁夏固原出土了 1 枚印面文字风格与图二三 1584 一致的伏波将军章[1]。苻秦覆灭后，宁夏统万城一带即归姚秦控制。河东郡（今山西运城一带），苻秦覆灭后也归姚秦掌控。晋末刘裕灭姚秦，光复四川大部、山西南部。显然，在越嶲置太守，国土跨统万城及河东郡，继苻秦而兴者只有姚秦。这充分说明，直接承继 F Ⅰ 式而起的 F Ⅱ 式将军印必为姚秦所制。
　　F Ⅲ 式　参考图二四第一排。F Ⅲ 式将军印将字末笔为一左斜剔出的重点，这应当也是"撇寸将"印的衍变，表明 F Ⅲ 式将军印也是直接承接 F Ⅰ 式将军印而起。
　　两晋十六国时期，建中将军名号极少见用，北魏后期至北周，使用稍多。史载麟嘉四年后凉吕光遣建中将军沮渠罗仇伐奚念。根据将字形态的演变逻辑，结合有关史料，我们认为 F Ⅲ 式将军印极可能属于后凉。吕光受苻坚命，以太尉领兵攻略西域，降服三十余国，后闻苻坚为姚苌所杀，于 386 年 10 月自称使持节，侍中，中外大都督，凉州牧，酒泉公，建元太安，后改称三河王、天王。
　　F Ⅳ 式　参考图二四第二排。F Ⅳ 式将军印将字爿部占空间较大，爿部单足，出足位置较低，寸部占空间小，省末笔之点。根据将军印形态的演变逻辑，我们认为 F Ⅳ 式将军印应当晚于 F Ⅲ 式将军印。F Ⅳ 式将军印疾速锋利的笔划形态与 F Ⅲ 式将军印有较为紧密的联系。F Ⅳ 式将军印可能属于南凉、北凉或西凉。

　　[1]　王人聪：《新出历代玺印集录》，香港中文大学文物馆专刊之二，1982 年，第 87 页。钟侃：《宁夏固原县出土文物》，《文物》1978 年第 12 期。

| F Ⅴ 1604 | F Ⅴ 1588 | F Ⅴ 2348 | 1772 | 2365 |
| 虎威将军章 | 广武将军章 | 武毅将军章 | 武都太守章 | 武始太守章 |

图二五

　　F Ⅴ式　参考图二五。F Ⅴ式将军印的将字仍为"撇寸将"的孑余。F Ⅴ式将军印军字宀部与车部的末笔相连，象是一个囗旁，我们可以名之为"困军"章。另外，F Ⅴ式将军印"章"字立部的"凸"形也极富特色。

　　图二五 1588 广武将军章和 2348 武毅将军章的武字写法独特，与 2365 武始太守章和 1772 武都太守章的武字一致，这样我们就可以将 F Ⅴ式将军印的空间范围缩小到今宝鸡至兰州一带。

　　乞伏氏属于武都羌，长期盘踞于宝鸡至兰州一带。建义元年，苻坚为姚苌所杀，国仁谓其豪帅曰，苻氏以高世之资而困于乌合之众，可谓天也。夫守常迷运，先达耻之，见机而作，英豪之举。吾虽薄德，藉累世之资，岂可睹时来之运而不作乎？遂以晋孝武太元十年，自称大都督、大将军、大单于，领秦、河二州牧。改秦建元二十一年为建义元年，署置官属。以其将乙旃童埿为左相，屋引出支为右相，独孤匹蹄为左辅，武群勇士为右辅，弟乾归为上将军，自余拜授各有差。乃分其地，置武城、武阳、安固、武始、汉阳、天水、略阳、湨川、甘松、匡朋、白马、苑川十二郡。

　　乞伏氏所建秦国始于 385 年，终于 431 年，降夏王赫连定。

　　综上，我们认为，晚于前秦的、在宝鸡至兰州一带行用的将军印应当是西秦印。其中 2365 武始太守章的结字、行笔较为疏放，笔划末端较尖，前秦风格明显，应当是西秦早期印。其余四方印章有较大的流变，应为西秦晚期印。前述十二郡无武都郡，但武都郡应该置于西秦时期，从印章风格看，置郡年代可能在乞伏乾归时期，国仁时期在武都设置的或者是武都尹。

（七）G 型将军印

　　G 型将军印将字爿部也只有一足下垂，属于北方印系。G 型将军印将字寸部平置，明显受到了南方印系 E 型将军印的强烈影响。

| G Ⅰ 2125 | G Ⅰ 2355 | G Ⅰ 2204 | 2228 | 2228 |
| 殿上将军章 | 假伏波将军章 | 振武将军章 | 假顺? 阳太守章 | 假恒阳太守章 |

图二六

　　G I 式　　此式将军印的军字与后秦印相似，时代相当。典型的 G I 式将军印"章"字立部末笔呈仰舟形弧弯上翘，如图二六 2204 和 2228。

　　殿上将军少见。《晋书（卷 115）》载前秦苻登曾拜为殿上将军。《资治通鉴（卷 112）》记载，燕王慕容盛惩其父宝以懦弱失国，务峻威刑，又自矜聪察，多所猜忌，群臣有纤介之嫌，皆先事诛之。由是宗亲勋旧，人不自保。丁亥，左将军慕容国与殿上将军秦舆、段赞谋帅禁兵袭盛。胡三省注，殿上将军，盖慕容所置，缘晋之殿中将军而名官也。此注不一定确切。2125 殿上将军章非前秦印甚明，可能是前燕印。

　　图二六 2228，《征存》识读为"假顺阳太守章"，魏晋时顺阳郡在今南阳与襄阳之间。但是，此方印章第二字左偏旁应当是隶体的↑，而不是川，右偏旁底下破损处似无笔意，该字应为一恒字（参考图二六下行）。

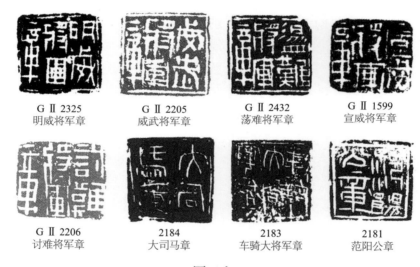

G II 2325　　　　G II 2205　　　　G II 2432　　　　G II 1599
明威将军章　　　威武将军章　　　荡难将军章　　　宣威将军章

G II 2206　　　　2184　　　　2183　　　　2181
讨难将军章　　　大司马章　　车骑大将军章　　范阳公章

图二七

　　《元和郡县志（卷 22）》载，恒阳，禹贡属冀州，曾为战国中山国属地，赵灭中山国，归赵中山郡，后又归燕。两汉魏晋南北朝时期有中山郡、博陵郡，不见恒阳县之建置，更不见立恒阳郡。恒阳县始见于隋，属博陵郡。后燕慕容垂曾僭号建都于中山，置有中山尹。后燕郡治很小，相当于县，因为前汉时期的县如渔阳、顿丘等在后燕时期均成了郡。鉴此，我们认为，十六国前燕和后燕可能都把中山郡南边的博陵郡改成了恒阳郡，或另立有恒阳郡，以绍古燕国正统。

　　综上，我们推测，G I 式将军印属于后燕。

　　G II 式　　参考图二七。G II 式将军印章字立部末笔的"仰舟横"变窄了，与上面的笔划相连，形成一个方口，这是其有别于 G I 式将军印的显著特征。另外，G II 式将军印又属于典型的"困军"章。

　　尽管有以上诸多差异，G I 式和 G II 式将军印将字形态的直接相继才是最主要的联系。G II 式将军印大多有细窄边框，1965 年辽宁北票西官营子冯素弗墓出土的四方北燕印章，也皆有边框，而且，2183 年车骑大将军章的布局与图二六 2228 假恒阳太守章、2235 假伏波将军章的印文布局一致，分上下两行，中间空隔疏朗。因为北燕政权直接承接了后燕政权，我们推测，

| H I 1605 | H I 2201 | H I 2273 |
| 虎威将军章 | 镇北将军章 | 材官将军章 |

图二八

| H II 2309 | H II 2328 | H II 2198 |
| 牙门将军章 | 宁远将军章 | 威远将军章 |

图二九

G Ⅱ式将军印章属于北燕。

回过头来观照 F Ⅴ式将军印，其军字和章字与 G Ⅱ式将军印是惊人的一致，但二者却又属于完全不同的类型，二者富有特色的"武"字也判然有别，但整体而言，区别是似乎次要的，相同因素反而是主要的，它们中间肯定有一座桥梁，这座桥梁可能就是象楔子一样直插中原的强劲的北魏，它的吸收能力强大，影响力也强大。这一时期，相对于强悍的北魏，西秦末期、大夏以及北燕等只不过是细枝末节罢了。

（八）H 型将军印

H 型将军印仍然属于北方印系。H 型将军印的特征不是十分的稳定，有一种兼收并蓄的感觉，又有一种难以捉摸的跳跃感，它们不是一种稳定的型式，而是一个动态过程，一个正在酝酿一种新型结构稳定的将军印的过程。我们非要冠它们以型式，并将它们的本质属性抽离出来，我们可以把它们几乎一直未变的将字寸部的隶书化作这个类型的核心特征。

H 型将军印与 F Ⅴ式和 G Ⅱ式将军印承接关系较明显。因为 H 型印章后来发展成为典型的北魏印，它们应当属于北魏统一北方前（先魏）的印章。这里必须说明的是，北魏早期，鲜卑上层势力极力抵制汉文化，北魏早期政权自己制作印章大概不多，安抚其他民族势力可能直接使用缴获的印章。所以，属于北魏早期的印章应不只限 H 型，还可能包括 F 型和 G 型的一部分等。

H 型将军印我们可以粗分为三式。

H Ⅰ式　参考图二八。H Ⅰ式将军印将字右旁隶书化，月部为一覆爪形，寸部末笔仍向左下方撇出，已经到了"撇寸将"的尾声。

1605 虎威将军章仍为传统的"单足将"印，此印较多空悬的横划要先用两点来确定位置，汉文化的陌生由此可知。2273 材官将军章的章字与属于西秦晚期的图二五 2348 武毅将军章的章字相同，时代在十六国时期末段。

H Ⅲ 2303
照威将军章

H Ⅲ 2299
烈武将军章

H Ⅲ 2199
宁远将军章

H Ⅲ 2302
开远将军章

H Ⅲ 2332
宁东将军章

图三〇

Ⅰ Ⅰ 2347
武奋将军印

Ⅰ Ⅰ 2430
殄难将军印

Ⅰ Ⅰ 2424
宣威将军印

Ⅰ Ⅰ 2429
殄难将军印

Ⅰ Ⅰ 2327
殄寇将军印

Ⅰ Ⅰ 2349
武毅将军印

Ⅰ Ⅰ 2426
殄寇将军印

Ⅰ Ⅰ 2335
绥戎将军章

Ⅰ Ⅰ 2423
威烈将军印

Ⅰ Ⅰ 2433
荡难将军印

Ⅰ Ⅰ 2345
虎奋将军印

Ⅰ Ⅰ 2425
宣威将军印

图三一

H Ⅱ式　参考图二九。H Ⅱ式将军印明显兼收了"困军章"的因素。更列 H Ⅱ式是因为此式的章字有两个火焰般跳动的山字，极富特色。此式将军印时代也在十六国时期末段。

H Ⅲ式　参考图三〇。H Ⅲ式将军印仍是"撇寸将"印的孑余。H Ⅲ式将军印印面尺寸错落极大，如 2199 宁远和 2302 开远将军章，这是一种极不稳定的表现。H Ⅲ式将军印将字爿部为稳定的"爿"形。动态中的稳定表明，此式将军印正处在新型将军印诞生的前夜，时代可能就在拓拔焘统一北方前后。

综上，我们认为，F Ⅴ式、G 型和 H 型将军印，均可笼统地归在十六国时期末段，行用地域在北方。

（九）I 型将军印

I 型将军印的将字不只是一种写法，它们的印面布局也不尽一致，我们把它们概括为 I 型的理由是它们都是北朝印，结字风格和篆刻风格基本一致。北朝官印以硕大为主，较之两晋十六国和南朝官印，印面边长落差较多达到 5 毫米，容易区分。

I 型将军印可分四式。

I I 式　参考图三一。I I 式将军印为两列布局，将、军、印三字挤在第二列。这种布局方式在 H I 式已经出现。2347 武奋将军印的将字爿部写成"爿"状，与 H III 式将军印一致；图三一第一行印章，将字寸部的写法也与 H III 式将军印一致。这充分说明，I 型将军印继 H 型将军印而起。

图三一所列大多数印章将字寸部平置，表明 I 型将军印既吸收了图二七所列北燕因素，也可能受到同时期南方印系的影响。

综上，我们认为，I I 式将军印大约出现在北魏统一北方前后，并很快形成了一种稳定的风格。

I II 式　参考图三二。I II 式将军印的篆刻风格与 I I 式将军印没有明显的差别，只是印面布局比较传统。I II 式将军印的双"U"章因素历史上曾经闪现过，少量"仰舟型"章的祖型则

I II 1609　　　　　I II 1603　　　　　I II 2352　　　　　　I II 2437　　　　　　I II 2341
左积弩将军章　　　虎威将军章　　　　振武将军章　　　　　宁朔将军章　　　　　安西将军章

图三二

I III 2339　　　　　I III 2344　　　　　I III 2350　　　　　I III 2346
冠军将军印　　　　武奋将军印　　　　武毅将军印　　　　荡逆将军印

G VI 2354　　　　　I III 2428　　　　　I III 2431
绥边将军印　　　　扫寇将军印　　　　荡寇将军印　　　　　图三三

在前燕，ⅠⅡ式将军印的时代应当不会太晚，大概与ⅠⅠ式将军印相当。北魏孝文帝改革以前，魏上层势力对汉文化不熟悉，它们同时使用几种式别的将军印也有可能。但是，我们倾向于ⅠⅡ式将军印稍早，因为相对而言，ⅠⅡ式将军印更加传统，摆在前面更符合印章形态演变的历史逻辑。

　　ⅠⅢ式　参考图三三。ⅠⅢ式将军印与前两式将军印篆刻风格仍然一致。ⅠⅢ式将军印同ⅠⅠ式将军印一样为两排布局，但ⅠⅢ式将军印的印字出现了新的历史形态，时代应当要晚于ⅠⅠ式将军印。另外ⅠⅢ式将军印的将字寸部最上的一横右侧出头较多，2431 荡寇将军印则把将字寸

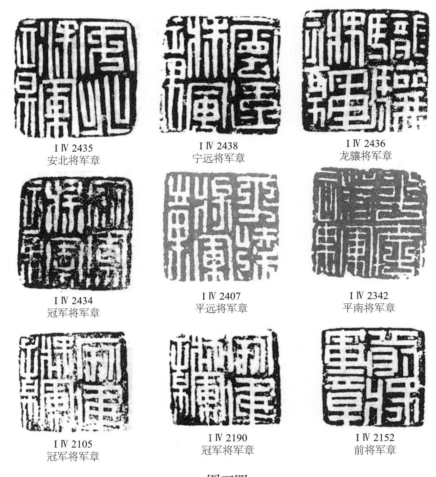

ⅠⅣ 2435　　　　　　　ⅠⅣ 2438　　　　　　　ⅠⅣ 2436
安北将军章　　　　　　宁远将军章　　　　　　龙骧将军章

ⅠⅣ 2434　　　　　　　ⅠⅣ 2407　　　　　　　ⅠⅣ 2342
冠军将军章　　　　　　平远将军章　　　　　　平南将军章

ⅠⅣ 2105　　　　　　　ⅠⅣ 2190　　　　　　　ⅠⅣ 2152
冠军将军章　　　　　　冠军将军章　　　　　　前将军章

图三四

部上面的一横省略掉了，变化较为显著。新写法的出现表明，ⅠⅢ式将军印要晚于ⅠⅠ式和ⅠⅡ式将军印。

　　2339 冠军将军印出土于河北景县封魔奴墓，绝对年代为北魏太和八年[1]，即 484 年。相对于同式其他印章，此印笔划纤细，冠、将二字的寸部为行书体，显然是特制的殉葬印，制作年代应当就是 484 年。综上，ⅠⅢ式将军印的相对年代应在北魏晚期。

　　[1]　王人聪：《新出历代玺印集录》，香港中文大学文物馆专刊之二，1982 年，第 104 页。张季：《河北景县封氏墓群调查记》，《考古通讯》1957 年第 3 期，第 33 页（图八，2）。

ⅠⅣ式　参考图三四。ⅠⅣ式将军印总体结字方式和篆刻风格与前述诸式仍然是一以贯之的，但具体的结字形态却有显著的差别。ⅠⅣ式将军印军字和章字的写法是一种新出现的历史形态，较前述诸式应当更晚。ⅠⅣ式将军印将字的结字形态也很特别，但属于ⅠⅢ式的图三三2431荡寇将军印已开其端，又因图三四2342平南将军章的将字属传统写法，表明ⅠⅢ式和ⅠⅣ式将军印是一脉相承的。

北魏孝明帝时期，印章较多地用在纸、绢、帛上，并使用朱砂，传统的与封泥配套使用的秦汉印系白文印大概从此走上急剧的衰落期。《魏书·卢同传》清晰地记载了官印新的使用方式。

《四库全书·史部·正史类·魏书·卷七十六·卢同》载：

肃宗世，朝政稍衰，人多窃冒军功。同阅吏部勋书，因加检覆，核得窃阶者三百余人。同乃表言：

窃见吏部勋簿，多皆改换。乃校中兵奏按，并复乖舛。臣聊尔拣练，已得三百余人，明知隐而未露者，动有千数。愚谓罪虽恩免，犹须刊定。请遣一都令史与令仆省事各一人，总集吏部、中兵二局勋簿，对勾奏按。若名级相应者，即于黄素楷书大字，具件阶级数，令本曹尚书以朱印印之。明造两通，一关吏部，一留兵局，与奏按对掌。进则防揩洗之伪，退则无改易之理。从前以来，勋书上省，唯列姓名，不载本属，致令窃滥之徒轻为苟且。今请征职白民，具列本州、郡、县、三长之所；其实官正职者，亦列名贯，别录历阶。仰本军印记其上，然后印缝，各上所司，统将、都督并皆印记，然后列上行台。行台关太尉，太尉检练精实，乃始关刺，省重究括，然后奏申。奏出之日，黄素朱印，关付吏部。

顷来非但偷阶冒名、改换勋簿而已，或一阶再取，或易名受级，凡如此者，其人不少。良由吏部无簿，防塞失方。何者？吏部加阶之后，簿不注记，缘此之故，易生侥幸。自今叙阶之后，名簿具注加补日月，尚书印记，然后付曹。郎中别作抄目，印记一如尚书，郎中自掌，递代相付。此制一行，差止奸罔。

诏从之。同又奏曰：

臣顷奏以黄素为勋，具注官名、户属及吏部换勋之法，事目三条，已蒙旨许。臣伏思黄素勋簿，政可粗止奸伪，然在军虚诈，犹未可尽。请自今在军阅簿之日，行台、军司、监军、都督各明立文按，处处记之。斩首成一阶已上，即令给券。一纸之上，当中大书，起行台、统军位号，勋人甲乙。斩三贼及被伤成阶已上，亦具书于券。各尽一行，当行竖裂。其券前后皆起年号日月，破某处阵，某官某勋，印记为验。一支付勋人，一支付行台。记至京，即送门下，别函守录。

又自迁都以来，戎车屡捷，所以征勋转多，叙不可尽者，良由岁久生奸，积年长伪，巧吏阶缘，偷增遂甚。请自今为始，诸有勋簿已经奏赏者，即广下远近，云某处勋判，咸令知闻。立格酬叙，以三年为断。其职人及出身，限内悉令铨除；实官及外号，随才加授。庶使酬勤者速申，立功者劝，事不经久，侥幸易息。或遭穷难，州无中正者，不在此限。

又勋簿之法，征还之日即应申送。顷来行台、督将，至京始造，或一年二岁方上勋书。奸伪之原，实自由此。于今以后，军还之日便通勋簿，不听隔月。

诏复依行。

二　结语

通过以上分析，我们发现，秦汉印系将军印的发展是有规律的，特别是将军印的将字，因为笔划较多，篆刻相对复杂，它的演变脉络非常清晰，环环相扣，不存在缺环。至此，我们可以为秦汉印系将军印将字演变的逻辑规律制作一个简要的模型图。参考表一。将军印将字的逻辑演变以表格中居中的将字为主干，分化出南北印系后，则以表格中的第一个将字为主枝，其他均是较粗的枝条。前秦统一北方前和淝水之战后，北方过于混乱，分化过于严重，个性特别突出，因为条件尚不成熟，很多将军印无法分出地域，前文型式分析和下文图表剪去了很多特别个性的细枝末节的东西。

通过以上分析，我们认为，印章制作要求有一定的文化水平、艺术水平和技术水平，不同时代和地域，因为文化水平、艺术水平、技术水平以至艺术品味的不一样，制作出来的印章也就有差别，有时候，差别非常显著。魏晋初，尽管当时流行真、行书，因为熹平石经和正始石经的立置，文人士大夫对于篆书的欣赏水平有所保持，这对于制度严格的官印制作起到的相当程度的稳定作用。西晋末年，洛阳埋毁，石经残断，东晋十六国时期人们已不复得见。因为战乱，士人更多地专注于军事才能，较少在于学术，又因为大量急就章的存在，所以，在西晋末年至东晋早期的一段时间，官印的制作就相当的粗滥了，笔划直来直去，难言美感。大概在东晋早中期，有了一段比较稳定的时间，官印制作有新变化，艺术水平也稍有起色。东晋南朝政权较羸弱，在绍续魏晋正法"方寸"小印的约束下，官印制作也一直持续着一种羸弱的面貌。在北方，情况与东晋南朝的相对稳定不同，兴亡更替频繁，城邑朝得暮失，一派混乱。初，后赵可能掳得了洛阳的工匠，官印制作中规中矩，只是为了凸显不同，钮式多马钮。之后，官印的制作很快就有了较大的分化。因为北方政权的上层多为胡人，汉文化水平普遍较低，印文篆写很不规范，常常出现错别字，但笔划均尚劲健。这一时期的北方官印，印体普遍较小，可能是因为国力都比较弱。符坚统一北方，壮志雄心，在官印制作上也有反映，它的官印印体较大，笔力劲健，气势恢宏。正是因为前秦的强势，北方印系将军印的转变才得以完成。淝水之战后，北方再度陷入混乱之中，官印制作也在前秦印的基础上加速分化。北魏统一北方，官印的制作又有了新的规范。北魏的官印，气势雄强，而同时期南方印系的南朝官印，则显得微弱。

表一

相对年代	南　方　印　系	北　方　印　系	相对年代
前汉			前汉
东汉 早 中期			东汉 早 中期
汉末 三国 西晋			汉末 三国 西晋
西晋末 东晋初			西晋末 前赵 后赵
东 晋 中 晚 期			约后赵晚至 前秦初
			前秦
			后秦 前燕
			西秦晚期 北燕
			先魏期
南朝宋			北魏早期
南朝齐			北魏 中晚期
南朝梁			东魏 西魏
南朝陈	…	…	北齐 北周
备注：根据将字形态的逻辑演变，我们认为，将字爿部一足下垂与两足下垂的差异是因北方以真书入印，是传统汉人与胡人内在传统文化涵养的差异。			

宋代义庄创置的动因浅析及其与科举制的双向影响

余冰玉 *

范仲淹创置的义庄，作为一种新的家族经济组织，其发展与壮大对宋代经济和家族的兴盛发展有着深远的影响。完整意义上的义庄由义田、义学和义宅组成，其中义田以族田的形式存在，是义庄的经济主体与主要经济来源，在此基础上衍生出义学与义宅，即资助族内成员科举入仕和救助鳏寡孤独者。一直以来，义庄都是学界研究的焦点，关于宋及明清的研究著作与文章诸多，已有的成果大多立足于家族义庄的个案分析，或关注义庄对于宗族、宗法制和政治社会史的意义。本文侧重探讨范仲淹创立义庄的动因，从社会发展背景入手，试图解释其产生的社会性与时代性。同时本文特别注意到唐宋新兴的科举制度与义庄之间相辅相成的推动作用，由于科举用人制度的改变，士人与家族之间错综复杂的关系造就了义庄成为当时流行的组织形态，这是唐宋之交，社会关系变迁、原有家族结构受到冲击的社会背景下，一种新产生的经济组织形式。

一

北宋皇祐元年（1049 年），范仲淹时任杭州知府，因为任职地临近苏州，有较多的机会接触到家乡族人，相互往来之间，对家族往来、构建形态有了较多的感触与想法。他在《太子中舍致仕范府君墓志铭》一文中这样写到："皇祐初，某来守钱塘，与府君（范仲温）议，置上田十顷于里中，以岁给宗族，虽至贫寒，不复有寒馁之忧。"[1]，对于家族建设，范仲淹有很大的责任意识，他拿出自己的积蓄购买良田，作为整个宗族的共有田产，即为"义田"，这部分收益也作为义庄运转的主要经济基础，有文记载"范文正公自政府出，归乡……买负郭常稔之田千亩，号曰义田，以济养群族。"[2] 同时，他为了保证义庄的长治有效，亲手制定一系列管理规矩，对义庄收入的分配做了具体的安排，力求全体宗族成员都"供给衣食及婚嫁丧葬之用"。此外，为了照顾族人中的鳏寡孤独者，还设立"义宅"，将需要帮助的族人集中居住，照顾有加。"宅有二松，名堂以岁寒，阁曰松风，因广其居以为义宅，聚族其中。"[3]

范仲淹去世后，依照旧有的规矩，在后代子孙的不断努力与调整下，整个义庄体系在后世不断扩大和完善；义田的规模随着宗族的巩固不断扩大；规矩在后世子孙的执行过程中不断完

---

* 余冰玉：2009 级硕士，现就职于中国财税博物馆。

[1] （宋）范仲淹：《范文正公文集》卷 15—太子中舍致仕范府君墓志铭，《范仲淹全集》，四川大学出版社，2002 年，第 370 页。

[2] （宋）范仲淹：《范文正公文集》卷 8《附录·义田记》，丛书集成初编，第 106 页。

[3] （宋）范成大：《义宅记》，《范仲淹全集》，四川大学出版社，2002 年，第 1171 页。

善，权力与义务互相结合，对族人的管理更加严密。值得注意的是，在后续制定调整的规矩中，增加了对应举士人的资助及义学方面的内容，以便"使诸房子弟知读书之美，有以激劝"。[1] 如范氏义庄在熙宁六年《续定规矩》又规定："诸位子弟，得贡试大比试者，每人支钱一十贯文，再贡者减半，并须实赴大比试乃给，即已给而无故不试者追纳。……若生徒不及六人，止给三石；及八人，给四石，及十人，全给。诸房量力出钱以助束修者听。"[2] 义学是在义田的基础上建立起来的，为宗族内部提供教育，对出仕者的实际困难给予了更多的体恤，激励族人出仕，以光耀家族。

二

范仲淹开创的这种集养、教于一体的"义庄"宗族模式，很多分析认为是其人格魅力的体现，集中体现了儒家的"五常"伦理观念。范仲淹出身贫寒、注重节俭，也富有悲天悯人的情怀，在日常的行为中照顾贫苦出身的士人，在其施行的财税改革中也包含有重农桑、轻徭役的思想。由此，义庄从慈善角度分析，一种私人兴办的赈恤组织[3]，将其作为一种慈善机构，有着"先天下之忧而忧"的悲天悯人情怀。不否认，早在范仲淹"未贵显"时，见族人中"贫富不以"，不少成员有"寒馁之忧"，即"常有志于是矣（设立义田）。"[4] 可见，义庄的初创，设立义田是出于爱护族人，共享富贵的目的，就此，这与范仲淹一贯的爱民言行、利泽生民的社会责任感是完全一致的。

另一方面，前文所述的"聚族而居"的"聚族"二字更加贴切的体现了他起初对构建家族经营模式的想法。在范仲淹的诸多记载中，多次提及"聚族而居"这四个字，据范仲淹于皇祐三年正月八日所撰的《续家谱序》："皇祐中，来守钱塘。遂过姑苏，与亲族会……乃创义田，计族人口数而月给之；又理祖第，使复其居，以永依庇。故作《续家谱》而次序之。"[5] 由其叙述可知，与创设义庄同步进行的便是兴修家谱，为了家族的重新集聚，梳理谱系，敬宗收族。在范仲淹对弟子的另一段话中"吾吴中宗族甚众，于吾有亲疏。然以吾祖宗视之，则均是子孙，固无亲疏也。吾安得不恤其饥寒哉？且自祖宗来，积德百余年而始发于吾，得至大官，若独享富贵而不恤宗族，异日何以见祖宗于地下，亦何以入家庙乎？"[6] 可见，对范仲淹来说，引导族人成为"得至大官"后的责任，保证家族的长久富贵才能欣然"见祖宗于地下"。这一点也在其兄范仲温为其所写的墓志铭评价"积善不诬，厥后其昌"[7] 中可见一斑。义庄初始阶段各项规章的设立，义田、义学的鼓励机制便是以宗族整体利益作为出发，力求长盛不衰。

[1]（宋）范之柔：《清宪公续定规矩》，《范仲淹全集》，四川大学出版社，2002 年，第 1168 页。

[2]（宋）范仲淹：《范文正公文集》，中华书局，1983 年，第 2360 页。

[3] 邢铁：《宋代的义庄》，《历史教学》1987 年第 5 期。

[4] 周鸿度等编著：《范氏史料新编》，沈阳出版社，1989 年，第 127 页。

[5]（宋）范仲淹：《范文正公补编》，《范仲淹全集》，四川大学出版社，2002 年，第 731、732 页。

[6]（宋）楼钥：《范文正公年谱》，《范仲淹全集》，四川大学出版社，2002 年，第 863、1174 页。

[7]（宋）范仲淹：《范文正公文集》卷 15—太子中舍致仕范府君墓志铭，《范仲淹全集》，四川大学出版社，2002 年，第 370 页。

从更深层次分析范仲淹创建义庄的目的，他本人并不是单纯的乐善好施，将慈善作为他的主要行为动机，而根本上说是为了起到敬宗收族的目的，为家族长保富贵提供稳固的物质基础[1]，扩大家族的影响力。济养族群只是其中一个表象，加强宗族势力，永葆世家大族才是其追求的目标。这种目的性也直接影响了宋代后期宗族新兴的发展模式。

三

"族田"是"义庄"得以运转的物质保证，有学者研究指出"义庄""族田"得以存在和维持的前提是封建地主土地所有制，其发展和兴盛是土地兼并所促成的。[2]唐宋之交，土地关系的根本转变促成了义庄的兴起，为其发展提供了坚实的保障。

唐代中叶以前，门阀贵族掌握社会的主导权，大家族拥有土地的绝对拥有权，地主占有土地的所有权稳定。唐末五代的战乱对传统世家大族造成了严重的打击，科举入仕逐渐成为人才选拔的主要方式，宋代的"科举官俸"制度改变了以前的爵位与俸禄世袭制。这些都打破了家族传统沿袭的继承发展模式，土地所有权开始动荡变迁，世家大族失去了赖以生存的物质保障。经济地位的不稳固造成了地主阶级结构的同等变化，封建依附关系受到很大冲击。这些均使世族地主阶级的统治很不巩固，从而世家大族企图子孙长富贵的愿望也难以实现。北宋理学家张载就这一点曾有过清晰的论述"且如公卿一日崛起于贫贱之中以至公相，……止能为三四十年之计，造宅一区及其所有，既死则众子分裂，未几荡尽，则家遂不存，如此则家且不能保，又安能保国家！"[3]张载很明确的指出了宋代地主阶级的结构变化动荡，具有极高的不稳定性，家族的延续充满了变数。

原有土地关系的变化，土地所有权无法集中，促使靠血缘关系维持的大家族关系疏远，门阀世族逐渐瓦解。针对这种动荡的变化，为了实现"敬宗收族"的目的，则兴起了以族田作为纽带，建立义庄的形式来实现家族利益的最大化，通过一定的经济分配形式来聚拢人心，同时加以规矩，实现权力与义务的相互束缚。通过创置义庄，建祠置田的形式重新聚拢族人，以控制其所拥有的土地所有权，重新发挥大家族的土地支配权力，求得对族属的控制，达到永葆富贵的目的。

其次，唐宋之交，旧有家族制度破裂，原先依靠宗法、血缘关系建立起来的家族纽带逐渐破裂，宗族制度动摇瓦解。旧有门阀世族在唐宋社会变革大背景下急需一种新的形式来构建新的家族乃至宗族体系。日本学者井上徹对宋代士大夫散落、宗族分崩的原因有这样一段分析：其一，在唐以前，门阀世族靠出身沿袭家族的地位与势力，而在宋以后，六朝隋唐贵族制度解体，士大夫作为"小贵族"登上了时代舞台，科举制度成为他们入仕的主要途径，突破了出身的限制。封官后的这些宋代士大夫脱离了籍贯的束缚，"大部分都不回原籍"，以为官地作为定居处，逐渐开枝散叶发展壮大，分为小家族，固定田产定居当地。这种家族发展模式就突破了以血缘而聚居的旧有形态，形成地缘结合关系。其二，近世的士大夫，因为是通过科举的途径得到晋

[1]　王善军：《范氏义庄与宋代范氏家族的发展》，《中国农史》2004 年第 2 期。

[2]　李文治：《中国宗法宗族制和族田义庄》，社会科学文献出版社，2000 年，第 55 页。

[3]　（宋）张载：《张载集》，中华书局，1978 年，第 259 页。

升，重视的是个人才能，因此任官之后他们也就采取了以个人为中心的行为，不再以家族的整体利益作为出发点，缺少来自外界环境的约束，从而使得传统的宗族出现分裂。其三，在家族的存续上，宋代士大夫面对的问题，是在科举官僚制度，家产均分原则的基础上，以同居共财的小家族为单位很难实现官僚身份的世袭化和家系的长期存续。为解决通过科举获得的官僚身份的世袭化，加上士大夫地缘化发展，使得宗族的地位衰落，使得宋代士大夫与宗族的关系逐渐呈现分离的倾向[1]。以上社会经济关系的变迁，原有官僚家族社会地位的长期维持已经无法实现，虽然仍拥有荫补、科举、婚姻等特权手段，但缺乏长久维持的宗族基础，衰败也是必然之势。重建一种适用于宋代新兴家族的规范制度成为迫切需要，此时义庄的出现，作为一种新的家族经济组织，为家族繁荣发展提供了一个基础的经济保障。它发挥了一定的凝聚作用，在一定范围内稳定了社会秩序，促进了宋代经济发展。

再次，义庄是家族长久兴盛的保障，也是当朝稳定政局的有效形式。义庄的经济收入一方面在族众中平均分配，另一方面注重对贤而疏、亲而又贫者的扶助，前者能够普遍改善族人的生活，后者则有扶助与济贫的追求。[2]与此同时，创办的义学在教育的过程中注重资助与奖励，激励师生的学习动力，通过出仕为官壮大家族势力。义庄的一系列规矩维系了家族内部的血缘关系，缓解宗族内部的瓦解分化，维系家族的同时也达到了政府用于维持社会稳定的目的。家族义庄的发展得到了政府的大力支持，也使其具有了政治上的保障。宋朝政府除了对义庄家族的大力表彰外还给与诸多赏赐，甚至于立法对族田加以特别保护，利用家族势力充当社会行政管理的基层单位，加大管理与控制的力度。

四

从前文对宋代义庄兴起背景的几点分析中，我们不难发现，"科举制度""科举官僚制度""科举入仕"等词被反复提及。或许，这在唐宋之交，科举是影响社会变化的一个重要因素。科举制像一种双向的推动力，一方面要求义庄新形式的出现，一方面又反过来促进了这种新的模式，使其不断壮大，在义庄的创建发展，也在社会变迁中，发挥了不可忽视的作用。

科举制度动摇了原先以门阀世族为主体的封建土地所有制，义庄、族田成为凝结新形式土地关系的需要。自唐代中叶开始，门第不成为入仕的决定因素，科举成为新兴的选拔人才方式，以往豪门世家的格局被打破，门阀世族的经济、政治地位受到冲击，土地产权变更频繁，导致地主阶级结构发生变化，庶民地主有所发展。这些都打破了家族传统沿袭的继承发展模式，土地所有权开始动荡变迁。

科举制度导致血缘性家族聚居的散落，以地缘为结合的新的聚居关系建立，宗族制度受到冲击。义庄用权力与义务笼络族群，巩固大家族的地位，同时也促进新兴家族的诞生。

义庄、义学重视科举，以入仕作为光耀家族的有效途径。在这种风气的刺激下，宋朝的科举制度大兴，科举入仕不问出身，有才即可，有书云"虽山野贫贱之家，子弟苟有文学，必赐

---

[1]　（日）井上徹著、钱杭译：《中国的宗族与国家礼制：从宗法主义角度所作的分析》，上海书店出版社，2008 年。

[2]　豆霞、贾兵强：《论宋代义庄的特征与社会功能》，《华南农业大学学报（社会科学版）》2007 年第 3 期。

科名"[1]。这种情况极大地营造了宋代的科举氛围，学习读书的热情高涨，书院盛行，士人人数剧增。与前代士人主要出身于大地主阶层不同，他们来自于社会各阶层，其中家境贫寒者，能维持生活还能参加科举的，多半是依靠义庄这类组织的资助。

反过来看，宗族组织资助士人，鼓励族人读书应试，是因为族人的读书应试能够给宗族带来更大的利益。[2] 士人一旦获得功名，不但可以自己"身享富贵"，而且"家门光宠，户无繇役，麻阴子孙"。一个宗族能不能成为地方上的名门望族，基本上取决于这个宗族的出仕人数及官职大小。宋人在教导子孙时就说："何以睦族，无宁官。"[3] 在义庄的庇护下，由于义庄对"仕而家居"者同样给与经济资助，所以又造成了很多士人返回家乡，这种经济动力，在两宋时期出仕者很少归故乡的情况下有很大的吸引力，从而吸引、团聚了更多的家族中的精英成员。

士人出仕以后，怀感恩之心以自身能力报答整个宗族，反之又给宗族、义庄扩充实力，更加鼓励族人通过科举出仕。其利用其俸禄和官阶特权增置族产。在宋代的恩荫制度下，恩荫宗族子弟，保障源源不断的官宦势力。同时还能帮助家族轻减徭役。宗族组织资助士人，士人出仕给宗族带来更大的利益，这正是两方互惠互利的存在动力。

五

综上所述，范氏义庄是范仲淹及其后人"修身、齐家、治国、平天下"情怀的有力实践，其以自身力量体恤族人，以家族纽带巩固宗族势力，是期望长久兴盛的新型宗族组织模式尝试。义庄以族田的形式维护了家族的封建地权，满足了宗族以血缘、地缘关系重新凝聚的需要，同时兴建义学，依靠科举制度获得进一步的发展壮大。由于科举用人制度的改变，士人与家族之间错综复杂的关系造就了义庄的盛行。这是宋代经济、社会巨大变化的产物，是唐宋之交，社会关系变迁、原有家族结构受到冲击的社会背景下，一种新产生的经济组织形式，对社会的发展具有一定的推动力。

---

[1]　《仙居令陈密学襄劝学文》，见陈耆卿撰嘉定《赤城志》卷第三十七，《宋元方志丛刊》第七册，中华书局，1990 年。

[2]　王善军：《宋代宗族制度的社会职能及其对阶级关系的影响》，《河北大学学报》1996 年第 3 期。

[3]　（宋）晁说之撰：《景迁生集》卷 20，《宋太令人陈氏墓志铭》，《嵩山文集》卷第二十，《四部丛刊续编·集部》，上海书店，1985 年。

太仓樊村泾元代遗址出土"至元四年"铭文研究

张志清[*]

樊村泾元代遗址位于江苏省苏州市太仓市城厢镇樊泾村小区西、致和塘南岸，原市一中地块。经初步考古调查勘探，确定遗址现存面积在 30000 平方米以上。据文献资料记载，遗址所在位置位于古太仓城内东部偏南，有近似南北向的古河道樊村泾贯穿遗址区域，并向北与西南—东北走向的致和塘在遗址北部交汇。遗址于 2016 年 1 月因樊泾河北延沟通工程施工而发现，苏州市考古研究所联合太仓博物馆，在南京博物院的参与和指导下，于 2016 ～ 2018 年对该遗址进行了大规模的抢救性考古发掘工作，累计发掘面积约 15000 平方米。初步认为樊村泾元代遗址是一处新发现的具有瓷器贸易集散地性质的大型遗址，出土了种类和数量极为丰富各质地遗物，主要有瓷器、陶器、木器、铁器等，初步估算仅提取出土的龙泉窑青瓷器及残片总量就达 150 余吨。

在遗址的考古发掘和遗物整理过程中，目前在遗址东发掘区探方 TE01N03 ③层和 TW01N01 ③层内各出土一个带有"至元四年"铭文的龙泉窑青瓷碗底，不难看出，樊村泾元代遗址出土的"至元四年"铭文实为中国古代历史上年号纪年法应用于烧制瓷器中的一例，其较准确的记录了该器物的烧造时间。所以对该铭文的准确释读和特指年份的确定，无疑将对遗物和遗址的精确断代提供具体详实的年代信息。

一 樊村泾元代遗址出土的"至元四年"铭文

在樊村泾元代遗址探方 TE01N03 ③层和 TW01N01 ③层内出土的"至元四年"铭文均发现于龙泉窑青瓷碗的内底（图一～六）。碗内底心外围有一圆形弦纹，心部戳印茶花纹，四角叶瓣内分别有汉字"至、元、四、年"四字，楷书，自上而下，自右向左读写。

两个青瓷碗底的细节特征，除了大小略有差异，前者底径 7.0、残高 4.7 厘米，后者底径 6.5、残高 3.3 厘米之外，两者纹饰相关特征等极其相似，似同一窑口或来源。两者胎色灰白，胎体厚重，胎中有颗粒杂质，略显粗糙；器身通体施青釉，釉色青中泛黄，釉层较薄；直圈足，足墙较矮，足圈及足端施青釉，局部呈铁褐色，足端齐平，外圈有削足斜面痕迹；外底心基本上无釉，可见有轮制旋痕，残存有垫饼痕迹。

---

* 张志清：2011 级硕士，现就职于苏州市考古研究所。

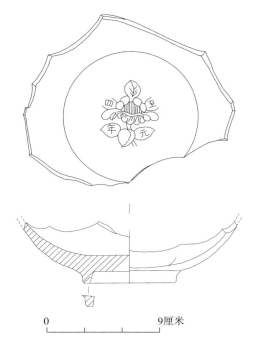

0   9厘米

图一　TE01N03 ③ "至元四年" 铭文碗底

图二　TE01N03 ③ "至元四年" 铭文碗内底

图三　TE01N03 ③ "至元四年" 铭文碗外底

图五　TW01N01 ③ "至元四年" 铭文碗内底

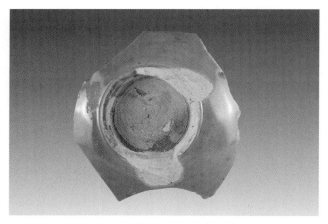

图六　TW01N01 ③ "至元四年" 铭文碗外底

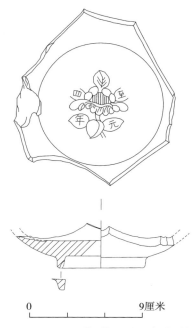

0   9厘米

图四　TW01N01 ③ "至元四年" 铭文碗底

二　至元年号

年号是中国封建王朝用来纪年的一种名号，更是帝王正统的标志，称为"奉正朔"。"至元"就是年号之一，但仅在蒙元时期出现，并且先后出现过两次：其一，元世祖孛儿只斤·忽必烈于中统五年（1264年）九月七日发布《至元改元招》，取《易经》"至哉坤元"之义，改"中统五年"为"至元元年"，延续到至元三十一年（1294年）忽必烈去世，史称前至元；其二，元顺帝孛儿只斤·妥懽帖睦尔于元统三年（1335年）十一月以"祖述世祖"为名，改年号"元统"为"至元"，延续到至元六年（1340年）结束，史称后至元。因此，至元四年亦先后出现两次，而且两者时间跨度略大，分处于蒙元的历史时期也不相同。成吉思汗自1206年统一蒙古诸部和建立大蒙古国，1271年忽必烈改国号为大元，至1368年徐达率军攻陷元大都位为止，共计163年。蒙元的历史分期学术界早有定论，大蒙古国自1206～1259年，主要为前四汗时期；元代早期自1260～1294年，历忽必烈一朝；元代中期自1295～1332年，历成宗至文宗诸朝；元代晚期自1333～1368年，历顺帝一朝。

由上单就铭文字面意思可以推测出本次发现的"至元四年"的特指年份有两种可能性：其一处于蒙元时代早期，为1267年；其二处于元代晚期，为1338年。那么樊村泾元代遗址出土的"至元四年"究竟特指的是哪一个，还需要进一步分析甄别。

三　分析研究

樊村泾元代遗址考古发现的"至元四年"铭文有明确的实物载体，而且两个青瓷碗底保存情况较好，为首先从器物自身特征来认识"至元四年"的特指年份提供了可靠路径。众所周知，瓷器的装饰特征、烧制方法等是一个不断演变的过程，因而一个器物的装饰特征和底足特征会有明显的时代印记，从而也就成为我们判断其具体时代的重要依据之一。

元代龙泉窑最明显的特征是胎体越来越厚重。"元代初年还能保持南宋龙泉窑薄胎风格，至中期开始胎质变厚、釉层变薄，釉色多呈青黄色。"[1]然而胎体厚重，釉层变薄，使得龙泉窑青瓷的釉色美感下降，从而促使了釉面装饰手法逐渐盛行起来，并且多种多样，主要技法有印、划、刻、贴、堆等，还大量使用点褐彩、堆贴、镂空等手段，此时"戳印装饰出现并流行，成为元代中期以后龙泉窑最具特色的装饰，纹样题材主要有双鱼纹、凤纹、牡丹纹、荷花纹、茶花纹、金刚杵纹等。"[2]另外，关于元代各时期龙泉青瓷的因烧制方法不同而在底足留下的时代变化特征，前人学者多有研究，而且观点基本一致，可总结为"元代早期龙泉窑一般使用垫饼烧制方法，器物底足足心处一般无釉；中期大量使用盂状支烧器，故靠近圈足一圈釉常被刮去，只残留中心一点青釉……元代晚期又改用薄垫饼支烧，底足基本上无釉。"[3]结合前文所描述的本次出土的带有"至元四年"铭文的青瓷碗底特征，发现其从胎体特征、施釉情况、装饰手法、

[1] 叶喆民：《中国陶瓷史（增订版）》，生活·读书·新知三联书店，2011年，第447页。
[2] 秦大树：《龙泉窑的历史与研究》，《中国龙泉窑》，中华书局出版社，2015年。
[3] 叶喆民：《中国陶瓷史（增订版）》，生活·读书·新知三联书店，2011年，第447页。

烧制方法和圈足工艺特征方面均与元代晚期龙泉窑青瓷特征有明显的一致之处，故遗物本身特征更接近后至元四年（1338 年）。

此外，从蒙元与南宋的时局来看，1260 年忽必烈即位，为集中力量对付阿里布哥，蒙元对南宋主要以防御为主。直到至元初年才开始考虑平定南宋事宜，至元四年（1267 年）十一月采纳刘整"攻蜀不若攻襄樊，无襄则无淮，无淮则江南可唾手下也"[1]的意见，决定先攻打襄樊，并于至元九年（1272 年）春对襄樊发起总攻，至元十三年（1276 年）正月，元军攻入临安，南宋灭亡，十一月，攻下龙泉。故至少在至元九年（1272 年）前夕，蒙元与南宋政治版图仍然对峙在襄樊—淮河一线，至元十三年（1276 年）前也不可能染指以龙泉为代表的盛产青瓷器的浙南和闽北等地区。所以在 1276 年之前，南宋窑工万万不会把带有鲜明蒙元政权文化内涵的"至元四年"戳印于其生产的青瓷器物之上，而生活在蒙元至元四年纪年下的元人还没有掌控青瓷的盛产地区，带有其纪年特色的铭文龙泉青瓷也就无从谈起了。

而且，在发现带有"至元四年"铭文青瓷碗底的同一地层，还出土了大量内底带有八思巴字的青瓷器及残片，对八思巴字的梳理认识也为我们判断本次发现的"至元四年"铭文的特指年份提供了又一思路。八思巴字，又称新蒙古字或国字，是忽必烈时期帝师八思巴受命创制的新文字，其颁布于至元六年（1269 年）。起初八思巴字的使用范围非常有限，主要作为上层社会的官方语言，所以至少在平定南宋之后，才有可能推广至江南地区，直至泰鼎二年（1325 年）才刻成蒙古文字的《百家姓》正式向社会民众推广。因此，从八思巴文的颁布、流通及其能为江南普通窑户及窑工所熟知并运用到生产中的时间点来看，带有八思巴字的龙泉青瓷器的烧制年代一定不会早于至元十三年（1276 年），更不可能早于至元六年（1269 年）。故在同一地层发现了带有八思巴字的龙泉青瓷也说明了本次发现的"至元四年"铭文所记载的准确年份不会是前至元四年（1267 年）。

四　结论

综上可知，樊村泾元代遗址出土的"至元四年"铭文单就铭文字面意思来看，其特指年份确实存在前、后至元四年两种可能性，但是经过对铭文载体自身特征、蒙元与南宋并立对峙的政治时局和带有八思巴字的伴生瓷器的烧造年代的进一步梳理分析之后，我们可以确定樊村泾元代遗址出土的"至元四年"铭文特指年份为元代晚期的后至元四年（1338 年）。该纪年铭文特指年份的确定，为我们进一步细化分析遗址的绝对年代和各类器物的时代特征提供了详实的纪年信息。

---

[1]　（宋）周密：《癸辛杂识》别集下《襄阳始末》，中华书局，1988 年，第 305 页。

从"雍和"到"雍和宫"

——谈雍和宫的得名和改建庙宇等事宜

范雯静*

清雍正帝爱新觉罗·胤禛于康熙三十七年（1698 年）封为贝勒，其府邸定于紫禁城东北原清代驼馆之处，早前是明朝内宫监房所在之地，时称"禛贝勒府"。康熙四十八年（1709 年），胤禛被封为"和硕雍亲王"，其贝勒府随之改称为"雍亲王府"。康熙六十一年（1722 年），康熙皇帝驾崩，皇四子胤禛继承皇位，改年号雍正。雍正皇帝于雍正二年（1724 年）同意将其居住了二十余年的府邸升格为宫殿，并于雍正三年正式赐名为"雍和宫"。本文从"雍和"二字的含义入手，结合史料和档案，探讨雍和宫得名的历史细节，相关建筑的沿革，雍正将雍和宫改建为庙宇的构想等。

一 "雍和"的含义

"雍"本字不见于《说文解字》，其异体字作"雝"。《说文解字》卷四雝："雝，鶕也。从隹邕声。于容切。"可见其本意与水有关。

"雍"古时又通"壅"和"拥"。作动词，意为堵塞。作名词，含义之一为因壅塞形成的池沼。作形容词，引申为和睦、和谐。比如，雍容，形容态度温文，舒缓大方。

"雍和"二字相连，最早可见的文献是《山海经》。《山海经》卷五中山经："又东南三百里，曰丰山。有兽焉，其状如蝯，赤目、赤喙、黄身，名曰雍和，见则国有大恐。"《山海经》中描述，雍和是一神兽的名字。雍和相貌可怖，长得类似红眼、红嘴、黄身的猿猴，人们见之生惧，故名恐慌之神。

经过千年的演变，"雍和"渐变为表示大方和谐。特别是在清代文献中，"雍和"已经成为了表示亲睦、和谐、融洽的褒义形容词。例如，《清史稿》：康熙"二十六年，察珲多尔济偕车臣汗诺尔布等疏上尊号，谕曰：'尔等恪恭敬顺，具见悃忱，但宜仰体朕一视同仁、无分中外至意。自今以后，亲睦雍和，毋相侵扰，永享安乐，庶慰朕怀，胜于受尊号也。'"又如，《清史稿》："彻馔雍和笾俎彻兮，受福多。笙磬同兮，六律和。庶征协兮，时无颇。熙乐利兮，东作南讹。""扇雍和，和气阗，郁祥芬。琼蕤奉日，宝鄂承云。""升座衾平懿范雍和内治襄，俪日月同光。"在这些记载中，"雍和"一词均和表示亲睦、和气、福气的词汇相联系，说明"雍和"一词表示褒义无疑。而且，仅《清史稿》一书中"雍和"一词出现的频次就非常高，足以

* 范雯静：2007 级硕士，现就职于北京雍和宫管理处。

说明清代人对于"雍和"这一吉祥词汇的偏爱。

据台北中立国乐团《古琴纪事图录 2000》记载，有一架清康熙九年制成的古琴，其名亦曰"雍和"。琴背有铭文"雍和""雍正平和"字样（图一）。

不仅如此，紫禁城还设有雍和门。《钦定大清会典》记载，康熙二十七年，大行太皇太后"梓宫发引，排设仪仗，自雍和门、协和门、东华门出朝阳门，王以下、奉恩将军以上，外藩王以下台吉、塔布囊等，内大臣、侍卫于东华门外齐集"。那为何现在的故宫不见雍和门呢？根据《钦定大清会典则例》卷一百二十六记载："乾隆元年（1736 年）改雍和门曰熙和门。"《清史稿》也记载："午门之内，东协和门，东出为文华殿；西熙和门，西出为武英殿，旧曰雍和门，乾隆元年更名。"

值得注意的是乾隆改门的名称，是在雍正将雍亲王府更名为"雍和宫"之后。一说乾隆皇帝诞生于雍亲王府的如意室，自幼在雍和宫长大。乾隆将雍和门更名，一是为了避讳，二是出于把"雍和"这一无比吉祥的词汇专门留给承载着他美好童年记忆的雍和宫的愿望。

图一　康熙年制雍和古琴

二　雍和宫的前身——禛贝勒府的选址和规制

康熙四子胤禛，"生有异征，天表魁伟，举止端凝"[1]，于康熙三十七年（1698 年）封为贝勒，其贝勒府选址在原驼馆之处，驼馆原是康亲王属地，由康亲王献出。康熙四十一年（1702 年）四月初三，内务府奏"驼馆地方修建两处房屋，哪一处分给哪位阿哥之处，谨此请旨。等因奏入，奉旨：位于西边者拨给四阿哥，位于东边者拨给八阿哥"[2]。即，四子胤禛和八子允禩的府邸东西相邻，均位于紫禁城东北的驼馆之地。

对于贝勒府和王府的规制，崇德和顺治年间的会典都分别有规定。《钦定大清会典》规定："贝勒府，台基高六尺，正房一座，厢房二座。内门盖于台基上，用平常筒瓦，朱漆。余与郡王同。"装饰方面，贝勒府只能贴金彩画各样花草。

营造中的六尺约近 2 米。整个雍和宫八进院落中，处在正中间的永佑殿台基最高，高约 2 米，需要拾级而上，而且它有东西两厢房，完全符合会典之制。雍和宫内只有永佑殿殿内外彩绘是花草纹，不见龙纹。说明它历史最悠久，是禛贝勒府时期的建筑（图二）。

---

[1]　《清史稿》："胤禛，圣祖第四子也。母孝恭仁皇后乌雅氏。生有异征，天表魁伟，举止端凝。康熙三十七年封贝勒。四十八年封雍亲王。"

[2]　转引自郭美兰：《明清档案与史地探微》，辽宁民族出版社，2012 年。康熙二十九至康熙四十二年的起居注现藏于台北故宫博物院。

图二　雍和宫内永佑殿

同时，康熙帝还择定了两位阿哥的迁居之日。"四阿哥本年为本命年，相应不可迁居，明年再迁即可。八阿哥于本年由木兰返回后，再行移居。"[1]

康熙四十八年（1709 年），胤禛被封为"和硕雍亲王"，其贝勒府随之改称为"雍亲王府"。禛贝勒府的规模也得到扩张，在永佑殿前增建更高级别的宫殿，即后来的雍和宫殿，用于会见大臣等访客。原先的永佑殿功能转向书房。据《钦定大清会典》："王府规制，崇德间定。亲王府，台基高一丈，正房一座，厢房二座，内门盖于台基之外，绿瓦朱漆。两层楼一座，并其余房屋及门，俱在平地盖造。楼房大门，用平常筒瓦，其余用板瓦。"可见除增建大殿外，至少还应增建了东西厢房等建筑。

三　原雍亲王府赐名"雍和宫"始末

康熙去世后，按照古时守孝的风俗，雍正需要为其父守孝三年。

《论语》："子曰：子生三年，然后免于父母之怀。夫三年之丧，天下之通丧也。"小孩子刚出生的头三年都离不开父母的怀抱，养育之恩无以为报，故而守丧之期定为三年，作为对父母的缅怀，即便帝王也不例外。康熙去世，雍正继承王统，三年守丧之期内他不办喜事，不娱视听。

虽然大臣们再三奏请雍正登殿接受朝贺，但是雍正迟迟没有答应。直到雍正二年（1724 年）在诸王和大臣再三呈请之下，雍正才勉强应允于雍正三年（1725 年）元旦"升殿受贺"，并表示举行登基仪式时不必宣读表文。《大清历朝宝录》大清世宗宪皇帝宝录卷二七记载了这一史实：

---

[1] 转引自郭美兰：《明清档案与史地探微》，辽宁民族出版社，2012 年。

己丑，诸王大臣又奏："雍正三年元旦，恭请皇上升殿受贺。"得旨："诸王大臣奏请，朕于明岁元旦升殿受贺，朕因未过三年，故着停止。今诸王大臣又复引经据典，陈恳再三，着准行礼。其表文但行呈进，不必宣读。"

随着雍正应允登基，礼部提议将雍亲王府升格为宫殿，由工部和内务府绘图、营造，由内阁、翰林院草拟宫殿名称。《大清历朝宝录》大清世宗宪皇帝宝录卷二七记载，礼部疏奏："（己丑）请将皇上潜邸，升为宫殿。交与工部，會（会）同内务府，绘图呈览，敬谨营造。内阁、翰林院，拟嘉名。恭候皇上钦定。""从之。"而据《内阁起居注》雍正二年记载："礼部议覆条奏内请将皇上潜邸改建宫殿。一疏。上曰，九卿等议将廉亲王府圈入修理，但廉亲王之府系圣祖皇帝赏给，居住多年，今若圈入，朕心不忍，尔等问廉亲王伊有何说。"因有大臣提议将廉亲王府圈入一起修理，雍正存疑。廉亲王府位于原雍亲王府东侧。从后来的文献来看，改建宫殿时未再提及廉亲王府，应该是已经确定不将廉亲王府圈入。如此来看，雍正同意将雍亲王府升为宫殿，应是在雍正二年（1724 年）。

可以想见，内阁大臣和翰林院院士们为雍亲王府改名应该是提议了多个名称，最终雍正皇帝选择了与其封号"和硕雍亲王"、年号"雍正"相统一的"雍和宫"三字，并对雍和宫内的三座大殿进行了命名。

《大清历朝宝录》大清世宗宪皇帝宝录卷三三记载："己卯，大学士奏请皇上潜邸，升为宫殿，撰拟嘉名。恭候钦定。上钦命曰雍和宫。"说明雍正正式为王府赐名"雍和宫"是岁在"己卯"，即雍正三年（1725 年）。

《大清会典》卷一百九十六工部记载："雍正三年，奏准皇上潜邸为雍和宫。宫门之内，曰安祥殿、文思殿、静宁宫。"对照雍和宫的布局，参考雍和宫改为藏传佛教寺庙时对原来的宫殿建筑进行改扩建

图三　雍和宫航拍图所见老三殿

这一事实，"安祥殿"是指原来胤禛会见大臣处理政务的大殿，即今日的雍和宫殿；"文思殿"是指原来胤禛读书兼休息的大殿，即今日的永佑殿；"静宁宫"是指原来胤禛的正福晋起居的寝宫，即今日的法轮殿所在之处（图三）。

四 雍正对于雍和宫改建庙宇的考虑

雍正一生研究佛学，尤好禅学，自号圆明居士[1]。从《清代雍和宫档案史料》等记载来看，雍正皇帝早年就特别注重雍和宫供奉菩萨、佛像之类的事宜，并早在雍正十二年（1734年）就已经将雍和宫改庙的事宜提上议程，并令内务府总管海望对改建庙宇所需钱数进行了预算。

《清代雍和宫档案史料》（一）第二八条"内务府总管海望奏为王府改建庙宇需用钱粮数目事（雍正十二年四月十六日）"记载："十六日。内大臣户部左侍郎兼内务府总管臣海望，谨奏为王府改建庙宇需用钱粮事。臣查王府改建庙宇，应添盖山门五间，影壁一座，钟鼓楼二座，旗杆二座，碑亭二座，念佛堂五间；添盖后楼二间，挪盖房八十间，粘补（三五：补盖）小房一百六间，改换天王殿法堂、方丈七堂、斋堂等处槅扇、槛窗、栅栏、甬路、海墁、散水，及油画粘补、过色、见新等项等，约估物料工价银二万六千三百两零。新造佛像四十九尊，约估物料工价银三千三百八十一两零。龙牌亭子一座，佛龛、佛柜、钟磬陈设供器等项，约估物料工价银六千七百十二两零。再补造圆明园佛城内三宝长寿佛十二尊，背光十二座，约估物料工价银三千五百三十两零。以上通共约估物料工价银三万九千九百二十九两零。应动用何项钱粮之处伏候。"

按照海望的预算，雍和宫改庙需要进行一系列改扩建，耗资巨大，共需用银约四万两。对此，雍正很快有了批文。"谕旨敬谨遵行，所用幢幡憻（欢）门等件，请交广储司制造张挂，谨将王府改庙图样一并恭呈御览。为此，谨奏请旨等因缮片，交与奏事郎中张文彬转奏。奉旨动用雍和宫银两，其碑亭著（三五：着）用黄琉璃瓦盖造，余依议，钦此。"[2] 雍正下令绘制雍亲王府改庙的图纸，并交代将碑亭覆盖代表皇家规格的黄色琉璃瓦。

雍和宫改建庙宇的工程还没有完全展开，雍正皇帝便于雍正十三年八月二十二日夜在圆明园突然去世。大臣们提议将其梓宫奉移至寿皇殿东侧之东果园，乾隆皇帝心有不忍，决定将梓宫奉移雍正潜邸——雍和宫，并下令"将大殿、大门悉数修换黄瓦，拆除大门前所有之临街房屋，再增修一阶三门，亦用黄瓦。将门前拓宽，拆除门前小房，与前面街道连通，两侧修墙，于街口增修牌楼门三间，街对面修宽大照壁"[3]。从这段记载中，可窥知雍和宫南端牌楼院的形成（图四）。

[1] 麻天祥：《雍正与清初禅学之兴衰》，《湖北社会科学》2007年第9期。

[2] 中国第一历史档案馆、雍和宫管理处合编：《清代雍和宫档案史料》（第一册）二八"内务府总管海望奏为王府改建庙宇需用钱粮数目事"，中国民族摄影艺术出版社，2004年，第50页。

[3] 赵令志、鲍洪飞、刘军主编：《雍和宫满文档案译编（上卷）》12"和硕庄亲王奏闻议覆大行皇帝梓宫奉移雍和宫折"，北京出版集团公司、北京出版社，2016年，第8页。

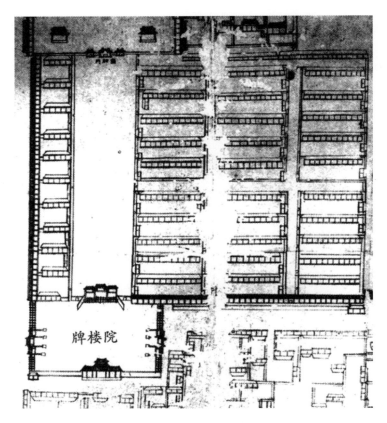

图四   《乾隆京师全图》中的雍和宫牌楼院

五   雍和宫正式改庙

随着雍正的去世，雍和宫改建庙宇一事也搁置下来。雍正曾经想改雍和宫为庙宇的构想，乾隆在御制《雍和宫碑文》中亦并未提及。

乾隆初年，鄂尔泰曾提议将雍和宫拨给和亲王居住，乾隆觉得雍和宫是皇考肇迹之地，和亲王作为乾隆的弟弟，恐怕没有足够的福祉居住，所以驳回了鄂尔泰的提议。《大清高宗纯皇帝宝录》卷一四六二："因忆乾隆初年，鄂尔泰曾提奏，其意欲将雍和宫实给和亲王居住，朕未之允也。和亲王乃朕之弟，俾居此处，虽无不可，但究系皇考肇迹之区。若令列邸分藩者，居此发祥之地，不特邻于僭越，并恐无福祇承。"

乾隆二年（1737年）八月，雍和宫后殿（今永佑殿）的修理工程竣工[1]，迎请供奉雍正皇帝圣像，故而后殿又称作"影堂"。乾隆四年（1739年）四月始，对雍和宫殿宇进行修缮[2]。

---

[1] 赵令志、鲍洪飞、刘军主编：《雍和宫满文档案译编（上卷）》144"内务府总管海望奏请雍和宫后殿工程告竣择吉供奉世宗皇帝圣像折"，北京出版集团公司、北京出版社，2016年，第89页。

[2] 赵令志、鲍洪飞、刘军主编：《雍和宫满文档案译编（上卷）》161"和硕庄亲王弘昼奏闻修缮雍和宫殿堂房屋事折"，北京出版集团公司、北京出版社，2016年，第105页。

乾隆四年六月始，将雍和宫东边的房屋对外出租，租银供雍和宫修缮房屋使用[1]。这种境况一直延续到乾隆九年（1744年），乾隆皇帝在这年对三世章嘉活佛的谕示中提及：京城地面广大，父皇先祖之时都大力弘扬佛法，但是没有广传闻习所有内外学处的例规。现今，朕为了弘扬佛法尤其是黄帽派的教法，圆满实现先帝列祖的心愿，为了增益众生的利乐，供奉三宝和上师，故决定在父皇受封为王时所住的寝宫处兴建佛殿、经堂、僧舍等，建立一座大寺院，并新建讲习五明知识的扎仓。由此拉开了雍和宫正式改建为藏传佛教寺庙的序幕。

六　结语

"雍和"一词意味着亲睦、和谐、融洽，在清代颇具褒义。雍正皇帝胤禛综合考量了其封号"和硕雍亲王"、年号"雍正"，选择将其原来居住的雍亲王府更名为"雍和宫"，表达出希冀亲睦、融洽万邦的美好愿望。

乾隆皇帝将雍和宫改作藏传佛教格鲁派寺院后，赐予雍和宫藏语名"噶丹敬洽林"，意思是壮丽辉煌的兜率天宫。根据佛经记载，释迦牟尼佛在降生人间之前曾做过护明菩萨，当时居住在兜率天宫，未来佛弥勒菩萨也住在兜率天宫。如此，雍和宫一词超越了"雍和"二字，成为清净庄严的佛菩萨居住的天宫的象征，极为殊胜。

雍和宫改建为皇家寺院，一方面是由于清皇室的藏传佛教信仰，另一方面是出于稳定藏区的政治需要。雍和宫既是汉藏佛教交汇之地，也是满汉蒙藏各族文明融合之处，从侧面反映了佛教特别是藏传佛教的中国化，是一处不可多得的宝贵的人类文化遗产。

---

[1]　赵令志、鲍洪飞、刘军主编：《雍和宫满文档案译编（上卷）》165"和硕庄亲王弘昼奏请雍和宫收贮物件房屋悉行拆卸事折"，北京出版集团公司、北京出版社，2016年，第114页。

环氧树脂胶 HXTAL-NYL-1 在瓷质文物保护修复中的应用

赵慧群 *

HXTAL-NYL-1 是赫伯特·V·希拉里专为文物保护修复而开发的环氧树脂胶黏剂，主要用于玻璃和瓷器修复，尤其是瓷器文物的饰色、补全和仿釉[1]，因其无色透明不易黄变，且为流动性强的水性材料，也应用于象牙、大理石、木器、金属[2]等其他材质文物上。瓷质文物胎质致密坚硬、孔隙率小，与其兼容性较好的常用胶黏剂为环氧树脂类胶，目前国内文博界比较常用的为国产合众 AAA 胶，进口胶黏剂 alraldite2020 系列也逐步被引入陶瓷文物修复与保护工作中。对于 HXTAL-NYL-1 这种水性慢干胶黏剂，除在故宫博物馆修复案例黄地绿彩云龙纹碗[3]有简短应用档案记录，有关其化学物理性能和全面应用技术未有研究实例。该胶黏剂不黄变性能优于其他任何一种环氧树脂胶，是瓷质文物表面色釉和透明罩光釉仿制理想材料。文章将 HXTAL-NYL-1 的性能及相关应用技术成果付梓成文，以期能为文物保护者提供应用甄选案例。

一　成分及材料性能

HXTAL-NYL-1 为无色、低黏度、水溶性双组份环氧树脂胶溶液，固化后会形成透明硬膜。A 组份为树脂，主要成分为 100% 环己醇 4,4'-（1- 甲基亚乙基）和（氯甲基）环氧乙烷聚合物；B 组份为固化剂，主要成分为 96%～99% 聚氧丙烯胺，小于 4% 的 1,3- 二氮杂 -2,4- 环戊二烯，咪唑[4]，玻化温度为 48℃～55℃，20℃固化时间约 7 天，35℃约 2 天，折射率为 1.51[5]，常用处理溶剂为丙酮。

* 赵慧群：2002 级硕士，现就职于上海城建职业学院。

[1] IRINI D.Sideridou,Evangelia C.Vouvoudi,Grigorios D.Papadopoulos.Epoxy polymer Hxtal NYL-1™ used in restoration and conservation: Irradiation with short and long wavelengths and study of photo-oxidation by FT–IR spectroscopy[J].Journal of Cultural Heritage, 2016 (18): 279–289.

[2] Hxtal NYL-1 Epoxy [EB/OL].[2019-03-11].http://www.conservationsupportsystems.com/product/show/hxtal-nyl-1-epoxy/clear-epoxies.

[3] 修复案例 . 陶瓷修复 . 黄地绿彩云龙纹碗 [EB/OL].[2019-03-11].http://www.dpm.org.cn/explore/protect/238021.html.

[4] Hxtal NYL-1.Additional Information.HisGlassworks: Hxtal NYL-1: MSDS and Information sheet [EB/OL].[2019-03-11]. http://cameo.mfa.org/wiki/Hxtal_NYL-1#Description.

[5] Hxtal NYL-1:Other Properties [EB/OL].[2019-03-11].http://cameo.mfa.org/wiki/Hxtal_NYL-1.

二 制备与保存方式

HXTAL-NYL-1 为双组份胶黏剂，配制时需要按照比例精确称量，树脂 A 与固化剂 B（B胶需放冰箱冷藏）配制比例为 3：1。新制混合溶液需充分搅拌，伴有大量微气泡，根据所处理的文物材质特征，有时需要进行消泡处理[1]，但在瓷质文物修复中，通常静置几分钟就可使用。初配溶液呈水性液态，流动性很强，在博物馆环境下，可以工作 2 小时左右，超过 3 小时，其状态会逐渐从水溶性流动状向半流动黏稠胶状转变（时间越长流动性越差），未使用完毕的胶黏剂标明制备日期放入冰箱冷藏可保存 4～5 天[2]，但会逐步向半流动或不易流动的胶状转变。

三 使用范围和应用方法

陶瓷文物最常见病害为破碎或缺损，对其进行干预性保护修复最重要的是胶黏剂综合应用的粘接、胶黏剂补全、表面平整（打磨打底）、饰色阶段，确定好保护修复标准和胶黏剂后，和文物本体材料兼容的胶黏剂会在之后的各段流程中以不同功用反复使用，因此，杰尔·威廉姆斯提出"瓷器修复是一个逻辑处理过程"[3]，每个阶段的工作流程、效果及材料应用都与下一阶段的工作内容息息相关。胶黏剂后甄选后，粘接方式、塑型材料、补全填充、打磨和饰色等一系列流程处理材料均需要与胶黏剂性能和应用方法相匹配。

HXTAL-NYL-1 在瓷质文物修复与保护中使用范围比较广，包括加固剂、粘接型胶黏剂、补全型胶黏剂、仿釉胶黏剂（表面色釉和透明罩光釉仿制），具体应用功能与方法如下。

（一）加固剂的使用要求和方法

现配的 HXTAL-NYL-1A 和 B 组份混合剂用作加固剂最为理想，因其为水性材料，当用竹质牙签沿着惊纹、冲口或裂缝[4]最上端滴入后，胶黏剂会自动沿着损伤方向和位置流动和渗透，达到加固目的。有些大理石[5]文物用注射方式进行加固和填补裂缝的依据就是利用其水性易流动的优点。HXTAL-NYL-1 在 24℃时一般需要 7 天才能完全固化，但只要不在粘接处施加应力，通常在 24 小时左右就能达到足够固化强度[6]。作为加固剂，其最大优点就是渗透性强，同时因为固化时间长，可在施胶后用医用脱脂棉蘸取少量丙酮清理残留在器物表面的多余部分，在 1～3 天初始固化时间内，可以用同样方法或手术刀片轻松去除残留，而不易损伤器物釉面。配制时

[1] Hxtal NYL-1 (60 gram kit). Product Description[EB/OL].[2019-03-11].http://museumservicescorporation.mybigcommerce.com/hxtal-nyl-1-b1504-060/.

[2] NIGEL Williams.Porcelain repair and restoration [M].the United States: University of Pennsylvania Press Philadelphia, 2002(Second edition): 8.

[3] 国家文物局：《中华人民共和国文物保护标准汇编（三）》，文物出版社，2016 年。

[4] JUDY Ozone，Abigail Mack.From marble to mussels: a similar treatment approach to dissimilar materials [C].AIC Objects Specialty Group Postprints, 2008(15)： 114.

[5] HXTAL NYL-1 Comments and Mixing Info. [EB/OL].[2019-03-11].http://www.docin.com/p-1449518484.html.

[6] HXTAL NYL-1 Comments and Mixing Info. [EB/OL].[2019-03-11].http://www.docin.com/p-1449518484.html.

间超过 3 小时或者新配后放置冰箱超过 1 天的 HXTAL-NYL-1 混合溶液因其变黏稠，流动性变弱，不太适合用作加固剂，可用作胶黏剂。

（二）胶黏剂的使用要求和方法

在陶瓷文物保护修复中，根据文物保存状态，所选择的胶黏剂常常会在加固、粘接、补全、饰色等不同流程中得到应用。HXTAL-NYL-1 最主要功能是用作胶黏剂，在瓷质文物中粘接、补全、饰色均需使用。

1. 粘接型胶黏剂

新制的 HXTAL-NYL-1 混合溶液非常薄、黏度低，放置 2 ~ 3 小时后逐渐变厚（3 小时后如不使用即刻放入冰箱冷藏保存，在博物馆工作条件下，超过 7 小时会慢慢初始固化，难以再作其他功能使用），由流动性水状向半流动黏稠胶状变化，无论是薄的水状或厚的黏稠状，其粘接强度都是相同的 [1]，影响的是粘接方式甄选。依据胶黏剂状态，陶瓷文物有先固定后施胶和先施胶后固定两种方法，与其相对应的胶黏剂有滴入型和涂抹型两种使用方式。

新配制的水性 HXTAL-NYL-1 胶黏剂非常适合先固定后施胶滴入型应用方式，与其相配套的常用助黏剂为修复专用无酸胶带或 Scotch3m 压敏胶带，工作流程为：根据器物形制大小，将压敏胶带剪成适当的长条形备用（通常为 0.5 ~ 1.5 厘米宽，2 ~ 6 厘米长，一般待粘接碎片越大、胎体越厚，胶带裁剪的长度和宽度越大）。将清理清洗过的两片碎瓷使用适当压力拼对平整无高低错位后，在碎片两面垂直于接缝处、间隔 2 ~ 3 厘米（根据器物大小、胎体厚薄进行调整）逐条粘贴压敏胶条临时固定，在粘贴下一胶条前观察碎片平整度，有高低错位可进行微调。这种粘接方法简单便捷，根据器物状态和个人拼接特点，可以几块碎片或整器拼接，在施胶前可以检查每处拼接处碎片是否平整（图一；彩版 16）。粘接完成后选用滴入型施胶方式。根据器物造型，用竹质牙签将新制的 HXTAL-NYL-1 混合溶液沿着各处接缝上端分别施胶，一次可以完成多块碎片或整器的粘接，该方法特别适合碎片多、拼接难度大的器物。施胶 24 小时后用医用脱脂棉签蘸取少量丙酮去除压敏胶带及其残留，在粘贴位置可重复施胶，确保粘接强度。器表的胶黏剂残留物手术刀片或脱脂棉签蘸取少量丙酮去除，但不可让丙酮溶剂过量渗透到缝隙处使粘接失效。

当我们在应用 HXTAL-NYL-1 胶黏剂时发现其状态已由水状变为黏稠的胶状或有些器物更适合用黏稠型胶黏剂粘接时，可以选择选施胶后固定的涂抹型应用方式。这种应用方式需要在粘接前进行逻辑思考，确定好每片瓷片的位置和拼接顺序，逐块拼接才能确保粘接过程中的平整度和准确性。通常我们可以按照口—腹—底或底—腹—口的顺序按照区域逐块拼接，同一区域如口沿部分，角度小于九十度、接触面大的碎片优先拼接，尽量避免将独立的局部碎片呈区域粘接，如口沿、腹部、底部的碎片分别粘接，再将三个大部分整体粘接，这样经常会发生碎片拼接不上、漏块、缝隙过大、高低不平、严重错位等现象。与其相配套的助黏剂为 Scotch3m 压敏胶带或热熔胶，择一即可。其工作流程为：在瓷片断面匀而薄地涂抹适量胶黏剂（一般胎的厚度在 5 毫米以下者单面涂抹即可，6 毫米以上者双面涂抹为宜），断面顶部两端空置 1 ~ 2

---

[1] Sidney S.Williston,Publ.Epoxy HXTAL NYL-1. [EB/OL].[2019-03-11].http://www.docin.com/p-1449518484.html.

图一　先固定后施胶应用方式

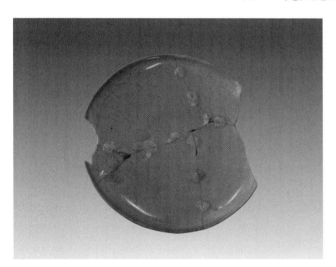

图二　助黏剂热熔胶的粘接应用

毫米，当碎片相接，施加人工应力时，不至于使胶黏剂溢出而影响与其他瓷片的粘接。粘接时人工机械适当用力压紧碎片，挤出多余胶黏剂，用指腹反复抚摸接缝处的平面，直至感觉无高低不平，在两面接缝处垂直位置、间隔 2～3 厘米粘贴压敏胶带或热熔胶固定。当用助黏剂粘接后，人工施加的应力就会撤除，因胶黏剂固化时间较长，经常会在 24 小时后发现原来平整的碎片会略有错位或不平，为减少这种现象发生，需要根据器物碎片大小和胎体厚薄调整压敏胶条的形状或热熔胶点的大小厚薄（通常大块厚胎碎片热熔胶点以 1 厘米大小圆点、3 毫米以上厚度双面临时加固为宜）（图二；彩版 17）。完成助黏剂临时固定后，用医用脱脂棉蘸取少量丙酮去除器表多余胶黏剂，切勿使用过量丙酮擦拭，使其渗透至缝隙处的胶黏剂内造成粘接失败或延长固化时间。黏稠胶状 HXTAL-NYL-1 用法和国产合众 AAA 胶粘接方式相似，若发现局部表面不平错位现象，可拆除错位部分助黏剂重新微调，重新粘接。

无论哪种粘接方式，都需要借助于辅助材料助黏剂，完成粘接后的器物放置不动。为确保良好的粘接效果，可根据器物物理结构力量分布特点，按照一定位置放置沙盘中等待胶黏剂完全固定，起到帮助粘接的作用。在粘接过程中，当遇到碎片缝隙比较大，难以用胶黏剂直接粘接的状况时，可在胶黏剂中加入适量气相二氧化硅做增稠剂，改变流变性，增加粘接强度。

2. 补全型胶黏剂

水状或黏稠胶状 HXTAL-NYL-1 都可用作补全胶黏剂，通常有以下几种应用形式。

（1）白色补全胶黏剂

作为白色补全胶黏剂有两种类型，一是考古修复标准，二是在白色基础上做涂层饰色处理，达到展览陈列或美术修复标准，无论哪种修复标准，都需要胶黏剂和填充剂混合使用，而 HXTAL-NYL-1 两种状态的混合溶液均可使用，与其相匹配的材料一般为气相二氧化硅、二氧化钛矿物质粉或医用滑石粉。粘接剩余或放置冰箱的胶黏剂，其状态已经变成黏稠胶状，可以用来和填充剂调制成补全支撑材料，新制 HXTAL-NYL-1 胶黏剂与其应用方式相同。在使用过程中一般可以先添加适量钛白粉调成白色，再加入气相二氧化硅调和成糊状（大都会艺术博物馆常常这样应用），填入塑型模具中。在此过程中我们发现，气相二氧化硅质极轻，填充时稍有空气流动极易呈雾状四散，因此用药用滑石粉替代也是非常好的方法。但气相二氧化硅作为填充剂，有其优势，当加入胶黏剂中时为无色，适合做透光薄胎或仿釉，还可以根据文物本体状态，在疏水或亲水型两种类型中选择[1]。对于缺损面积比较大的器物，用白色补全方式处理比较便捷，通常在此基础上再做表层饰色处理。因环氧树脂胶的材料特点，此种补全方式比石膏补全稳定性好，耐酸耐碱耐候性好，是瓷质文物补全比较理想的方案。

（2）有色补全胶黏剂

有色补全团是指在器物缺损处填入调制的与器表近色的补全糊状或膏团状填料，通常是依据精细型考古修复或展览陈列修复要求所作的基础近色处理，在国内瓷质文物修复中应用并不常见。其工作流程为在胶黏剂中加入微量矿物质粉，调制出与器物表面近似颜色，再与气相二氧化硅或药用滑石粉按照重量比 1∶0.5～1 的比例，搅拌均匀后填入塑型支撑材料上，24 小时后去除塑型支撑材料，因 HXTAL-NYL-1 为慢干型胶黏剂，用手术刀片或药用脱脂棉蘸取丙酮塑型非常轻松，尽可能避免用砂纸打磨处理方式损伤釉面。这种方法比较适合缺损面积大的器物（图三；彩版 18），有时用有色补全团进行修复，在完成打磨后，基本能达到展览陈列修复的标准（图四；彩版 19）。为便于下一阶段涂层饰色处理，有色补全团颜色尽量调制的比器表或胎质略浅。

3. 近色仿胎釉胶黏剂

与其他胶黏剂相比，因 HXTAL-NYL-1 初配状态为水性，特别适合用作近色仿胎釉型胶黏剂。这种功能应用主要于仿胎作色修复、表面仿釉修复（含裂缝修复）和透明罩光仿釉修复，一般都是用胶黏剂作色或作仿釉层，很多时候是几种仿釉方法综合运用。在陶瓷文物修复中，最关键也是最难的工序就是饰色，尤其是胶黏剂和矿物质粉调色，调制失败是常见现象，除个人对陶瓷表面色彩构成和色阶变化的理解差异外，与胶黏剂相配套的材料甄选也非常关键。在此方法中，需使用与 HXTAL-NYL-1 材料性能相匹配的气相二氧化硅和透明有机硅胶（SORTA-

[1]　国家文物局：《中华人民共和国文物保护标准汇编（三）》，文物出版社，2016 年。

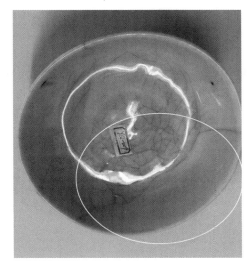

图三　有色补全前器物状态　　　图四　基础近色处理后的有色补全

Clear-40）材料。

（1）仿胎作色修复

仿胎作色修复方法中，水性或黏稠胶状的 **HXTAL-NYL-1** 都可以使用，常规工作过程为：在胶黏剂中加入微量矿物质粉、气相二氧化硅或药用滑石粉（后二者可以单独添加，也可以混合添加，视器物的胎质而定），调制出与器物表面或胎质近色膏状填料，填入缺损处的塑型模中，对补全团进行整型，使填料尽量和原器表面平整度一致。24 ～ 48 小时内去除塑型模，用手术刀片和脱脂棉丙酮进行塑型处理，待补全部位固化后，用新制的胶黏剂调制半流动近色填料，填补在表面，用硅胶取型的方式进行表面平整处理（参考透明罩光仿釉修复法）。

在此方法中，当胶黏剂及矿物质粉调出基础近色后，加入气相二氧化硅时，基础近色偏色不明显，并能使厚度增加，可以很好地改变补全填料的流变性。而在很多应用实例中，我们发现在调和好的基础近色中加入医用滑石粉做补全团时，原本与缺损部位表面颜色比较接近的基础色偏色明显。这些明显的差别在于两种材料颜色不一：气相二氧化硅为半透明粉状，与胶黏剂调制后为透明或半透明状，量越少越透明，反之则成半透明状；而医用滑石粉为白色，与胶黏剂调制后多呈乳浊状，因此当作为增稠剂加入补全胶黏剂时，二者对基础近色的改变会产生不同的效果。此外，调色时尽量选择细腻、粉状进口天然矿物质粉，容易与胶黏剂调和均匀，变色程度减弱。国产天然矿物质颗粒一般比较大，不易调和均匀，当加入粉状填充剂（气相二氧化硅或医用滑石粉，特别是后者）时，基础近色中未被调开的色粉颗粒被激发出来，导致基础近色经常发生严重偏色。同时，调制顺序也会影响到有色补全团基础近色的变化，按照胶黏剂、天然矿物质粉、粉状填充剂的顺序实施，色粉加入量可控性强，成功率高；按照胶黏剂、粉状填充剂、天然矿物质粉的顺序调制时，难以掌握色粉加入量，偏色比例非常高。一般器物有 2 ～ 3 厘米以上缺块时，选择仿胎作色补全处理不失为理想方法。

（2）表面仿釉修复

表面色釉补全修复比较适合单面缺损面积在 1 厘米以下、缝隙（惊纹、冲口、裂缝）、毛边伤釉伤彩类瓷器，需要根据所修复区域颜色变化，用新制胶黏剂采取由浅到深、逐层填补的方式进行。如图（图五；彩版 20）清康熙五彩花卉山石纹大盘上的青花花朵就是用仿表面色釉方式处理的。此青花花朵部分釉色缺失，用新配 HXTAL-NYL-1 加入微量矿物质调成与花蕊附近的淡蓝色，加入气相二氧化硅，调制成不易流动的黏稠状，填入缺损处，24 小时后胶黏剂处于初始固化状态后，用脱脂棉蘸取适量丙酮擦除多余补全材料，可配合手术刀片进行。完成表面平整后（图五），再用上述相同的调配方法，配制出花朵深蓝色青花填料，分解出花朵色阶分区变化特征，找出青花蓝料的分布规律，将调和好的青花填料局部覆盖在已填充的淡蓝色上，在这个工作流程中一定不能用青花料全覆盖淡蓝色，要根据残留部分原花朵的颜色变化，留出淡蓝色部分，才能使补全部分花朵颜色的层次分明，与器物原貌保持一致（图六；彩版 21）。

　　在应用过程中我们发现，普通天然矿物质粉调制的青花填料在不同光源下会有变色现象发生。在接近自然光源的白色光源下，填料与器物颜色完全一致，但在黄色光源下，填料中的蓝色偏红，与器物原色色差大，展示效果不理想。这是因为青花填料调色中需加微量红色矿物质粉才能调制出紫灰蓝色，红色易在暖色光源下显色。完成修复的器物需要满足在不同光源环境下的展陈需要，因此在修复过程中发现这一问题时，可以及时调整。利用 HXTAL-NYL-1 胶慢干特征，即使在 24 小时后用手术刀片或丙酮也能轻易去除易变色填充物，按照上述步骤重新调制青花填料，需将普通矿物粉中的群青蓝色用进口矿物质粉钴蓝（Kremer 为国外博物馆常用品牌，天然矿物质粉颜色多，降低调色难度）替换，用 Kremer 锰紫替代或减少红色用量，这种材料和方法调制出的青花填料在两种光源下均不易变色，此方法可以给其他类似病害器物中青花仿釉修复方案提供参考。填充好青花填料 24 小时后，按照上述相同处理步骤去除多余材料（图七；彩版 22）。根据原青花花朵色阶变化，调和 Golden 丙烯颜料进行修色处理，使得填补位置与原器物色阶变化一致（图八；彩版 23）。通常仿色釉层修复完成后，为获得更好的饰色效果，往往要和丙烯酸颜料涂层饰色法相结合做细部修色处理。待材料固化和干燥后，用新配制水性 HXTAL-NYL-1 少量而均匀地涂抹在花朵修补处，用透明有机硅胶覆盖在胶黏剂上，24 小时后查看效果，如有气泡，用丙酮处理，重复施胶，直至获得与器物一致表面（详见透明罩光仿釉

图五　青花花朵淡蓝色仿釉饰色

图六　青花花朵深蓝色仿釉饰色

图七　淡蓝和深蓝色仿釉分层处理后　　　　　图八　仿釉和丙烯酸颜料修色后

修复部分）。

惊纹、冲口或裂缝类病害及粘接后接缝通常特别适合用表面仿釉修复的方法进行处理，在纽约大都会艺术博物馆修复档案有很多应用案例。填充时需要根据缝隙所在位置器物表面釉色进行调色，其方法和青花花朵一样。有些器物惊纹、冲口或粘接缝隙接近透明釉或呈半乳浊状，其处理方式相对简单，前者在新配制胶黏剂中加入适量气相二氧化硅、后者加入微量钛白粉和适量气相二氧化硅（调和好的填料和乳浊状状态越接近越好）调成半流动黏稠状填入，用透明有机硅胶覆盖，以相同的方法处理即可。

（3）透明罩光仿釉修复

瓷器的特征之一就是器表施有与胎结合牢固、厚薄均匀、高温烧成的釉[1]，在修复工作过程中，透明罩光釉的仿制是饰色修复的后期处理步骤，只有新制的 HXTAL-NYL-1 才能实施透明罩光仿釉[2]，它与国内传统修复使用的硝基清漆仿釉相比有很多优点：不易起翘、划花和脱落，耐酸耐碱耐水及耐磨性强，可以很好地维护器物状态，减少后续干预次数。

HXTAL-NYL-1 作透明罩光仿釉的应用方法为：确定与器物修复部位造型基本相同的取型位置，按照比例称量适量 AB 两组份透明有机硅胶（SORTA-Clear-40 牌），充分混合，均匀地铺展在取型位置处，待 1 小时硅胶固化后揭取，将塑型硅胶放置修复部位，查验取型效果，如不能完全贴合，重新确定取型位置，再次操作，直至塑型硅胶与修复部位贴合紧密。这一步骤非常关键，器物表面透明罩光仿釉是否能与原器物一样光滑效果在于塑型硅胶的贴合度。用牙签将少量新配 HXTAL-NYL-1 均匀涂抹在修复部位，将塑型硅胶从一端逐步推向另一端，可以用有圆球的玻璃棒从一端逐步向另一端压实，尽量使硅胶和胶黏剂结合紧密而无气泡（图九；

[1]　中国硅酸盐学会：《中国陶瓷史》，文物出版社，2004 年，第 76 页。

[2]　蒋道银：《古陶瓷修复技艺》，上海古籍出版社，2012 年，第 12 页。

彩版 24）。待 24 小时后，揭取硅胶查看结果，如有气泡或凸点，用丙酮处理平整，在此按照上述方法重新实施，直至与原表面一样平滑，待 7 天 HXTAL-NYL-1 完全固化后，能获得与器表近似的透明釉。

用胶黏剂作表层罩光透明釉主要应用于以下方面：一是仿色釉层的罩光处理，如上述青花花朵完成最后修色后，为确保颜色层的稳定性，并获得与原器相似的表面效果，用胶黏剂在修复处罩一层透明仿釉；二是对涂层饰色的罩光处理，修复时选择的补全方法不一，其饰色方法也不同，白色或仿胎补全常常运用于较大缺损面积，因此比较适合的饰色方式就是表面涂层饰色，国外常用 Golden 牌丙烯酸乳状颜料笔绘或喷绘作色，为确保涂层饰色的稳定性和长效性，在涂层饰色上罩一层透明仿釉，使修复部分更接近器物原貌（补全面积超过 1/5 以上的大型器物做透明罩光釉难度比较大）；三是惊纹、冲口、裂缝或粘接缝隙的罩光处理，在进行这些缝隙修复后，在处理部位罩一层胶黏剂透明仿釉，不仅能获得近原器效果，而且避免打磨处理。

图九　透明罩光仿釉有机硅胶平整法

四　结语

通过对 HXTAL-NYL-1 材料特性、应用范围和方法的介绍，我们对这种环氧树脂胶黏剂有了全面了解。与其他环氧树脂胶黏剂相比，HXTAL 的缺点是固化时间过长和价格较高，但从长效性文物保护角度来看，它有其他环氧树脂胶无法替代的优点：无色透明不易黄变，是非常理想的胶黏剂，固化时间长也是其优点，其他在 24 小时内固化的环氧树脂胶需要借助砂纸，用打磨方式处理多余补全材料，干预力量和面积较大，极易导致器物釉面受损，而 HXTAL-NYL-1 为 7 天慢干胶，无论用作哪种功能，24 ～ 48 小时左右为最佳丙酮溶剂和手术刀片法去除时间，可以最大程度地减少打磨处理方法，避免器物釉面遭受打磨而损伤，以最大概率做到最小干预；因 HXTAL-NYL-1 为称量方式调制，新制状态为水性，可实施先固定再施胶粘接方式，适合碎块片多的器物，降低拼接难度，而且胶黏剂施加后，可以顺着缝隙自动渗透，剩余部分可放冰箱冷藏再做使用，用胶量可控性强；新制水状胶黏剂在填缝、色釉和透明罩釉仿制上优于任何一种环氧树脂胶，与丙烯酸颜料综合运用，适合胎质烧造工艺精湛、釉色精美、制作精良、艺术价值高的薄胎瓷器或釉上下彩瓷，如青花、斗彩、五彩、粉彩、珐琅彩等，是珍贵文物小面积缺损展览陈列或美术修复理想材料。

声华行实竞留芳

白国柱 *

　　我和水老师的师生缘，形成于阴差阳错之中。夏商周考古一直是我的畏途，但没有想到的是，我最后还是走上了这条路。

　　我并非科班出身，但水老师似乎一直对我有规划，让我在硕士、博士期间加倍的努力。第一次田野考古实习，是在河南省淅川县马蹬古城完成的，当时同行的还有张义中和陈中喜，我们师兄弟共 3 人。也就是在这个工地，开启了我真正的考古旅程。从最初的发掘探方，做好各样记录，到最后陶片品对、陶片统计、绘图、分期。就这样，上好了在田野中的第一课。

　　最初的时候，老师常喊我为"拼命三郎"，现在倒是不再这么喊了。2008 年，在江苏宿迁青墩遗址，因为长时间下蹲、弯腰的时间过长，以致于腰肌劳损直接让我躺了两天。还有就是我不能喝酒，但是始终拼胆气一饮而尽。这也是我"拼命三郎"外号的来由吧。正是因为我比较拼命，老师交给我的工作也逐渐多起来。

　　但真正与老师交流增多，还是因为马鞍山市五担岗遗址 2009 年的发掘。发掘至 8 月份时，还剩下一项开口直径为 13 米的遗迹未发掘。工地上的师生因其他事务渐次离开，只剩下了我和两个技工。打了很多探孔，在不同深度都探到石头。开了两次专家讨论会，有两种主要观点，一是墓葬，二是水井。传达的意见都是要慎重发掘。然而我此时要面对的，是如此一个巨大的东西。我把每天遇到的问题都汇报给老师，遇到新问题，不断讨论，最后解决。发掘到最后，水井的深度最终定格在了 17 米左右。这也是中国先秦时期体量最大的石构水井，出了铜器、石器、骨器、木器、草编器、陶器等数百件遗物。发掘过程中，经常会遇到新鲜事。比如发现较多三四厘米长左右的动物骨头，回头我就不断查阅资料、请教专家，知道了是老鼠头骨；发掘时偶尔发现绿色的类似金属箔片的东西，我就提醒大家注意再仔细点争取完整取样，后来我们就收获了两件稍完整、附着在淤泥上的类似昆虫翅膀的标本，查阅资料后得知这是一种布甲类昆虫。这种锻炼，也直接提高了我个人的田野水平。当工地结束，他陪同安徽省文物考古研究所领导一起来视察工地，看到水井最终的规模，他也着实被震撼到了。走路的时候，老师像哥们一样搭着我的肩，但被我甩开了。因为当时我心里想，你们就把我一个人扔在这里，让我每天面对接连不断的危机。现在想来，这也是我和水老师之间的笑谈。后来每每想到这件事，我经常不自觉得笑。每每感叹老师怎么就一点不计较，而我却是这么孩子脾气。

　　或许老师觉得我能持续能更进一步深造、可以做考古工作。在以后的日子里，安排的事情也逐渐增多。开始逐渐锻炼我去主持工地、参加学术会议，另外也包括编写简报与大型考古报告的工作。

---

* 白国柱：2007 级硕士，2011 级博士，现就职于河北师范大学历史文化学院。

2010年10月，老师派我去主持河南中牟孙庄汉墓群的发掘，同行的还有余冰玉。这也是我第一次去完全负责整个工地的运作，所幸未辱老师交待，成功完成任务。总体来说，中小型墓葬的发掘要简单很多，做相关决定不太困难。老师按照他的思路，一直为我安排，但机会需要我自己来把握。

2012年2月，天气偏冷。水老师带队前往上海广富林，参加上海考古史上第一次多家单位集体发掘的大会战。水老师带领我先去工地做前站工作，为南大考古队做好一切准备事项。在打前站的那段时间里，老师与我每天都事无巨细地处理各种繁琐的工作。在我眼里，老师只要把任务交派下来，交给我和工人处理就可以。但我想不到的是，老师会亲自上阵，做一些修补门窗、修理板凳、安装玻璃、砸钉子的小活。当时南大考古队的隔壁就是山东大学考古队，由栾丰实老师带队。水老师还不忘记与栾老师开玩笑，比拼谁家做的前站工作好。我还拍下来两个人一起修理木家什的照片，这一景象至今让我难以忘怀。所有这些事情，让我知道老师不仅要课堂教学、做学术研究、参加各种学术会议，实际上还会身体力行，做一些看似无关的小事。

老师似乎也特意安排我参加学术会议、筹备学术会议或是为相关学术会议的服务工作。无论是在南大召开的全国文博高校专硕会议、张家港中国文明起源学术研讨会，还是各种会议的学术界大佬接待工作，都在一定程度上提高了我的能力。但那时的我还是不自知，现在回想自己还是丧失了更进一步的机会吧。

五担岗遗址自发掘完毕，后续的整理、编写工作少有停顿，一直到2016年10月出版。编写简报和大型考古报告，是老师交给我的任务。编写两篇简报的难度要小一些，但也要查阅大量考古资料。这个过程，改变了我以往眼高手低的顽疾。大型考古报告的编写更是如此，虽然我一直未停歇，但无奈我能力上的确仍有不足，需要接受更多的磨炼。老师时常催促我，催我抓紧交稿，但在我手里拖延了近两年时间。最后他冲我发火，表述的大致意思是考古报告是整体的工作，不要以为是个人的成果。当时我跟老师汇报说，我只是不想让报告毁在我手里，不想有辱师门及南大考古的脸面，不想当罪人。老师忽然间竟笑起来，搞得我不知所措。这是老师唯一一次跟我发火，时间很短，不曾有第二次。此后一直到出版，老师虽经常询问，却再也未催促。时到如今，我想老师的用意也是让我能尽全力尽快完成，能够更早博士毕业。而我却是一直磨蹭，完全忽略了光阴。这也直接导致了我博士毕业后找工作一波三折，年龄始终是难以逾越的门槛。时间越往后，我越能理解老师的良苦用心。我犯了错，他从来不指出你哪里哪里错了，也不说哪里需要改，也不批评。

读博期间都需要与老师经常碰面、讨论。提出让我在整理材料的同时考虑博士论文的题目，也提供了一些学术界前沿的思路，并让我去深入理解。根据老师的建议，我就继续去做不断查阅资料的工作。为了完成考古发掘报告，我查阅了江苏、浙江、安徽、上海、山东、河南新石器时代晚期至商周时期的考古资料，凡是对编好考古报告有利的均不遗漏。但这些省份资料还不足，又继续补充福建、江西、湖北、湖南、河北、陕西、山西等省的考古资料。考古报告还没结束，博士论文题目悄然跃入眼帘。也是因为这些查阅资料、整理资料工作，让我知道了哪里欠缺需要去做，哪里不足需要完善，甚至了解了目前学术界的最新研究动态和学术走向。

老师从不直接给学生硕士、博士论文题目，而是给我们尽可能提供实践的机会，然后按个人兴趣在实践中寻找题目。在田野中多体会，多实践，再与理论反复结合再实践，周而复始，这也是水老师指导学生的主要方法。时到今日，我也庆幸自己能挺过这中间确实有些难熬的时日，转而进入充满欣慰、快乐的实践研究两相悦阶段。

现在，我也走上了考古教学、研究的岗位。能在这个研究方向继续下去，让我心中多了一份欣慰和感动。我时常会思索自己能有今天，是和老师的规划、栽培是分不开的。我也逐渐明白身为老师的意义，自己肩上的责任似乎也多了一重，而不再是以往单纯的读书匠了。身为老师，要时常反思，不仅要在教学和科研上为学生做表率，更需要在做人上以身作则。而老师已经给我做了最好的表率。我的导师水涛先生胸有千壑，大义凛然，实在是我们的良师益友。

饮其流时思其源
——记恩师水涛先生

张义中*

　　"饮其流时思其源，成吾学时念吾师。"离别在即，最需要铭刻于心的是我的硕士生导师水涛先生。先生的为人之道，极富耐心和热情，幽默风趣而又有节有度，当为我辈楷模。先生执教数年，一直恪守"为师之道，在因材施教"的信念，入学之初便积极的引领我迈入考古学的神圣殿堂，尽其所能的为我提供各种实践的机会，并不失时机地给予理论上的提点与指导。我由衷地佩服先生的远见卓识，我能真真切切的体会到，我的学识在每一次田野实习中都或多或少的得到了提升，而这无疑使我以后的人生道路变得更加通坦。

　　　　　　　　　　　　　　　　——开篇语（摘自《硕士毕业论文后记》）

　　跨入考古学的大门，颇有些武侠小说里那种因缘际会的美好与神秘。我出生在一个普通的鄂北小镇，2002 年参加高考，于千军万马中闯过了独木桥，以超过最低录取线 2 分之险被调剂到南京大学历史系考古专业。拿到录取通知书后一段时间，我一直懵懵懂懂，不知考古为何物，后来依稀记得我的父亲在我年幼时曾带我游历过厉山镇的炎帝神农故里，记得我高中所就读的县城随县有"神农故里"之称，记得我的母校距离举世闻名的曾侯乙墓不足 3 公里，我和同窗曾结伴前往观摩，我脑海中也不停的搜索着不久的过往，惊觉我与考古原来也有着这么多擦肩而过的美好回忆。于是，我欣然背起行囊，怀着一颗稚嫩的心，踏入南京大学这所江南名府的大门，立志要学有所成。

　　大学刚开始的两年，通修课很多，我不是十分感兴趣，考古的课主要是一些断代考古，讲的都是考古学文化、器物特征、区系类型等基础性的知识，有些枯燥，我的专业思想也曾有过短暂的动摇。所幸遇到了恩师水涛先生———一个引领我迈入考古学的神圣殿堂并在之后的求学和职业生涯中不时给予提点和指导的人。

　　与先生的初次见面，是在大二上半学期，准确的讲是 2003 年 9 月 30 日下午，之所以记得这么清晰，是因为次日即为十一长假，是时人心浮动，按捺不住的都是对假期的满满期待。按照学校的教学安排，下午是先生的《夏商周考古学》课程，上课铃未响，先生便已风尘仆仆的冲上讲台，打开单肩包，摊开书本做课前准备。对先生的第一印象可用大不敬的四个字形容——不修边幅。微卷的头发慵懒的趴着，半数已白，国字脸，宽大的竖条纹白衬衫，黝黑的皮肤，高大魁梧的身材，棕色的休闲裤上印着几滴浅浅的油渍，皮鞋上落了一层灰。后来才知道，先

＊张义中：2006 级硕士，现就职于安徽省文物考古研究所。

生还承担着三年级学长田野考古实习的教学重任，此次授课是特意从千里之外的湖北秭归赶回来的，未及修饰便已登上讲坛。之后每每与同学或同门叙及此事，都会为自己的浅薄感到羞愧，为先生的敬业精神而由衷敬佩。参加工作以后才恍然大悟，先生这身装束加上一顶草帽、一把手铲，大概就是考古人的标配了。长期风吹雨淋所致的沧桑无论如何都掩盖不了知识和阅历积淀下来的内涵和底蕴，先生也不外乎此。先生的授课以简单的寒暄开场，以国庆节日的祝福结束，整体氛围紧张活泼，有知识点的归纳总结，也有师生间的互动，他的语言幽默风趣，笑声开怀而又爽朗，深深的感染了我们。我最感兴趣的还是先生所描述的考古工地——一个与书本完全不一样的世界，我被这个世界深深的吸引。

之后先生的数次授课，增进了我对先生的了解。先生是"生在新中国，长在红旗下"，出生地在新疆，童年在甘肃酒泉度过，1978年参加全国统考而进入北京大学，大学毕业后被分配到甘肃省博物馆文物队。1987年二进北大考古系读完硕士研究生后继续回甘肃省考古所工作。1991年第三次走进北大校门，在考古文博学院跟随邹衡先生读博士，毕业后分配到南京大学工作。先生为人处世相当低调，从不刻意包装和宣传自己，但长时间考古第一线工作和三进北大的经历，使得他和许多大咖级的考古学家以及目前考古圈的中坚力量都保持着良好的互动关系，也为他赢得了荣誉和尊重。

大三上半学期，是南大考古专业传统的实习期，我们这一届的实习分两段，前半段在河南省郑州市新密县，是社科院考古所的发掘项目，发掘对象为著名的新砦遗址，后半段在湖北省秭归县，是先生自己的发掘项目，发掘对象为树坪遗址。是时，先生已经是南大历史系副主任兼考古教研室负责人，行政事务和科研任务都很繁忙，带队实习的任务已经更多的转向由年轻教师承担，但他依然坚持在每段实习开始时送大家前往考古工地驻点，等一切关系将顺后方才离开；坚持每段实习结束前到工地待上一段时间，陪大家熬夜整理资料，办理后续的文物和资料移交并主持顺利撤离；坚持在发掘期间不定期的前来看望大家，带领大家参观博物馆、考古发掘现场，拓展见识。

那时的考古工地，条件不像现在这么优越。住宿的地方，要么是破旧的平房，没有厕所，没有洗澡间，每天能痛痛快快的洗个澡都是奢望，更遑谈电视和宽带了；要么是大山半腰独此一家的二层小楼，面朝长江，距离最近的人家在山顶，串个门脚程快些也得个把小时。即便如此，这也是当时能提供的最好条件。所以，先生每到工地就带领大家，就地取材，修厕所，修洗澡间，将集体生活布置的更舒适更贴心。同时会根据天气情况和工地进度，为大家争取或安排休息的机会，带着大家到附近的乡镇洗洗澡、喝喝闲酒或者引吭高歌一曲。我感觉，那时的考古工地，虽是一个相对封闭的圈子，交流的工具和方式都有限，但大家衣食住行都在一起，时间长了，彼此坦露心扉的机会多了，也就尤为团结互爱。

在工地待一段时间后发现，先生处事细心谨慎，事事防范未然，安排任务时，总是不厌其烦的叮嘱，以为学生都初出茅庐，涉世经验不深，"护犊"心切，"很傻很天真"的我们身在其中却颇不以为然，心想朗朗乾坤未必有如此多的奸佞之徒，工作之后方才领悟，先生是结合自己的阅历和见识，站在总领全局的高度，审慎的安排着考古工地的一切事物。考古工地的事都是牵一发而动全身，安全、后勤、发掘环环相扣，哪个环节没跟上都会带来"很痛的领悟"；

领队、技工、学生、民工和厨师，哪一个工种的情绪没有安抚好都会带来诸多不便。或许是受到先生的影响，参加工作之后我每经手一个新的考古项目，驻点和撤点的时候都会有些忐忑，唯恐某一环节考虑不周导致工作无法顺利开展。

实习的日子，虽短暂，却弥足珍贵。这段时间，我不仅仅收获了同学情谊，更是从和先生的接触中，感受到考古的苦与乐，体会到考古的趣味和意义，选择了方向。都说考古实习是一道分水岭，翻过这道岭，也就成了名副其实的考古人，我深以为然。我所在的考古班的同学，也大都跨入考古这一行，或者做着相关的工作，我想这与先生的言传身教也密不可分吧。

毕业后，我被免试推荐读先生的研究生。初入师门，颇有些战战兢兢，担心自己能力不逮，达不到先生的预期。和先生的几次长聊，打消了我的疑虑。回望读研三年，研一老老实实在学校上课，先生推荐选修统计学的课程，怎奈天资驽钝，生性贪玩、畏难，中途而夭；自研二始至毕业，便不停的游走于不同的考古工地，我当时还颇有些费解，时常调侃这是一种"放养"模式。工作时才发现，这种"放养"式的磨砺最实际也最受用。此时方醒悟，原来先生育人，有考虑有规划，且"别类分门，因材施教"。先生作为南大考古专业的学科带头人，经常向各科研院所推荐本校的优秀学生，非常了解这些单位的需求和现状，通俗的讲，他们需要的是毕业就能"干活"（独立承担考古项目）的人。先生的育人方向也是以此为目标，所以，先生尽其所能的为我提供各种实践的机会，我深刻的感受到我的能力和学识在每一次实践中得到提升或者加强，即使是短暂的进步，也足以受用一生。

虽是"放养"，但是先生总会不失时机地给予理论上的提点与指导。先生每有考古圈内的朋友来访，都会叫上弟子，美其名曰"混个脸熟"，其实是感受下大家的风范，为将来的研究和就业提供便利，其良苦用心令人感激。先生每逢九月开学和学期结束，也会邀上弟子，小酌几杯，谈谈学业和论文。我印象最深的是2007年冬季陪同先生到秭归工地撤点，在硬卧上先生买了花生米、卤鸡爪和啤酒，我们边喝边聊，他提出了对我的期望与要求，解答了我在学业上的疑问，喝到劲头便开始叫我"老张"了，那种感觉真好。

硕士毕业后我便到安徽工作，至今已有小十年。细细数来，这十年，和先生因为各种机缘相见的机会并不多，其中有两次印象颇为深刻：一次是2012年11月，我结婚在合肥办喜酒，特邀先生证婚，席间先生兴致颇高，多喝了几杯，言语中对我充满了赞许和期盼；另一次是2014年12月，我在蚌埠市主持钓鱼台遗址的发掘，请先生到工地指导，先生对我的野外发掘工作还是很赞赏的，但到室内问及我对同类周代遗址的认识时，我略显词穷，先生严厉的批评了我，教育我一定要先把周边的材料吃透，不要急于求成，也不能浮于表面，我很惭愧。这就是我敬爱的先生，在同事和同行面前绝不吝啬赞美之词，尽力的把我们往前推，把舞台交给我们，而在我们犯错误时，也会在适当的场合指出，以避免尴尬和不适。

纸张有界，思绪无限，每每想写点东西感怀师恩，提笔总觉词穷，恨虽苦读二十余载，今已过而立之年，却依然学无所长，常觉汗颜。悔当初，冥顽不灵，置先生教诲于不顾。期某日，重入师门，届时，定乘风破浪，扶摇直上，方不负师恩。

我眼中的水老师

吕春华*

水涛老师来自西北的一个大家族。考研时，出于地缘关系便于沟通，也因为他北大博士的身份，因此选择他作为导师，当然也没有选错，水老师不论做人还是做学问都给我很多指导和引领。

一 三峡三峡

1994 年三峡考古时，水老师博士毕业才分配到南京大学没多久。三十几岁的年纪，意气风发，一米八的个头，一头自来卷发，一双大眼睛似乎眼珠还带点蓝，后来证实没有欧洲血统。他的形象至今还被国家文物局网站用作考古领队示范。

当实习学生在吴建民老师带领下坐船晃晃悠悠到三峡时，水老师和张之恒、龚良等其他老师早就到那里打前站——为我们的发掘地点开展前期考古调查勘探。分配给我们学校的大区域确定后，具体在哪里布方发掘，需要深入调查勘探确定。

再见到他们时，水老师一身考古人的打扮，上身一件衬衫外加土黄色满是口袋的夹克，七八个口袋里插着钢笔、卷尺、记事本等，下身一条牛仔裤，一双结实的运动鞋，手里拎着个手铲，肩上还挎一个包，一看就是野外工作者。这也是考古工作者野外调查的标准行头了。

实习师生和先头部队胜利会师，为庆祝调查取得初步成果，发现几处可供发掘的遗址和墓葬，我们喝了庆功酒，那是我为考古喝的第一顿酒。少不更事又大胆狂妄的我，喝起酒来不知天高地厚，不晓得任何规矩，加上老师们说得轻描淡写："酒嘛，那就是水，没什么好怕的。"于是不管红酒白酒我们都当白开水喝了。三四个 20 出头的男生女生，包括祁海宁、吴小平和万颖萍等，就这样一喝成名。从那次起，我们几个能喝酒的"恶名"远扬。至今，熟悉的几位老师聚在一起，还会说起我们当年的"壮举"。

二 秭归仓坪

秭归地处三峡工程淹没区范围，也属于文物抢救区域。这里是王昭君故里，深厚的文化底蕴孕育了美丽坚强的昭君，为了不让几千年前的文物深埋水底，我们来了。

1998 年的秋天，我们本科及研究生一行八九个人跟着水老师到秭归仓坪遗址开展发掘。这是一处距今四五千年前的新石器时代屈家岭文化遗址。前期的调查勘探显示，遗址内涵相当丰富，

---

* 吕春华：1997 级硕士，现就职于江苏省文化和旅游厅（省文物局）。

值得好好发掘。

坪是水边的平地，长江边有好多以"坪"命名的地方，相对于平原地区来说，坪对于四川、重庆、湖北山区格外珍贵，既是今人生活的地方，也是古人选择的居所。我们发掘的探方就布在这样一个坪上。

那两个多月，我们住在村长家，一个二层楼且有楼顶平台的地方。女生俩宿舍，男生仨宿舍，老师一个单间。每人一个帆布工具包，里面手铲、绘图板、尺子、橡皮、铅笔、笔记本、照相机等一应俱全。早饭吃完就像农民下地一样开始上工了。走过田间地头，穿过浓密的柑橘树林，鲜艳欲滴的金黄色椪柑、橙子和橘子接踵而至，不断诱惑着我们。

遗址地层有两三米深，耕土层去掉后，逐渐出现青花瓷、白瓷片、秦砖汉瓦，慢慢到新石器地层了，各种遗迹现象——灰坑、房址和墓葬开始集中出现，夹砂和泥质的黑陶、灰陶以及薄胎红陶、彩陶相继出土，偶尔也有绿松石。各探方安排妥当后，水老师不时在工地巡视，指导我们如何使用手铲清理遗迹、怎样铲地层剖面、如何绘图。他不时与大家开几句玩笑，调节气氛，工地上经常欢声笑语。

住在村长家最大的好处是有楼顶平台，相当于给了我们一个天然的整理场所——没人打扰，地方大可以铺开；陶片分组堆放不会混淆；有太阳顺便晒干、下雨正好洗陶片。下雨不能上工的日子，就是室内整理的时间。这个场所成为我们除探方外花费时间最多的地方。也就是因为我们充分利用并享受这个平台，村长最后让我们增加租金，认为他额外提供给我们一个整理场所，我们则坚持最初的约定，最终不欢而散，我们狼狈离开，这是后话，暂且不表。

话说在平台蹲着拼对陶片，是比较有挑战性的事情，能将碎片复原成原来的碗底、口沿或腰腹，既有成就感，也有游戏的成分，类似拼图。记得水老师拼对陶片功夫很深，对各文化类型的陶器特点很熟悉。他蹲在一堆陶片前面，随便拨弄几下，用他宽大的有点毛茸茸的手拿起两个陶片往一起斗，歪着脑袋左右端详陶片的缺口，估摸一下方向，两片就严丝合缝地对在一起了，在缝里注上502胶水，两只陶片牢牢粘住。有的陶片可能永远也找不到，就只能用石膏填补。将调好的石膏按照相应的弧度、厚度、形状，将陶器缺失的部分修补完整，破碎不堪的陶片就这样成为一件完整陶器。大家在博物馆看到的白色石膏镶拼的陶器，都是这样一片片拼对修复从而展现在观众面前的。

水老师很快将一件陶器可复原的部分拼好，而我们干着急找不到，"这当然是有技巧的，你要找关键的陶片——口沿对口沿、器底对器底，腰腹对腰腹，不能盲目去找"，水老师及时传授秘籍，说着话，手里继续黏合陶片。我们睁大眼睛盯着自己那堆陶片，每一片仔细过手，好不容易找到几片口沿，终于可以对到一起的时候，急忙拿给水老师看，得到他的认可后，再找就有感觉了。

正逢秋冬之际的秭归，江风伴着冷雨，一览无余吹着我们，从头到脚每一个毛孔都是冰凉的。水老师当时不知是鼻炎还是感冒没好，吸溜着鼻子，拿着冷冷的陶片默默地拼着，我们再冷也不好叫苦，只能拼命加衣服。多年过去，还记得那个冷冷的午后拼出屈家岭蛋壳黑皮陶高圈足杯的欣喜。

三　娘家

像我这样把导师家当成娘家的人，恐怕也不多吧。

当年我在南京结婚，因为家在外地，要找个临时娘家作为自己出嫁的地点有点犯难。还在读研阶段，南京城里最熟悉的人也就是老师和同学了。问了一个年纪较大的老师，师母告诉我按照南京风俗，自己家孩子还没结婚，我从他们家里嫁走不方便。问了水老师，他欣然答应："没问题啊"。可能因为水老师年轻，百无禁忌，也可能南北方风俗不同，总之我找到了南京的娘家。

婚礼是在滴水成冰的冬天，一大早，我就在宿舍好姐妹和伴娘的陪伴下去化妆，盘头。整整忙活了一个上午，最后都快认不出自己了，先生也在附近的理发店简单地抹了摩丝发胶，穿着帅气逼人的西装，我们相约着一起来到水老师家。

那时水老师夫人很年轻，女儿才上幼儿园中班，大大的眼睛，如同秀兰·邓波儿一样的洋娃娃，一头小卷毛，头发和脸盘都像极了水老师。看到我们进去，女孩害羞地躲在妈妈身后伸出头来偷偷观察我们，诧异地看着我那夸张的妆容，家里一下子来这么多人她有点认生。

先生和我按规矩向水老师和夫人行礼、捧茶，就像拜见自己的长兄长嫂。估计他们也是平生第一次碰到这样的情形，乐呵呵的，师母还有些不好意思接受我们鞠躬。毕竟他们也比我们大不了多少，却因此成了我们的长辈和娘家人。

随后的婚礼在多位老师和同学的见证下办得隆重而热烈，水老师一家三口出席，吴建民老师亲自为我摄像，吴小平等同学照相，张之恒老师作为娘家人讲话，至今想起依然感动。这么多年下来，我和水老师一直保持着亦师亦友的关系，直到现在，水老师作为江苏省文物保护专家库的专家，还经常参加江苏的考古工地检查、验收和保护方案审核。我也经常同水老师出差、开会、讨论，如同当年在学校。

四　诚信

水老师看似大大咧咧，其实谨慎细致，某些方面甚至严苛，这跟他的丰富经历有关，也跟他的师承分不开。

他出生在新疆，长在甘肃，十六七岁就上班，在兰州兵团当过农场战士，做过林场工人，三次进北大，分别完成本科、硕士和博士学业。师承著名考古学家邹衡，经历了严格的专业训练，与形形色色的人打过交道。他既可以与朴实的工人、农民打成一片，也可以与学者教授高谈阔论，既可以与大学生有共同语言，也可以与各路地方基层官员同甘共苦，所以养成了他既豪放不羁又粗中有细的性格特征。对人对事有很深的洞察力却不轻易褒贬，对弟子既能严格培养随时随地给予指点教育，也能在生活、学业、就业等诸多方面提供力所能及的帮助。

研究生毕业需要两篇核心期刊论文，当时的我内心焦急，好不容易写出一篇《试论宁夏青铜文化与周邻地区文化的关系》，根据水老师意见修改后，请他帮忙投到一个专业核心期刊。在等待期间（三个月内不用可另外投稿），我实在没耐性，自作主张将稿子投到另外的刊物，心想看哪个刊物先发表就回绝另一家，把握可能更大些。正当我打着如意算盘，水老师得知了我的做法，劈头盖脸地训了我一通，急忙跟原来刊物联系将我的文章撤回，并跟人家致歉。

　　当时被水老师臭批一通我还很不以为然，觉得他小题大做，感觉一稿多投没什么大不了，不必太认真。可是这么多年的经历告诉我，水老师这种严谨务实、诚实守信的态度以及在学术上的规则意识才是他带给我的宝贵财富。"人而无信，不知其可也"，诚信才是我们安身立命的根本。现如今社会上不诚信的人和事我们已屡见不鲜，比一稿多头更为严重的失信只有想不到，没有做不到，但每当遇上关乎诚信的事情，那根弦和做人的底线总在不断拷问和反复敲打我的内心，令我望而却步继而止步。

　　这么多年，水老师带学生在全国各地考古发掘，无论江苏的实习工地，还是安徽、湖北、上海、浙江的基建考古工地，他务实诚信的工作态度和教学理念，让一届届的考古学生得到了扎实的田野考古锻炼。

五　个　性

　　水老师爱热闹，K 歌、打牌样样拿手。他是考古界几大著名麦霸之一，不管什么年代的歌拿起话筒都会唱。可能从小耳濡目染能歌善舞的人太多，水老师生命里有达观和自由奔放的天性。唯其这样，他才可以看得开放得下很多东西。

　　考古实习在野外，闲来无事时，水老师也会找几个学生打一把牌，放松紧张的神经。无论二十几年前的拖拉机、斗地主，十几年前的升级，炒地皮，还是现在流行的掼蛋，都是四人或六人活动，每一次捉对厮杀都能体会斗智斗勇的乐趣和相互合作的重要性。牌品如人品，打牌可以深入了解一个人，也让他能很快跟学生打成一片。

　　这几年水老师带队在伊朗和巴基斯坦考古，每年几个月在海外。中亚是东西方文化交流融合的桥梁，这里的考古学文化与中国、罗马、希腊有关，将为国家"一带一路"战略提供更多文化支撑。中亚地区的遗址堆土很厚，取土任务重，当地不用机械，全靠人力。在国外保镖的保护下，水老师带着外国民工和本国学生挖土，每天亲力亲为，工地上几乎没有老师、学生、民工的区别。夏天水老师在群里贴出的照片，胳膊和脸总晒成黑炭色，笑起来只见两排白牙。而他每天在毫无遮挡的紫外线下工作，吃着馕饼就烤肉也甘之如饴，没有丝毫不适应。

　　前年我们一起去伊朗，他背着沉重的相机依然步履轻松。面对以烤肉和生菜米饭为主食的大餐，同行的人总觉难以下咽，各种不适应。而水老师只要有面饼就万事大吉。他把面饼卷成筒形，有时候加点菜，就着水大口吃下去，"在沙漠干旱地区这比较耐实"，他说。那几天在频繁的飞行中，连续几顿饭就着冰水吃下冰冷的三明治他也没问题，我们都羡慕他有个强大的胃。作为考古人，水老师的身体素质、包容性和适应能力令人叹服。

以天地作考古讲堂

李永强*

　　我 2002 年开始追随水涛老师读硕士研究生。在 3 年的时间里我亲身体会到了水涛老师带学生的方法。他带学生的方法很特别，概况起来有 2 点，一是宽容，二是注重田野实践。我本科读的是地球物理，学考古属于半路出家。老师没有嫌弃我，还是把我收为弟子，给予耐心、精心的指导。在我入学不久后的一次小组讨论中，水老师发现我很拘谨，就开玩笑说"老李是咱们当中的沙发考古学家"。现场立即充满了快活的空气，用他一贯的水氏幽默，让我轻松、自然地融入集体。我想这是因为，水老师作为"文化大革命"后的第一批大学毕业生，拥有丰富的人生阅历和学术经历，总是能对学生的经历、知识结构、性情和志趣有充分的了解并予以最大程度的理解。像我这类偏内向、胆小的学生，也可以做到轻松愉快地跟导师交流。这使人明白和谐的师生关系究竟从何而来。不要以为每个导师都这样，后来才知道我们这叫幸运。在我硕士毕业前夕，我想继续跟水涛老师读博学习夏文化。水涛老师听了我的想法后，真诚地对我说："你硕士毕业已经 30 岁，就业成家也是你应该考虑的人生大事，甚至比读博更要紧。在人生的各个阶段都有特定的任务。须知，只有正常的人生才有正常的学问"。这与鲁迅说的"一要生存二要温饱三要发展"相仿佛，又暗含了要我祛除偏执的提醒。水涛老师对我的教诲，给我的学术生涯和人生道路带来重要启迪，让我终生受益。

　　水老师注重带学生田野实习，并不意味着他会放松对学生读书的要求。一次，我悄悄从图书馆借了本《叶剑英在 1976》，这本来是神不知鬼不觉的事，没料到水老师见到我劈头就说："赶紧把《叶剑英在 1976》给还了，你本科不是学考古的，还有心看闲书。"还有一次，我借了本湖南省社科院某某老先生的书在看，水老师告诉我：某某的书你不要再看了。我很久都不明白水老师是怎么知道我借的什么书。后来有南大本科毕业的研究生同学告诉我，可以用学生证号登录图书馆查阅系统来调看借阅记录。弄清了这个谜团，知道导师始终在关心着我的学习，这让我心里很感动。

　　考古是实践性很强的学科，很多知识必须要通过田野考古实习来获得，考古学硕士都得通过田野实习这一关。水涛老师田野项目多，指导实习的方法灵活且与学生能打成一片。因此，水门弟子都视田野实习为福利而非难关。2003 年夏天，我有幸追随水涛老师参加他的《西域早期文明比较研究》课题的野外考察，历时 21 天，全程 8300 公里，走遍了天山南北的 48 个市、县，参观博物馆 13 座，考察古墓葬、古遗址近 30 处。在这次野外考察中我观察到，水涛老师在野外的考察对象几乎要把与古人相关的任何信息都囊括进来，事无巨细、包罗万象。在蒙古帐篷里，他教我观察帐篷伞形的顶以及菱格状的四壁，特别要留心它们的结构。他告诉我，帐篷的

---

* 李永强：2002 级硕士，现就职于北京市文物研究所。

这些构造特点，使得帐篷的拆卸、组装都比较便利。这对需要经常转场迁徙的游牧民族来说是十分必要的。在阿克苏当我们见到手腕、脚踝佩戴有成串小铃铛的少数民族小姑娘时，他告诉我：在新疆青铜时代墓葬中，随葬青铜小铃铛的现象不是个例。这些现象会让你对文化的传承有很直观的体会。总之，在途中见到的一切，无论多么普通平常无奇，水涛老师都会很自然地把它与古人的生活联系起来，和我们的考古联系起来。考古就是他的生活，考古就是他的信仰。他自己是这样做的，他也要求学生这样做。某一次，经过一堵土崖，他兴奋地盯着土崖看，好像那里面有什么宝贝。看到我一脸茫然，他指着土崖给我讲：土崖断面上部那层浅黄色粉沙土，和下部的红褐色黏土，是很好的环境标示，一个标志着干冷的形成环境，一个标志着暖湿的形成环境。如果在断崖上发现遗物，大体能知道当时的环境信息及变化状况。讲过之后，又看着我画了草图做了记录才收工。在和静县察吾乎墓地，水老师要我仔细观察山脉、山前台地、河流、阶地、现代村庄等要素的位置，然后把这些都画出草图，又给我讲了居住址、墓地选址的一般规律。墓地就位于山前一块高台地上。台地遍布大大小小的石块，乍看毫无规律，细细观察，才发现石块都摆成一个个圆圈，这就是石围墓的地面标志。石围中心即是墓穴。整个台地，总计有 1000 多这样的石围墓。先生告诉我：在新疆特殊的气候、地理条件下，难以形成层叠的文化堆积，常常要根据遗迹间的关系来判断时间的先后。比如这石围，就有借用、避让、夹三等关系，你要注意它们与中原常见的打破关系的区别与联系。察吾乎墓地是我参观的第一处考古工地，乃是我考古职业生涯第一页。在塔县的香宝宝墓地，我们来到古丝绸之路中国境内的最西段，放眼望去，墓地在塔什库尔干河道外侧，河谷宽阔、绿草如茵、牛羊成群，让人有置身江南的错觉。水老师告诉我：做文化交流一定要实地考察交流通道，没有地理交流通道的支撑，讨论文化交流容易流于空泛。水老师还对我进行过两次突然袭击式的现场考试，两次都发生在南疆。一次在参观一处文物展厅时，来了一群中学生，文物展厅还没有专职的讲解人员，水老师要我为孩子们做讲解员，一下弄得我满头满脸的汗。水老师把我拽到一边教我：你会多少说多少，别不懂装懂就行。于是我就拣我知道的那些最基本的文物材质、用途、时代等知识点一条条往下说，好在孩子们也没为难我向我提问题。磕磕绊绊地完成了水老师对我的临时考试。这是我有生以来碰到的最难应对的考试。这件事的效果是，我后来再参观博物馆，往往不由自主要多看几眼文物介绍。另一次，是在维族人的小吃摊上，来了两个老外，连比带划地要吃东西，水老师要我做翻译。可我的英语实在蹩脚，hello 了半天没下文，他只好亲自上阵，帮老外要了一桌子吃的喝的。这次考试自然不及格，水老师让我跟维吾尔族老板学几句维吾尔族语当做补考。

以我生性之愚钝，现在之所以尚能从事一些田野考古和相关的文博研究，自然要感念水老师对我苦心孤诣的指导。

水老师指导学生的精髓，我认为就在于让学生脚踏大地、头顶星辰，置身于无涯无际的天地间，睁开眼睛、张开耳朵、调动全部的感官，敏锐地捕捉感受到的一切考古信息。这些考古信息，随时间在学生头脑中而反复酝酿、发酵，终将会在未来的某个时间，被学生倾注于某项考古学研究。

他教给学生的绝不仅仅是若干具体的考古知识，他向学生展示的是：什么是考古信息，以及他获得这些考古信息的方法。获得信息固然需要一些技巧，但更需要一种精神，或者说献身的勇气。好多同门都清晰地记得，在新疆"七五"事件后不到一个月，水老师按计划又要赴新疆继续做《西域早期文明比较研究》课题的野外考察。众弟子都很担心，力劝水老师等局势缓和后再成行。但水老师仍毫无惧色地启程上路了。等他顺利完成新疆的野外考察平安回到学校，向诸弟子谈起新疆之行时，弟子们听的很紧张，心一直都悬着，水老师却一派云淡风轻、浑不在意。2018 年，水老师远赴巴基斯坦考古，当地仍处在战乱中，危险性很大，水老师去工地现场，身后都跟着 3 ~ 5 个巴基斯坦政府军派的持枪保镖。看着水老师在持枪保镖护卫下的工作照。我不禁感慨，水老师在考古的创新求真路上，拿出了舍弃一切、牺牲一切的绝大勇气。

时光流转，水老师为学生们开辟的天地也越来越广阔，从大河上下、天山南北飞跃到中亚、中东，让一届又一届的学生看到诗和远方，并把他们送上追求星辰大海的征途。

将近 30 年的教师生涯，水老师大部分时间都是带学生在考古工地或博物馆中度过的，他把考古当作信仰的考古方式，产生了意想不到的效果。在不断地捕捉考古信息、不断地思考中，水老师不仅完成了思想上的创新求变，也神奇地做到了身体上的吐故纳新，他智慧的锋芒和生命的活力，都让年轻的弟子们称羡不已。我以为，这是他在追求真理的过程中，对自身生命的完善。在水老师的恩师邹衡先生的书房里，挂着一幅名家手书的书法作品，上书：踏遍青山人未老。我明白，水老师的这些方法自有渊源。老北大的传统力量，强大如斯。

宜乘东风走西路，复取南书向北归
——2018 巴基斯坦考古笔记

郭泰宗　霍嘉西*

这个世界上有一种自然的美叫中国金秋，古往今来不知多少文人迁客为之吟咏传唱，却依然道不尽这岁岁年年景不同的人间十月。当 2018 的秋意自南京栖霞山山腰的红枫向明故宫宫中的丹桂弥漫时，坐落山前不远的南大仙林校区已是一厢繁景，一派流香了。而此间南京大学赴巴基斯坦考古队正在做着前期准备，在未及留意时，校园南门外的银杏叶已散落一地。2018 年 11 月 1 日，是考古"远征"队开拔的日子。这一天，我们以晴空提染的靛蓝作色、以流云漂涤出的白宣为底，将这行数字印刻在自己人生的一页旅途中，其后留白以待……

——絮语

2018 年，经国家文物局批复，由河北师范大学、南京大学和湖北省文物考古研究所三家单位组成的赴巴基斯坦联合考古队，简称巴国联军（水涛教授、汤惠生教授戏语）。于 11 月 1 日从国内出发，经停乌鲁木齐后，至当地时间 2 日上午 8 时许抵达伊斯兰堡国际机场，由此正式开启了巴基斯坦考古之旅。

巴基斯坦位于南亚次大陆，印度河孕育了这里的古代文明，古印度从而成为与古中国比肩的文明古国，其史也煌煌、其美也烨烨。20 世纪初（1902 年），由英国考古学家约翰·休伯特·马歇尔（John Hubert Marshall）（1876～1958 年）主持，发现了以哈拉帕遗址为核心，并因之命名的哈拉帕文化。这次轰动世界的发现不但吹响了印度河文明考古的隆隆号角，更向世人展示了距今 4500 年前后印度河流域人类所达到的文明高度，所有证据都表明了这是一个已经出现城市并使用成熟文字的辉煌文明体。一百多年来，西方考古学家一直主导着这一区域的考古发掘工作，也因为哈拉帕文化无法阻挡的魅力，马歇尔爵士"后继有人"、一些西方考古学者相继来此发掘，护着这份"独食"，期许有更大的发现。但是国际风云诡谲多变，随着最后一支美国考古队于 2007 年离场，发掘哈拉帕遗址的西方考古学家们由是"梦断于此"。十年之后的今天，巴基斯坦依然拒绝美国人的重返申请，却欢迎着中国考古队的到来。对于中国考古队来讲，我们只是近年来众多（32 家）奔赴国外参加中外合作考古项目的其中一支；但对于巴方来讲，这次合作不仅显示出一种认同和接纳，似乎更隐含着另一份对中国的感情，无疑此次发掘将会被视为中巴全天候战略合作关系中的一页，同时也将是"一带一路"战略合作中文化交流的一环。所以就考古交流而言，巴基斯坦这片热土是"一个广阔天地，在那里是可以大有所为的。"

---

*郭泰宗：2016 级博士在读；霍嘉西：2014 级硕士，2017 级博士在读。

一　工作篇

若说在中国的古典文学中一曲离殇便藏有一帘秋水，那么在南亚、乃至中东地区，可能一座土墩（mound）便埋着一个时代。此次发掘地点定于伊斯兰堡近郊的阿托克地区，将要发掘的 **Jang Bahatar** 遗址便是一个直径长达 70 米，高约 10 米的大型土墩。其东侧因为长期遭到当地村民持续性取土等破坏活动，现已被夷平，其西侧顶部因为尚存有建筑得以保留，所以整个遗址呈一个被切去半边的馒头形，而切面便是现在所能观察到的崖壁。我们的探方便布设在崖壁之下。在发掘伊始，我们拍了一张全家福（彩版 10），看大家神采奕然，颇有"红旗漫卷西风，今日长缨在手，何日缚住苍龙"般的壮美豪情。而飞扬的旗角，也预示着这次发掘工作必然旗开得胜。

田野考古项目在实际推进过程中，因为牵扯到人员、时间、资金、安全等诸多因素，还需要兼顾项目推进、学术目标等具体要求，所以发掘面积一定要计算合理。既不能"小打小闹"，又不能"铺大摊多"。此次布方，通过先期测算遗址面积及地形，目测崖壁剖面出露地层层位关系，再结合手动打孔钻探，最终由几位老师商定在遗址东侧布设一条 2 米 ×40 米的大型探沟，这样不仅可以在前期遭破坏的底面上直接向下发掘此遗址中最早的遗迹，而且可以连续观察同一时期遗迹单位从遗址中心向东缘的变化情况。当称得上"进可攻、退可守"。后期的发掘证明这次布设探方非常具有预见性。在发掘的过程中不但有完整的袋状坑（半地穴式房屋）被揭露出来，而且出土了大量遗物，这些器物以陶器居多，兼有诸多石器、料器等。这不但提供了观察当时人类的生产技术和生活水平的实物证据，还可以透物见人，通过论证遗迹和遗物关系有根据的描绘和重建当时在此地生活人群的日常活动图景。

身处其中，考古田野工作即有五彩缤纷，也有五味成杂，出现重要发现时大家欢呼雀跃，同时每天 7 个半小时的工作量（田野发掘不存在周末）也在考验着大家的毅力。说不累是假的，说累并快乐着也是真的。在发掘进入攻坚阶段时，无论从大家的精神和身体状态，还是从发掘工作的进度和紧迫程度讲，这一阶段最是辛苦。讲个我们团队的小故事，那时候大家把从大路拐到工地的一段小路叫作"莫愁路"，自然将工地旁停车处称为"莫愁路公交总站"。每天车拐到小路快"进站"的时候大家往往都不作声，气氛每每有些压抑。直到有一次不知车上哪里发出了一声轻微的叹息，大家立刻"垂死病中惊坐起，笑问此声何处来"。有人吐槽、有人搞怪，呻吟声、叹息声响作一团，大家相互安抚、却又各自偷乐。真是"路短又见车行止，低吟浅叹俱做戏。一时生旦净末丑，道尽人间百味事。"

二　安全篇

巴基斯坦的安全局势完美的诠释了何谓"说多了是苦，说白了是泪。说透了是伤，说尽了是痛。"各地大大小小的分裂组织、武装势力、恐怖主义和极端分子一直蛀蚀这个国家的机理。我们此次发掘地点位于伊斯兰堡近郊，临近巴国首都，已算是较为安全之地。但是从刚开始我们所在地区的阿托克警察局及相关国家武装力量就要求给我们配备 25 人的安保力量、而且从他们一度绝不让步的严肃态度看，我们当时需面对的潜在危险系数之高是怎么预估都不过分的。就是在这样的形势下，几位老师顶着莫大的压力与阿托克警察局反复进行交涉，甚至因为双方各自坚守立场一度使得谈判局面僵持不下，以至巴方竟宁愿不让中方开工，也不愿承担因中国人的安全问题而给他们造成的压力和责任。难道我们不担心自己安全吗？还拿人家好心不当事？当然不是，此中症结便在于我们希望项目经费"好钢要用在刀刃上"，发掘工作之外的开销，能省则省，说白了地主家也没有余粮啊。

　　好在巴方最终妥协，但接下来突闻我驻巴基斯坦卡拉奇总领馆遇袭，这起专门针对中国人实施的恐袭使得安全形势一下子又变得紧张起来，我们团队立刻开始集中进行安全培训。培训的主要科目有：A、听懂驻地保安哨声信号，要能够分辨出普通情况和紧急情况下不同的音频。B、如果真有武装分子来袭，该怎么办？正确的方法是切记不要惊慌失措、大喊大叫，而是安静的找到房间内可隐蔽的角落等待救援。C、如果有机会跑出去，该往哪里跑能最快到达安全地点？该以怎样的姿势跑动以躲避子弹轨迹？中国作为世界上最安全的国家之一，我们之前从未感受过那种危机四伏、自身生命安全受到威胁所带来的恐慌感。突然被迫需要面对潜在的危机，让大家有了更多思考。我想我们从小到大虽然不是被吓大的，但也没见过如此世面啊；来到巴基斯坦后的许多个静静深夜，我们都听到了枪声，当子弹从枪膛中射出那一瞬间炸裂空气形成空腔的声音清晰有力的传入耳朵时，那是一种听不出远近，但心生忐忑、心底发凉的感觉，这种感觉绝难忘记。

　　在局势最紧张的那段时间内，我们甚至不被允许中午外出吃饭，只能集中在工地旁边的一个院子里休息，阿兰先生给大家买好午餐打包带过来。工地安保人员分为四组，形成三层防卫，最外层的两个保安，分别把守在大路通往工地的南、北两个小路口。第二层的保安驻守在我们所在院子的外院落，这里是当地的一个医院，医院大门朝西，从大门进来就是遗址区。第三层的保安就守在我们小院子门口，一直就在我们身边。而且每天上下班我们的车都不走来时路，绕道、折向、掉头。总之，为了不让别人掌握我们上下班的规律，那时真觉得我们也像狡兔有三窟该多好啊，好在巴基斯坦油价还算便宜，车子每天乱跑也没多花几个钱。

三　学习篇

　　在休息的日子里，我们考察了窣堵坡（Stupa）遗址，相传这里是玄奘法师取经的重要一地。虽然现在繁华褪去、落花寂寥，只剩残垣断壁、荒草没膝。但根据遗址范围及布局可以想见当时这里定然是高僧说法、大德讲经之地，梵音齐唱、佛光普照之所。遗址中有一颗枝叶繁茂的菩提树，阳光映射其上，似乎其上每一片菩提叶上都散发着佛理、萦绕着禅意。遗址讲解员得知我们来自中国，特意带我们来到遗址西北角的一处房址，说此处就是当年玄奘法师在此学法时的禅房。作为法师的祖国亲人，虽明知此话为虚，但大家还是对此地好感倍增，纷纷拍照留念。遥想法师当年，虽从小出家，也是雄姿英发。其以大毅力、大智慧，为求取真经，渡尽劫波、九死不悔。在一路风尘中修习佛法，在一世红尘中体悟禅心。最后，他必然是在这里与众多高僧大德坐而论道，定然是在菩提树下了悟了这"一花一世界，一叶一菩提"的真谛后，才拈花一笑、负笈东归的吧。

锡尔卡普城（Sirkap），为公元前2世纪巴克特里亚希腊统治者征服此地后所建。锡尔卡普城分为3期，早期属巴克特里亚希腊人统治时期；中期为塞种人统治时期；晚期为帕提亚人统治时期。整个城址南北长约600多米，东西宽约200多米。呈"棋盘式"布局，街道纵横交错，中规中矩。一条大街贯穿城市南北，邻街房屋布局多样，盖以店铺居多，可以想见当时应是一座物阜民丰的大城市。城中现存可辨识且最有名的建筑遗址有三处，分别为宫殿、双头鹰庙和穹顶庙遗址。锡尔卡普城中石砌墙基形制与我国古代建筑墙基不同，这是一种将原石进行打制，制成大石块和小石片备用，大石块平层摆放，石块间隙中叠砌小石片，再加灰泥于其中，使得墙基牢固且美观，非常具有特色。

四　生活篇

谈及生活，吃当然为第一要义，要说一日之际在于晨，那么在忙碌了一天后，一日之餐便落在晚饭上了。阿兰先生每天下班回来都要作一番祷告，我们也有信仰，不过是用美食来祭自己的五脏庙。所以感谢湖北考古所孟华平所长和向其芳老师带过来的白酒，酒是真好，即便算上落地后伊斯兰堡国际机场的罚款，依然绝对是物超所值。此刻，虽无明月相邀，但一群身在客乡的"土夫子"还能得饮美酒一盅，夫复何求？这一杯，首敬湖北省所！同时感谢李永宪老师、汤惠生老师、水涛老师，以及阿兰先生，即使在没有厨师的情况下，也没让大家挨过一顿饿。李老师做饭是全能，在这里，李老师第一次成功的把一般人煮不烂的巴斯马蒂（basmati）大米熬成了粥。要知道这种米一般是入锅时啥样，出锅还是啥样，个个独立、粒粒分明，真叫一个"和而不同"。所以这一杯，敬四川大学！汤老师的绝技是青海特色的羊肉汤，冬天和羊汤最配了。最好是刚杀不久的羔羊，肉不要太瘦，剁成块，大小适中。清洗两遍后入锅，不需要太多料，姜块、葱花足矣；煮好后撒上香菜，羊汤虽不见得会熬的多么浓白，但在冒着一缕热气、尚飘一丝膻味的羊汤面前，任谁也绝对是把持不住的。这杯酒，当敬河北师大！水老师的招牌是新疆口味的大盘凉菜，所用之菜，须是买来后自己亲手折摘清洗，不过别人之手。凉菜一般是上桌第一道，讲究无汁无腻、有形有色。水老师炮制，入菜三味，白色的萝卜、绿色的黄瓜、再加上红色的番茄，红、绿同属三原色，色彩的张力本来就比较饱满，再加白色，看似色调转淡，但是却形成了大色块有力的纵深感，这样形成的长波电磁更容易被人眼所捕捉。加之味道清淡爽口，这往往是最先吃完的一道菜。这一杯，自然要敬南京大学！阿兰先生的不传之秘（说是不传，已经早被大家偷师了）是巴基斯坦甜茶；甜茶的做法看似简单，但胜在对火候的把握，以及对茶叶、牛奶、水和糖这些原料配比的掌控上，茶多则苦、奶多则腻、水多则淡、糖多则齁。此外，巴基斯坦引进的非洲水牛所产牛奶不但喝起来口感好，煮出来的奶茶更是浓甜香郁。所以这一杯奶茶（伊斯兰禁酒），需敬中巴友谊！

当然，说到中国人的天赋技能，那还是要说种菜。房前屋后要是有空地，非得都种上菜才心满意足，不然心里肯定空落落不是滋味，寂寥廖又生闲愁。作为中华优秀儿女中的一分子，我们自然忍不了血脉中的"洪荒之力"，在利用一切可以利用的工具、解决了保温、水肥问题后，园子里开始有了油菜、生菜、香菜、葱、蒜、萝卜；嗯，可以吃火锅了。

　　无论岁月是否静好，光阴依然变换。2019 年 1 月 9 日，我们回国的日子，《采薇》中"昔我往矣，杨柳依依。今我来兮，雨雪霏霏。"恰如其分的表现了当时大家的心绪。这里面有我们对巴国的感恩、不舍和祝福，也有将要回到祖国的期盼、渴望和兴奋。最后想说的是，回想这段在巴基斯坦考古发掘的日子，如果需要一个注脚的话，一词难达其意，因为这段经历里都盛满了酸甜苦辣咸煎熬不出的咖喱美味，洒满了金银铜铁锡熔炼不出的宝珠珍贝，盈满了宫商角徵羽吟唱不出的文物至美，更溢满了生旦净末丑演绎不出的心神俱醉。这既是浮生一梦，又是我们这一页人生旅途中的信笔而游！

后　记

　　水涛先生在考古事业与教书育人方面取得了丰硕成果。先生所教授过的本科生、硕士生、博士生加起来总共几百人，虽然毕业后每人的发展道路不尽相同，但大部分仍然从事与文物考古相关的职业，他们在各自的岗位上辛勤耕耘，默默奋斗，无论贡献大小，都在努力发挥着当年的所知所学，没有辜负老师的谆谆教诲。

　　这本文集是水涛先生门下学生学业水平的检阅。收录的文章，有针对某一遗址或墓葬的专题研究，也有对区域考古学文化的综合研究；有对器物的类型学研究，也有文物保护、中外文化交流的探讨，还有古代经济发展演变和建筑学的探究；有考古纪实散文也有回忆纪念文章。从新疆地区到中原再到长江流域考古学文化的探索，时代跨越了上古到明清时期。各人所在区域文化特点不同，研究方向类型多样，内容丰富多彩。虽然进入师门时间前后不一致，"闻道有先后"，但"术业有专攻"，在各方面有深入的见解和思考。很多同学已步入研究致学的黄金时期，引经据典，条分缕析，研究能力日臻成熟，已在某些方面崭露头角，独树一帜。几篇回忆文章充满了真情实感，细数这些年弟子与老师之间学习、生活、工作中相处的点点滴滴所思所感，得到先生谆谆教诲的深切领悟，细节之间见真情，让大家更加深切地认识、了解先生，感受他的教育理念和教学方法、他的考古情怀和春风化雨润物无声的赤子之心。

　　文集的编辑出版是2017年年底由赵东升、宋义箫和李溯源提出动议，2018年9月发出倡议，得到了同门师兄弟的热烈响应，纷纷提供自己多年的得意之作并建言献策。吕春华自始至终关心着文集的进展。吴生道、宋浩提出了许多中肯的建议，吴生道还拿出了最得意的成果。陈涛发挥其作为图书编辑的强项，负责编排文集、拟定文集名称。丁兰对论文一丝不苟、精益求精，成为同门的榜样。文集出版得到了文物出版社责任编辑秦或的大力协助，几校其稿，不辞辛劳，深表感谢。最后由水涛先生和赵东升对文集进行了统稿。

　　桃李不言，下自成蹊。愿后学者以先生为榜样，求真务实，勤奋创新，在各自岗位上努力奋斗，再创新辉煌！